ESG
파이코노믹스

파이코노믹스

사회적 가치와 이윤을 동시에 창출하는 전략

알렉스 에드먼스 지음

송정화 옮김 | 이우종·정아름 감수

매일경제신문사

일러두기

• 본문 중 숫자 첨자는 저자의 주를 표시한 것입니다. 자세한 내용은 부록에서 확인할 수 있습니다.

• 책 제목은 《》로, 신문 · 잡지 · 논문 · 보고서 · 작품 등의 제목은 〈〉, 기사명은 ""로 표기했습니다.

• 본문에 소개된 외서 중 국내 출간의 경우 한글 제목만, 국내 미출간의 경우 원서 제목만 명기했습니다.

• 인명, 지명, 회사명 등의 외래어는 국립국어원의 외래어표기법을 따랐으나 해당되지 않는 단어는 실제 발음에 가깝게 표기했습니다.

추천의 글

이 책에 쏟아진 찬사

정치인들은 대기업 규제나 분리를 요구하고 있다. 이 책에서 알렉스 에드먼스는 기업의 행동에 문제가 있는 것은 사실이지만, 해결책은 의외로 단순하다고 주장한다. 즉 기업의 목표는 '파이pie'를 더 많이 차지하는 것이 아니라 파이를 키우는 데 초점을 맞춰야 한다. 저자의 주장은 재계를 둘러싼 부정적 인식에 대하여 강력하고 설득력 있는 해독제가 될 것이다.

올리버 하트 Oliver Hart 하버드대학교 경제학 교수 · 2016년 노벨경제학상 수상자

알렉스 에드먼스는 '사람과 이윤 사이에 하나를 선택해야 한다'는 관점이 잘못된 이분법이라는 것을 철저한 증거로 보여준다. 이 책을 통해 많은 경영자와 기업의 발목을 잡는 트레이드오프trade off를 어떻게 극복해야 하는지 명료하게 설명한다.

애덤 그랜트 Adam Grant 와튼스쿨의 조직심리학자 · 《오리지널스》 저자

자본주의가 위기에 처해 있는지는 모르겠다. 하지만 이 책이 어떻게 기업이 운영되는지 기업의 존재 이유에 대해 근본적으로 재고하게 하는 설득력 있고 포괄적인 훌륭한 작업물이라는 점은 분명하다. 책임 있는 기업에 대한 분석 사례를 제시하는 점에서 최고일 뿐 아니라 실제 비즈니스 경험에 기초한 역작이다.

앤디 홀데인 Andy Haldane 영국중앙은행 수석 이코노미스트

5

자본주의를 개혁하는 데 있어, 특히 보다 폭넓은 사회 영역에서 자본주의의 역할에 관심 있는 모든 사람이 읽어야 할 필독서다. 이 책은 학문적 증거에 근거를 두지만 저자가 제시하는 아이디어는 매우 실용적이다. 기업은 사회 이익을 도모한다는 목표와 함께 이윤도 창출해야 한다는 점을 인정한다. 대부분의 기업에는 영감을 주는 강령이 있다. 저자는 그 훌륭한 강령을 실행에 옮기는 구체적인 틀을 제시한다. 목적지향적인 기업 경영의 어려움을 인정하면서도 정면으로 그 문제를 다루고, 강력한 예를 들어 기업들이 어떻게 어려운 결정을 내려야 할지에 대한 명확한 지침을 제시한다.

도미니크 바튼 Dominic Barton 맥킨지 前 글로벌 회장

이 책은 기업이 스스로를 성찰하는 방식과 우리가 기업을 이해하는 방식을 완전히 탈바꿈시키는 독창적이고 중요한 책이다. 저자는 기업의 모든 행동이 파이 키우기에 기여할 수 있다는 관점을 제시하면서 열정적으로 '파이코노믹스'를 옹호한다. 이는 사회에 급진적이고 광범위한 영향을 미칠 것이니 반드시 일독을 권한다.

윌 허튼 Will Hutton 〈옵저버〉前 편집장 · 《The State We're in》 저자

이 책을 통해 저자는 사회에서 선한 힘을 내는 기업의 역할에 대해 중요한 사상적 기틀을 마련했다. 나는 오랫동안 기업, 노동자, 공급자, 지역사회, 정부 및 기타 관계자들이 공동의 이해관계가 있다고 주장해왔다. 알렉스 에드먼스는 우리가 직관적으로 공유하고 있는 믿음을 뒷받침하는 확고한 증거를 제시한다. 즉 '사회적 가치를 창출하는 것'이 좋은 비즈니스라는 믿음이다. 우리를 생각하게 만드는 역발상적인 그의 아이디어는 철저하게 논리적이며, 상관관계를 인과관계로 상정하는 피상적인 분석을 심층적으로 파고든다.

또한 '파이 키우기'의 이점을 잘 이해하는 기업인은 물론 저명한 인사들의 사례를 들어 파이코노믹스의 원리에 생명을 불어넣으며 흡입력 있는 스토리텔링을 이어간다. 재계가 이해관계자들과의 신뢰를 쌓는 노력에 힘써야 할 시점에 이같은 책이 나와서 기쁘다. 노력이란 단순히 공익을 도모하는 기업이 좋다는 주

장만이 아니라, 실제로 이행하는 것을 말한다. 즉 '우리 대 그들'이라는 대결적 관점에서 벗어나 비즈니스 가치의 파이를 키우고 공유하기 위해 함께 노력하는 방향으로 전환하는 근본적인 태도 변화를 의미한다.

제임스 G. M. 웨이트 경 Sir James G. M. Wates　웨이트그룹 회장

저자는 특정 이해관계자 몫의 파이 조각을 극대화하는 대신 파이 전체를 키우는 데 더 집중한다면 기업 활동이 제로섬 게임zero-sum game이 될 필요가 없다는 것을 보여줌으로써 사회에 큰 기여를 했다. 이것이야말로 인간적인 자본주의다.

앤드루 로 Andrew Lo　MIT 슬로언 경영대학원 교수

오늘날 기업 관련 논의는 투자자, 이사회, 임원의 권한 행사에 초점이 맞춰져 있다 보니 대결적인 분쟁으로 흐르기 마련이다. 기업이 성공하는 데 있어 단호한 의사결정이 중요하지만, 이보다 더 중요한 것은 지속적인 성장 촉진이라는 목적에 부합하는 광범위한 영향력을 내재화하는 것이다. 기업의 소유주로서 주주들이 행사하는 권리와 함께 끈질기게 의무를 이행하게 하는 방식이 핵심 요소다. 자산가, 펀드매니저, 이사회, 임원이라면 반드시 읽어야 할 책이다. 잘 설계된 '스튜어드십'을 통해 모든 이해관계자, 궁극적으로는 사회 전체에 효익을 제공할 것이다.

데이비드 워커 경 Sir David Walker　바클레이 · 모건스탠리 前 회장

중요하고 사려 깊으며 시의적절한 책이다. 기업을 둘러싼 갈등과 기업이 사회에 미치는 영향은 뜨거운 논쟁거리다. 알렉스 에드먼스는 명확하고 통찰력 있는 관점으로 이 핵심 논점에서 해결할 문제들과 방법을 찾으며 크게 이바지한다.

루시안 벱척 Lucian Bebchuk　하버드로스쿨 교수

사회적 책임을 지는 기업이 이윤 극대화에 초점을 맞춘 기업보다 훨씬 더 높은 이윤을 장기적으로 창출한다는 증거와 더불어 강력한 사례를 제시하는 희망적인 책이다. 특히 신경제 기업 체제에서는 직원의 목표, 브랜드 창출, 평판

으로 가치가 창출되고, 이는 고객 선호를 견인한다. 이 책에서 제시한 연구결과는 전세계 생명과학산업 전반에 걸쳐 탁월한 비즈니스를 달성하고자 매진한 내 개인적 경험과도 일치한다.

데이비드 파이요트David Pyott 엘러간재단 이사장

기업이 폭넓은 영역에서 사회의 복지에 크게 공헌할 수 있다고 믿는 사람으로서, 시의적절하며 사례가 풍부한 이 책을 강력하게 권한다. 특히 다음의 3가지 점을 눈여겨보라. 첫째, 건강한 기업이 건강한 사회를 만드는 데 도움을 준다. 둘째, 기업과 사회는 서로를 적대자가 아닌 파트너로 봐야 한다. 셋째, 파이코노믹스는 단기적인 이윤 극대화가 아니라 장기적인 사회적 목표를 동인으로 삼는 것이 기업에 더 좋다는 자각에 기반한 행동이다.

리브 가필드Liv Garfield 세번트렌트 CEO

에드먼스 교수는 기업에 있어 주주 가치와 사회적 책임은 양자택일의 사안이라는 주장에 반박하는 강력한 증거를 제시한다. 트레이드오프가 존재하지만 일방향의 트레이드오프는 없다. 주주에게 좋은 것이 사회에도 좋다는 명쾌한 결론이다. 증거가 중요하다.

오노라 오닐Onora O'Neill 철학자·영국학술원 前 원장

저자는 기업 체제가 사회적으로 광범위하게 퇴색하고 있다는 대중적 수사에 이의를 제기한다. 그러면서 다양한 예시를 통해 무엇이 책임 있는 비즈니스를 만드는지 독자들이 이해할 수 있는 대체적 관점을 제시한다. 술술 잘 읽히는 이 책에서 저자는 기업의 행동에 대한 근거 없는 믿음을 파헤치고, 원칙을 기반으로 기업의 역할에 대해 토론할 수 있도록 새로운 어휘를 제시한다. 정부와 재계, 그리고 언론의 필독서다.

폴라 로스풋 레이놀즈Paula Rosput Reynolds GE·BP·BAE 디렉터

저자는 자신의 삶의 목표를 '철저한 연구를 활용하여 기업 관행에 영향을 미치는 것'으로 정의한다. 이 책은 저자가 이 목표를 달성하는 데 성공했음을 명확히 보여준다. 그는 체계적 증거를 동원하여 기업과 연관된 모든 이해관계자의 가치를 높이는 정책을 수립하기 위한 설득력 있는 사례를 제시한다. 기업과 자본주의에 대한 논쟁이 단기 '제로섬 게임'이라는 팽배한 시각에서 모두가 이익을 얻는 '협업 게임'으로 재구성한 것이 저자의 결정적인 기여다.

빌 제인웨이 Bill Janeway　워버그핀커스 벤처투자가

'책임 있는 자본주의responsible capitalism'에서 기업이 어떤 역할을 할 수 있는지에 새로운 차원의 논의를 제공하는 시의적절한 책이다. 철저한 증거 기반의 접근 방식으로 어떻게 기업이 이윤 추구와 목적을 접목할 수 있는지, 투자자와 다른 이해관계자가 진정한 '윈-윈win-win' 접근법을 추구하는 데 기업이 어떤 역할을 할 수 있는지 다양한 각도로 탐구한다. 저자는 허위로 책임 있는 것처럼 행동하며 공공연하게 알리는 '도덕성 과시virtue-signaling' 사례들을 용기 있게 폭로한다. 수십 년간 수집된 연구를 인용하여 매혹적인 예시들을 제시하는 훌륭한 책이기도 하다. 회의론자들을 납득시킬 뿐만 아니라 옹호자들이 이 방식을 사업에 보다 깊이 접목할 수 있는 새로운 방법을 강구하도록 격려한다.

데임 헬레나 모리시이 Dame Helena Morrissey　금융가·30퍼센트클럽 창립자

사회적 가치를 추구하는 것이 이해관계자들의 행복을 넘어 기업의 생존 가능성을 높여준다는 사실을 보여주는 책이다. 특히 기존의 '파이 쪼개기 사고방식pie-splitting mentality'이 아닌 '파이 키우기 사고방식pie-growing mentality'으로 전환해야 한다는 강력한 논리는 독자에게 큰 울림을 줄 것이라 믿는다. 각 장에서 보여준 체계적인 증거와 구체적인 실행 방안은 사회적 가치에 대한 근본적인 변화를 촉진시킬 것이라 기대한다.

나석권　사회적가치연구원장

우리는 연결되어 있다

이 책이 발간된 직후인 2020년 초부터 2021년 5월 현재까지 인류는 코로나19라는 전대미문의 질병과 싸우는 중이다. 이 기간 동안 코로나19는 기업의 활동을 마비시키고 그간 쌓아온 성과와 가치를 심각하게 훼손했다. 그러나 아이러니하게도 이 어려운 시기에 '기업이 무엇을 위하여 존재해야 하는가'에 대한 깊은 성찰도 활발하게 진행되고 있다. 위기가 기회를 동반한 셈이다.

몇몇 기업은 매우 예외적인 모습으로 사회와 연대했다. 그들은 실직한 노동자를 위해 추가적인 보상책을 마련하거나 다양한 방식으로 공급업체의 자금난에 숨통을 틔워주었고, 물품 기부를 통해 지역사회에 공헌하기도 했다. 그러나 이렇게 직접적으로 자원을 투입하지 않더라도 기업 고유의 경쟁력을 발휘하여 사회의 어려움에 동참한 기업이 많았다.

제약업체들이 단기간에 코로나19 백신과 치료제를 개발하지 않았더라면 펜데믹의 생채기는 더 깊어졌을 것이다. 어느 자동차회사 엔지니어들이 대학 연구팀과 협업해 호흡보조장치를 개발하고 대량생산했다거나, 향수 제조기업들이 알코올 기술로 손제정제를 만들었다거나, 섬유업체들이 마스크와 병원 가운을 제공했다는 등의 미담도 즐비하다. 이처럼 코로나19는 사회적 존재로서 기업의 가치를 현실적이고 급박한 맥락에서 극적으로 드러

냈고, 이 과정에서 주주우선주의에 대한 비판론과 결합하면서 환경·사회·지배구조 담론(이하 ESG)이 전면적으로 부상하는 기폭제가 되었다.

런던비즈니스스쿨의 재무학 교수 알렉스 에드먼스가 집필한 이 책은 ESG 시대를 방향성 있게 헤쳐나갈 수 있도록 도와줄 나침반과 같다. 이 책이 다른 책들과 구별되는 장점은 크게 2가지다. 첫째, 이 책은 과학적 사고와 논증을 통해 사회적 존재로서의 기업의 존재를 역설하고 있다. 에드먼스 교수는 기업의 사회적 목적과 재무적 이윤 추구를 양분하여 사고하는 '이분법'이 기업의 존재론에 대한 오해에서 비롯되었다는 것을 끈기 있게 설득하며, 모두의 파이를 키우는 '파이코노믹스Pieconomics'의 필요성을 강조한다.

이 책은 사회적 가치를 제고하기 위한 기업의 노력이 결국 기업의 파이를 키우고, 궁극적으로 재무적 이윤도 창출한다는 이론과 실제 사례들을 체계적으로 제시한다. 기업의 존재론에 관한 성찰이 주주자본주의의 폐해에 대한 비판으로 이어지는 것은 자연스러운 전개지만 이해관계자자본주의로의 이행 추세가 주주자본주의의 전적인 폐기를 의미하는 것처럼 논의되는 것은 설익은 강변에 가깝다. 이 책은 이러한 오해를 불식시킬 수 있는 포용적이고 통합적인 논의를 제공한다.

둘째, 이 책은 파이코노믹스에 근거한 구체적인 의사결정 지침을 제공한다. 당위에 근거한 그럴듯한 선언으로는 기업의 생존을 담보하기 어렵다. 이 책이 제시하는 곱셈, 비교우위, 중요성의 원칙은 ESG 시대 경영 의사결정의 중요한 지침이 될 수 있을 것이다. 'ESG의 가치에 동의하지만 무엇을 어떻게 해야 할지는 모르겠다'라는 고민을 해본 독자라면 이 책을 'ESG 전략의 전술서'로 읽어도 좋겠다.

그러나 이 책을 ESG 해설서 정도로만 읽는다면 2가지 측면에서 이 책에 담긴 풍부한 논의를 놓치는 것이다. 첫째, 이 책은 파이코노믹스를 구현할 수 있는 현실적인 기제들에 대해 논의한다. 이때 흔히 주주자본주의의 상흔으로 비난받는 경영자 보상, 주주 행동주의, 자사주 매입 등의 이슈들에 대해 파이코노믹스 관점에서 해석과 시사점을 제공한다. 이를 통해 독자는 ESG 논의에서 자칫 왜곡되어 설파될 수 있는 주주자본주의 비판론의 허와 실을 가늠해볼 수 있다.

둘째, 더 나아가 이 책은 기업이 본연적으로 영웅적 정신을 가지고 있다는 '깨어 있는 자본주의conscious capitalism'의 연장선상에서 읽을 수 있다. 기업이 인류가 직면한 공동의 위기를 돌파하는 데 가장 효과적인 무기라고 전제한다면, 기업이 본연의 임무에 충실할 수 있도록 사회가 역할을 분담할 필요가 있다. 이러한 맥락에서 이 책에는 기업을 기업답게 만들기 위하여, 투자자는 투자자답게, 노동자는 노동자답게, 소비자는 소비자답게, 정부는 정부답게, 노력해야 할 실천적 과제가 제시되어 있다.

기업은 사회와, 사회는 기업과 연결되어 있다. 코로나19는 우리 모두가 연결되어 있다는 것을 다시 한번 각성하게 해줬다. 이 책은 우리가 연결되어 있으니 '함께 생존하고 번영하자'는 낙관적인 메시지를 던진다. 이 책을 한국에 소개하기까지 사회적가치연구원의 재정적인 후원을 시작으로 번역가, 감수자의 노고, 매일경제신문사 편집팀의 긴밀한 협조가 필요했다. 이 책을 손에 든 여러분까지 우리는 모두 연결되어 있다. 우리는 함께 생존하고 번영할 것이다.

2021년 5월 1일
이우종 서울대학교 경영대학 교수

자본주의는 위기에 처해 있다

기업의 유일한 사회적 책임은 이윤을 늘리는 것이다.

밀턴 프리드먼 Milton Friedman　노벨경제학상 수상자

우리는 우리의 모든 이해관계자에 대한 근본적인 약속을 공유한다. 우리는 고객에게 가치를 제공하고, 직원들에게 투자하고, 공급자들과 공정하게 거래하고, 그리고 우리가 속한 지역사회를 지원하는 데 노력을 다한다.

기업의 목적에 대한 비즈니스 라운드테이블 Business RoundTable, BRT **성명서**

• • • • •

이사회의 성과를 높이는 가장 효과적인 방법은 주주의 힘을 키우는 것이다.

루시안 뱁척　하버드로스쿨 교수

주주우선주의는 애당초 잘못된 생각이었고 모든 이해당사자들의 요구를 충족하는 데 완전히 실패했다.

마티 립턴 Marty Lipton　미국 로펌 Wachtell, Lipton, Rosen & Katz 창립 파트너

• • • • •

1978년 이후 CEO 보상은 940% 오른 반면, 미국인의 평균 임금인상률은 12%

증가에 그쳤다. 이는 잘못됐다. 부뿐 아니라 일에 대한 보상을 할 때다.

조 바이든Joe Biden 46대 미국 대통령

경쟁력을 갖추기 위해 필요한 노력을 기울이지 않으면 '에어프랑스'는 사라질 것이다. 과도한 임금 인상을 요구하는 승무원, 지상근무 직원, 조종사를 포함한 에어프랑스 모든 임직원이 함께 책임질 것을 촉구한다.

브뤼노 르 마이어Bruno Le Maire 프랑스 경제장관

진보·보수 진영을 불문하고 전세계적으로 정치인과 시민, 심지어 기업 임원들조차도 비즈니스가 보통 사람들에게 유리하게 작동하지 않는다는 데 의견을 같이한다.

2007년 글로벌 금융 위기로 900만 명의 미국인들이 일자리를 잃었고 1,000만 명이 집 없는 신세가 됐다.[1] 이후 경제는 회복됐지만, 열매 대부분은 기업인과 주주에게 돌아가고 근로자의 급여는 제자리에 머물렀다. 2019년 기준 전세계 상위 부자 22명은 아프리카 모든 여성이 가진 부의 총합보다 더 큰 부를 누렸다. 코로나 여파로 이 불평등은 더욱 커질 것이다. 1억 명의 인구가 극심한 빈곤에 내몰리고 있는 가운데 테크기업 억만장자들의 부는 치솟고 있다.[2]

이는 인적 피해뿐만 아니라 지구 환경에도 해악을 끼친다. 2010년 BP사의 딥워터 호라이즌Deepwater Horizon의 시추장치 폭발로 490만 배럴의 기름이 바다로 유출됐다. 미국국립공원 8곳, 생물 400여 종이 위험에 빠졌고, 약 1,000마일가량의 해안선이 파괴됐다. 2015년 폭스바겐은 자동차 배기가스 배출량을 조작하는 '임의설정장치'를 장착했다고 시인했다. 그 결과 대기질 오염 관련으로 유럽에서만 약 1,200명의 사망자가 발생하는 데 일조했다.[3]

2020년 5월에는 호주 광산업체 리오틴토가 4만 6,000년 동안 인간이 지속적으로 점유해온 원주민 푸우투 쿤티 쿠라마와 피니쿠라족의 성지인 쥬

칸협곡을 폭파했다. 이러한 개별 사례를 넘어 전체적으로 보면 기업체가 야기하는 환경 비용은 연간 4조 7,000억 달러로 추산된다.[4]

시민은 반격에 나섰다. 2019년 4월 15일, '멸종저항Extinction Rebellion'이라는 단체는 33개국 80개 도시에서 기후 변화에 항의하며 도로, 교량, 건물을 봉쇄하는 시위에 나섰다. 그 외에도 점령 시위, 브렉시트, 포퓰리즘 지도자들의 당선, 교역 및 이민 제한, CEO 보수에 대한 반란 등 수많은 움직임이 있다. 각각의 대응은 다르지만, 관통하는 정서는 동일하다.

'그들은 우리의 희생으로 이득을 보고 있다.'

이에 따라 기업들도 대응하거나 적어도 대응하고 있는 것처럼 보인다. 기업이 보다 사회에 공헌해야 한다는 '이해관계자 자본주의Stakeholder capitalism'가 오늘날 재계의 화두로 떠오른 것이다. 이해관계자 자본주의는 2020년 다보스에서 열린 세계경제포럼의 주제이기도 했다. 2019년 8월, 미국의 영향력 있는 CEO들의 모임 비즈니스 라운드테이블BRT은 '기업의 목적'에 주주뿐 아니라 이해관계자를 포함시키며 BRT의 사명 선언을 획기적으로 재정립했다.

물론 리더의 진정성은 알 수 없는 노릇이다. 세계경제포럼에서는 기업들이 실제로 좋은 일을 하기보다 좋은 일을 하는 것처럼 보이려고 노력하는 것에 불과하다고 비판하는 사람들도 있었다. 회의론자들은 BRT 사명 선언도 규제를 피하기 위한 홍보였다고 주장한다. 실제로 BRT 성명에 참여했던 기업 중 몇몇은 코로나를 방패로 수천 명을 해고했으며 동시에 투자자에게는 막대한 배당금을 지급했다.

요약하자면 기업은 사회를 착취하고, 시민은 반격에 나섰다. 이에 대해 기업은 규제당국을 속이는 홍보전으로 대응하며 착취를 이어간다. 이 사이클은 수세기 동안 이어져왔다. 19세기 중엽, 카를 마르크스Karl Marx는 자본과 노동 간의 투쟁에 대해 저술했다. 우리는 그 이후로 한편에는 임원과 주주, 다른 한편에는 노동자와 고객을 두고 여론의 동향이 그 사이에서 오락가락하는 것을 목도해왔다.

　스탠더드오일 같은 거대 독점기업을 만들어낸 19세기 후반의 강도 행각을 상기해보자. 정책입안자들은 이 거대 기업의 일부를 해체하는 것으로 대처했다. 1970년대 노동조합의 활동이 정점에 이르렀지만 이를 제한하는 법안이 제정되면서 쇠퇴 일로를 걷게 됐다. 20세기 초반에 부상했던 거대 은행들은 1929년에 닥친 금융 위기와 1933년 은행의 증권 업무를 금한 '글라스-스티걸법Glass-Steagall Act' 규제로 막을 내리게 된다. 글라스-스티걸법 일부는 1980년대 이후 부분적으로 폐지되어, 2007년 금융 위기를 초래하는 원인이 되기도 했다. 우리가 다른 방법을 생각해내지 못한다면 이러한 행태들은 또다시 반복될 것이다.

　그러나 다행히도 다른 방식은 존재한다. 기업은 투자자를 위한 이윤과 사회를 위한 가치를 모두 창출할 수 있다. 따라서 이 책에서는 여러 갈등 요소가 있음에도 불구하고 근본적으로 낙관적인 메시지를 전한다. 맹목적인 희망에 기반한 낙관론이 아니라, 산업 전반과 모든 이해관계자에게 효과가 있다는 철저한 실증과 이를 현실화하는 실행 가능한 틀을 제공한다.

　새로운 접근법의 핵심은 사고를 전환하는 것이다. 지금까지 '기업이 만들어내는 가치는 고정되어 있다'고 상정하는 '파이 쪼개기' 사고방식에서 갈등이 야기됐다. 이런 전제에서 더 큰 파이를 얻을 수 있는 유일한 방법은 그들 몫으로 가는 파이를 줄이는 것이다.

　비즈니스는 '제로섬 게임'이다. 이윤을 극대화하기 위해 CEO는 제품 가격을 올리거나 임금을 삭감하는 방법으로 사회로부터 이익을 취한다. 역으로 우리는 기업이 사회에 도움이 되도록 이윤을 단속해야만 한다. 공정한 분배가 중요하지만 기업을 개혁한다는 것은 단지 파이를 재분배하는 것만이 아니다. 개혁을 추구하면 이윤이 줄어들기 때문이다. 이는 2가지 문제로 이어진다.

　첫째, 개혁으로 회사의 수익성이 떨어진다면 많은 경우 CEO들은 개혁을 자발적으로 이행하지 않을 것이다. 성명에 서명하더라도 실행으로 옮기지는 않을 것이다. 그러면 규제를 통해 기업에 파이 분배를 강제해야 한다. 규제를 통한 강제는 헌신이 아니라 준수로 이어질 뿐이다. 기업은 직원들에게 의미 있는 업무나 기량을 향상시키는 육성 기회를 제공하지 않고도 얼마든지 최저임금법을 준수할 수 있다.

둘째, 이윤이 감소되면 주주에게 해를 끼친다. 기업을 비판하는 사람들은 이에 대해 신경 쓰지 않는다. 투자자는 보통 이름도 얼굴도 없는 자본가로 묘사된다. 하지만 투자자는 '남들'이 아니라 '우리'다. 자녀 교육비를 모으기 위해 저축하는 부모들, 은퇴자의 노후를 위해 돈을 굴리는 연금기금들, 보험금을 충당하기 위해 투자하는 보험회사들이 모두 투자자에 포함된다. 그리고 애초에 투자자가 없으면 사업을 시작할 수가 없다. 투자자는 향후 수익이 발생할 거라는 전망이 있을 때만 투자에 나선다. 따라서 어떤 형태로든 기업 개혁은 사회적 가치 창출뿐 아니라 이윤을 추구해야 한다.

바로 이 점이 책을 통해 이야기하고자 하는 핵심이다. '파이 키우기' 사고방식은 파이 크기가 고정되어 있지 않다. 따라서 이해관계자에게 투자하면 파이가 줄어드는 것이 아니다. 기업은 파이를 키워 궁극적으로는 투자자에게 이익을 줄 수 있다. 기업이 근무 여건을 개선하면 직원들은 보다 높은 의욕으로 생산성을 올릴 수 있다. 약값을 떠나 전염병 확산을 막고자 신약을 개발한 제약사가 결과적으로는 약품 상용화에 성공할 수도 있다. 이러한 가치에 감화된 고객, 직원, 투자자를 끌어들여 결국 회사에 이로운 결과를 가져온다.

이 책에서 나는 새로운 접근법을 소개하고자 한다. 비즈니스와 사회는 적대관계가 아니다. 기업은 주주, 사회 모두를 위해 존재할 수 있다. 파이 키우기 사고방식은 파이가 고정되어 있지 않다는 점을 강조한다. 조직 구성원이 공동의 목표를 기반으로 장기적 관점에 집중할 때 주주, 노동자, 고객, 공급자, 환경, 지역사회, 납세자 등 모든 사람의 몫을 키우는 방식으로 가치를 창출할 수 있다. 따라서 투자자를 위해야 하는가, 이해당사자를 위해야 하는가 사이에서 양자택일할 필요가 없다. 투자자와 사회 모두를 동시에 선택할 수 있다. 이런 윈-윈 사고방식이 이 책의 핵심 내용이다.

통찰력 있는 리더라면 기업을 탈바꿈시키고 파이를 키워 모두에게 득이 되게 할 수 있을 것이다. 적극적인 주주들은 망해가는 기업에 개입하여 파이를 키울 수 있다. 동기부여가 잘된 직원들은 아래에서부터 회사를 혁신하는 방식으로 파이를 키울 수 있다.

결정적으로 파이는 '이윤'이 아니라 '사회적 가치'를 나타낸다. 이윤은 파이의 한 부분이다. 사회적 가치를 일차적 목표로 삼게 되면 이윤 추구를 최종 목표로 삼을 때보다 결과적으로 더 많은 이윤을 얻게 된다. 사회적 가치를 목표하게 되면 장기적으로 지속 가능한 성과를 이루는 투자를 할 수 있기 때문이다.

하지만 처음부터 성과를 예측할 수는 없기 때문에 이윤이 유일한 기준이라면 사회적 가치를 목표로 삼는 프로젝트는 실현이 어려울 것이다. '주주 가치 극대화'는 이론적으로는 매력적이지만 현실적으로는 실행이 불가능하다. 많은 의사결정이 장기적 이윤에 얼마나 영향을 미칠지는 대략적으로도 계산하기 어렵기 때문이다. 파이 키우기 사고방식에서는 계산이 원칙으로 대체됨으로써 불확실성에서 의사결정을 내릴 수 있는 현실적인 지침을 제공한다는 점에서 저력을 발휘한다.

요약하자면 책임 있는 기업은 사회를 위한 가치 창출을 통해서 이윤을 만든다. 이윤에 대한 이러한 긍정적인 효과는 위의 2가지 문제를 모두 해결한다. 투자자는 물론 이해관계자도 이득을 얻는다는 뜻이다. 또한 이는 사업하는 방식을 변화시키고, 기업이 사회에 미치는 영향을 매우 진지하게 받아들이는 것이 곧 기업의 이익에 부합한다는 것을 의미한다. 이윤은 무언가의 가치를 증가시키면서 창출하는 부산물로 시대를 초월하여 인류가 진일보하는 근원이 되어왔다. 기업은 시급히 이를 이행해야 한다. 사회에 공헌하는 것은 기업에 있어 사치나 선택이 아니라 기업의 장기적인 성공에 꼭 필요하다.

이 책의 1부에서는 기업이 왜 존재하는지, 기업이 왜 이윤만이 아니라 사회적 가치 창출에도 초점을 맞춰야 하는지에 대해 논한다. 파이 키우기 사고방식이 파이 쪼개기 사고방식과 어떻게 다른지 '계몽적 주주 가치Enlightened Shareholder Value, ESV' 같은 폭넓은 관점을 다룰 것이다. 또한 파이 키우기 사고방식에 대한 반대 의견도 함께 살펴볼 것이다. 파이를 키우는 작업은 집중과 규율을 요한다. 나는 기업이 어떤 상황에서 프로젝트를 추진하지 말아야 하는지, 또는 불확실한 상황에서 나타나는 불편한 '트레이드오프(2개 가운데 하나를 달성하려면 다른 것을 미루거나 희생해야 하는 이율배반의 관계를 뜻하는 경제 용어_옮긴이)'를 어떻게 조율해야 하는지에 대한 지침이 될 수 있는 원칙들을 제시한다.

여기서 중요한 점은 투자자는 리더가 이러한 원칙을 따르는지를 평가할 수 있다는 것이다. 이를 통해 주주 가치를 계산하지 않으면 기업 리더에게 책임을 물을 수 없다는 우려를 어느 정도 완화할 수 있다. '판단을 통한 실용적인 계산으로 책임을 물을 수 있다'는 점을 결합한 것이 원칙이다.

그런 다음 사회공헌의 결과로 이윤이 창출된다는 아이디어가 몽상이 아니라 현실적으로 성취가능하다는 증거를 제시할 것이다. 이해관계자를 위해서 가치를 창출하는 것은 훌륭한 이상일 뿐 아니라 사업적인 관점으로도 타당하다. 재계에 있는 사람들을 대상으로 사회공헌의 중요성에 대해 강연할 때마다 사람들은 내가 재무학 교수인 것을 놀라워한다. 보통 재무담당자들은 공익 추구를 이윤 창출의 방해물이라고 믿기 때문이다. 트레이드오프가 상당하기 때문에 단기적으로는 맞는 말일 수 있다. 하지만 입증된 장기적 증거에 따르면 이러한 사고방식을 가진 재무팀은 제 역할을 충분히 못하고 있다.

2부에서는 어떻게 파이를 키울 수 있는지에 대해 설명하며 여러 개혁안들이 실효가 없음을 보여줄 것이다. 대부분의 개혁안이 고정된 파이를 쪼개는 방식에 기반을 두고 있기 때문이다. 파이 키우기 관점을 통해 가장 논란이 많은 이슈들을 설명할 것이다. 임원 보수, 주주행동주의, 자사주 매입 등 일반적으로 이해관계자를 희생하면서 CEO와 투자자만 이득을 보게 하는 것이라고 생각하는 정책들이 사실은 파이를 키워 모두에게 이득이 될 수 있는 방안이라는 점을 알게 될 것이다. 단 여기서 중요한 단어는 '될 수 있다'는 것이다. 실제 사례에서 보듯이 이 정책들이 결과적으로는 파이를 키우는 데 종종 실패하기 때문에 어떻게 개선할지에 대해서도 논의한다.

3부에서는 파이를 어떻게 키울 것인가에 대한 현실적인 문제를 다룰 것이다. 먼저 목적의 힘, 즉 기업의 존재 이유와 역할을 강조할 것이다. 목적을 통해 '여러분의 회사가 존재함으로써 세상이 어떻게 더 나아질 수 있는가'에 대한 답을 찾을 것이다. 하지만 실전에 닥쳐 CEO가 단기적인 수익 목표치에 직면했을 때는 어떻게 이 목표를 실행으로 옮길 수 있을까? 3부에서는 이를 달성하기 위해 기업, 투자자, 규제당국 및 시민이 어떤 일들을 해내고, 어떤 책임을 져야 하는지를 논할 것이다.

팽배하게 퍼져 있는 파이 쪼개기식 사고방식은 기업과 사회의 관계에만 적용되는 것이 아니다. 부자들의 재산을 빼앗아 가난한 사람들에게 나눠주는 《로빈 후드의 모험》은 《구두장이와 요정》보다 훨씬 더 유명하다. 이 동화에 나오는 요정들은 다른 누구의 것도 빼앗지 않고 가난한 구두장이가 온전히 구두를 만들 수 있도록 도와준다.

마지막으로 4부에서는 파이를 키우는 아이디어가 국제교역, 인간관계, 리더십 같은 더 넓은 맥락에서 어떻게 작용하는지 논의하면서 이 책을 마무리하고자 한다.

파이 키우기 사고방식으로 전환하려면 무엇이 기업의 장기적인 가치 창출을 촉진하는지 면밀하게 연구하여 입증하는 것이 필요하다. 이러한 증거 기반 접근법은 기업에 대한 일반적인 견해와 상반된다. 일부 견해는 기업에 대한 사례 연구나 스토리를 기반으로 한다. 생생한 스토리는 주제에 생명을 불어넣고 반복적으로 회자된다. 이 같은 스토리는 경영대학 강의, 책, 그리고 TED 강연에서 성공적으로 활용된다.

하지만 내가 '탈진실 세상에서 무엇을 신뢰할 것인가'라는 TED 강연에서 주장했듯이, 어느 관점이든 말하고자 하는 논점을 지지하는 스토리를 얼마든지 취사선택할 수 있다. 그것도 자신의 주장을 선명하게 부각시키기 위해 가장 극단적인 스토리를 선택하고자 하는 동기가 충만하게 작용한다는 점을 기억해야 한다.

'이윤지상주의'를 지지하는 사람들은 이윤지상주의가 얼마나 잘 작동하는지 피력하기 위해서 잭 웰치Jack Welch 휘하의 GE 이야기를 취사선택할 수 있다. 이에 반대하는 사람들은 엔론Enron 사태를 예로 들어 이윤지상주의의 폐해를 지적할 수 있다. GE와 엔론 둘 다 주요 경영대학원들의 단골 사례연구지만, 두 사례만으로 이윤 추구를 목표로 삼아 회사를 경영하는 것이 효과가 있는지는 알 수 없다.

MIT 경영대학원에서 박사과정으로 공부를 시작했을 때 나는 회색 지대에 있었다. 운 좋게 재정적 지원을 받아 비싼 사립학교에 다녔지만, 일부 내 발언이 좌편향적이어서 경제 교수는 내 말이 끝나면 노동당 공식 노래인 〈붉은 깃발The Red Flag〉을 부르곤 했다.

학교 밖에서는 1부 리그 청소년 축구 기자로 활동하면서 축구의 상업화와 선수들의 과도한 연봉을 비판하는 글을 썼는데, 아이러니하게도 졸업 후 투자은행 모건스탠리에서 일하게 됐다. 혼란스러웠지만 좋은 점도 있었다. 어떤 증거가 기존의 견해와 일관되는지가 아니라 이 증거가 얼마나 탄탄한 것인지를 기반으로 내 견해를 형성할 수 있었다. 이 방식 덕분에 나는 거의 모든 논쟁에는 양면이 있으며, 파이의 한 조각만 고려하는 것이 아니라 파이 전체를 고려하는 것이 중요하다는 사실을 깨달았다. 증거를 탐구하는 작업을 통해 이 책의 아이디어가 탄생했다.

스토리와는 대조적으로 증거를 통해서는 수년에 걸쳐 수십 종의 산업, 수천 개 기업의 실제 자료를 활용하여 통찰력을 이끌어낼 수 있다. 상관관계와 인과관계를 구별하고, 어떤 대안적인 설명이 가능한지 살펴볼 수 있기 때문이다. 의학에서 치료에 앞서 진단을 먼저 하듯이, 개혁을 제안하기에 앞서 최상의 증거를 활용하여 자본주의의 문제점을 정확하게 진단하는 것이 중요하다.

하지만 증거의 질적 수준은 천차만별이다. "연구결과 ~라고 밝혀졌다"는 가장 위험한 문구 중 하나다. 어떤 주장이든 입증하기 위해 증거를 취사선택할 수 있기 때문이다. 2016년 영국 하원의 기업 지배구조 조사에서, 내 앞에 증언대에 오른 증인은 "기업 생산성과 최고 경영진, 하위직 직원들 사이의 임금 격차 간에 부정적인 상관관계가 있다"는 연구를 인용하면서 2010년 1월 작성된 미완성 초안 연구를 언급했다. 사실 완성본은 해당 조사가 있기 3년 전인 2013년에 공개됐다. 동료 심사를 거치고 방법론을 보완한 결과 다음과 같은 정반대의 결론이 나왔다.

- 상대적 급여와 직원 생산성 사이에 부정적인 관계가 발견되지 않았다.
- 회사 가치와 경영 성과 모두 상대적 급여에 따라 증가함을 발견했다.

자신의 구미에 맞는 연구를 취사선택해 기존 관점을 뒷받침하는 것은 확증편향 때문에 특히나 위험하다. 따라서 증거에 기반한 견해는 가장 엄격한 심사를 거쳐 저널에 게재된 연구를 기초로 할 것을 고집한다. 제출 논문의 95%를 거절할 만큼 심사기준이 매우 엄격한 저널들 말이다. 위의 예시는 연구의 엄격성을 따지는 것이 학계만의 문제가 아니라 연구의 시사점을 바꿀 수 있는 중차대한 문제라는 점을 역설한다.

이 책에서는 기업에 대한 일반적인 통념을 뒤엎는 많은 놀라운 증거들을 수집하여, 일반적인 견해와 다른 해결책을 제시할 것이다. 사회 공익을 위한 기업의 급여 체계를 개혁하는 데 CEO 연봉 삭감이 가장 효과적인 방법이 아니라는 점을 알게 될 것이다. 단기적으로 주식을 매도하는 투자자가 어떻게 기업의 장기적인 전략을 견인하는지에 대해서도 알게 될 것이다. 또한 현금으로 투자하는 대신 자사주를 매입하는 기업이 어떻게 주주뿐 아니라 경제 전체를 위해 장기적인 가치를 창출하는지도 알게 될 것이다.

증거에 기반한 접근법이 유일한 정답이라는 의미는 아니다. 팩트에 대해서 동의한다고 해도 팩트에 대한 의견은 사람마다 다를 수 있다. 경영진과 직원 간의 높은 보수 배율pay ratio이 직원들의 생산성을 제고할 수 있다고 해도, 불평등 문제를 생산성보다 더 중요하게 생각하는 사람들은 여전히 높은 보수 배율이 바람직하지 않다고 볼 수 있다. 정책입안자, 실무자 및 유권자가 트레이드오프를 완전히 인지하고 정보에 입각한 결정을 내릴 수 있도록 팩트를 표출하는 것이 증거의 역할이다.

사실 독자들이 내 생각에 동의하지 않았으면 좋겠다. 신선한 논쟁이 활발히 이뤄지는 책이 되기를 바라기 때문이다. 그래서 나는 이 책의 주요 제안에 반하는 증거 또한 제시할 것이다.

평균적으로 '사회적책임투자펀드(SRI펀드, 친환경적이거나 윤리적 기업에 투자하는 펀드)'의 수익률이 저조하고, 담배나 술 같은 악덕 산업들이 높은 수익률을 내고 있다는 점을 인정한다. 사회적 기업에 대한 우려와 주주 가치 극대화를 옹호하는 주장도 진지하게 인식할 것이다. 그리고 장기적인 관점에서 기업 이윤으로 전환되지 않는 외부효과도 있다는 점을 강조할 것이다.

이러한 균형은 매우 중요하다. 2020년 세계경제포럼의 〈이해관계자 자본주의 측정Measuring Stakeholder Capitalism〉 보고서는 "목적 지향의 기업은 주주 가치에서 동종 기업을 능가한다"고 주장한다. 해당 자료는 "수많은 연구에도 불구하고 사회적으로 책임 있는 스크리닝이 알파를 창출한다는 결정적인 증거는 찾을 수 없었다"는 문장으로 시작한다. 이는 주장과 상반되는 내용이다.

책임 있는 비즈니스를 옹호하는 사람들은 증거를 잘못 인용할 수 없다. 그렇게 했다가는 CEO들이 사회적으로 책임 있는 행동이 모두 성과를 거둔다고 착각하게끔 오도할 수 있기 때문이다. 책임 있는 행동이라고 해서 모두 성과를 거두는 것은 아니다. 그렇지만 이 책의 증거들은 어떤 행동이 진정으로 파이를 키우고, 어떤 행동은 그렇지 않은지를 분별하는 지침이 될 수 있다.

여기서 다룰 학술 연구는 경제학과 금융을 넘어 조직행동, 전략, 마케팅, 회계까지 아우른다. 행동경제학을 통해 합리성만 가정하지 않고 불확실성을 포함해 표준 모델이 왜 실패하는지 원인도 고려한다. 더 나아가 학술 연구를 보완하는 차원에서 산업과 국가에 걸쳐 미래지향적인 기업과 투자자의 실질적인 성공 사례를 활용하여 생명력을 불어넣을 것이다. 성공 사례뿐 아니라 실패 사례에서도 배울 것이다.

또한 나는 이사, 임원, 투자자, 정책입안자, 이해관계자와 함께 기업에 '목적'을 부여했던 경험을 활용하고자 한다. 그 경험을 통해 목적을 실행하는 데 많은 장애물이 있다는 것을 배웠다. 학문을 통해 얻은 통찰과 현실에서 얻은 통찰을 접목함으로써 이 책의 내용을 보다 철저하고 실행 가능하게 만드는 것이 목표다. 이 책에서 기업의 파이 키우기 방식이 이윤 극대화에 기초한 접근법만큼이나 실행 가능하고, 구체적으로 작동할 수 있으며, 궁극적으로는 더 많은 이윤을 장기적으로 가져온다는 것을 보여줄 것이다.

자, 그럼 본론으로 들어가기에 앞서 주요 용어에 대해 알아보자. 기업을 묘사할 때 사용되는 단어들을 구분하지 않으면 기업이 사회에 공헌하지 않거나 공헌할 필요가 없다는 선입견을 줄 수 있다.

- 기업이 '착취적 독과점'이라고 주장하는 사람은 회사Corporation라고 쓴다. 반면 진취적인 태도로 새로운 제품 및 서비스를 개발하고 직원들을 참여시키기 위한 방법을 강구해 파이를 키울 수 있는 회사는 기업

Enterprise or Company이라고 쓴다.

- 회사의 경영자는 흔히 일상적인 활동을 수동적으로 실행하는 임원진 Executives으로 불린다. 반면 때때로 리더Leaders라는 단어를 사용하여 그들이 어떻게 새로운 전략을 추구하고 직원들을 고무시킬 수 있는지를 강조한다.

- 임원은 보수Compensation를 받는다. 이 용어는 임원이 사회에 공헌하기 위하여 열심히 일할 '내적 동기'가 없다는 것을 가정한다. 그러나 리더는 잘한 일에 대하여 사례Reward를 받는다. 실종자를 찾는 것과 같이 본질적으로 바람직한 것에 대해 적절한 사례를 받는다.

- 종업원Employee이라는 용어는 계약상 고용주의 요구를 따라야 함을 내포한다. 반면 동료Colleagues는 추진하는 일에 함께 힘을 쏟아 기업 성장에 기여하고 성공을 나누는 주체를 말한다.

- 소비자Consumer는 상품을 한 번 소비하면 사라진다. 반면 고객Customer은 장기적으로 기업의 서비스나 상품을 이용하는 주체다.

- 주주는 기업의 주식을 수동적으로 보유하는 주체를 의미한다. 투자자는 적극적인 모니터링이나 경영에 실질적으로 관여하는 활동으로 기업의 장기적 성공에 투자해야 할 책임이 강조된 용어다.

기업, 리더, 사례, 동료, 고객, 투자자라는 용어들은 비즈니스의 인간적인 면과 이를 뒷받침하는 관계를 강조한다. 이것이 파이를 키워 사회 전체를 이롭게 하는 데 중요한 요소라는 점을 알게 될 것이다.

이 책을 읽는 방법

나는 파이 키우기 방식을 통해 사회공헌과 이윤 추구가 모두 가능함을 보여주며 다양한 독자층을 아우르고자 한다. 노동조합이나 이해관계자 등 기업의 사회적 역할을 강조하는 독자뿐 아니라 투자자나 임원 등 전통적으로 이윤을 중시해온 독자층까지 포함한다.

이 책의 아이디어는 기업의 고위 임원부터 팀원들에게 사회적 지향을 심어줄 수 있는 중간 관리자, 실제 아이디어를 제시하는 직원까지 실행에 옮길 수 있는 개념이다. 또한 점점 양극화되는 자본주의를 둘러싼 논쟁 가운데 긍정적으로 양면을 배우고자 하는 기업 밖의 독자들을 위한 것이다.

이 책을 읽는 가장 좋은 방법은 처음부터 순서대로 읽는 것이다. 각 장들은 통합적으로 이어져 있다. 앞 장을 기반으로 다음 장이 전개되고, 여러 장에 걸쳐 내용들이 상호 참조되기도 한다. 하지만 시간적 여유가 많지 않은 독자라면 각자의 목적에 따라 특정 내용을 발췌해서 읽어도 무방하다.

- 1장에서는 파이 키우기 사고방식을 소개한다. 4장에서는 파이를 키우는 것이 투자자와 사회 모두에 가치를 창출한다는 증거를 제시하기 때문에 모든 독자가 반드시 읽어보길 바란다.

- 기업과 직접적인 관련은 없지만 자본주의가 어떻게 작동하는지, 사회에서 기업의 역할에 대해 알고 싶은 일반 독자라면 3, 8, 10, 11장이 유용할 것이다.

- 책에서 제시하는 아이디어를 실행에 옮기기 위한 프레임워크를 찾고 어떤 사업을 추진할지, 어떻게 트레이드오프를 해결할지 등 까다로운 문제를 해결해야 하는 리더라면 2, 3, 8장을 주의 깊게 읽어야 한다.

- 주주가 기업과 어떻게 협력해야 하는지에 대해 궁금하거나 장기적 관점의 지배구조를 설계하는 방법에 관심이 있는 투자자 또는 이사회라면 5, 6, 7, 9장이 유용할 것이다. 책임 투자에 특히 관심이 있는 독자라면 9장을 읽어보길 권한다.

- 무엇이 장기적 가치를 창출하고, 어떻게 최상의 연구결과를 현실에 적용하는지가 궁금한 정책입안자, 재계 리더, 학자 및 기타 독자들은 5, 6, 7장과 10장의 '정책입안자' 섹션에 주목하길 바란다.

- 경영학 전공자, 교수, 실무자 등 강의나 발표, 업무에 활용할 실례를 찾고 있다면, 5, 6, 7장 서두에 등장하는 예시뿐 아니라 2, 3, 8장을 함께 읽을 것을 권한다.

CONTENTS

PART 1

왜 파이를
키워야 하는가?

파이 키우기 사고방식
투자자와 사회 모두를 위한 새로운 비즈니스 접근법

뉴욕 5번가, 센트럴파크가 내려다보이는 노른자 땅에 미국에서 가장 큰 대학병원 마운트시나이Mount Sinai가 있다. 주디스 아버그Judith Aberg는 이 병원의 의사이자 감염내과 과장으로 수백 명의 연구자와 임상의, 직원들을 이끌고 있다. 2014년에는 뉴욕에 있는 1만 명 이상의 HIV 환자를 위해 여러 분야의 의사들을 아우르는 첨단 의학 연구소 개원을 진두지휘했다. 주디스는 일이 무척 힘들었지만 그만큼 보람을 느꼈다.

그러던 2015년 8월 25일, 큰 사건이 터졌다. 주디스는 평소와 다름없이 제약회사에 기생충 감염증인 톡소플라스마증toxoplasmosis의 치료제로 쓰이는 다라프림Daraprim을 추가 발주했다. 그런데 병원의 신용 한도가 부족해서 보낼 수 없다는 뜻밖의 답변을 받았다.

"무슨 착오가 생긴 게 틀림없어!"

주디스는 황당했다. 마운트시나이의 신용한도는 4만 달러였기 때문에 100정이 들어 있는 약 한 병을 사는 데 문제가 있을 리 없었다. 그녀는 다라프림을 공급하는 튜링제약에 전화를 걸었다. 그런데 놀랍게도 튜링제약은 다라프림 한 알의 가격이 13.5달러(약 1만 5,000원)에서 750달러(약 84만 원)로 올랐다는 충격적인 대답을 전했다. 무려 55배나 인상된 것이었다. 약 한 병의 가격이 7만 5,000달러로 병원 신용한도를 넘어섰다.

튜링제약은 제2차 세계대전 당시 독일이 사용하던 암호 체계 에니그마Enigma를 해독한 것으로 유명한 과학자 앨런 튜링Alan Turing의 이름을 따서 2015년 2월에 설립됐다. 튜링은 혁신을 이루기 위한 의욕이 넘쳤지만 튜링제약은 그렇지 않았다. 튜링제약은 대부분의 제약회사처럼 신약 개발보다는 기존 약품을 사들여 가격을 올려 파는 것에 열중했다.

이는 도가 지나친 폭리 전략으로 보일 수 있지만, 튜링제약의 32세 CEO인 마틴 슈크렐리Martin Shkreli에게는 너무나 자연스러운 일이었다. 이민자 출신으로 경비원을 하는 부모 밑에서 가난하게 자란 슈크렐리는 17세 때 CNBC 〈매드 머니Mad Money〉의 진행자 짐 크레이머Jim Cramer가 설립한 헤지펀드 크레이머버코위츠앤드코에서 인턴십을 하면서 인생 역전의 기회를 잡았다.

슈크렐리는 회사에서 우편을 나르는 일로 인턴을 시작했는데, 2003년 3월 31일 체중 감량 약물을 개발하는 리제네론의 임상 시험 결과 효과가 거의 없다는 것을 발견하고는 회사에 리제네론 주식을 공매도하자고 제안했다. 그날 리제네론의 주가 가치가 반 토막 났고, 크레이머버코위츠앤드코는 수백만 달러를 벌었다.

슈크렐리는 이날 일로 이름을 떨치게 되었지만 만족스럽지 않았다. 자신을 위한 수백만 달러를 벌고 싶었다. 그래서 23세이던 2006년 헤지펀드인 엘레아캐피털매니지먼트를 설립했다. 여기서도 주가 폭락에 베팅했지만 잘못된 판단으로 파산에 처했다. 그러나 그는 단념하지 않았다. 2009년 친구 마레크 비에스테크Marek Biestek와 헤지펀드를 설립하면서 자신들의 이니셜을 따 MSMB캐피털매니지먼트라고 이름 붙였다. 그러나 MSMB도 엘레아 못지않은 실패작이었다.

2010년 7월, 펀드가 18%의 손실을 입었을 때 슈크렐리는 펀드 설립 이후 36%의 수익을 올리고 있다고 투자자에게 거짓말했다. 그해 12월 그는 MSMB가 3,500만 달러의 자산을 가지고 있다고 주장했지만 사실은 1,000달러에도 미치지 못했다.[1] 미국 희대의 금융사기꾼 버니 메이도프Bernie Madoff와 비슷한 다단계 사기였지만, 다행히 슈크렐리는 그 정도로 치밀한 사기꾼은 아니었다. 이후 슈크렐리는 "헤지펀드에는 충분한 돈이 없었다"는 미명하에, 반反 바이오테크 투기꾼에서 바이오테크 CEO로 변신하는 데 성공했다.[2] 그는 2011년 3월 제약회사 레트로핀을 설립하고 2015년에는 튜링제약을 차렸다.

헤지펀드보다 바이오테크에서 더 많은 돈을 벌 수 있다고 판단한 슈크렐리는 리스크가 큰 신약 개발이 아닌 의약품을 싸게 사서 가격 인상과 공급 제한으로 이윤을 취하려는 계획을 세웠다. 튜링제약은 2015년 8월 10일 임팩스 연구소에서 다라프림 제조 및 판매권을 5,500만 달러에 사들인 바로 다음날 약 가격을 55배 인상했다.

튜링제약 입장에서는 호재였지만 사회에는 재앙이었다. 톡소플라스마증은 임산부, 노인, 에이즈 환자에게 특히 위험한 질환으로, 제때 치료하지 못하면 발작, 마비, 실명, 심지어는 사망까지 초래할 수 있다. 세계보건기구WHO가 '필수 의약품 목록'에 다라프림의 화학 명칭pyrimethamine을 포함했을 정도다. 하지만 가격 인상 단행으로 이 필수 약품은 어느 병원에서도 비용을 감당하기 힘들어졌다.

주디스는 한 달에 5번 사용하던 다라프림을 1번으로 줄여야 했고, 〈뉴욕타임스〉에서 밝힌 것처럼 '동일한 효능이 없을지도 모르는 대체요법'으로 처방을 이어갈 수밖에 없었다.[3] 주디스는 CNN과의 인터뷰에서 "환자들도 마음이 편치 않고, 의료진인 우리도 마음이 무겁다"고 말했다.[4]

갈취에 가까운 높은 가격만큼이나 크나큰 폐해를 야기한 것이 또 있었다. 바로 달라진 유통망이었다. 튜링제약은 약품인 다라프림을 대형마트 월그린의 약국에서만 유통시켰다. 그것도 일반 매장이 아닌 소수의 전문매장에 가야만 다라프림을 구할 수 있게 했다.[5] 이를 통해 잠재적 경쟁 제약사들이 다라프림을 대체할 더 싼 약품 개발을 봉쇄했다.

파이: 사회를 위해 창출된 가치

파이를 활용하여 슈크렐리의 전략을 설명할 수 있다. 파이는 '기업이 사회를 위해 창출하는 가치'를 나타낸다. 튜링제약의 경우에는 약품에서 창출된다. 사회는 자료 1-1에 나타난 것처럼 7가지 구성원(기업의 이해관계자)으로 되어 있는데, 슈크렐리가 어떤 전략을 채택하느냐에 따라 구성원들은 완전히 다른 파이 조각을 손에 쥘 수 있다.

슈크렐리가 초점을 맞춘 구성원은 이윤을 누리는 투자자였다. 도입부에서 강조했듯이, 주주는 막연한 '그들'이 아니라 구체적 실체가 있는 '우리'다. 따라서 투자자에게 손실을 입히는 것은 사회적으로 큰 악영향을 미칠 수 있다.

2018년 영국 대학교연기금은 175억 파운드 적자를 내고 연금 혜택 축소를 발표했다. 이로 인해 4만 2,000명의 직원이 파업에 돌입했다.[6] 교직원 파업으로 수업 차질을 겪게 된 12만 6,000명 이상의 학생들이 등록금 환불을 요구하는 청원서에 서명하고, 일부 학생들은 배우지 못한 내용을 시험에서 빼달라고 요구했다.[7] 이처럼 투자자는 사회의 중요한 구성원이며, 따라서 이윤이 중요하다. 하지만 투자자만이 유일한 구성원은 아니다. 파이는 이윤 이상의 것을 포함하기 때문이다.

파이는 기업이 동료(직원)에게 주는 가치를 포함한다. 이 가치는 그들

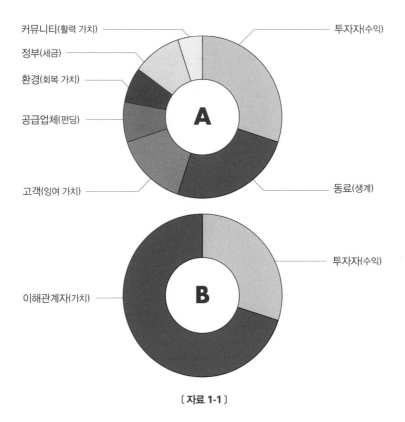

커뮤니티(활력 가치)

정부(세금)

환경(회복 가치)

공급업체(펀딩)

고객(잉여 가치)

투자자(수익)

A

동료(생계)

이해관계자(가치)

투자자(수익)

B

〔자료 1-1〕

의 급여, 교육, 승진 기회, 일과 삶의 균형, 그리고 그들이 소명의식을 추구하고 사회에 영향을 미치는 능력까지 아우른다. 근무 환경과 회사가 직원들의 가정생활에 미치는 영향을 모두 반영하기 위해 '생계'라는 표현을 쓰겠다. 여기에는 육아휴직, 유연한 근무시간, 사무실 밖 추가 업무 등의 이슈들이 관련된다.

파이는 고객이 지불하는 가격보다 더 많이 누리는 가치를 포함하는데, 이것을 '잉여 가치surplus'라고 칭할 것이다. 잉여 가치는 제품이 고객의 장기적인 웰빙에 미치는 영향까지 아우른다. 기업은 식품에 더 좋은 자재를 쓰거나 무상AS를 제공하거나 고객이 감당할 수 있는 가격으로 책정하는 등 활동으로 잉여 가치를 창출한다.

또한 파이는 안정적인 수익원을 제공함으로써 공급자가 창출하는 가치도 포함한다. 공급자들이 버는 수익뿐 아니라 얼마나 빨리 대금을 받는가도 중요하기 때문에 이를 '펀딩funding'이라고 부를 것이다. 파이에는 기업이 자원 사용과 탄소 배출을 줄이고 나무를 심고 재활용을 장려하는 등 긍정적인 조치를 취해 환경에 미치는 가치도 포함한다. 이를 '회복 가치renewal'라고 말할 것이다. 흔히 '보호'나 '보존'이라는 용어가 쓰이는데, 여기서는 '회복'이라는 용어를 통해, '현상 유지만으로는 충분하지 않다'는 점을 강조한다.

그리고 파이에는 기업이 고용기회를 창출하고, 물과 위생에 대한 접근성을 개선하며, 지역 정책으로 노하우나 물품을 기부함으로써 지역사회가 누리게 되는 가치가 포함된다. 이를 '활력 가치vibrancy'라고 부를 것이다.

마지막으로 파이는 조세를 통해 정부에 주어지는 가치가 포함된다. 따라서 기업은 투자자뿐 아니라 동료, 고객, 공급자, 환경, 지역사회 및 정부에도 기여한다. 집합적으로 가치를 향유하는 주체들은 기업의 이해관계자로 통한다. 구성원이라고 하면 투자자, 또는 이해관계자와 사회에 속한 시민들을 일컫는다.*

★ 이해관계자에는 '투자자'를 포함하는 경우도 있다. 정확히 짚고 넘어가자면, 이 책에서의 이해관계자는 투자자를 제외한 구성원들만 뜻하며, 사회는 투자자와 이해관계자를 모두 포함한 개념으로 사용한다.

파이 쪼개기 사고방식

슈크렐리는 파이 크기가 고정되어 있다고 보고 파이를 쪼개는 사람이었다. 이 사고방식에 따르면 한 구성원의 몫을 늘리는 유일한 방법은 다른 구성원의 몫을 줄여서 분배하는 것뿐이다. 모든 구성원이 경쟁자가 되고 각자 가능한 한 많은 파이를 차지하려고 사력을 다한다.

슈크렐리는 투자자의 파이를 늘리려고 했다. 자신이 튜링제약의 상당한 주식을 보유하고 있었을 뿐 아니라 충분한 수익을 내지 못한다면 다른 투자자들로부터 압박을 받기 때문이다. 그는 〈포브스〉를 통해 "투자자들은 내가 이윤을 극대화할 것이라 기대한다"고 밝혔다.[8] 수익 늘리기는 그의 유일한 목표였다. 파이를 고정된 것으로 보는 이상, 적어도 단기적으로 이익을 극대화하는 유일한 방법은 자료 1-2와 같이 다른 이해관계자의 파이를 빼앗는 것이었다.

슈크렐리가 차지한 파이 중에서 가장 많은 비중을 차지한 것은 고객, 환자, 건강보험회사의 파이였다. 또한 동료들의 파이도 빼앗은 셈인데, 신약을 개발하고 싶어 제약사에 합류한 동료들의 뜻과 무관하게 이윤만 추구하라는 지시를 내렸기 때문이다. 더 나아가 그는 공급자의 파이도 빼앗았다. 다라프림의 생산과 판매가 제한되면서 공급 대비 수요가 줄었다. 다라프림을 구하는 것이 어려워지자 환자와 환자 가족, 환자의 주변 사람에게도 영향을 미쳤기 때문에 지역사회의 파이도 빼앗았다.

이보다 더 큰 문제는 슈크렐리가 취한 행동으로 파이의 전체 크기가 작아졌다는 점이다. 다라프림을 구하기 어렵게 만들면서 다라프림을 통해 사회가 누리는 총 혜택이 줄어든 것이다. 그러나 (튜링의 경우처럼) 투자자가 차지하는 파이 몫이 충분히 늘어나면, 자료 1-3처럼 파이 자체의 크기가 줄어들어도 투자자가 차지하는 파이 조각은 커질 수도 있다. 참

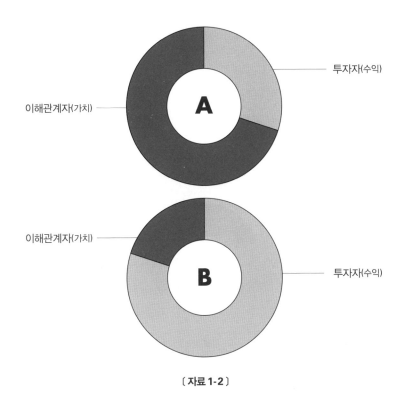

투자자(수익)

이해관계자(가치)

A

이해관계자(가치)

투자자(수익)

B

〔 자료 1-2 〕

고로 구성원이 받는 파이의 %, 즉 상대적 가치를 뜻할 때는 '몫share', 파이 전체 크기로 곱해지는 절대적 가치를 뜻할 때는 '조각slice'으로 쓴다.

이윤 극대화를 추구하는 사람에게 파이를 쪼개는 사고방식은 매력적이다. 비용은 전혀 들지 않으면서 효과는 즉시 나타나기 때문이다. 슈크렐리는 단 1달러의 비용도 들이지 않고 하루 만에 다라프림 가격을 55배나 인상했다. 신약 개발에 따르는 리스크, 미국 식품의약국FDA의 승인 및 마케팅에 필요한 상당한 비용과 시간을 들일 필요가 없었다. 게다가 전적으로 합법이었다. 슈크렐리는 "우리가 했던 것은 모두 합법"이라고 선언하면서 "부도덕하지만 합법적으로 부자가 되기 위한 전략을 쓴 19세기 후반의 악덕 자본가와 내가 비슷하다고 생각한다"고 말했다.[9] 이후

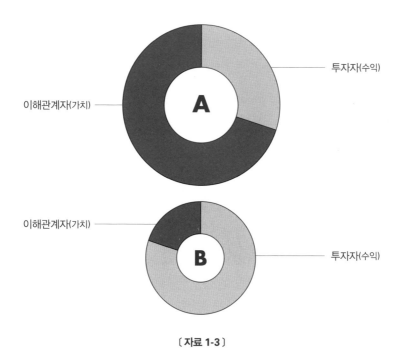

투자자(수익)

이해관계자(가치)

A

이해관계자(가치)

투자자(수익)

B

〔자료 1-3〕

그는 징역 7년형을 선고받았다. 그러나 이는 자신의 헤지펀드에서 증권
사기로 받은 처벌이라 튜링제약의 바가지 가격 인상과는 무관하다.

　도입부에서 어떤 주장을 펼치는 데 필요한 스토리는 언제든 찾을 수
있다고 말한 바 있다. 안타깝게도 튜링제약 사례는 예외적이라고 보기
는 힘들다. 기업은 가격 인상뿐 아니라 고객에게 불필요한 제품을 강매
하는 등의 방식으로 추가 수익을 얻을 수 있다.

　1990년대부터 2010년대 중반까지 영국 은행들은 주택담보대출 등
의 대출을 받거나 신용카드를 만든 고객들에게 지급보호보험을 판매했
다.[10] 실직하거나 갑작스레 질병을 앓게 된 고객의 빚을 대신 갚아 가치
를 창출하는 보험이었다. 하지만 이 보험을 가입해야만 대출 승인을 받
을 수 있다는 잘못된 안내로 130만 명이 강제로 보험에 가입했다. 또한

자영업자 등 절대 해당 보험을 청구할 수 없는 사람들이 가입한 경우도 200만 건이나 됐다. 보험료가 대출 비용의 20%, 때로는 50%까지 붙었음에도 정확히 얼마인지는 거의 공개되지 않았다.[11]

기업은 동료에게서도 착취할 수 있다. 영국 소매업체 스포츠다이렉트는 근로자에게 최저임금에 못 미치는 임금을 지급하고, 병가를 내면 해고한 것도 모자라 '제로시간' 계약을 한 것으로 알려졌다. 제로 시간 계약이란 보상 없이 야근을 강요하면서 이를 받아들이지 않으면 다음 날 일을 주지 않겠다고 협박하는 것이다.[12] 기업은 대금 지불을 최대한 늦추거나 협상력을 무기 삼아 개발도상국의 코코아, 커피, 과일 같은 제품을 최저 가격으로 요구하는 등 공급자의 마진을 쥐어짜낼 수 있다.

앞서 언급된 모든 예시에서 기업은 사회를 '착취 대상'으로 인식한다. 이런 극단적인 사례에서처럼 적극적으로 이해관계자를 착취하지 않더라도, 이해관계자를 무시하거나 이해관계자의 이익을 고려하지 않고 이윤 극대화에만 몰두하는 경향도 있다. GE의 전 회장 겸 CEO 잭 웰치는 이윤 극대화를 성공적으로 추구해 역사상 가장 존경받는 인물 중에 하나로 꼽힌다. 주주 가치 기준으로 GE를 글로벌 기업으로 만드는 것이 웰치의 유일한 목표였다. 그는 주주 이외의 다른 이해관계자를 위하는 것은 비효율을 초래한다고 생각했다.

기업이 사회를 착취할수록 시민은 규제를 통해 자신들의 파이 몫을 보호하라고 정책입안자들을 압박한다. 기업은 이에 대응해 법망을 빠져나가려고 애쓴다. 갈등이 계속되고 있지만, 그럼에도 다른 길은 있다.

1978년 제약회사 머크의 연구원 윌리엄 캠벨William Campbell은 머크가 가축의 기생충 감염을 치료하기 위해 개발한 이버멕틴Ivermectin이 사람이 걸리는 회선사상충Onchocerciasis의 치료제가 될 수 있다는 사실을 알아냈다. 사상충은 강둑을 따라 번식한 흑파리로부터 전파되는 끔찍한 전염병이다. 토양이 비옥하고 물이 풍부한 강둑은 주민들의 삶의 터전이다. 흑파리가 사람을 물면 사상충 유충이 몸속에 들어와 피부 밑에 살면서 60cm에 달하는 성충으로 자란다. 이 애벌레들이 일으키는 가려움증이 얼마나 심한지 일부 환자들은 고통을 참지 못해 자살을 택하기도 한다. 유충이 눈에 침입해서 실명을 일으키는 일도 다반사다. 그래서 강변실명증River Blindness이라고도 불린다.

이 질병의 감염자 수는 이미 1,800만 명에 달하고, 1억 명 이상이 감염 위험에 노출되어 있다.[13] 남미를 비롯한 서아프리카를 중심으로 세계 최빈국 34개국에서 머지않아 풍토병이 될 것이다.[14] 가장 피해가 심한 곳에서는 마을 전체 인구가 15세에 이르면 사상충에 감염되고 30세가 되면 실명한다. 어른들이 실명하면 어린아이들이 어른들의 손을 이끌고 일터로 안내한다. 그 결과 이 지역에서는 성인이 되면 필연적으로 실명한다고 믿었다. 반면 감염 위험을 줄이고자 강둑을 떠났던 가정의 경우에는 충분한 식량을 얻을 수 없었다. 실명과 허기 중에 하나를 선택해야 하는 사회는 어떤 경제 발전도 없는 빈껍데기로 전락하고 말았다.

따라서 윌리엄의 가설은 중대한 발견이었고, 마침내 2015년 노벨의학상 공동 수상이라는 영예를 얻었다. 그러나 1978년 당시에는 그저 하나의 아이디어에 지나지 않았고 엄격한 테스트를 거쳐야만 했다. 윌리엄의 연구 실험에 이어 머크의 또 다른 연구원 모하메드 아지즈Mohammed Aziz는 1981년 세네갈에서 이버멕틴을 활용해 사상 최초로 인간을 대상으로 한 임상시험을 시작했다. 결과는 대성공이었다. 단 하나의 알약으로 완전히 치유되며 부작용도 발견되지 않았다. 임상시험 결과가 너무 좋은 나머지 WHO는 데이터에 오류가 있을 것이라고 생각할 정도였다. 머크는 그 후 몇 년간 다른 아프리카 국가에서도 임상시험을 진행했고 결과는 마찬가지였다. 마침내 1987년에 이버멕틴은 멕티잔Mectizan이라는 브랜드로 의약품 승인을 받았다.

하지만 자금 부족이라는 마지막 걸림돌이 남아 있었다. 서아프리카에 유통 채널을 구축하는 데 200만 달러, 생산 비용으로 연간 2,000만 달러가 더 필요했다. 이미 머크가 쏟아부은 개발비만 수백만 달러에 달했다. 강변실명증에 시달리는 서아프리카는 세계 최빈국 중 하나였다. 원주민들은 진흙으로 엮은 오두막에서 풀로 짠 치마를 입고 사는 사람들이라 돈을 주고 멕티잔을 살 처지가 못 됐다. 빚더미에 앉은 정부도 다를 바 없었다. 당시 머크 CEO 로이 베젤로스Roy Vagelos는 WHO에 자금을 지원해 달라고 요청했지만 거절당했다. 미국 국제개발처와 국무부에도 간청했지만 대답은 같았다.

자금이 필요했던 로이는 마지막이자 극단적인 수단으로 머크 자체를 활용하기로 마음먹었다. 1987년 10월 21일, 로이는 "머크는 멕티잔을 전세계 모든 사람에게 무상으로 제공할 것"이라고 발표했다. 머크는 WHO, 세계은행, 유니세프, 수십 개 국가의 보건당국, 그리고 30개가 넘는 비정부기구들을 모아 멕티잔의 분배를 관리감독하고 후원하는 '멕티잔 기부 프로그램Mectizan Donation Program, MDP'을 설립했다.

표면적으로 보면 약을 무상으로 기부한다는 것은 비정상적인 아이디어다. MDP에 수백만 달러가 쓰일 것이고 이는 머크의 투자자들, 주로 고객(저축자)에 대한 책임이 있는 기관투자자에게 영향을 미칠 수밖에 없었다. 이 투자자는 주식을 처분하거나 주가를 떨어뜨리거나 이사회를 압박해서 로이를 해임할 수도 있었다.

일견 내리기 힘든 결정으로 보이지만, 로이에게는 어려운 결정이 아니었다. 이윤보다 과학을 활용해 사회에 기여하고자 하는 열망이 로이의 원동력이었기 때문이다. 그리스 이민자의 아들로 자란 로이는 가족이 운영하는 식당에서 감자 껍질을 벗기고 설거지를 하며 자랐다. 식당

근처에 위치한 머크연구소의 연구원들과 엔지니어들이 단골이었다. 로이는 머크 직원들이 사람들의 건강 증진을 목표로 개발하는 약품에 대해 흥분해서 하는 이야기를 들으며 자랐다. 로이는 "그들은 멋진 아이디어를 가지고 있었고, 자신의 일을 사랑했으며 열정적이었다",[15] "나는 그들의 열정에 전염되어 화학을 전공하게 됐다"며 그때를 회상했다.[16] 로이의 관심사는 MDP에 소요될 수백만 달러가 아니라 그 약으로 인생이 바뀔 수백만 명의 사람들이었다.

MDP는 대성공이었다. MDP는 가장 오래 지속되고 있는 약품 기부 프로그램 중 하나로 현재까지도 운영되고 있다. 지금까지 아프리카 29개국, 중남미 6개국, 예멘에 27억 개의 치료제가 제공되었고 연간 3억 명이 수혜를 보고 있다. WHO는 MDP 덕분에 중남미 4개국(콜롬비아, 에콰도르, 멕시코, 과테말라)에서 강변실명증이 완전히 사라졌다고 천명했다.

로이의 선택으로 머크의 파이가 커졌다. 커진 파이의 대부분은 서아프리카와 중남미 국가, 지역사회, 시민들에게 돌아갔다. 기부의 결정적 이유는 아니지만 머크에게도 이득이 됐다. MDP는 머크가 사회적 책임감이 큰 회사라는 평판을 쌓는 데 기여했다. 1988년 1월 〈비즈니스위크〉는 머크를 '최고의 사회공헌 기업' 중 하나로 손꼽으며 MDP를 '이례적으로 인도적인 제스처'로 칭했다. 〈포춘〉은 머크를 1987~1993년 7년 연속 '미국에서 가장 존경받는 기업'으로 선정했다. 이는 전무후무한 기록이다.

사회에 공헌하는 기업이라는 명성에 감화된 투자자와 이해관계자가 머크에 몰려들었다. MDP에 드는 비용을 투자자가 부담하는 꼴이었지만, 사실 이처럼 많은 투자자가 재정적 수익 외에 사회적 혜택에도 신경을 쓴다(이에 대해서는 2장에서 논의하겠다). 로이는 MDP를 시작한 뒤 10년 동안 이 프로그램에 불만을 토로한 주주가 단 한 명 없었으며[17] 오히려 MDP 덕분에 머크에 입사했다고 고백하는 동료들의 편지를 많이 받았다고 밝혔다.[18] 이러한 명성에 힘입어 머크는 오늘날 2,000억 달러 이상의 기업 가치를 자랑하는 세계 최대 제약회사로 우뚝 섰다. 투자자도 이익을 봤다. 1978년 이후 머크 주식은 연평균 13%의 수익률을 기록했는데, 이는 S&P500 기업들의 평균 수익률인 9%의 1.5배에 달한다.

파이 키우기 사고방식

로이는 파이를 키우는 사람이었다. 그는 파이를 확장 가능한 것으로 보는 '파이 키우기 사고방식'을 갖고 있었다. 투자자와 이해관계자 모두에게 이익이 되며 나아가 사회를 위한 가치를 창출한다고 믿는 사람들은 파이 키우기를 열망한다. 그렇게 되면 이윤은 자료 1-4에서 보듯이 최종 목표가 아니라 가치를 창출하면서 발생하는 부산물이 된다. 이때 비즈니스는 참가자들 손이익의 합이 0보다 커지는 '포지티브 게임positive-sum'이기 때문에 투자자는 이해관계자의 파이를 빼앗으려고 하지 않고, 이해관계자는 투자자로부터 스스로를 방어할 필요가 없다. 투자자와 이해관계자가 한 팀이 되는 것이다.

나는 이 책에서 '파이 키우기'의 의미를 잘 표현하기 위해 '파이코노믹스'라는 새로운 용어를 쓸 것이다. 파이코노믹스는 '사회를 위한 가치 창출을 통해 이윤을 추구하는 비즈니스 접근방식'이다. 파이코노믹스도 투자자를 중요하게 여긴다. 그러나 파이코노믹스 관점에서 기업은 투자자에게 이미 존재하는 파이의 큰 조각을 주는 것뿐 아니라 파이를 키워 투자자를 이롭게 한다.

파이코노믹스 관점에서 리더는 이해관계자의 이윤을 재분배하는 데 그치지 않고 가치 창출을 통해 이윤을 늘리고 있는지 끊임없이 자문한

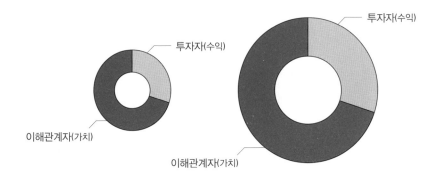

다. 신제품으로 고객의 삶의 질이 실제로 나아지는가, 아니면 고객이 중
독되게 만드는가? 가격 상승은 우수한 품질 때문인가, 아니면 시장 지
배력 때문인가? 기술 발전에 따라 특정 분야에서 일자리가 줄더라도 건
강한 일터를 제공하는 데 매진하고 있는가? 기업이 환경에 미치는 영향
을 무시하고 이윤을 늘리고 있는가?

　파이코노믹스는 리더와 기업의 책임이 무엇인지, 시민이 리더와 기
업에 어떻게 책임을 지워야 하는지에 대한 사고의 전환을 야기한다.
이는 2가지 근본적인 측면에서 전통적인 용어인 '기업의 사회적 책임
Corporate Social Responsibility, CSR'과 다르다.

부수적 활동에서 핵심 활동으로

　첫째, CSR은 CSR 부서에 국한된 활동을 말하며 보통 기업의 핵심 사
업으로 야기되는 폐해를 상쇄하기 위해 자선 기부금 등을 내는 활동을
일컫는다. 파이코노믹스는 핵심 사업에 내재되어 사회공헌하는 것을 주

요 미션으로 삼는다. 따라서 이 책에서는 CSR보다는 기업의 사회적 성과나 목표를 자주 언급할 것이다.

파이코노믹스는 재정적으로 여유가 있는 대기업뿐 아니라 모든 기업에서 실행 가능하다. 파이 쪼개기나 겉만 번지르르한 CSR 활동에 돈을 쓰는 것은 재정적으로 큰 부담을 수반하지만, 기업의 핵심역량에 기반한 수월성이나 경쟁우위를 이용하여 사회적 문제를 해결하는 것은 추가적인 지출을 크게 요구하지 않는다. 즉각적으로 이윤을 창출하지 못한다고 할지라도 사회를 위하여 가치를 창출하겠다는 의지, 그리고 인식의 전환이 필요할 뿐이다.

작위 과실에서 부작위 과실로

둘째로 CSR의 일반적인 금언은 다른 이해관계자의 몫을 빼앗는 "해를 끼치지 말라"다.[19] 그러나 파이코노믹스는 기업이 부정적인 일을 피하기보다 가치를 창출하는 긍정적인 일을 하는 것이 훨씬 더 중요하다고 강조한다. 책임 있는 기업이 된다는 것은 탄소 배출을 줄이기 위해 '이윤을 희생하는 것(파이를 다르게 쪼개기)'이 아니라, 핵심 사업을 '혁신하고 탁월해지는 것(파이 키우기)'이다. 머크가 이버멕틴을 사람의 질병 치료제로 개발한 것처럼 말이다.

반대로 기업이 사회에 기여하지 못하게 되는 것은 리더나 투자자에게 너무 큰 파이 몫을 주는 것 같은 작위作爲의 과실이 아니다. 오히려 부작위不作爲 과실, 즉 관성대로 회사를 운영하거나 현상 유지에 집착하여 파이를 키우지 못하는 것처럼 의무가 있는 행위에 책임을 다하지 않는 것이 주된 원인이다.

1981년 소니가 전자카메라의 원형인 소니 마비카Sony Mavica를 출시했을 때[20] 경쟁업체 코닥은 대응할 수 있는 모든 능력을 갖추고 있었다. 코닥은 1975년에 이미 디지털카메라를 발명하고 특허까지 보유하고 있었다. 하지만 현상 유지에 대한 유혹이 너무나 컸다. 그해 코닥은 매출액 100억 달러를 돌파하며 거의 모든 필름 시장을 석권했기 때문이다. 이런 상황에서 왜 변화를 도모하겠는가? 코닥의 시장정보책임자였던 빈스 바라바Vince Barabba는 연구를 통해 디지털이 필름을 대체할 것이라고 예측했다. 하지만 디지털로 바뀌는 데는 10년 정도 더 걸릴 것으로 예측된 만큼 먼 미래의 일이라고 치부했다.

필름 사업부문을 매각한 아그파, 디지털을 전략적 우선으로 삼은 후지 같은 경쟁사와 달리 코닥은 아무런 조치도 취하지 않았다. 타성에 젖은 코닥은 부작위 과실로 결국 2012년 파산했다. 한때 기업 가치가 310억 달러에 달하고 15만 명의 임직원을 거느렸던 코닥의 위상을 감안한다면 충격적인 추락이었다.

하지만 당시에는 코닥 CEO가 받은 고액연봉이나 자사주 매입 등 오늘날 작위 과실이라고 비난받는 행위에 대한 언론의 질타가 없었다. 대부분은 코닥을 기업의 무책임이나 사회 파괴적 리더십의 사례로 보지 않는다. 임원이나 주주가 공금을 횡령하지는 않았기 때문이다. 그러나 투자자도 손해를 봤다는 사실이 일자리를 잃은 근로자에게 위안이 될 리 없다. 코닥의 임원들은 파이 크기를 줄이면서 모두에게 해를 끼쳤다.

가치 추출에서 가치 창출로

파이코노믹스는 관성으로 기업을 운영하는 방식을 사회를 위한 실질적인 가치를 파괴하는 행위로 본다. 또한 높은 이윤을 내는 데 사회를 희생시킬 필요가 없다고 강조한다. 종종 기업의 높은 이윤은 뉴스 헤드라인을 장식하며 부정적인 여론몰이의 대상이 되기도 한다. 〈타임〉은 "매 60초마다 애플은 당신이 1년 동안 버는 돈보다 더 많은 돈을 번다"라는 제목의 사설을 실은 바 있다.[21]

이것이 바로 파이 쪼개기 사고방식이다. 이해관계자를 착취하려는 경영진뿐만 아니라 기업을 평가하는 시민과 정책입안자들도 이런 사고방식을 가지고 있다는 점이 중요하다. 그러나 높은 이윤을 비판하기 전에 먼저 그 이윤이 어디서 온 것인지 면밀히 따져봐야 한다. 특히 장기적인 관점에서 봤을 때 높은 이윤은 파이를 키우면서, 즉 고객의 삶을 향상시키는 제품을 만들고 동료에게 건강한 직장을 제공하며 미래 세대를 위해 환경을 재생하면서 창출되었을 가능성이 훨씬 높다.

만약 파이 쪼개기 사고방식을 기반으로 한 사회라면 기업 리더는 탁월한 비즈니스를 수행할 때 눈치를 보게 될 것이다. 수익이 과도하게 여겨질 정도로 커지면 성공은 오히려 부담이 된다.[22] 리더는 혁신이나 고객 중심의 경영을 추구하기보다 자신의 연봉을 삭감하거나 거액의 자선기부를 통해 더 많은 칭송을 받을 것이다. 그러나 높은 이윤을 내는 것은 부끄러운 일이 아니다. 이윤과 사회적 가치를 창출하지 못하는 것이 부끄러운 일이다.

마찬가지로 파이 쪼개기 사고방식에 기반한 정책입안자의 목표는 그들의 잣대에서 기업이 너무 높은 이윤을 내지 않도록 하는 것이다. 2019년 2월, 아마존은 제2의 북미 본사를 뉴욕시 퀸스에 짓기로 한 결정을 번복했다. 계획이 성사됐다면 평균 15만 달러 연봉을 받는 일자리가 2만 5,000개에서 4만 개로 늘고, 뉴욕은 275억 달러의 세수원이 됐을 것이다. 지역 내 다른 기업 활동까지 진작시키면서 10만 개의 일자리를 추가로 창출했을 것이며 범죄 감소 같은 연쇄작용으로 도시 전체의 경제가 발전했을 것이다.

그러나 아마존은 파이 쪼개기 사고방식에 기반한 일부 뉴욕 정치인과 주민들의 강력한 반대에 못 이겨 계획을 철수했다. 그들은 아마존을 퀸스에 유치할 경우 아마존이 얻게 되는 30억 달러의 세금 감면 혜택이 지역사회 희생의 결과라고 생각했다. 알렉산드리아 오카시오-코르테즈 Alexandria Ocasio-Cortez 의원은 30억 달러로 지하철 보수공사와 교사 급여 등의 재원으로 쓸 수 있게 됐다며 아마존의 철수를 반겼다.

그러나 이는 전혀 사실이 아니다. 아마존에 대한 세금 감면은 다른 용도의 자금으로 제공하는 '선지급 기부'가 아니다. 결국 파이를 쪼갠 셈이다. 세금 감면은 향후 아마존이 파이를 키워 미래에 납부할 세금에서 감액한 것이다. 아마존 본사를 유치했다면 퀸스는 아마존이 거뒀을 수익의 9배가 넘는 세수를 포함하여 엄청나게 커진 파이에서 오는 혜택을 누렸을 것이다.

오카시오-코르테즈는 트위터에 "불가능은 없다: 헌신적으로 애써준 뉴욕 시민과 이웃이 아마존의 탐욕을 물리친 날"이라고 올렸다. 아마존을 물리쳤다고 해서 퀸스가 이긴 것은 아니다. 파이가 작아졌기 때문에 결국 모두가 진 것이다.

파이 분배는 분명 중요하다. 그런데 애초에 나눌 것이 있어야만 분배가 가능하다. 기업에서 훔친 돈으로 고액연봉을 받는다고 CEO들이 비난받지만, 제대로 일하지 않는 CEO들이 더 많이 훔친다는 점에 주목해야 한다. 즉 고액연봉은 '가치 갈취'로 일컬어지는데, 사실 이보다는 가치를 파괴하는 것이 훨씬 더 심각한 문제다.

S&P500 기업의 평균 CEO 급여는 천 1,400만 달러다. 이는 평균 근로자 임금에 비하면 상당한 액수지만, S&P500 기업의 중간값 규모인 220억 달러에 비하면 적은 액수다. CEO가 100% 초과 급여를 받는다고 해도 1,400만 달러에 불과하다. 만약 해당 CEO가 1%의 기업 가치도 창출하지 못한다면, 이는 2억 2,000만 달러에 달하는 사회적 가치 손실로 이어진다.

사후적 대응에서 사전적 전망으로

단순히 파이 분배 문제가 아니라 파이 크기가 이 책의 중요한 차별점이다. 즉 파이를 키우게 하는 사전 유인책과 사후 평가 간의 차이에 주목해야 한다. 머크의 항암제 키트루다Keytruda는 환자, 생산·판매하는 동료, 생산 요소를 제공하는 공급자 모두의 관점에서 가치를 창출했다. 하지만 머크의 투자자들과 경영진도 큰 이익을 봤다. 키트루다로 머크는 2018년 한 해 동안 72억 달러의 매출을 올렸다. 머크가 보유하고 있는 특허 때문에 다른 제약회사들이 2028년까지 유사의약품을 만들 수 없기 때문이다.

더 큰 사회적 가치를 고려한다면 다른 제약사에서도 키트루다를 생산할 수 있어야 할지도 모른다. 그러면 이익을 보다 균등하게 분배할 수 있다. 다른 기업의 투자자, 직원 및 공급업체도 파이의 몫을 나눠가질 수 있고, 환자 및 보험 회사는 더 낮은 가격이라는 혜택을 누릴 수 있게 된다. 하지만 그렇게 하면 약을 개발하고자 하는 동기가 약화될 것이다.

멕티잔과 마찬가지로 키트루다는 독과점적으로 이윤만 챙기기 위해서가 아니라 암이라는 심각한 질병을 치료할 목적으로 개발됐다.[23] 그러나 신약을 개발하고 승인을 받기까지 많은 비용이 드는 게 현실이다. 한 연구에 따르면 신약 승인까지 평균 약 28억 7,000만 달러가 든다.[24] 대부분의 신약 개발 아이디어는 실패로 끝난다. 드물게 성공하는 사례에서 이윤을 얻을 수 없다면 제약사 입장에서는 애초에 신약 개발 아이디어를 낼 이유가 없다. 이에 대해 머크 CEO 케네스 프레이저Kenneth Frazier는 다음과 같이 말했다.

"상용화에 성공한 약 가격의 90% 이상은 실패한 프로젝트에 대한 비용이다. 상용화에 실패한 약에 대한 비용을 지불할 수 없다면 성공한 약도 나올 수 없다."[25]

사전 유인책과 사후 평가를 대비해 생각해보는 것은 매우 일반적인 접근법이다. 파이를 키우기 위한 유인을 제공하려면 파이를 키운 사람들에게 사후 보상을 해야 할 수도 있다. 파이를 키우는 것이 불확실하고 막대한 손실까지 감수해야 한다면 아마도 불균형적으로 더 많은 몫을 지불해야 할 것이다.

5장에서 더 자세히 설명하겠지만, 이 몫은 파이 성장을 책임지는 모든 구성원들, 즉 리더와 더불어 동료에게도 돌아가야 한다. '성공하면 보상이 주어진다'는 전망으로 위험을 해소해주지 않으면, CEO들은 관성대로 현상 유지에만 힘쓰며 해야 할 일을 하지 않는 부작위 과실을 범할 수 있다. 불평등하더라도 나눌 것이 있는 편이, 균등하지만 나눌 것이 없는 것보다 늘 낫다.

다음 표는 파이코노믹스와 CSR의 주요 차이점을 잘 보여준다.

	파이코노믹스	CSR
리더의 태도	파이 키우기 ⇨ 적극적으로 좋은 일을 한다.	파이 쪼개기 ⇨ 해를 끼치지 않는다.
영향 받는 활동	핵심적	부수적
방지해야 할 과실	부작위 과실	작위 과실
이윤이 인식되는 방식	가치 창출	가치 추출
관점	사전적	사후적

트레이드오프와 작아지는 파이 문제

파이를 키워서 모든 구성원에게 돌아가는 몫을 늘릴 수 있다는 점이 파이코노믹스가 가진 최대 매력이다. 여기에서 '늘릴 수 있다'는 단어가 중요하다. 가치를 창출한다는 것은 보통 트레이드오프를 수반하기 때문에 파이가 커지더라도 어떤 구성원의 파이 조각은 오히려 줄어들 수 있다. 신기술로 고객은 더 나은 제품을 사용하고, 투자자는 더 높은 수익을 누리고, 업무 처리가 쉬워지는 근로자가 있는가 하면 일자리를 잃게 되는 근로자도 생길 수 있다.

1991년 노벨경제학상 수상자인 로널드 코스Ronald Coase가 정립한 '코스 정리Coase Theorem'에 따르면, 파이가 커지는데도 자신의 몫은 줄어들어 손해를 볼 수 있는 구성원들을 위한 보상 대책은 어떻게든 항상 찾을 수 있다.[26] 따라서 손해를 보는 사람은 없게 된다. 적어도 한 구성원은 수혜를 받는다. 이 조화로운 결과는 이탈리아의 경제학자이자 정치학자 빌프레도 파레토Vilfredo Pareto의 이름을 따 '파레토 개선Pareto Improvement'으로 알려져 있다.[27]

단 파레토 개선이 저절로 일어나는 것은 아니다. 리더는 코스 정리가 현실화될 수 있도록 적극적인 조치를 취해야 한다. 이 책에서는 파이 키우기의 중요성을 강조하지만 이윤 배분 또한 중요하다. 그렇지 않으면 손해를 보는 구성원들은 파이 키우기를 반대할 수도 있다. 트레이드오프가 생기는 상황이 발생할 때 파이코노믹스는 비용과 편익의 분배에서 공정성을 보장하여 가능한 한 어떤 구성원이든 파이 조각이 줄어들지 않도록 하는 목표를 가진다. 신기술을 도입하는 기업은 정리해고의 영향을 줄이기 위해 직원들의 전직지원제도나 새로운 능력 개발 교육에 투자할 수 있다. 기술 도입을 통해 얻는 이윤이 줄어든다고 해도 말이다.

공장을 신설하는 기업은 배출량과 소음 공해를 줄이는 데 돈을 쓸 수도 있다. 중요한 것은 파이 조각이 줄어들면 안 되는 구성원에 투자자가 반드시 포함되어야 한다는 점이다. 기업이 전적으로 이윤을 희생하며 이해관계자에게 가치를 제공한다면 파이를 키운다기보다 다른 방식으로 파이를 분배한 것에 지나지 않는다.

기업의 노력과 별도로 두 번째 기준은 충족하지 못할 수도 있다. 전직지원제도와 교육 지원을 받아도 실직자 중에는 새로운 일자리를 찾지 못하는 사람들이 있을 수 있다. 많은 경우 트레이드오프가 실재하고 통제하기 어려울 수 있다.

파이코노믹스에서는 이러한 상황을 어떻게 대처하는가? 파이코노믹스의 관점은 기업들이 파레토 개선을 만들어야 하지만 아무도 손해보지 않도록 '조치'만 취해야 한다고 주장하지는 않는다. 프랑스 철학자 볼테르Voltaire도 지적했듯이 완벽은 선善의 적이다. 반反 기업 비판가들은 특정 행위로 야기된 피해를 강조한다. 하지만 완벽한 결정만 하는 것은 많은 좋은 결정을 내리지 못하는 심각한 부작위 과실을 초래할 것이다. 파이코노믹스는 비록 손해를 보는 일부 구성원이 생기더라도 전체적인 파이를 키우는 조처들까지 포함한다. 구성원과 이해관계자 간의 트레이드오프를 어떻게 조율할지, 리더가 어떤 판단을 내려야 할지에 대해서는 3장과 8장에서 더 자세히 다룰 것이다.

파이를 키우는 기업은 파이 성장으로 얻는 이익을 공유하는 것처럼 파이 감소에 따른 손실도 분담한다. 2009년 초 금융 위기가 닥치자 제조회사 배리웨밀러의 주문량은 단 며칠 만에 40% 줄었다. 이사회는 천만 달러를 절감해야 파산을 면할 수 있다고 결론 내리고 정리해고 논의에 착수했다. 보통 이런 경우 평사원들이 고통을 떠안고 임원들은 자리를 보전한다. 그러나 CEO 밥 채프먼Bob Chapman의 생각은 달랐다. 비서부터 CEO인 자신까지 모든 임직원이 4주간의 무급 휴가를 쓰도록 했다. 임원 보너스 지급이 보류되면서 리더는 추가적으로 타격을 입었다. 이에 대해 밥 채프먼은 "우리 중 누군가가 더 많은 고통을 받는 것보다 우리 모두가 조금씩 고통을 받는 게 낫다"고 말했다.

그 다음해까지 배리웨밀러는 단 한 명의 동료도 해고하지 않았다. 일자리를 지켜줬을 뿐더러 사내 대학에서 수업을 들을 수 있게 지원하며 직원들이 자유시간을 생산적으로 쓸 수 있도록 힘썼다. 일을 쉬는 동안 사람들은 자원봉사를 하기도 하고 자녀들과 더 많은 시간을 보냈다. 그결과 배리웨밀러는 당초 감축 목표액의 두 배인 2,000만 달러를 절감했으며 직원들의 사기를 크게 높이는 효과까지 거두었다.

이와 대조적인 사례가 핀란드 통신회사 노키아다.[28] 2008년 노키아는 불과 몇 년 사이에 핸드폰 가격을 35%나 낮춘 아시아 기업들과 치열한 경쟁에 직면했다. 같은 기간 독일 보훔에 있는 노키아 공장의 인건비는 20%가 올랐다. 결국 노키아는 보훔 공장을 닫기로 결정했다. 공장을 폐쇄하지 않았다면 노키아의 장기적인 생존이 위태로웠을지 모른다. 그러나 이 조치로 2,300명의 근로자들이 일자리를 잃었다.

노키아는 동료의 손실을 최소화하는 데 실패했고, 결국 투자자도 대가를 치르게 됐다. 공장 폐쇄가 발표된 지 일주일 만에 1만 5,000명이 보훔에서 시위를 벌였다. 독일 정부는 보훔 공장 설립에 제공된 지원보조금을 상환하라고 요구했으며 노조는 노키아 휴대폰 불매 운동을 촉구했다. 울먹이는 근로자들과 노키아 휴대폰을 부수는 시위대의 사진이 뉴스와 소셜미디어를 통해 퍼져나갔다. 부정적인 여론의 여파로 노키아는 2008년부터 2010년까지 7억 유로의 매출과 1억 유로의 이윤 손실을 감수해야 했다.

그때 교훈을 얻은 노키아는 2011년 휴대전화사업부의 운영난으로 직원 1만 8,000명을 해고해야 했을 때 다른 방법을 택했다. 노키아는 브리지Bridge 프로그램을 만들어 직원에게 5가지 길을 제시했다. 1) 회사 내다른 사업부에서 일자리 찾기, 2) 전직 프로그램을 통해 다른 회사에서일자리 찾기, 3) 창업, 4) 경영이나 무역 관련 공부 시작하기, 5) 자원봉사 같은 새로운 길 가기. 3, 4, 5번의 방법을 선택할 경우 회사에서 자금을지원하는 계획이었다.

2011~2013년 동안 브리지 프로그램에 5,000만 유로가 들었지만, 구조조정 전체 예산 13억 5,000만 유로에 비하면 새 발의 피였다. 그 결과 1만 8,000여 명의 근로자 중 60%는 계획을 세운 상태로 퇴직했고, 해고가 진행된 13개국 중 어느 나라에서도 항의가 없었다.

공동책임

지금까지 파이 키우기 사고방식을 가진 기업과 파이 쪼개기 사고방식을 가진 기업에 대해 논했다. 하지만 기업은 별개의 독립적인 존재가아니다. 기업은 투자자, 경영진, 이해관계자의 집합체다. 파이 키우기는 경영진만의 책임이 아니다. 모든 이해관계자가 파이를 키우는 데 도움을 줄 수 있다는 점이 결정적으로 중요하다. 물론 로이 베젤로스는 이버멕틴을 무상으로 제공하는 결정을 내릴 수 있는 위치에 있었다. 그러나 동료들도 고용계약서상 명시적으로 요구한 내용이 없고 보상이 따르지 않아도 이 결정에 적극적으로 동참했다. 배리웨밀러가 전사적으로 4주간의 무급휴가를 시행한다고 발표했을 때도 4주간의 급여를 포기할 여력이 없는 동료들을 대신해서 8주간 무급휴가를 쓴 직원들이 있었다.

고객은 대기업의 제품을 사는 안전한 선택 대신 새롭게 시장에 진입한 기업의 제품을 사는 리스크를 감수할 수도 있고, 기업에 제품 개선을 위한 피드백을 하거나 예비 고객에게 도움이 되는 제품 후기를 남길 수도 있다. 지역사회는 '지역이기주의'를 보여주는 시위를 하기보다는 그 지역에 진출하려는 기업에게 지역사회에 어떤 우려가 있는지를 건설적으로 표현할 수 있는 힘을 갖고 있다.

반대로 이들은 파이를 쪼갤 수도 있다. 회사가 새로운 업무 방식을 도입할 때 저항하는 직원이 있다. CEO가 고액연봉을 받는다는 이유만으로 해당 회사에 불매 운동을 벌이는 고객도 있다. 해당 CEO는 가치 창출의 결과로 보상을 받는 것인데도 말이다. 또한 귀찮아서 재활용을 안 하는 고객도 많다. 파이 키우기는 주로 기업 리더의 책임이지만, 모든 시민이 제 몫을 하지 않으면 이를 온전히 달성하는 것은 불가능하다. 이에 대해서는 10장에서 다시 논의하자.

지금 왜 파이코노믹스가 시급한가?

오늘날 기업은 어느 때보다 사회에 대한 책임을 인식해야 한다. 기업의 엄청난 규모, 즉 기업이 고용하는 방대한 인력, 그들을 통해 유통되는 수십억 달러를 감안하면 기업은 사회적 문제를 해결하고, 동료에게 성취감을 주는 커리어를 제공하며, 사회 전반에 편익을 창출할 힘이 있다.

일각에서는 기업이 이 막강한 힘을 이용해 사회문제를 악화시키고, 동료를 착취하고, 엘리트에게만 이익을 준다는 심각한 우려를 제기한다. 2020년 컨설팅기업 에델만의 신뢰도조사에 따르면 응답자의 56%가 '자본주의는 세상을 이롭게 하기보다 해를 더 많이 끼친다'고 믿는다. 경제성장의 혜택에서 배제됐다고 느끼는 인구가 급증하고 있는 것이다. 서민의 소득은 제자리걸음인 반면 이윤과 임원 보수는 크게 늘었다.

사회문제에 영향을 미칠 수 있는 기업의 힘이 커졌을 뿐 아니라 사회문제 자체도 커졌다. 우리는 현재 자본주의의 힘으로 해결하기 어려울 정도로 크고 복잡한 난제에 직면해 있다. 그중 인구 증가와 고령화 같은 일부 문제는 기업 탓이 아니다. 하지만 사회는 기업이 사회문제 해결에도 나서줄 것을 기대한다. 자원 사용, 기후 변화, 자동화로 실직한 근로자 같은 이슈들은 기업이 악화시킬 수도 완화할 수도 있는 문제다.

기업이 사회에 미치는 영향이지만 이윤에 반영되지 않는 결과를 '외부효과'라고 한다. 외부효과는 긍정적일 수도 있고 부정적일 수도 있다. 이버멕틴 기부는 긍정적인 외부효과로 이어지고, 다라프림 가격 인상은 부정적인 외부효과를 초래한다. 기업이 사회에 창출할 수 있는 가치와 사회에서 얻게 되는 가치를 인식하지 못한다면 기업을 운영할 수 있는 '사회적 면허'를 잃게 될 것이다. 날이 갈수록 포퓰리즘이 창궐한다는 사실이 증명하듯이, 기업은 이미 설 자리를 잃었는지도 모른다. 이는 반 기업 규제로 이어지거나 기업의 장기적인 생산성에 해를 끼친다.

전통적인 이윤 극대화 관점은 긍정적이든 부정적이든 외부효과를 모두 무시하지만 파이코노믹스 관점은 모두 적극적으로 고려한다. 파이를 키우는 기업은 사회를 위한 가치 창출을 통해 이윤을 높이는 데 매진한다. 이러한 행동으로 이들 기업은 자본주의에 대한 신뢰를 회복하는 데 도움을 얻는다. 고객에게 진정으로 유익을 주는 제품을 개발하고, 사회적 난제를 해소하며, 동료들과 열매를 공유하는 방식으로 말이다. 이버멕틴 사례에서 봤듯이 기업은 세계에서 가장 심각한 문제 중 일부를 해결하며 사회적 가치까지 창출할 수 있다.

새로운 세대는 사회에 대한 기여를 특히 중시한다. 코로나 발생 직전 영국의 시장조사회사 칸타와 아메리칸익스프레스가 진행한 설문에 따르면 '나는 세상에 긍정적인 변화를 주는 일이 알려지는 것이 중요하다'는 항목에 X세대(1965-1979년생)는 52%가 그렇다고 응답한 반면 밀레니얼세대(1980-1996년생)는 62%가 그렇다고 응답했다.[29] 물론 밀레니얼세대도 이윤의 중요성을 인식하고 있다. X세대(51%)보다 밀레니얼세대(58%)가 '미래의 성공적인 비즈니스가 주주 가치와 이윤을 극대화할 것이다'에 동의하는 것으로 나타났다.

마찬가지로 다국적 회계컨설팅기업 PwC와 국제학생단체 아이섹AIESEC은 PwC가 수행한 CEO 대상 설문조사와 아이섹이 수행한 젊은 리더 대상 설문조사를 결합하는 공동연구를 진행했다.[30] CEO의 32%만이 주주를 이해관계자보다 더 중요하게 여기는 반면 나머지 67%는 이해관계자가 주주보다 더 중요하다고 응답했다. 이와는 대조적으로 젊은 리더의 반응은 각각 46%, 48%로 거의 같았다. 따라서 새로운 세대의 노동자에게 단순한 일자리가 아닌 소명의식을 주기 위해서는 '미래의 비즈니스'가 사회를 위한 가치를 창출하는 것이 중요하다. 이때 파이를 키우는 방식으로 이윤도 함께 창출되어야 한다.

　물론 정유회사와 제약회사가 사회에 기여하는 방식은 다를 것이다. 그렇다면 무슨 행동이 파이를 성장시키는지 어떻게 알 수 있는가? 기업이 사회에 기여한다는 것은 실제로 무엇을 의미하는가? 이 질문들을 3장에서 다루고 8장에서 다시 논하려 한다. 그 전에 먼저 2장에서 사회에 대한 책임을 인정하는 방식에 있어서 파이코노믹스가 다른 접근법과 어떻게 구분되는지 다룰 것이다.

In a Nutshell

- 파이는 기업이 사회를 위해 창출하는 가치를 나타낸다. 사회에는 투자자뿐 아니라 동료, 고객, 공급자, 환경, 정부, 지역사회가 포함된다. 만약 기업이 투자자만 고려하고 다른 이해관계자를 무시한다면, 기업을 운영할 사회적 면허를 잃게 될 것이다. 어쩌면 이미 그 자격을 잃고 있는지도 모른다.

- 파이 쪼개기는 다른 구성원의 파이 조각을 줄임으로써 자신들의 조각을 늘리는 것을 목표로 한다. 가장 일반적인 예로, 기업은 고객에게 바가지요금을 매기거나 근로자를 착취해 이윤을 늘리려 할 것이다. 하지만 이해관계자도 파이 쪼개기 사고방식을 가지고 있을 수 있다. 자신들의 파이 조각을 늘리는 최선의 방식을 이윤을 줄이는 것이라고 생각하는 경우에 말이다.

- 파이 키우기는 보다 나은 제품을 개발하고 직원을 육성하며 환경 회복에 노력하는 등 기업이 사회를 위해 창출하는 가치를 높이는 것을 목표로 한다.

- 파이코노믹스는 사회적 가치 창출을 통해 이윤을 만드는 기업 활동에 대한 접근법이다. 직접적으로 이윤만 추구하는 것보다 더 많은 이윤을 얻을 수 있고, 투자자의 파이 조각을 줄이는 것보다 이해관계자에게 더 많은 가치를 제공할 수 있다.

- 기업이 사회에 기여하지 못하는 원인은 작위의 과실(경영진에게 과도한 급여를 주는 등) 때문이 아니라 혁신을 추구하지 않고 현상 유지만 함으로써 가치를 창출하지 못하는 부작위 과실을 범하기 때문이다.

- 파이를 키우는 것은 트레이드오프를 수반한다. 파이를 키우고자 하는 기업은 먼저 파이의 크기를 늘리는 것을 목표로 하고, 그 다음 가능한 한 어느 구성원의 파이 조각도 줄어들지 않도록 노력해야 한다. 두 번째 목표는 항상 실현 가능한 것이 아닐 수 있으며, 그러한 트레이드오프를 조율하는 데 리더의 판단과 기업의 목적이 중요하다.

파이를 키우면 이윤이 극대화된다

기업에 대한 투자 확대는 궁극적으로 기업의 성공을 촉진한다

'기업은 우선적으로 사회적 가치를 추구하고 이윤은 그다음'이라는 아이디어는 매력적으로 들린다. 하지만 논란이 많기도 하다. 밀턴 프리드먼이 존 메이너드 케인스John Maynard Keynes에 이어 두 번째로 영향력 있는 경제학자라는 점에는 이론의 여지가 없을 것이다. 미국의 리처드 닉슨Richard Nixon 대통령, 로널드 레이건Ronald Reagan 대통령, 영국의 마거릿 대처Margaret Hilda Thatcher 총리 같은 지도자가 그에게 자문했다. 프리드먼은 통화정책에 기여한 공로로 1976년 노벨경제학상을 수상했다. 프리드먼이 주창한 통화정책은 전세계 중앙은행 체계의 토대가 됐다.

하지만 프리드먼의 저작 가운데 가장 많이 인용된 것은 통화정책이나 리서치 기반 연구가 아니라 1970년 〈뉴욕타임스〉에 게재된 "기업의 사회적 책임은 이윤을 증가시키는 것이다The Social Responsibility of Business Is to Increase Its Profits"라는 사설이다.[1] '기업은 최대한 돈을 많이 버는 것에 신경을 써야 한다'고 주장하는 논설은 무려 2만 1,000번이나 인용됐는데, 이는 그의 학술논문 인용의 5배가 넘는 수치다. 일부 리더는 기업의 이윤 우선 추구를 옹호하기 위해 이 논설을 활용하고, 반대로 이를 비판하는

쪽에서는 자본주의의 편협함을 강조하기 위해 이 논설을 언급한다.

프리드먼을 인용한 사람 중 다수는 사설 제목만 읽었을 것이다. 그러나 사실 프리드먼의 주장은 2가지 이유에서 그보다 더 미묘하다.

첫째, 프리드먼은 투자자가 이윤에만 관심을 갖는다고 가정하지 않는다. 안드레아와 미구엘이라는 가상의 인물을 애플 투자자라고 해보자. 안드레아는 암 예방에, 미구엘은 환경 회복에 관심이 많다. 만약 애플이 미국암협회에 많은 돈을 기부를 했다면 안드레아는 이 소식에 흡족하겠지만 미구엘은 그렇지 않을 것이다.

이번에는 애플이 특정 단체에 기부하지 않고 최대한 많은 배당금을 투자자에게 지급했다고 가정해보자. 그러면 안드레아는 배당금 일부를 미국암협회에 기부할 수 있고, 미구엘은 그린피스에 기부할 수 있다.

따라서 프리드먼은 개인에게는 이윤을 넘어 사회적 책임이 있음을 분명히 인정한다. 그는 기업의 사회적 책임은 이윤을 증대시키는 것이라고 주장했다. 그렇게 함으로써 안드레아와 미구엘이라는 개인에게 사회적 책임을 완수할 수 있는 선택의 유연성을 주기 때문이다. 개인으로부터 이러한 결정권을 앗아가는 것은 CEO의 특권이 아니다. 프리드먼은 "만약 CEO가 이런 결정권을 앗아간다면 사실상 세금을 부과하는 것이고, 다른 한편으로는 세금의 사용 목적까지 결정하는 셈이다"라고 말한다.

그러나 프리드먼의 주장은 파이 쪼개기에 기초하고 있다. 그는 애플이 투자자에게서 받는 1달러는 사회에 1달러의 가치만 창출한다고 가정한다. 애플이 기부하든, 미구엘이 기부하든 (세금은 무시하고) 그린피스에 가는 1달러의 가치는 같다. 애플은 자선단체에 기부하는 데 비교우위가 없다.

그러나 사회에 직접적인 영향을 미치는 대부분의 파이 키우기 행동에 그러한 가정은 맞지 않는다. 애플이 플라스틱 포장을 줄이는 디자인에 1달러를 투자하면, 1달러를 배당금으로 지급한 경우나 미구엘이 비닐봉지에 세금을 매기라고 촉구하며 그린피스에 1달러를 기부하는 것보다 환경에 훨씬 큰 도움을 준다.

둘째, 프리드먼의 이윤 극대화 방식을 더 적극적으로 옹호하는 방법은, 기업이 장기적인 관점에서 사회에 기여한다는 사실을 인정하는 것이다. 이 관점에서 이윤 극대화는 사회적으로 바람직하다. 기업들로 하여금 이해관계자에게 투자하도록 만들기 때문이다. 프리드먼은 이러한 투자의 중요성을 인정했다.

"지역사회의 주요 고용주로서 기업이 편의시설을 제공하거나 정부를 개선하는 데 자원을 투입하는 것은 기업의 장기적인 이익에 부합할 수 있다. 그렇게 하면 원하는 인재를 모으는 일이 더 수월해질 것이다."

2018년 8월, 애플이 최초로 시가총액 1조 달러를 돌파하며 세계에서 가장 가치 있는 기업이 된 이유는 무엇일까? 애플이 최고 품질의 제품을 제공함으로써 고객에게 기여했기 때문이다. 우리는 아이폰X의 얼굴인식 ID와 카메라를 당연하게 여긴다. 그러나 이는 애플이 4억 달러 이상을 쏟아 3D 기술을 만드는 프라임센스, 린엑스부터 안면인식 기술 관련 페이스시프트, 이모션트, 리얼페이스 같은 회사를 인수한 결과다. 또한 제품에 문제가 생겼을 때 애플스토어 '지니어스 바Genius bar'에서 무상 수리를 받을 수 있는 A/S는 유명하다.

애플은 동료들을 육성한다. 기업 리뷰 사이트 글라스도어(glassdoor.com)를 보면 애플 직원들의 만족감과 애사심이 넘친다. 애플 직원들은 회사에서 개인적인 발전을 모색할 수 있으며 대기업임에도 스타트업 같은 조직 문화를 누리고, 세상에 긍정적인 영향을 미치는 기회를 향유한다. 물론 애플도 여느 기업처럼 모든 영역에서 완벽하지는 않다(이에 관해서는 4장에서 자세히 다루겠다).

2018년 비즈니스 네트워크 사이트 링크드인 조사에서, 애플은 '미국에서 가장 일하고 싶은 기업' 6위에 선정됐다. 글라스도어에서 '가장 일하고 싶은 100대 기업 리스트'를 선정한 이래, 애플은 유일하게 10년 연속 이름을 올렸다. 이를 통해 애플은 성공을 이끄는 혁신, 전략적 사고, 고객 중심을 가능하게 만드는 인재를 끌어모았다.

애플은 장기적인 관점으로 공급자 관계에 투자한다. 애플은 공급업체들의 혁신을 지원하는 목적으로 50억 달러 규모의 첨단제조기술기금 Advanced Manufacturing Fund도 조성했다. 이 육성 기금을 통해 최고 기술 적용을 목표로 유리 공급업체 코닝에 2억 달러, 글로벌 광통신업체 피니사에 3억 9,000만 달러를 투자했다.

애플은 사무실, 매장, 데이터센터에서 100% 재생에너지를 쓸 정도로 환경보호에 매진하고 있다. 또한 공급자들도 재생 가능한 에너지로 전환하도록 지원하고 있다. 지금까지 23개 업체가 전환하기로 약속했다. 2017년에는 지속 가능한 재료로 만들어진 종이포장재로 100% 전환한다는 목표를 달성했다. 애플의 신형 로봇 데이지Daisy는 9개 버전의 아이폰을 분해해 재활용 부품들을 분류해낼 수 있다.

애플은 글로벌 자원봉사 프로그램을 운영해 지역사회에도 기여한다. 애플은 HIV·AIDS 근절을 위한 사회공헌 프로젝트 PRODUCT RED와 제휴하여 판매수익 일부를 기부하는 제품을 출시하기도 했다.

그 결과 애플은 2015년에서 2017년 사이 각 정부에 350억 달러 이상을 법인세로 납부하는 세계 최대 규모의 납세기업이 됐다. 애플의 실효세율은 2017년 25%, 이전 4년 동안은 26%였다. 이 모든 행위가 파이를 키운다.

파이를 다른 방식으로 분배하는 것이 이윤을 늘리는 가장 빠른 방법

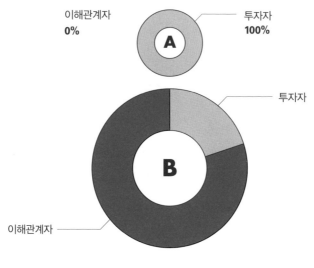

이해관계자
0%

투자자
100%

A

투자자

B

이해관계자

〔자료 2-1〕

이다. 슈크렐리는 다라프림 가격을 급격하게 올림으로써 하룻밤 사이에 이윤을 늘렸다. 그러나 파이를 분배하는 방식은 장기적으로 이윤을 추구하는 데 한계가 있다. 설령 튜링제약이 이해관계자의 조각까지 모두 가져와 전체 파이를 독차지한다고 해도, 절대로 원래 파이 크기보다 더 높은 이윤을 달성할 수 없다. 그러나 파이 크기를 키운다면, 자료 2-1과 같이 잠재적인 이윤은 훨씬 더 커진다.

대부분의 글로벌 기업과 마찬가지로 애플도 세금 부담을 줄일 목적으로 사업체를 특정 국가로 이전한다고 비판하는 사람들이 있다. 이에 대한 애플의 입장은 애플 웹사이트에서 확인할 수 있다. 여기에서 '공정한' 세율 기준이 무엇인지는 논하지 않겠다. 어떤 세율이든 이윤이 높으면 납부할 세금이 늘어난다는 점만 짚고 넘어가자.

프리드먼의 두 번째 주장은 '계몽적 주주 가치Enlightened Shareholder Value, ESV'라는 이윤 극대화에 대한 보다 폭넓은 접근방식의 토대가 된다. ESV

도 파이 쪼개기에 동의한다. 그러나 장기적으로 이윤을 극대화하기 위해서는 파이를 키우고 이해관계자에게 기여해야 한다는 것을 인식하기 때문에 '계몽적'이라는 말이 붙는다. ESV를 옹호하는 저명한 경제학자 마이클 젠슨Michael Jensen은 "중요한 비주주 이해관계자를 무시하거나 홀대하면 조직의 장기적인 시장 가치를 극대화할 수 없다"고 강조했다.

"기업은 고객, 직원, 재정적 지원자, 공급자, 규제당국 및 지역사회와 좋은 관계를 유지하지 않고서는 가치를 창출할 수 없다."[2]

실제로 이해관계자 중심의 기업은 '지속 가능하다'고 표현되는데, 이 말은 단순히 '장기'적인 시점을 의미한다. ESV는 사회적 가치보다 이윤 극대화를 목표로 장기적인 접근법을 취하기 때문에 지속 가능한 관점이라고 주장할 수 있다. 따라서 이 책에서 파이를 키우는 기업에 대해 '지속 가능하다'라는 표현을 쓰지 않고, '목적의식이 있는purposeful' 또는 '책임을 지는responsible'이라고 지칭할 것이다.

(계몽적) 주주 가치의 관점에서는 이해관계자를 중시한다. 일부 회의론자들은 주주 가치 우선주의는 이해관계자를 무시하고 투자자의 탐욕만 채워준다고 희화화하며 공격한다. 그리고 자신들이 생각하는 바람직한 기업 운영방식 이론을 밀어붙인다. 다른 방식은 이미 '허수아비straw man'로 제시해놓았으니, 자신들의 아이디어가 더 우월하다고 주장하는 것은 어렵지 않다. 이렇게 일방적으로 주주 가치를 묘사하는 것은 부정확할 뿐 아니라 도움이 되지 않는다. 파이 쪼개기 사고방식을 오히려 부채질하기 때문이다. 투자자를 이해관계자의 적으로 간주하고, 그들을 제지할 제안을 강구하게 만든다. 사실 투자자는 파이를 키우는 데 있어서 파트너 역할을 하는 주체다.

많은 점에서 ESV는 파이코노믹스와 유사하다. 둘 다 이해관계자에게 투자하는 것이 중요하다는 점을 강조한다(이에 관해서는 3, 4장에서 자세히 설명할 것이다). 하지만 중요한 차이가 있다. ESV는 장기적인 이윤을 증대시키고 부산물로써 사회를 위한 가치를 창출한다고 주장하지만, 파이코노믹스는 반대다. 즉 이윤은 목표가 아니라 결과물이다.

이는 단순히 문장 안에서 단어 순서만 바꾼 것이 아니다. 보다 근본적으로 기업이 왜 존재하는지, 무엇이 기업의 일상적인 결정을 이끌어내며, 기업이 어떤 일에 책임을 져야 하는지에 관한 문제의 차이다. ESV를 옹호하는 사람들도 이 차이점 때문에 파이코노믹스보다 더 우월하다고 주장할 것이다. ESV는 장기적 이윤이라는 측정 가능한 단일 목표를 추구한다. 그 관점으로 보면 파이코노믹스에는 상당히 근본적인 문제가 있는 것처럼 보인다. 파이를 측정할 수 없기 때문이다.

그러나 파이는 여러 개의 다른 조각으로 구성되어 있다. 그중 많은 조각, 즉 지역사회의 활기나 환경 회복 같은 것은 계량할 수 없다. 만일 가능하다 해도 계량하는 방법에 대한 명확한 공식이 없다. 파이코노믹스에는 측정할 수 없는 여러 목표가 있다. ESV는 단일 목표를 추구하기 때문에 이론적으로 2가지 이점을 얻게 된다.

첫째, ESV는 구체적이다. 단 하나의 목표가 있기 때문에 결정하는 단 하나의 확실한 기준이 있다. 장기적으로 이윤을 증대할 것인가만 따지면 된다. 목표가 여러 개일 때는 결정을 내릴 수 있는 확실한 방법이 없다. 어떤 행동이 지역사회의 활기를 도모하지만 환경 회복은 퇴보시킨다면, 이 행동은 사회에 도움이 되는 것일까? 해를 입히는 것일까? 파이를 키우고자 하는 기업은 모든 구성원에게 아무것도 아닌 존재로 전락할 수 있다.

둘째, ESV는 집중적이다. ESV를 이행하는 기업은 단일 목표를 추구하는데, 장기적으로 이윤을 높이는 결과로 이어질 때만 행동을 취한다. 현재 기업의 기준 배출량이 벌금을 내지 않을 수준이라면 저감하려고 노력하지 않을 것이다. 그러나 파이를 키우는 기업은 벌금이 부과되는 수준이 아니더라도 환경보호 차원에서 수백만 달러를 써서라도 조치를 취할 것이다. 이러한 행위는 이윤을 감소시킬 수도 있다.

이 2가지 이유로 파이코노믹스에 반대하는 의견에는 나도 동의한다. 하지만 오히려 나는 이 2가지 이유 때문에 사회 전체뿐 아니라 투자자에게도 파이 키우기 사고방식이 ESV보다 근본적으로 우월하다고 생각한다. 다시 한번 살펴보자. 파이를 키우는 사고방식은 구체성이 떨어질 수 있지만, 수단으로 작동하는 것이 아니라 내재적 동기를 기반으로 한다. 또한 집중도는 떨어질 수 있지만, 단순히 이윤만 따지는 것이 아니라 외부효과도 고려한다.

사회적 가치를 추구하는 것이 직접적으로 이윤을 추구하는 것보다 장기적으로 수익성을 더 높이기 때문에 내재적 동기가 중요하다. 이윤과 더불어 기업이 사회에 미치는 영향도 투자자의 복리에 영향을 주기 때문에 외부효과를 고려하는 것이 바람직하다.

	계몽적 주주 가치(ESV)	파이코노믹스
동기	수단적	내재적
목표	이익	사회적 가치

이 각각의 차이점들을 차례대로 논의해보자.

수단적 vs 내재적

ESV는 이윤 창출을 위해 기업이 수단적인 관점으로 동기부여한다고 믿는 반면, 파이코노믹스는 사회적 가치 창출을 위해 내재적으로 동기부여해야 한다고 믿는다.

ESV 관점에서 기업은 장기적으로 이윤을 증대해 사회에 환원할 때만 이해관계자에게 가치를 창출해야 한다. 모든 행동은 거래고 교환이다. 마이클 젠슨은 이에 대해 "변화를 추진하는 노력은 주주 가치 증대라는 유일한 목적에 따라 이뤄져야 한다"고 명확하게 말한다.[3]

이 관점에서 보면 애플 경영진과 동료는 매일 어떻게 하면 이윤을 극대화할지 고민해야 한다. 이윤 증대라는 목표 하에 애플의 디자이너들은 혁신하고, 애플스토어 직원들은 탁월한 고객 서비스를 제공하고, 경영진들은 새로운 전략적 파트너십 체결에 매진한다. 편협해 보이는 관점일지 모르지만, 중요한 매력 포인트가 있다. 어떤 결정이든 이에 수반되는 트레이드오프를 평가할 수 있는 구체적인 방법을 제시하기 때문이다. 최고의 인재를 유치하고, 지니어스바에서 무료 상담을 제공하고, 로봇 데이지를 개발하는 데는 모두 비용이 많이 든다.

애플은 이와 같이 결정할 때 어떻게 검토할까? 이론적으로는 엑셀 스프레드시트를 만들어 현재와 미래의 이윤에 미치는 모든 영향을 계산할 수 있다. 그다음 미래의 1달러가 현재 1달러의 가치보다 낮다는 사실을 고려한 할인율을 곱해 미래 수익을 현재 가치로 전환한다. 현재와 미래의 이윤을 합산하여 최종 '순현재가치Net Present Value, NPV'가 나온다. 그리고 NPV가 긍정적일 때만 애플은 계획을 추진한다.

수단적 접근법을 통한 이윤 극대화는 이론적으로 타당해 보인다. 그리고 때때로 실제로 효과가 있다. 리더는 주요 의사결정 시 대략적으로라도 비용·편익 검토가 가능할 때 NPV 분석을 활용한다. 그러나 대부분의 의사결정에서 비용과 편익을 추정하는 것은 매우 어렵기 때문에 실제로는 이 방식대로 작동되지 않는다.

간단한 선택을 두고 ESV가 어떤 문제가 있는지 살펴보도록 하자. 동료에게 무료로 사내 피트니스센터를 제공할지를 두고 애플이 어떤 결정을 할 수 있는지 고려해보자. 첫 번째 단계는 피트니스센터 조성에 드는 비용을 계산하는 것이다. 이런 직접 비용은 간단하게 계량할 수 있다. 그러나 직원들이 피트니스센터에서 보내는 시간, 이로 인해 근무시간이 얼마나 줄어들지, 근무시간 손실로 애플의 이윤이 얼마나 감소할지 같은 간접 비용은 수치화하기 어렵다.

피트니스센터로 얻어지는 편익은 계량하기 더욱 어렵다. 사내 피트니스센터가 인재 유치 및 보유에 도움이 될까? 애플에서 인재는 얼마나 큰 가치를 가지는가? 피트니스센터에서 건강관리가 가능해지면 직원들이 아파서 결근하는 횟수가 줄어드는가? 아파서 결근하는 직원들이 회사 비용에 미치는 영향은 어느 정도인가? 피트니스센터에서 다른 부서 직원들과 상호작용이 일어나는가? 모두 답하기 힘든 질문이다. 따라서 피트니스센터의 NPV는 계산할 수가 없고, NPV가 없으면 ESV 관점에서 피트니스센터 조성은 정당화할 수 없다. 수단적 관점으로 의사결정을 할 때는 수치화할 수 있는 결과가 기반이 되어야 한다.

이 예시만 봐도 ESV가 구체적이라는 주장이 어떤 결함이 있는지 잘 보여준다. 이윤은 사후적으로만 측정가능하다. 앞을 내다보며 미래의 이윤을 추정하는 것은 매우 어렵다. 결정을 내린 후 몇 년이 지나서 이윤을 확인할 수 있다는 사실은 결정을 내리는 순간에 어떤 도움도 되지 않는다.

무형자산이 핵심인 세계에서 이 같은 제약은 특히 문제가 된다. 조너선 해스컬Jonathan Haskel과 스티언 웨스틀레이크Stian Westlake가 저서 《자본 없는 자본주의》에서 설명한 바와 같이, 기업의 핵심자산이 공장 등 물리적 자산인 유형자산에서 특허, 브랜드, 지식 등 비물리적 자산인 무형자산으로 변모했다.

무형자산은 2020년 기준 S&P500 기업 가치의 90%를 차지했다. 1975년에는 17% 수준이었다.[4] 가장 중요한 무형자산 중 하나는 이해관계자 자본, 즉 '기업이 이해관계자와 얼마나 견고한 관계를 유지하는가'다. 여기에는 고객이 회사의 브랜드를 얼마나 신뢰하는지, 규제 관련 회사의 평판이 어떤지, 회사 사명에 동료들이 얼마나 전념하는지가 포함된다.

기계 같은 유형자산의 경우 기계가 얼마나 많은 장치를 만들어내고 얼마에 팔릴지에 기초해 이윤을 추정할 수 있다. 이해관계자 자본 같은 무형자산은 이윤 측정이 불확실할 뿐 아니라 미래의 일이다. 증거에 따르면 경영진들은 장기적인 혜택을 계산할 때 필요한 수준보다 훨씬 더 높은 할인율을 적용하는 것으로 나타났다.[5] 따라서 단기적인 효과에 기반해 NPV를 계산하게 된다.

ESV 관점을 따랐다면 애플은 직원들에 대한 많은 투자를 포기했을 것이다. 피트니스센터 같은 대규모 투자뿐 아니라 근로자에게 자원봉사 활동 휴가를 주거나 법정의무 기간 이상으로 육아휴직을 연장하는 결정들도 포함된다. 이러한 작은 조치 하나하나가 근로자 생산성에 미치는 영향은 미미할 수 있다. 하지만 이런 작은 조치들을 하나도 취하지 않을 경우 생산성에 미치는 전체 효과는 상당할 것이다. 이윤은 예측할 수 없는 원천에서 나오므로 이윤 극대화 중심의 사고방식으로는 좀처럼 이윤을 극대화하지 못할 것이다.

이 지점에서 바로 파이코노믹스가 필요하다. 파이를 키우고자 하는 기업은 이윤 증대 수단이 아니라 사회를 위한 가치를 창출한다는 내재적 동기를 기반으로 결정을 내린다. 애플이 피트니스센터에 투자한 것은 직원들의 건강을 생각해서다. 이런 결정으로 애플은 뛰어난 인재를 유치하고 동기를 부여하며, 결과적으로 이윤을 극대화할 가능성이 높아진다. 시작 단계에서는 수치화하지 못했다 하더라도 말이다.

보다 폭넓게 보면, 애플은 1조 달러의 기업 가치를 목표로 삼은 것이 아니라 혁신과 디자인의 경계를 넘는 노력을 통해 결과적으로 가치를 창출했다.[6] 일부 경영진은 재무적 가치와 비재무적 가치를 구분하지만, 파이코노믹스는 장기적으로 거의 모든 가치가 재무적 가치가 된다고 주장한다.

따라서 파이를 키우자는 것은 이윤 증대 목표보다 더 명확하고 실용적인 지침이 되며, 더 많은 투자를 이끌어낸다. 투자를 통해 어떤 영향을 미치는지보다 이해관계자가 어떤 영향을 받게 되는지 판단하는 것이 훨씬 쉽기 때문이다. 대부분의 조치가 장기 주주 가치에 어떤 영향을 미칠지 예측할 수 없기 때문에 '주주 가치 극대화'라는 목표는 소용이 없다.

하지만 피트니스센터를 예로 들면, 동료에게 미치는 영향은 확실하다. 이윤에 미치는 효과는 계산하기 어렵지만, 건강을 유지함으로써 동료들이 누릴 유익은 분명하다. 그리고 동료에게 미치는 영향은 그리 먼 미래의 일도 아니다. 아파서 결근하거나 생산성 저하 같은 건강에 따른 영향은 몇 년 동안 나타나지 않을 수 있지만, 건강을 유지하면서 얻는 이점은 몇 달 안에 나타난다.

파이 키우기 사고방식에 입각해 애플은 본사 건물에 10만 평방피트에 달하는 최고급 피트니스센터를 만들었다. 운동생리학자들이 데이터를 모니터링하고, 북극과 사하라의 여건을 재현하는 3개의 다른 기후 조절 공간도 마련했다. NPV 방식에 따라 투자한 것일까? 그렇지 않다. 애플의 CEO 팀 쿡Tim Cook은 말했다.

"나는 활동적인 사람들에 대한 굳건한 믿음이 있다. 활동적이면 기분도 좋고 에너지도 넘친다. 모두 고객 중심 정신에 입각한 것이다. 회사에서 고객은 우리 사람, 우리 직원이다."[7]

애플의 피트니스센터 예시는 일부러 선택한 단순한 예다. 사내 운동 시설이 직원의 건강을 증진한다는 것은 잘 알려진 사실이기 때문이다. 때로는 사회적 가치를 창출하는 최선의 방법이 명확하지 않기 때문에 강구해내야만 한다. 따라서 파이 키우기의 또 다른 장점은 '혁신을 촉진하는 것'이다. 혁신은 주로 사회에 유익을 제공하는 것을 목표로 하지만, 예상 밖으로 투자자도 이득을 본다.

영국 과자회사 워커스크립스는 탄소 발자국Carbon footprint을 줄이고 싶었다. 2007년 이 회사는 저탄소 배출 경제를 선도하는 영국 기업 카본트러스트와 제휴해 감자 심는 것부터 과자 봉지가 버려질 때까지 자사 감자칩 제품의 전체 수명 주기에 걸친 탄소 발자국을 연구했다. 조사 결과, 탄소 발자국의 상당 부분이 감자를 말리는 과정에서 발견됐다. 감자 건조 비용이 지나치게 높다는 것을 깨달았다. 총 중량 기준으로 감자가 납품되다 보니 농부들이 감자의 수분 함량을 늘렸던 것이다.

이후 워커스크립스는 건조된 무게 기준으로 감자를 납품받기로 했다. 워커스는 2년 만에 감자칩 한 묶음당 탄소 발자국을 7% 줄일 수 있었으며, 이산화탄소 배출량 4,800톤을 감축했다. 이를 통해 전력 사용 비용을 연간 40만 파운드까지 절감할 수 있었다. 친환경적인 노력의 발로로 시작한 연구가 결과적으로는 투자자에게도 수익을 안겼다.

역사에서 가장 위대한 혁신 중 일부는 승산이 거의 없는 상황에서 일어났다. 이윤을 따졌을 때는 가당치도 않을 일이지만, 사회문제를 해결하고자 하는 열망이 이끈 결과였다. 윌리엄 캠벨이 이버멕틴에 대한 가설을 제시한 이후에도 실제로 이버멕틴이 인간에게도 안전하게 효능이 있을 가능성은 희박했다. 임상시험 단계로 넘어가는 것만도 1,000분의 1의 확률이며, 약품으로 최종 승인을 받을 확률은 거기에서 다시 5분의 1이다.[8]

이윤 예측에 기반해서만 결정을 내린다면 리스크 감수는 억제되고 만다. 많은 경우 어떤 결과가 생길지 예상하기 어렵기 때문에 서류상 정당화될 수 없다. 그러나 이윤이 아닌 사회적 가치가 목표가 되면 성공적인 혁신으로 얻게 되는 포상이 크기 때문에 상황이 불리하더라도 도전하고 싶은 동기가 싹튼다. 인간의 삶에 미칠 수 있는 영향은 이윤에 미치는 잠재적 영향을 훨씬 능가했기 때문에 머크는 이버멕틴에 대한 투자를 멈추지 않은 것이다.

지금까지 파이 키우기가 어떻게 궁극적으로 이윤을 증대하는지 논의했다. 반대로 단기 이윤을 증대하는 파이 쪼개기는 파이를 작게 만들고 장기적인 이윤을 감소시킨다. 파이 쪼개기 방식은 때때로 규제당국에 적발되기 때문에 투자자 손실이 발생한다. 2015년 9월 폭스바겐은 50만 대의 자동차에 장착한 임의설정장치를 미국 환경보호청에 밝혔다. 시인 이틀 만에 주식 가치 280억 유로가 떨어지고, 사흘째 되는 날 CEO 마틴 빈터콘Martin Winterkorn이 사임했다. 9개월 뒤 폭스바겐은 미국에서 집단소송 배상합의금으로 147억 달러를 지불했다.

1장에서 언급한 지급보험을 잘못 판매한 영국 은행들도 보상비를 충당하기 위해 485억 파운드를 마련해야 했다.[9] 이처럼 기업이 얼마나 사회에 기여한다고 믿는가에 따라 소비자의 행동이 달라질 수 있다는 점에서 투자자 손실이 발생한다.

복수의 학술 연구를 검토한 결과, 고객의 60%는 사회적 책임을 지는 기업이 만든 제품이라면 가격을 더 지불할 의향이 있고, 다른 제품 대비 평균 17% 더 많이 지불할 수 있다고 응답했다.[10] 반면 사회에 해악을 끼치는 기업은 소셜미디어를 통해 빠르게 확산되는 불매운동에 시달릴 수 있다. 폭스바겐 배기가스 스캔들이 터진 후 며칠 지나지 않아 트위터에서 #boycottvolkswagen이 시작됐다. 이후 12개월 동안 자동차업계 평균 경차 판매량이 매달 7,000대 증가하는 동안 폭스바겐은 월 평균 3,000대 감소했다.[11]

이 같은 작위 과실 사례 외에도 이해관계자에게 투자하지 않는 방식으로 단기 이윤을 증대하는 부작위 과실도 장기적으로 투자자에게 피해를 준다. 요약하면, 만약 기업이 대가로 돌아오는 것이 있을 때만 행동한다면 대가가 아무것도 없다고 예상되는 행위는 취하지 않을 것이다. 예상과 달리 향후 이윤으로 이어질 수 있다고 해도 말이다. 기업이 경쟁사 중 그 누구도 창출하지 않는 가치를 창출해내려면 어느 누구도 하지 않는 투자를 해야 한다. 투자결정이 수학적 계산에 지나지 않은 세상에서 수학적 계산으로 환원할 수 없는 투자를 해야 한다는 의미다.

이윤 vs 외부효과

앞에서 사회적 가치를 제고하는 많은 행동의 부산물로 장기적인 이윤까지 증대한다고 주장했지만 파이를 키우는 모든 행동이 투자자의 파이 조각을 키워준다는 가정은 비현실적일 것이다. 많은 경우 파이를 키우는 행동은 오랜 기간이 지나도 이윤 증대로 이어지지 않는다. 예를 들면 식당에서 쓰는 식자재의 영양성분처럼 어떤 것들은 눈에 보이지 않기 때문에 소비자 불매 운동으로 이어지지 않을 것이다.

눈에 보이는 행동이라도 많은 경우 비용 대비 이윤에는 훨씬 적은 영향을 미칠 가능성이 크다. MDP로 머크의 평판이 높아진 것은 확실하지만 그 효과가 멕티잔 프로그램에 들어간 비용을 능가했는지는 계산할 방법이 없다.

마찬가지로 많은 경우 파이 크기를 줄이는 행위는 장기적으로도 이윤을 감소시키지 않는다. 다라프림 가격 인상은 튜링제약의 평판을 악화시키고, 튜링제약 약품의 향후 구매를 감소시킨다고 생각할 수 있지만, 의사가 약을 처방하거나 환자가 약을 살 때, 그들의 주된 관심사는 약의 효과지 제약회사의 윤리는 아니다. 파이를 줄이는 행동을 해도 오히려 시장 지배력과 로비를 통해 이윤을 낼 수도 있다.

1950년에 처음으로 흡연과 암의 연관성을 밝힌 증거가 나왔음에도 불구하고, 담배회사들은 계속해서 엄청난 수익을 올리고 있다. 2007년부터 2016년까지 마진이 77% 증가했고, 5대 담배기업은 2016년에 총 350억 달러의 이익을 냈다.[12][13]

ESV는 이윤만 고려하는 반면 파이코노믹스는 외부효과를 고려한다. 파이를 키우는 기업은 대부분의 가치 창출 행위가 때로는 장기간의 이익을 증가시킬 수 있지만, 일부는 장기적 이윤으로 이어지지 않을 수 있다는 점을 인식하고 사회적 가치를 창출하는 데 초점을 맞춘다.

자료 2-2에 설명된 트레이드오프를 고려해보자. 상단에 있는 파이는 현 상태를 나타낸다. 회사는 2가지 전략 중 하나를 선택할 수 있다. A전략은 파이를 적당히 키우고 투자자는 전체 이득을 챙긴다. 이해관계자의 파이 조각에는 변화가 없다. 그들은 큰 파이의 작은 조각을 차지한다. B전략은 분배되는 비중은 그대로 유지하되 파이를 크게 키운다. 따라서 투자자와 이해관계자 모두 이득을 얻는다. 그러나 투자자가 얻는 이익은 A전략으로 얻는 이익보다는 작아진다.

4장에서 증거로 제시하겠지만, 장기적으로 이러한 트레이드오프는 일반적이라기보다 예외적이다. 그럼에도 파이코노믹스 관점은 예외를

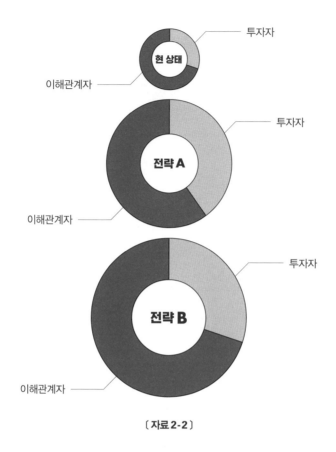

투자자

현 상태

이해관계자

투자자

전략 A

이해관계자

투자자

전략 B

이해관계자

〔자료 2-2〕

인정하고 이에 대처하는 방법을 설명하는 것이 중요하다.

　리더는 어떤 전략을 선택해야 하는가? 얼핏 보면 누구를 위해 회사를 운영해야 하는지 법이 정하는 바에 따라 달라지는 것 같다. 이사회가 져야 할 일차적 책임은 투자자에게 있고, 이차적 책임은 이해관계자에게 있으므로 A전략을 선택해야 한다는 것이 일반적인 견해다. 이는 영국기업법의 근간이 되는 동시에 미국기업법의 공통적인 해석이다. 게다가 아무도 잃는 사람은 없는 상태에서 누군가 얻는 사람이 생기기 때문에 현 상태에서 A전략으로 넘어가는 것은 파레토 개선이다.

파레토 개선은 이상적인 결과로 보이지만, 파이코노믹스 관점에서는 리더가 한 단계 더 나아가야 한다고 주장한다. 파이코노믹스는 '이기고 지는' 문제가 아니라 윈-윈을 추구한다. 중요한 것은 이 접근법이 강제된 법은 아니라는 점이다. 일부 국가, 특히 유럽에서 이사회의 임무는 회사에 관한 것이고, 심지어 미국에서도 주주우선주의에 대한 법정 공방이 있었다. 그러나 이는 법률 체제에 근거한 접근법이 무의미함을 보여준다. 법률은 국가마다 다르기 때문에 일반적인 지침이라는 것이 있을 수 없고 해석의 여지가 있기 마련이다.

파이코노믹스는 단순히 법을 준수하는 차원을 넘어 사회적 가치를 창출하는 것이다. 자료 2-2의 트레이드오프 문제에 있어 법 체제는 중요하지 않다. 법적으로는 투자자가 우선된다 하더라도 기업은 외부효과에 신경을 써야 하고, (A전략을 선택했을 때보다) 이윤이 낮아진다 해도 B전략을 선택할 수 있다.

투자자는 동료이자 고객, 지역사회 구성원이기도 하기 때문이다. 그들은 환경에 영향을 받고, 세금을 내고, 공급업체의 지분을 소유할 수도 있다.[14] 따라서 투자자는 이윤뿐 아니라 기업이 제공하는 생계 수단, 스튜어드십(관리자로서의 책무), 펀딩, 활기, 환경회복, 그리고 세금에도 신경을 쓴다. 사람들이 기업에 투자하는 이유는 무엇일까? 자신의 미래나 아이들의 미래에 대비하기 위함이다.

사람들은 돈의 명목상 가치(몇 달러)가 아니라 돈의 실제 가치(그 돈으로 무엇을 할 수 있는지)에 신경 쓴다는 것이 재무의 기본 원칙이다. 사람들은 몬태나의 생활비가 낮기 때문에 뉴욕에서 살면서 높은 급여를 받는 것보다 몬태나에서 살면서 낮은 급여를 받는 선택을 선호할 수 있다.

마찬가지로 사람들은 은행 잔고를 늘리려고만 하는 것이 아니라 스스로의 풍요로운 노후 준비나 자녀들의 삶의 질을 유지하기 위해 투자에 나선다. 기업이 높은 이윤을 내는 동시에 높은 공해 수준을 일으킨다면 투자자의 수익은 높아질지 모르지만 그들의 삶의 질은 떨어진다. 외부효과가 투자자에게 미치는 영향은 재정에도 나타날 수 있다. 농산품 회사가 지속 불가능한 방식으로 농사를 짓고 식품 가격을 인상하면 투자자도 고객이기 때문에 장기적으로는 금전적 손해를 보게 된다.

그리고 투자자는 이타적인 이유로 외부효과에도 신경을 쓴다. 비록 그들 스스로는 외부효과에 영향을 받지 않더라도 영향을 받는 이해관계자를 염려한다. 투자자는 공장 근처에 살지 않더라도 공장에서 나오는 소음과 지역 대기오염, 지구온난화에 끼치는 영향, 직원들의 처우에도 관심을 가진다. 경제학자 올리버 하트와 루이지 진갈레스Luigi Zingales가 강조하듯이 '주주 복지는 주주 가치와 더불어 외부효과도 포함하므로' 주주가 우선이라도 기업은 2가지를 함께 고려해야 한다.[15]

외부효과는 투자자에게 점점 더 중요해지고 있다. 2018년 기준 미국에서 전문가가 운용하는 투자금액의 4분의 1(12조 원)이 재무적 기준뿐 아니라 사회적 기준으로 주식을 선택하는 사회책임투자SRI 전략에 투자됐다. 이는 2016년에 비해 38%나 높은 수치로, 1995년에 비해서는 18배나 높다.[16] 이는 미국만의 현상이 아니다. 세계 최대 연기금인 일본정부연금투자기금은 2018년 SRI 투자를 지분 포트폴리오의 3%에서 10%로 총 90억 달러로 늘렸다.

또한 사회적으로 책임감 있는 것으로 분류되지 않는 많은 주류 투자사도 외부효과를 진지하게 받아들이고 있다. 2019년 3월, 총 86조 3,000억 달러의 자금을 운용하는 2,372개의 투자사가 기업의 비재무적 요소인 '환경, 사회, 지배구조Environmental, Social and Governance, ESG'를 투자 결정에 포함시키겠다며 '책임 있는 투자를 위한 유엔 원칙UN Principles for Responsible Investment'에 서명했다. 2006년 이 원칙이 제정됐을 당시 63개의 투자사,

운용자산 6조 5,000억 달러와 대비해 크게 증가한 것을 알 수 있다.

더욱이 기업 결정이 이윤으로 전환되지 않는 외부효과를 만들어낸다고 하더라도 예상치 못한 방식으로 내재화될 수도 있다. 앞에서 논의했듯이 직원의 건강에 투자하는 사례처럼 기업에 궁극적으로 영향을 미치는 결정이 있으나 그 결과는 예측하기가 어렵다. 만약 외부효과가 비즈니스 전반에 영향을 미친다면, 그 효과를 예측하기는 더욱 어렵다. 때문에 리더는 더욱더 그 영향을 외부효과로 생각하고 싶은 유혹을 느낄 수 있다. 이상 기후 발생을 높이는 환경적 외부효과는 식품산업과 천연자원산업에 영향을 미친다.

미국 석유회사 셰브론은 2006년 하반기 허리케인 카트리나와 리타 영향으로 석유와 가스 생산이 줄면서 14억 달러의 손실을 봤다. 언뜻 보면 연결이 쉽지 않겠지만 날씨로 공급망에 차질이 생기면 제조업에 영향을 미칠 수 있다. 일본 자동차기업 혼다는 태국에서 발생한 홍수로 공장이 침수돼 복구에만 2억 5,000만 달러 이상이 들었다.[17] 탄소정보공개 프로젝트의 연구에 따르면 기후 변화로 215개의 세계 최대 기업이 입을 수 있는 잠재적 손실이 1조 달러에 달한다.[18]

무임승차 문제는 외부효과가 궁극적으로 이윤으로 전환된다 해도 기업이 외부효과를 무시해야 함을 의미한다. 개별 기업은 수천 개 기업 중 하나에 불과하기 때문에 환경에 미치는 영향은 미미하다. 그러나 딥워터 호라이즌 재난처럼 개별 사례도 광범위한 영향을 미칠 수 있다.

시민이 기업을 사회에 기여하는 주체로 인식하지 않는다면 정책입안자에게 기업규제안 통과를 촉구하거나, 연구개발R&D 같은 기업 보조금 또는 유한책임 같은 법적 보호 등에 대한 지지가 약화될 수 있다는 점이 두 번째 피드백 채널로 작동할 수 있다. 다시 한 번 말하지만 개별 기업은 무임승차 사고방식을 채택하고 싶은 유혹을 느낄 수 있지만 실제로 그렇게 작동하지 않는다. 서론에서 논의한 바와 같이, 기업에 대한 대중의 인식은 평균적인 기업이 아니라 개별 사례로 형성된다. 단일 회사의 행위는 기업에 대한 대중의 인식에 상당한 영향을 미칠 수 있다.

다라프림 가격 인상 직후 2016년 미 대선 후보였던 힐러리 클린턴은 트위터를 통해 "특수 의약품 시장에서 가격을 부풀리는 것은 말도 안 된다"면서 당선되면 약값에 250달러 상한선을 정하겠다고 공약했다. 이 말 하나로 나스닥 바이오주의 150억 달러가 증발해버렸다. 폭스바겐 스캔들은 독일 전체 자동차 산업에까지 불똥이 튀어 국제적 명성에 금이 가고 말았다. 이듬해 미국에서만 BMW, 벤츠 등의 매출이 37억 달러 감소했다.[19] 현재 독일 정부는 자동차업계의 규제 수위를 높이는 방안을 검토 중이다.

존 브라운John Browne, 로빈 너탤Robin Nuttall, 토미 스태들렌Tommy Stadlen은 공저 《Connect》에서 '일반적으로 회사 가치의 30%가 규제로 위태롭다'는 맥킨지 연구를 인용한다. 여기에는 사회에 공헌하지 못하는 기업으로 인식될 경우 적용되는 징벌적 규제에 따른 '다운사이드 리스크downside risk', 사회에 긍정적으로 기여함으로써 규제 완화를 통해 얻는 '업사이드 이익upside gain'까지 포함된다.

외부효과는 대중의 인식에 중대한 영향을 미친다. 많은 나라에서 투자자에게는 결정권이 있고 이사회 위원을 선임한다. 따라서 이사회 위원의 주된 법적 책임도 투자자에 대한 것이다. 투자자는 선행 투자를 요하면서 항상 이윤을 극대화하는 것도 아닌 파이코노믹스에 반대할 수 있다. 그러나 기업이 사회 전체를 이롭게 하는 형태의 비즈니스를 시급히 받아들이지 않는다면 시민은 규제 변화를 추진할 것이고, 투자자는 그들이 가진 권리를 누리지 못하게 될 것이다.

외부효과는 중요하지만 이윤만큼 중요하다는 의미가 아니라는 점에 유의하자. 따라서 리더는 외부효과를 이윤과 똑같이 취급하여 파이 크기에만 집중해서는 안 된다. 큰 파이를 만들면서도 투자자에게 작은 조각을 주는 기업은 애초에 펀딩을 받을 가능성이 없다. 이에 관해서는 3장에서 투자자와 이해관계자 사이의 어려운 트레이드오프를 어떻게 헤쳐갈 수 있는지 CEO에게 지침이 되는 3가지 원칙을 제시할 것이다. 이러한 원칙을 통해 리더는 더 큰 파이를 만들려면 이윤을 희생해야 할 때도 있다는 사실을 보여줄 것이다(자료 2-2의 B전략 선택). 하지만 이해관계자의 이익이 투자자의 손실을 능가할 정도로 충분하지 않기 때문에 트레이드오프가 이뤄져서는 안 되는 경우도 존재한다.

파이코노믹스 VS 트리플 보텀 라인

마지막으로 파이코노믹스와 트리플 보텀 라인Triple Bottom Line, TBL(기업 이익, 환경 지속성, 사회적 책임이라는 3가지 기준으로 기업 실적과 성과를 측정하는 비즈니스 원칙_옮긴이)의 차이를 짚어보며 마무리하고자 한다. '기업은 재무 손익이라는 단일의 보텀 라인을 가진다'고 가정하는 ESV와 달리 TBL은 환경 지속성, 사회적 책임이라는 보텀 라인도 있다고 주장한다.

파이코노믹스와 TBL은 목적이 유사하다. 둘 다 사회적 가치를 목표로 한다. 1994년 존 엘킹턴John Elkington이 TBL을 주장한 이후, 기업들은 사회적 가치를 진지하게 생각하고 사회에 대한 기여를 측정하게 됐다. 다만 동기부여에 관해서는 차이를 보인다. 내재적으로 동기부여가 되는 파이코노믹스와 달리 TBL은 적어도 일반적인 실행 사례를 볼 때 수단적 동기가 작용한다.

엘킹턴은 2018년 TBL 개념인 '리콜'을 제안했다. 그는 TBL이 본래 취지대로 사고방식의 변화를 꾀하기보다는 기업의 사회·환경적 기여도를 측정하는 회계 체계로 활용되어 왔다고 주장했다.[20] 이는 수단적 동기부여로 이어진다. 따라서 리더는 사회적 또는 환경적 보텀 라인에 수량화할 수 있는 영향을 미치는 경우에 행동을 취한다. TBL은 리더가 단기적인 성과로 이어지는 투자나, 보고가 용이한 정량적 결과로 나오는 투자에 치중하게 만든다.

또한 기업은 기존 일자리의 질을 향상시키기보다 더 많은 일자리를 창출하는 데 노력한다. 일자리 창출이 측정하기 더 쉽기 때문이다. 이해관계자는 목적을 위한 수단으로 남는다. 비재무적 목적이긴 하지만 단기적이고 정량적인 목적이다. 반면 파이코노믹스에서 리더는 정량적인 결과 도출에 제약받지 않고 이해관계자를 위한 가치를 창출할 만한 여지가 있다. 이는 회계 체계라기보다 사업에 대한 태도와 접근방식이다.

8장에서 기업이 사회를 위해 창출하는 가치를 보고하는 것이 얼마나 중요한지를 강조할 것이다. 그러나 개선된 이해관계자 측정지표는 개선된 이윤과 마찬가지로 최종 목표라기보다 부산물이다. 기업은 보고 가능한 지표에 기초하여 투자하기보다 이해관계자에게 투자하고 사후 결과를 보고해야 한다.

파이코노믹스와 TBL의 가장 큰 차이점은 파이 키우기 사고방식이다. 엘킹턴은 "(TBL을) 초기에 받아들인 많은 사람은 TBL의 절차를 이해관계가 얽힌 개인·단체 사이의 갈등을 조정하는 절차로 보고 트레이드오프 사고방식을 채택했다"고 지적했다. TBL은 기업이 이윤, 환경, 사회 사이의 균형을 달성하도록 돕는 데 활용되지만 파이는 고정된 것으로 상정한다. 즉 재무적 성과가 높지만 환경적·사회적 성과가 미미하면 작위 과실로 볼 수 있다. 마치 환경과 사회를 희생시켜서 이윤을 얻은 것처럼 말이다.

이와 대조적으로 파이코노믹스에서는 파이 크기가 고정되지 않으며 균형보다 성장을 우선시한다. 파이가 커짐에 따라 어느 누구의 파이 조각도 줄어들지 않게 하는 일도 중요하지만, 파이 분배가 균등하지 않더라도 아예 성장하지 않는 것보다 나은 경우가 대부분이다.

- 이윤 증대가 기업의 사회적 책임이라는 밀턴 프리드먼의 주장은 알려진 것보다 훨씬 미묘한 뉘앙스를 담고 있다. ESV에서는 기업이 이해관계자에게 투자해야 한다는 것을 인정한다. 그렇지 않으면 장기적으로 사업을 영위할 수 없기 때문이다.

- ESV 관점은 이윤과 사회적 가치가 연계됐다는 점에서는 파이코노믹스와 일치하지만, 기업에 있어 이윤이 우선이고 사회는 그다음이라 주장한다. 이는 파이코노믹스와 비교할 때 2가지 주요 차이점으로 이어진다.

- ESV에서는 기업이 수단적이어야 한다고 본다. 즉 궁극적으로 이윤을 증대할 수 있는 경우에만 기업은 사회적 가치를 창출해야 한다. 이해관계자는 목적을 위한 수단이다. 파이코노믹스는 기업이 내재적 동기에 기반해 사회에 공헌해야 한다고 믿는다. 얼마나 이윤이 증대되는지 계산할 수 없는 경우라도 말이다. 이러한 접근법이 장기적으로 더 많은 이윤을 만든다. 쉽게 하지 못 했을 장기적·무형적 투자를 자유롭게 할 수 있기 때문이다. 장기적·무형적 투자가 어려운 이유는 일반적으로 이해관계자에 대한 투자 효과가 이윤에 대한 투자 효과보다 불확실하고 늦게 나타나기 때문이다.

- ESV는 이윤에, 파이코노믹스는 외부효과를 포함한 사회적 가치에 초점을 맞춘다. 투자자가 우위에 있더라도 그들은 결코 단순한 투자자가 아니다. 투자자이자 동료, 고객, 지역사회 구성원으로 외부효과에 영향을 받는다. 회사가 지속적으로 부정적인 외부효과를 유발한다면 규제를 받거나 고객의 신뢰를 잃게 될 것이다.

- 이윤과 외부효과는 보편적으로 생각하는 것보다 훨씬 더 부합하는 면이 많다. 사회적 가치를 창출하는 행동은 예상치 못한 방식을 통해 궁극적으로 이윤을 증대한다. 그러나 진정한 외부효과는 여전히 존재한다. 이해관계자의 가치를 높임으로써 이윤이 감소하더라도 투자자는 기꺼이 트레이드오프를 감수할지도 모른다.

03 파이 크기와 기업 성장은 다르다

트레이드오프 조율을 위한 3가지 원칙과 중단해야 할 프로젝트

사회적 가치를 창조하는 파이코노믹스에서 투자자는 사회의 유일한 구성원은 아니지만 여전히 중요한 일원이다. 따라서 이 장에서는 파이코노믹스를 실행할 때 주의해야 할 2가지 사항에 대해 설명할 것이다. 바로 파이를 키운다고 해서 이윤을 도외시하는 것이 아니며, 파이 키우기가 기업 키우기를 의미하는 것이 아니라는 점이다. 그다음 리더에게 지침이 될 수 있는 3가지 원칙을 제시할 것이다.

파이 키우기는 이윤을 무시하지 않는다

어떤 이들은 직원이나 고객, 환경 등이 투자자에 비해 더 큰 자격이 있는 구성원처럼 묘사한다. 그러나 2장에서 투자자가 단순히 투자자이기만 한 것이 아니라는 점을 강조했듯이 이해관계자도 마찬가지다. 이해관계자는 동시에 투자자다. 동료와 고객은 뮤추얼펀드나 연기금을 통해 직간접적으로 주식을 보유한다. 흔히 탐욕스러운 자본으로 비유되는 헤

지펀드조차 연기금이나 대학 기금이 보유하고 있는 경우가 많다.

사회가 잘 작동하는 데 있어 이윤은 핵심 요소다. 이윤이 없다면 개인은 은퇴 후 필요한 생활자금을 확보할 수 없고, 보험회사는 보험금을 지급할 수 없으며, 기금 및 연기금은 수혜자에게 연금을 지급할 수가 없다.

이윤은 투자자와 더불어 이해관계자에게도 중요하다. 이윤이 없다면 기업은 신제품 개발이나 직원 복지를 제공할 수 없다. 결국 기업이 사업을 접게 되면 사회적 가치 또한 창출할 수 없게 된다. 머크의 CEO 케네스 프레이저는 이렇게 말했다.

"우리는 고객에게 적절한 가격과 주주에게 궁극적으로 좋은 수익을 제공한다는 목표의 균형을 맞추려고 노력한다. 주주들은 내일의 약품 연구에 자금을 지원하는 사람들이기 때문이다. 동물용 이버멕틴을 포함하여 머크의 다른 약품들로 얻어지는 이윤이 없었다면 MDP를 시작할 수 없었을 것이다."[1]

기업이 설립된 후 (사후)이윤을 만드는 것은 중요하다. 더불어 창업 전 이윤이 창출될 것이라는 (사전)전망 또한 중요하다. 주주가 다른 곳에 투자할 돈을 해당 회사에 투자한 리스크를 감당한 대가로 받는 것이 이윤이다. 마찬가지로 일에 들인 시간과 노력의 대가로 직원들은 급여를 받고, 공급자는 투입 요소를 공급한 대가로 대금을 받는다. 투자자의 투자가 없다면 좋은 회사에서 위대한 회사로 나아가기 위해 필요한 추가 사업 자금을 유치할 수 없게 될 것이다.

그리고 이윤을 감안하는 것은 회사가 이해관계자의 니즈 충족에 필요한 자원을 할당하는 데 도움이 된다. 이윤은 사회가 무엇을 원하는지 알려주는 신호다.* 최근 고객들은 오프라인 쇼핑보다 온라인 쇼핑의 편리함을 선호한다. 그래서 온라인 사이트의 수익이 매장보다 높아졌다. 소매업자는 발 빠르게 오프라인 매장을 정리한 자금으로 온라인 상품에 더 투자하거나 식당, 커피숍, 헬스장 같은 다른 업종으로 변화를 시도한다.

파이코노믹스를 '사회를 위한 가치 창출을 통해 이윤을 추구하는 비즈니스 접근방식'으로 정의한 것도 이윤이 중요하기 때문이다. 이윤 창출은 파이코노믹스의 중요한 2차적 목표다. 앞에서 강조했듯이 기업은 계산을 통해 2차적 목표를 달성할 수 없다. 파이코노믹스 관점에서는 MDP처럼 당장은 이윤으로 이어지지 않을 법한 많은 투자들이 타당성을 얻게 된다. 때로는 예상치 않게 높은 수익으로 이어질 수도 있지만, 그렇지 않은 경우도 있다.

파이를 키우고자 하는 회사는 장기적인 관점에서 그들이 내리는 모든 결정이 이윤 증대로 이어지지 않는다는 사실에 편안해질 필요가 있다. 하지만 모든 결정에 파이 키우기 사고방식을 적용하면 결과적으로 ESV보다 더 많은 이윤을 얻을 수 있다. 이 장 뒷부분에 나오는 3가지 원칙은 어떤 행동이 궁극적으로 이윤을 늘릴 가능성이 있는지 가늠하는 지침이 될 것이다.

파이를 키운다고 해서 기업이 성장하는 것은 아니다

파이코노믹스의 중요한 1차적 목표는 사회를 위한 가치 창출이다. 그래서 기업이 커질수록 더 많은 가치를 창출한다고 생각하기 쉽다. 머크가 고혈압 신약을 개발하면 고객(고혈압 완치), 공급자(신약의 투입 요소 제공), 직원(새로운 일자리 제공) 등에게서 가치를 창출할 것이다. 많은 정책입안

★ 이는 완벽한 주장은 아니다. 2장에서 논의한 바와 같이 이윤에 반영되지 않는 사회에 대한 유익이나 비용이 있기 때문에 기업은 외부효과도 감안해야 한다.

자도 기업이 가능한 한 투자를 확대해야 한다고 주장한다. 엘리자베스 워런Elizabeth Warren 매사추세츠주 상원의원은 "기업의 가치를 높이는 진정한 방법은 미래에 투자하는 것"이라고 선언했다.[2]

그러나 이는 틀린 주장이다. 파이코노믹스의 핵심은 가치 창출에 있다. 가치는 투자로 인한 편익이 비용을 초과하는 경우에만 창출된다. 자원 투자는 그다음으로 가장 좋은 기회에 자원이 배치될 수 있는 차선책, 즉 기회비용이다. ESV에 따르면, 기업은 기업 내에서 다른 용도로 쓰일 수 있는 사적 기회비용에 신경을 쓴다.

반면 파이코노믹스는 기업이 아닌 사회적 관점으로 보기 때문에 사회 내의 자원에 대한 대안적 용도이자 사회적 비용이다. 머크가 고혈압 신약을 생산하기 위해 공장을 신설한다면 원자재와 노동자가 투입된다. 그 원자재와 노동자는 공장 대신 학교 설립에 투입될 수도 있다. 즉 한 기업이 투자하지 않으면 사회 내의 다른 기업이 같은 자원을 가지고 더 많은 성과를 올릴 수 있는 것이다.

파이코노믹스에서는 기업이 가진 대안들과 비교하여 상대적으로 사회적 편익이 기회비용을 초과할 때 가치가 창출된다고 강조한다.* 단순히 자원만 투자해서는 가치가 창출되지 않을 수 있다. 제빵사가 밀가루를 많이 쓰더라도 그 밀가루를 바닥으로 흘리는 만큼은 파이가 커지지 않을 것이다.

이는 통념과 달리 기업의 책임은 일자리 창출이 아님을 보여준다. 기업의 책임은 시민이 자신들의 재능을 맘껏 펼치고 사회에 기여할 수 있

---

* 그렇다고 해서 다른 기업이 동일한 자원으로 얼마나 많은 가치를 창출할 수 있는지를 계산할 필요까지는 없다. 경쟁 시장에서 자원의 가격은 다른 회사들이 같은 자원으로 창출할 수 있는 가치를 반영할 것이다. 이에 관해서는 10장에서 다룰 것이다.

는 일을 맡게 하는 것이다. 그러한 커리어는 지금 몸담고 있는 회사 밖에 있을 수 있다. 경우에 따라서는 직원을 내보내야 할 때도 있다.

일본에서는 대량 감원이 사회적 금기다. 그래서 소니, 히타치, 도시바, 파나소닉 같은 회사는 비디오나 카세트용 마그네틱 테이프를 생산하던 사람들, 즉 설 자리가 없어진 직원들을 해고하지 못하고 '유배실'로 보낸다. 유배실에서 해당 기술직원들은 보안영상 모니터링 같은 영양가 없는 일을 하며 일일업무일지를 써야 한다.[3]

그런 업무는 직원들에게 생산성에 따른 보람도, 인간으로서의 존엄성도 지켜주지 못한다. 사회에 가치를 창출하는 것도 아니다. 회사 입장에서 직원들을 유배실로 보내는 처우는 기회비용이 크지 않겠지만, 그들의 재능을 다른 곳에서 활용한다면 높은 사회적 비용을 창출할 것이다.

관점을 바꾸면 일자리 감축은 개인이 회사 밖에서 자신의 재능을 펼치면서 사회 전체 파이를 키울 수 있게 한다. 그러나 1장에서 강조했듯이 기업이 이러한 방식으로 자원을 재분배할 수 없기 때문에 이를 촉진하기 위해서는 이윤을 희생하더라도 전직 지원 프로그램이나 직원 재교육에 투자해야 한다.

기업이 투자할 때 사용하는 자원은 원자재나 노동력 같은 실제 자원에만 국한되지 않는다. 다른 기업의 자금 조달에 활용될 수 있는 돈도 자원이다. 앞서 나온 워런 상원의원의 말에서 무엇이 빠져 있는지 찾아보자. 워런 의원은 '자사주 매입'이 기업들에 일종의 '슈거 하이sugar high(과도한 당 섭취에 따른 일시적 과잉 흥분_옮긴이)' 상태를 야기한다고 지적했다.

"자사주 매입은 단기적으로는 회사 주가를 올린다. 그러나 진짜 기업 가치를 끌어올리는 방법은 미래에 투자하는 것인데, 기업들이 이를 하지 않고 있다."

투자자가 주식을 반환하는 대가로 기업이 투자자에게 이익을 돌려주는 자사주 매입에 대해서는 7장에서 자세히 다루겠다. 여기에서는 기업이 성장을 택하는 대신 투자자에게 돈을 지급함으로써 다른 기업이 펀딩을 받고 사회 전체적으로 성장할 수 있다는 점에 주목할 것이다. 먼저 기업 성장의 부정적인 예로, 과도한 사업 확장의 길에 빠진 기업 사례를 보며 투자 결정에 앞서 리더가 조심해야 할 점을 짚고 넘어가자.

● 핵심 사업의 비대화

기업 리더는 사회에 이롭지 않은 프로젝트라도 자기 이익을 좇으며 투자를 강행할 수 있다. '제국 건설empire-building'이라는 용어로 알려져 있는 관행이다. 대기업 CEO들은 보통 사람이 상상할 수 없을 만큼의 부를 이루며 위신과 지위를 누린다. 심지어 재임이 끝난 뒤에도 오래 지속된다. 대중은 잘나가는 현 CEO보다 그 기업의 현재를 일군 과거 수장에 대해 훨씬 더 많이 알고 있다. 그래서 대부분의 기업 리더는 자신의 유산을 남기기 위해 회사를 확장한다.

컨트리와이드파이낸셜의 CEO 안젤로 모질로Angelo Mozilo는 회사를 미국 주택담보대출 시장의 일등 기업으로 만들기로 결심했다. 그는 회사를 투자자나 사회 것으로 보지 않고 '내 새끼'로 받아들였다.[4] 가치를 창출하는 과정에서 일등 기업을 목표로 삼는 것은 의미 있는 목표다. 그러나 이윤과 마찬가지로 시장 주도권 자체가 목표가 되어서는 안 된다.

2002년 컨트리와이드의 시장점유율은 10%로 업계 3위였다. 1위는 13%를 점유한 웰스파고였다.[5] 모질로는 역사에 자신의 이름이 새겨지길 갈망하며 컨트리와이드의 시장점유율을 30%로 높이겠다고 발표했다. 주택담보대출시장에서 누구도 달성하지 못한 위업이다. 그러나 그의 야망 어디에도 사회를 위하거나(고객에게 적절한 가격의 주택담보대출 제공), 투자자를 위한 가치 창출(상환 가능한 담보대출 제공)이 수반되지 않았다. 컨트리와이드는 서브프라임 모기지(비우량 주택담보대출)에 무모하게 뛰어들었고, 결국 2008년 1월 파산 위기에 몰려 뱅크오브아메리카에 인수되었다.

● 비핵심 사업으로 확장

기업 리더는 기존 사업과 관련 없는 새로운 시장으로 사업 확장을 꾀할 수 있다. 제국 건설 시도와 본질적으로는 유사한데, 핵심 사업의 문제들을 정면 돌파하지 않으려는 회피이기도 하다. 1988년 코닥은 디지털카메라 시장에 뛰어드는 대신 51억 달러를 들여 제약회사 스털링드러그를 인수했다. 그러나 화학약품으로 인화지를 코팅하는 것과 스털링드러그의 대표 제품인 아스피린, 밀크 오브 마그네시아(변비약)를 만드는 것은 다르다. 카메라회사는 의약품에 관해서는 비교우위가 없다.

또 다른 예로 1967년 3월, 김우중 회장이 설립한 대우실업을 들 수 있다. 대우는 초반 의류 및 원단사업에 집중했다. 당시 한국의 풍부한 저임금 노동력을 감안하면 현명한 조치였다. 1972년까지 대우는 원단 생산회사 2곳, 가죽 가공회사 1곳을 사들였는데 모두 핵심 사업의 강점을 굳히는 데 도움이 됐다.

그다음 해인 1973년 김우중 회장은 단 1년 만에 전자, 조선, 자동차 등 섬유와 무관한 업종에서 8개 회사를 인수해 사업을 확장했다. 1978년에 이르러서는 41개 업체, 20년 후에는 589개의 글로벌 자회사를 거느린 거대 그룹이 됐다. 그러나 김 회장은 제국을 키웠지만 파이는 작게 만들었다. 대우가 동종업계보다 뛰어났던 점은 회사 규모뿐이었다. 기술, 생산성, 수익성 등에서는 모두 뒤처졌다.

1993년에 대우가 베트남 자동차시장에 진출하자 10개의 경쟁업체도 베트남 시장에 줄줄이 진입했다. 그리고 1997년 아시아 금융 위기가 닥쳤다. 대우차는 1998년 한 해 동안 고작 423대를 팔았다. 그럼에도 이미 자동차산업에 3,300만 달러를 투자한 터라 대우는 손실을 줄이거나 자원을 재배치하려 들지 않았다.[6] 금융 위기 이후 사업을 축소한 여타 한국 대기업들과는 달리 대우는 4억 5,800만 달러의 손실을 입었음에도 불구하고 14개의 새로운 사업체를 인수했다.

결국 그해 500억 달러의 빚더미에 앉은 대우는 파산 직전까지 내몰리면서 기업 해체 수순을 밟았다. 대우에 자금을 대준 은행들과 정부가 입은 손실만도 수십억 달러였다. 이 여파로 7,000여 명이 실직했고,[7] 지금까지 남아 있는 대우 브랜드 회사는 5개에 불과하다.

사회적 가치를 파괴하는 확장 경영 사례는 더 많다. 사라 뮬러Sara Moeller, 프레데릭 슐링게만Frederik Schlingemann, 르네 스툴츠René Stulz의 연구에 따르면 1998~2001년 미국에서만 기업들이 인수를 통해 투자자에게 입힌 손실이 2,400억 달러에 달한다.[8] CEO들은 회사를 흡수해 그들의 제국을 더 크게 건설하기를 바란다. 하지만 인수된 회사들이 창출하고 있던 가치를 고려하면 상당한 기회비용의 대가를 치른 셈이다.[9]

• 과도한 사회적 대의 추종

기업의 비교우위와 무관하거나 핵심 사업에 집중하는 데 차질을 빚을 만큼 사회적 대의를 추구하는 것도 낭비적인 투자다. 제임스 오툴James O'Toole은 책 《The Enlightened Capitalists》에서 사회적 성과에 과도하게 초점을 맞춰 잘못된 길로 빠진 기업을 소개한다.

예를 들어 컴퓨터회사 컨트롤데이터코퍼레이션의 CEO 윌리엄 노리스William Norris는 사회공헌에 힘쓰고 다른 리더가 자신을 따르도록 설득하는 데 너무 집중한 나머지 일본과 실리콘밸리의 기술 및 경쟁 변화에 충분한 관심을 기울이지 않았다. 그 결과 회사는 파산을 피할 수 없었다.

CEO에게는 주주의 돈으로 사회적 대의를 지원할 만한 사적 동기유발 요인이 있다. 그들은 자신이 어떻게 자본주의를 구하고 기업을 어떻게 혁신하고 있는지에 대한 강연이나 회고록, 외부활동 등을 통해 평판을 높이려는 목적으로 사회적 대의를 추구한다. 영국이라면 이런 활동으로 기사 작위를 받을지도 모른다. 투자자도 마찬가지다.

CEO나 투자자는 당연히 사회에 공헌해야 하며, 충분히 칭송받을 만하다. 그러나 자신의 대중적 이미지를 높이려는 목적이 아니라 본질적인 동기를 기반으로 활동해야 한다. 사회 이슈에 맹목적으로 뛰어들 것이 아니라 회사가 어떤 사회문제를 특히 잘 해결할 수 있을지 리더가 분별할 수 있어야 한다. 그렇게 되면 자연스럽게 리더와 기업의 평판도 높아질 것이다. 그러한 분별력을 다루는 것이 이 장의 목적이다.

파이코노믹스 관점으로 의사결정하기

기업은 의사결정을 내릴 때 투자자 및 여러 이해관계자를 고려해야 한다. 다양한 주체 간의 균형 잡기는 극도로 어려운 일처럼 보인다. 이해관계자에게 미칠 영향을 예측하는 것뿐 아니라 각각의 가중치를 부여하는 방법을 도출하는 것도 어렵다. 전반적인 사회적 가치를 측정할 수 없기 때문에 특정 결정이 어떤 영향을 미칠지도 예측할 수 없다.*

그러나 실생활에서 우리가 하는 거의 모든 결정은 가중치를 정량화

---

* ESV를 옹호하는 사람들은 단일 목표(이익)를 추구하면 다중 목표를 추구할 때 발생하는 가중치를 신경 쓰지 않아도 된다고 주장한다. 2장에서 언급했듯이 이는 빈약한 주장이다. ESV는 예측 가능한 것만 고려하기 때문에 가중치 문제를 중시하지 않는다.

할 수 없는 여러 조건을 포함한다. 집을 살 때 어떤 기준으로 집을 보는 가? 되팔 때의 가격만 중요한가? 아니다. 가족 구성원의 니즈, 직장 또는 학교와의 거리, 동네 환경까지 여러 요인을 고려할 것이다. 각 요인이 얼마나 중요한지는 개인의 평가에 따라, 즉 사람들은 계산이 아닌 판단으로 다양한 목표에 대해 어렵지 않게 결정을 내린다.

개인의 결정은 대부분 판단으로 이뤄지지만, 기업에는 만족스러운 해결책이 아닐 것이다. 복잡한 트레이드오프를 조율해야 하는 리더라면 어떻게 판단할 수 있을까? 기업 리더는 이해관계자에 대한 개인적 선호가 아닌 사회에 대한 기여 여부를 기준으로 따져야 한다. 판단에 맡길 일이라고 해버리면 리더가 원하는 것은 뭐든지 할 수 있는 자유를 주게 된다.

이러한 복잡한 상황에서 리더의 의사결정에 지침이 되는 3가지 원칙을 제시하고자 한다. '곱셈의 원칙'은 활동의 사회적 편익이 사적 비용을 초과하도록 보장함으로써 사회에 가치를 전달한다. '비교우위의 원칙'은 곱셈의 원칙과 결합되어 활동의 사회적 편익이 사회적 비용을 초과하도록 보장함으로써 사회적 가치를 창출한다. '중요성의 원칙'은 앞의 두 원칙과 결합되어 창출된 사회적 가치를 궁극적으로 이윤 증대로 잇는 가능성을 높인다. 그리고 그 활동은 파이코노믹스의 정의인 사회를 위한 가치 창출을 통해 이윤을 추구한다.

원칙	충족조건	결과
곱셈	사회적 편익 > 사적 비용	가치 전달
비교우위	사회적 편익 > 사회적 비용	가치 창출
중요성	사회적 편익 > 사회적 비용으로 주요 이해관계자에게 효용 창출	가치 창출을 통한 이윤 창출

각 원칙을 차례대로 살펴보자.

● 곱셈의 원칙

곱셈의 원칙은 다음 같은 질문을 제기한다.

"만약 이해관계자에게 1달러를 쓴다면, 이해관계자에게 1달러 이상의 편익이 발생되는가?"

즉 이 활동은 내가 쓴 돈을 곱셈처럼 크게 증가시키는가? 그렇지 않다면 그 활동의 사회적 편익은 사적 비용보다 적기 때문에 가치를 창출하지 못한 것이다. 기업은 대신 그 돈을 더 효과적으로 사용할 수 있는 이해관계자에게 지급하면 된다(예를 들어 동료들의 임금을 인상하거나 고객에게 제품을 더 낮은 가격으로 제공할 수 있다).

애플의 사내 피트니스센터 건립에 이 원칙을 적용해보자. 관련 이해관계자(이 예시에서는 동료들)가 누리는 편익을 어떻게 추정할 수 있을까? 회사 주변 피트니스센터의 이용료와 수요를 보면 얼마나 많은 직원이 사내 피트니스센터를 이용할지 추정할 수 있다. 이 2가지를 곱하면 애플 직원들이 사내 피트니스센터로 얻을 수 있는 편익의 하한을 정할 수 있기 때문에 피트니스센터 조성에 소요되는 비용과 비교할 수 있다.

모든 결정이 그렇듯이 계량화에는 한계가 있다. 그래도 계산해보는 것은 여전히 유용하다. 계량화할 수 없는 편익이 결정을 뒤집는 데 얼마나 큰 영향을 미치는지 보여주기 때문이다. 사내 피트니스센터 이용료가 월 500달러, 동네 피트니스센터는 월 100달러라고 가정해보자. 계량화할 수 없는 편익이 400달러에 미칠 가능성은 낮기 때문에 곱셈의 원칙에 위배된다. 애플은 피트니스센터를 만들기보다 임금을 올려 동료들이 동네 피트니스센터에서 건강을 관리하도록 지원할 수도 있다.

이 계산법은 ESV와 결정적으로 다르다. ESV 관점으로는 다음과 같이 질문할 것이다.

"만약 이해관계자에게 1달러를 쓴다면, 이를 통해 1달러 이상의 이윤이 창출되는가?"

이해관계자의 편익 창출이 아닌, 기업에 1달러 이상의 이윤이 생기는지 따지는 것이다. 사내 피트니스센터가 애플의 이윤에 어떻게 영향을 미치는지 추정하기 어렵기 때문에 ESV 관점에서 실행하기 힘든 계산방식이다.

하지만 파이코노믹스는 동네 피트니스센터의 이용료를 살펴봄으로써 사내 피트니스센터가 동료들에게 주는 편익을 추정할 수 있다. 적어도 이해관계자가 얻을 편익의 하한선을 계산하는 것이 가능하다. 물론 많은 투자의 경우, 이 방법이 가능하지 않을 수 있다. 만약 회사가 자원봉사를 하는 직원에게 휴가를 준다면, 직원이나 자선단체에 대한 가치를 재무적으로 계산하는 것은 불가능하다. 다시 한 번 말하지만, 곱셈의 원칙은 '계산'이 아닌 '의사결정'의 프레임워크를 제공하는 것이다.

관리자는 직원과 자선단체에게 주는 (비재무적) 편익이 직원에게 휴가를 주는 회사의 비용을 초과하는지를 따져봐야 한다. 이러한 비재무적 결정은 시도 때도 없이 내려진다. 이해관계자의 편익이 비재무적이라 할지라도 장기적으로 이윤에 미치는 영향보다 더 확실하고 시점상으로도 더 가깝다. 직원은 휴가라는 유익을 통해 삶의 에너지뿐 아니라 자신이 관심 갖는 분야의 사회적 활동에 기여함으로써 보람을 얻고, 자선단체는 직원의 봉사로 이득을 얻는다.

중요한 것은 곱셈의 원칙은 사회적 가치를 창출하는 활동은 물론 사회적 해를 끼치는 활동을 줄이는 데도 적용된다. 양조회사 뉴벨기에브루잉의 웹사이트에는 이런 문구가 있다.

"우리는 맥주를 만든다. 이는 우리가 에너지를 사용하고 온실가스 배출을 발생시킨다는 것을 의미한다."

뉴벨기에브루잉의 핵심 사업은 환경에 미치는 영향이 막대하기 때문에 회사가 환경오염을 줄이는 데 1달러를 투자한다면 환경에 미치는 긍적적 이익은 1달러 이상이 될 가능성이 높다. 그래서 뉴벨기에브루잉은 콜로라도주 포장공장 지붕에 1,235개의 태양전지판을 만들었고, 직원들에게 자전거를 제공해서 약 6만 평에 이르는 공장 부지를 이동하게 했다. 또한 에너지세energy tax를 스스로 도입했으며 에너지 효율 개선과 재생 에너지 프로젝트에 쓰일 자금을 따로 떼어놓는 등 적극적으로 조치를 취하고 있다.

● 비교우위의 원칙

비교우위의 원칙은 다음과 같은 질문을 제기한다.

"회사가 어떤 활동을 할 때 다른 회사보다 더 많은 가치를 창출하는가?"

만약 그렇다면 회사 내에서 그 활동을 하는 것이 파이를 키운다. 이 해관계자가 얻는 1달러의 편익이 아니라(투자의 사적 비용 1달러) 다른 회사들이 1달러로 제공할 수 있는 가치(사회적 비용)를 초과해야 하기 때문에 곱셈의 원칙보다는 충족하기가 어렵다. 즉 다른 회사 대비 곱셈의 원칙을 더 많이 충족해야 한다. 그래야만 단순히 가치가 제공되는 것이 아니라 가치가 창출된다.

기업이 사회 기여에 비교우위를 가질 수 있다는 점은 프리드먼이 "기업은 이윤에 초점을 맞추고 사회적 대의를 지원하는 것은 투자자에게 맡겨야 한다"고 주장했을 때 간과한 부분이다. '애플이 노숙자들에게 무료 식사를 제공해야 하는가'에 대한 논쟁에 이 원칙을 적용해보자.

애플이 부담하는 1달러짜리 음식은 허기진 노숙자를 위한 1.5달러 가치의 편익을 제공할지 모른다. 그러나 노숙자들을 위한 식사 제공의 비교우위는 무료급식소에 있다. 거기서는 1달러로 3달러의 편익을 창출할 수 있으며 무료급식소는 어떤 음식이 노숙자들의 영양 측면에서 가장 효과적인지, 어디에 노숙자들이 많은지도 파악하고 있다.

따라서 애플은 비교우위가 없기 때문에 노숙자에게 음식을 무상 제공해서는 안 된다. 직원들에게 더 높은 임금을 주거나 더 높은 투자 수익을 달성하여 투자자가 무료급식소에 기부할 수 있도록 돕는 것이 더 효과적이다. 그러나 만약 직원식당에서 매일 많은 양의 잔반을 버리고 있다면 그 음식을 기부함으로써 애플이 비교우위를 가질 수 있다.

현재 1달러의 음식은 대체 용도가 없기 때문에 사실상 비용이 들지 않는다. 기회비용도 없다. 만약 애플이 남은 음식을 노숙자들에게 나눠주는 데 0.3달러가 든다면, 더 큰 편익과 사회적 가치를 창출하기 때문에 남은 음식을 기부하는 편이 바람직하다. 실제로 샌드위치체인점 프레타망제는 매일 영업 종료 후 남은 음식을 기부한다.

이제 애플의 자선단체에 대해 비교우위의 원칙을 적용해보자. 애플이 1달러를 기부하면 그린피스에는 2달러의 가치가 된다. 회사가 아니라 투자자나 직원이 기부하더라도 2달러의 가치가 나타나기 때문에 기부 효과는 동일하다. 보통은 직원이나 투자자의 기부가 보다 효과적이다. 기부하는 행위의 유익은 돈이라는 수단적인 것뿐 아니라 기부자가 중시하는 대의에 힘을 보탠다는 본질적인 유익도 있다.[10]

비교우위의 원칙을 적용하는 데 있어 기업이 특정 자원으로 창출할 가치와 다른 기업이 창출할 가치를 비교할 필요는 없다. 다만 기업은 스스로의 비교우위가 무엇인지 분별할 필요가 있다. 보통 이 원칙은 2가지 경우에 충족된다.

첫째, 기업은 직접적으로 통제 가능한 활동에서 비교우위를 가진다. 자선단체들이 암 연구에 자금을 지원하고 노숙자들에게 선뜻 음식을 제공할 수 있는 것처럼 애플은 애플만이 할 수 있는 일이 있다. 예를 들면 애플은 제품에 사용되는 플라스틱 포장을 줄이는 데 비교우위를 가진다. 파나소닉은 사무실 위치를 결정할 수 있기 때문에 직원들의 통근시간을 단축시키는 데 비교우위를 가진다. 파나소닉은 직원들의 집과 가까운 곳에 사옥을 지어 자동차 이동을 줄이도록 유도하고, 짧아진 출퇴근시간으로 개인 여가시간을 더 많이 누릴 수 있게 한다.

둘째, 기업은 보유한 전문성을 기반으로 비교우위를 가진다. 많은 자선단체가 개발도상국의 공항으로 의약품을 보내는 데까지는 성공하지만, 거기서 시골 지역의 가정이나 의사들에게 운반하는 일은 어려움을 겪고 있다. 이 지점에서 코카콜라가 중요한 역할을 할 수 있다. 코카콜라의 핵심 역량 중 하나가 바로 유통이다. 전세계에 콜라를 팔면서 유통역량을 다진 것이다. 코카콜라의 프로젝트 '라스트 마일last mile'은 자사의 전문성을 십분 활용하여 의약품을 아프리카 전역으로 이송한다.

그렇다면 코카콜라는 왜 오지의 학교에 책을 보내는 활동은 하지 않을까? 그 또한 의미 있는 일인데 말이다. 코카콜라의 비교우위는 음료수를 판매하기 위한 냉장 운송에 있다. 이는 일정 온도 이하로 냉장 보관되어야 할 백신 이송에도 매우 중요하게 작용한다. 라스트 마일 프로젝트의 강령은 이 프로젝트의 목적을 분명하게 보여준다.*

"아프리카 거의 모든 곳에서 코카콜라를 살 수 있다면, 생명을 구하는 약 또한 그렇지 않으리란 법이 어디 있겠는가?"

그럼 이제 곱셈의 원칙을 충족하는 활동이 다수일 때 기업이 어떤 활동을 선택해야 하는지 비교우위의 원칙을 적용해보자. 식품·음료업체 다농은 포장할 때 생기는 폐기물로 환경에 악영향을 미친다. 포장재에

★ 라스트 마일 프로젝트는 유통 외에도 에이즈 예방 및 치료, 관리 같은 의료 서비스에 대한 수요를 증대하는 데도 코카콜라의 마케팅 노하우를 활용한다.

대한 결정권을 갖고 있기 때문에 포장재 개선에도 비교우위가 있다. 두 원칙이 모두 충족하기 때문에 다농은 2025년까지 모든 포장재를 재사용, 재활용 또는 퇴비화가 가능한 포장재로 전환하기로 약속했다.

하지만 기업이 재활용 포장재를 쓰는 것만으로는 환경보호에 충분하지 않을 것이다. 여기에는 2가지 추가 단계가 필요하다. 첫 번째는 고객이 제 역할을 하도록 독려하는 것이다. 다농은 강력한 브랜드와 고객 인게이지먼트에 비교우위가 있다. 일례로 다농의 생수 브랜드 에비앙은 2019년 4월부터 고객에게 소셜미디어에 빈 페트병을 재활용통에 담는 영상을 올리게 하는 캠페인Flip it for Good을 시작했다.

두 번째는 고객의 노력을 지원하기 위한 효과적인 재활용 시스템을 구축하는 것이다. 이는 다농이 비교우위를 보유하지 못한 부분이다. 재활용 시스템은 다농의 전문성과 통제력을 벗어나기 때문이다. 이에 따라 다농은 지역사회, 정부와 협력하여 재활용 인프라에 투자하고, 폐기물 수집 근로자들이 안전한 환경에서 일하며 공정한 보수를 받도록 하는 다농생태계기금Danone Ecosystem Fund을 설립했다.

- **중요성의 원칙**

논의한 바와 같이, 기업은 직접적으로 영향을 미치는 거의 모든 활동에서 비교우위를 가지기 때문에 기업이 통제하는 모든 것에 제한 없이 투자할 수 있다. 그렇게 되면 투자자에게는 거의 이윤을 남기지 않게 된다. 비교우위의 두 번째 원천이 전문성임을 상기하자. 따라서 기업이 양질의 노동력과 자원을 가지고 있다면 많은 외부 활동에서 비교우위에 있을 것이고, 다른 기업보다 더 잘하는 일을 맡을 수 있다.

예를 들어 애플이라면 우수한 엔지니어 직원들이 대학에서 디자인과 혁신 기술 분야에 대해 강의할 수 있게 지원하면서 사회에 새로운 가치를 창출할 수 있다. 파이코노믹스의 정의로 풀이해보면, 애플 직원들의 강의 활동은 사회를 위한 가치를 창출하지만 부산물로써 이윤이 창출되지는 않는다.

이 지점에서 중요성의 원칙이 작용한다. 중요성의 원칙은 다음과 같은 질문을 제기한다.

"이해관계자의 활동이 기업에 중요한 영향을 미치는가?"

중요성은 2가지 원천에서 비롯된다. 첫째는 이해관계자가 기업의 사업에 얼마나 중요한가를 따지는 '사업적 중요성'이다. 코닝, 피니사 같은 공급자는 아이폰이나 아이패드 등에 필요한 첨단 기술을 제공하기 때문에 애플에 특히 중요하다. 싱가포르 농업원자재기업 올람에는 지역사회와 환경이 매우 중요하다. 지역사회는 근로자와 고객을 제공하고, 비옥한 토지와 물은 농업에 필수적인 요소다. 그래서 올람의 핵심 목표인 '책임감 있게 성장하기'는 환경을 보존하는 동시에 사업을 영위하는 지역 공동체를 책임감 있게 성장시키는 것이다.

대조적으로 온라인으로 항공권을 판매하는 스카이스캐너는 지역사회나 환경이 중요하지 않다. 전세계 어디에서든 직원을 고용할 수 있고, 천연자원을 사용하지 않기 때문이다. 지속가능회계기준위원회SASB는 다양한 산업별 이해관계자의 (사업)중요성을 나타내는 '중요성 지도materiality map'를 고안했다. 자료 3-1은 그 일부다.

기업은 모든 구성원에게 책임이 있지만, 가장 중요한 구성원에게 우선순위를 두는 것이 중요하다. 가장 중요한 구성원에 대한 투자가 궁극적으로 이윤을 개선할 가능성이 더 크기 때문이다. 4장에서 자세히 논하겠지만, 증거에 따르면 중요한 이해관계자에 대한 투자만이 장기적인 주가 수익률을 올린다. 파이코노믹스는 모든 사람 또는 모든 이해관계자에게 무차별적으로 투자하는 것이 아니라, 중요성을 파악해서 분별력

Dimension	General Issue Category [①]	Consumer Goods	Extractives & Minerals Processing	Financials	Food & Beverage	Health Care
Environment	GHG Emissions					
	Air Quality					
	Energy Management					
	Water & Wastewater Management					
	Waste & Hazardous Materials Management					
	Ecological Impacts					
Social Capital	Human Rights & Community Relations					
	Customer Privacy					
	Data Security					
	Access & Affordability					
	Product Quality & Safety					
	Customer Welfare					
	Selling Practices & Product Labeling					
Human Capital	Labor Practices					
	Employee Health & Safety					
	Employee Engagement, Diversity & Inclusion					

■ Issue is likely to be material for more than 50% of industries in sector
■ Issue is likely to be material for fewer than 50% of industries in sector
□ Issue is not likely to be material for any of the industries in sector

〔 자료 3-1 〕 지속가능회계기준위원회의 중요성 지도

을 발휘하고 자제력을 보이는 것이다.

사업적 중요성은 계산과 다르다. 사업적 중요성을 따질 때는 투자를 통해 이윤이 얼마나 증대될 것인지 값을 도출할 필요가 없다. 다만 이해관계자에 대한 가치 창출이 이윤으로 이어질 가능성이 있다는 점을 인식하는 것이 중요하다. 따라서 애플은 사내 피트니스센터가 회사 재정에 미치는 영향을 면밀히 검토할 필요가 없다. 애플에게 직원들은 사업적으로 중요한 이해관계자이기 때문에 그들의 건강 또한 중요하다. 그래서 애플은 사내 피트니스센터를 비롯한 여러 건강 증진 프로그램을 파이 키우기 활동으로 간주하는 것이다.

이러한 원칙들을 결합해보면, 사회적 가치 창출을 통해 이윤을 추구하기 위해서 기업은 이해관계자가 얻는 유익이 기업이 들이는 비용을 초과할 때만 해당 활동을 수행해야 한다. 이 경우에만 이해관계자의 중요성을 확인할 수 있고, 기업은 해당 활동에서 비교우위를 가진다. 즉 3가지 원칙을 모두 충족해야 한다.

회사가 특정 활동에 1달러를 써서 1.1달러를 창출하는데, 1.2달러를 창출하는 다른 회사가 있다면 곱셈의 원칙은 충족하지만 비교우위 원칙은 충족하지 않는다. 회사가 1달러를 들여서 0.9달러를 창출하는데, 다른 회사는 0.8달러를 창출한다면 비교우위 원칙은 충족하지만 곱셈의 원칙은 충족하지 않는다. 또한 특정 활동이 곱셈과 비교우위의 원칙을 충족한다면 기업은 중요한 이해관계자에게 유익이 되는 경우에만 수행해야 한다. 이해관계자에 대한 가치를 창출하면 그 결과로 이윤을 증대시킬 가능성이 있기 때문이다.

두 번째 원천은 '본질적 중요성'이다. 이윤에 기여하지 않는 이해관계자라도 기업에 중요한 존재가 될 수 있다. 프레타망제는 노숙자를 사업적 중요성은 낮지만 본질적 중요성은 높다고 평가하기 때문에 남은 음식을 제공하는 것이다. 또한 기업은 그들의 핵심 사업 때문에 피해를 입는 이해관계자를 책임지려 노력한다.

코카콜라는 자사가 상당한 물을 소비하며 환경에 나쁜 영향을 미친다는 것을 인식한다. 그래서 물 사용량을 낮추는 방법 외에도 수자원 관련 사업을 적극적으로 추진하고 있다. 2009년부터 2020년까지 아프리카의 식수 접근성을 개선하는 사업을 위해 3,500만 달러를 투자했다.

파이코노믹스에서 본질적 중요성의 역할은 사업적 중요성과는 미묘하게 다르다. 사업적 중요성은 곱셈·비교우위의 원칙과 결합되어 사회적 가치를 창출하고 장기적으로 이윤을 증대하는 데 도움을 준다. 1장의 자료 1-4와 같은 결과를 얻는다. 전체 파이가 커지고 각 구성원의 파이 조각도 커진다. 그러나 2장의 자료 2-2에 나타난 바와 같이 장기적으로 큰 파이가 이윤을 낮추는 경우도 있다.

본질적 중요성은 리더가 트레이드오프 상황에서 더 낮은 이윤을 선택할 때 도움이 된다. 특히 기업이 중시하는 이해관계자에게 이익이 돌아간다면, 이러한 이익은 다른 이익의 하락보다 클 수 있다.* 따라서 중요성은 양방향으로 작용한다. 로이 베젤로스가 이버멕틴을 전세계에 무상으로 제공하는 결정을 내린 것처럼 서아프리카인이 머크의 이윤에 직접적인 보탬이 되지 않더라도 말이다.

본질적 중요성은 예기치 않게 사업적 중요성으로 이어질 수도 있다. 본질적으로 중요한 이해관계자에게 가치를 제공하는 것은 MDP에서 보았던 것처럼 투자자, 직원, 고객, 그리고 공급자가 그 기업의 활동에 동참하고 싶은 마음을 솟게 한다. 이윤 증대를 목표로 시작한 일은 아니었지만 궁극적으로는 이윤을 증대할 수 있다. 따라서 우리는 다시 자료 1-4로 돌아온다.

본질적 중요성은 역할이 다르기 때문에 때때로 곱셈의 원칙, 비교우위의 원칙과 통합되지 않고 독립적으로 적용될 수 있다. 곱셈과 비교우위의 원칙은 회사가 얼마나 많은 주주 가치를 창출하는가에 영향을 미치지만, 본질적 중요성은 회사가 얼마나 주주를 중시하는지를 가늠하는 데 작용한다.

투자은행은 제조업체에 비해 탄소 배출량을 줄이는 데 비교우위가

★ 이러한 드문 경우를 설명하기 위해 파이코노믹스를 '사회적 가치 창출을 통해 투자자의 가치를 추구하는 비즈니스 접근방식'으로 재정의할 수도 있다. 투자자의 가치는 이윤 이상의 것이기 때문이다. 그러나 투자자의 가치가 사회적 가치를 포함한다는 대안적인 정의는 실용적인 지침이 되기에는 부족하다. 따라서 이 책에서는 본래의 단순한 파이코노믹스 정의를 따른다.

없다. 아마도 투자은행 임원들은 별다른 의식 없이 수백만 달러의 계약 체결을 위해 비행기로 출장을 가고, 그 수익금을 다른 기업의 배출량을 줄이는 사회성과연계채권(민간의 투자를 받아 공공사업을 수행한 뒤 성과목표를 달성했을 때, 정부가 예산을 집행하여 투자자에게 원금과 성과금을 상환하는 계약_옮긴이)에 투자할 것이다. 그러나 환경을 생각하고 아무리 작더라도 제 몫을 해야 한다고 믿는 투자은행이라면 비행기 출장을 줄이는 대안을 찾고 있을지도 모른다.

기업이 특별히 관심 가져야 할 이해관계자는 누가 결정할까? 기업의 리더? 투자자? 동료? 이상적으로는 모두다. 8장에서 논의하겠지만, CEO는 목적에 대한 독점권이 없다. 목적은 직원과 함께 수립해야 한다. 그리고 나서 CEO는 대면 논의와 의결을 통해 투자자에게 의견을 구하고, 목적에 동의하는 투자자만 회사 주식을 보유하게 될 것이다. 투자자의 관여 활동을 통해 기업은 회사 목적에 부합하는 투자자를 얻는다.

중요성의 원칙은 오늘날 많은 기업이 사용하는 '중요도 매트릭스 materiality matrix'와 비슷해 보인다. 이 매트릭스는 기업에 대한 중요도(사업적 중요성과 유사)와 이해관계자에 대한 중요도(곱셈·비교우위의 원칙과 유사)를 각각 한 축에 표시하고 기후 변화 및 개인정보보호, 데이터 같은 이슈를 분류한다.**

중요한 차이점은 중요도 매트릭스는 본질적 중요성을 고려하지 않는다는 점이다. 두 번째 차이점은 중요성의 원칙은 한 단계 위의 수준에서 이슈보다 이해관계자에게 적용된다는 점이다. 따라서 중요성의 원칙은 중요도 매트릭스를 그리기 전에 적용되어야 한다. 어떤 이슈가 이해관

** 어떤 이슈가 이해관계자에게 중요하다면 회사는 이 이슈에 투자해서 유의미한 가치를 제공하거나 창출한다. 이런 방식으로 곱셈·비교우위의 원칙을 충족한다.

계자에게 영향을 미치는지 평가하려면 먼저 기업이 어떤 이해관계자를 특별히 고려하는지 자문해봐야 한다. 어떤 이슈가 기업에 많은 영향을 미치는지 평가하려면 먼저 해당 이슈에 영향을 받은 이해관계자가 회사에 얼마나 중요한지 따져봐야 한다.

다르게 표현하면, 기업의 무엇을 위한 것인지(어떤 이슈에 집중할지) 묻기 전에 누구를 위한 것인지 물어야 한다. 중요성의 원칙은 투자자와 주주 사이, 다른 이해관계자 사이의 트레이드오프에서 리더가 고려할 수 있는 독립적 가치를 지닌 지침이 되기도 한다.

2016년 11월, 프랑스 에너지기업 엔지는 호주 빅토리아 라트로브Latrobe 계곡에 위치한 헤이즐우드Hazelwood 발전소의 폐쇄 결정을 발표했다. 매우 힘든 트레이드오프를 수반한 결정이었다. 450명의 직원들과 300명의 계약직 직원들이 일자리를 잃었기 때문이다. 고객에게도 영향을 미쳤다. 헤이즐우드 발전소가 빅토리아 전력 생산의 20%를 담당했기 때문에 폐쇄 이후 1년간 평균 가정용 전기요금이 16%나 올랐다.[11]

엔지의 CEO 이자벨 코셰르Isabelle Kocher는 결정에 대해 이렇게 말했다.

"우리는 저탄소 에너지 생산에 투자를 집중하고 포트폴리오 전체를 재설계하고 있다."

그동안 헤이즐우드 발전소는 호주 전체 온실가스 배출량의 3%(빅토리아의 14%)를 차지하면서 호주에서 가장 심각한 오염을 유발하는 공장이었으며, 전세계적으로 가장 심각한 오염을 일으키는 공장 중 하나였다. 2005년 세계자연기금WWF은 이 발전소를 경제협력개발기구OECD 회원국 중 탄소배출효율이 최악인 공장으로 선정하기도 했다.

환경이 가장 중요하다는 엔지의 멋진 결정과 별도로 기업은 모든 이해관계자에 대한 책임이 있다. 따라서 파이코노믹스는 중요성의 원칙에 따라 힘든 결정을 내리고 그다음 가능한 범위에서 구성원에게 피해보상을 한다. 1장에서 설명한 바와 같이 파이코노믹스는 파이를 키우는 활동으로 손해를 본 구성원에게 가능한 한 보상하는 것까지 포함한다.

엔지는 일자리를 잃게 된 직원들의 퇴직 급여로 1억 5,000만 호주달러를 책정했다. 직원 한 명당 평균 33만 달러에 해당하는데, 이는 가장 가까운 도시 모르웰의 중위 집값의 두 배에 가까운 금액이다. 또한 엔지는 빅토리아 주정부와 연계해 150명의 근로자들이 다른 발전소 일자리를 찾는 데 힘썼다.

논의의 핵심은 파이가 계산 도구가 아니라 하나의 프레임워크라는 점이다. 결정을 내릴 때 리더는 파이를 그리고, 각 조각이 얼마나 자랄지 정량화하며, 파이가 전체적으로 자라는지 평가하기 위해 조각의 무게를 달아서는 안 된다. 2장에서 강조했듯이 많은 경우, 결정이 미치는 영향은 목표가 이익이든 사회적 가치든 예측할 수 없다. 파이 키우기는 리더에게 일종의 '내적 지도'이며, 이제 곧 보게 될 증거에 기반한 지도다. 리더는 사회적 가치 창출을 통해서 이윤 창출을 추구해야 한다. 3장의 원칙들은 그들이 내리는 결정에 그렇게 할 만한 가능성이 있는지 평가하는 데 도움이 된다.

‖ **In a Nutshell** ‖

- 파이 키우기는 이윤을 무시하지 않는다. 사회에서 이윤이 차지하는 역할이 중요하기 때문이다. 투자자에는 연금 수급자와 저축자(또는 그들을 대신해 투자하는 뮤추얼 펀드), 보험사 및 기금 등이 포함된다. 이윤에 대한 전망이 없으면 기업은 사업자금을 유치할 수 없고, 이윤을 추구하지 않는 기업은 미래 먹거리에 투자할 수 없다.

- 파이를 키운다고 해서 기업이 성장하는 것은 아니다. 기업은 기업이 사용하는 자원의 기회비용보다 더 많은 가치를 창출하는 경우에만 가치를 창출한다. 아무런 제약 없이 투자가 이뤄져서는 안 되며, 비용뿐 아니라 자사에 미치는 사회적 영향도 고려해야 한다. 파이코노믹스 관점에서는 사회가 기준이다.

- 사회적 가치 창출이 이윤 창출로 이어질지를 평가하는 것은 계산이 아니라 판단을 통해서 가능하다. 3가지 원칙(곱셈·비교우위·중요성의 원칙)은 리더의 판단에 지침이 된다.

- 특정 활동이 기업이 치르는 비용보다 이해관계자에게 더 많은 가치를 창출하는지 따져보는 것이 곱셈의 원칙이다.

- 곱셈의 원칙을 충족한 다음, 기업이 해당 활동을 통해 다른 기업보다 더 많은 가치를 창출하는지 따져보는 것이 비교우위의 원칙이다.

- 이해관계자가 사업에 중요한 영향을 미치거나(사업적 중요성), 기업이 고려하는 이해관계자이기 때문에(본질적 중요성) 특정 이해관계자가 그 기업에 중요한지를 따져보는 것이 중요성의 원칙이다.

파이코노믹스의 작동 원리

목적과 이윤을 동시에 추구할 수 있다

파이를 키운 회사가 이윤까지 얻게 된다면 얼마나 좋겠는가. 그러나 아직도 많은 회사가 이해관계자를 무시하는 것처럼 행동하는 현실은 파이코노믹스가 실제 상황에서 제대로 작동하지 않는 것을 보여준다. 파이를 키울 수 있다 해도 너무 많은 투자를 필요로 하기 때문에 이윤이 떨어질 것이다. 자료 2-2는 예외라기보다는 규칙이 될 수 있다.

1장에서 소개한 머크 사례는 파이코노믹스를 뒷받침하는 증거로 보일 것이다. 하지만 그렇지 않다. 내가 수천 개의 회사를 조사해서 파이를 키우고 이윤까지 낸 최적의 예를 골라낸 것뿐이다. 도입부에서 지적한 바와 같이, 어떤 관점이든 이를 뒷받침하는 사례는 항상 찾을 수 있다. 그리고 어쩌면 머크가 MDP를 시작하지 않았다면 이보다 훨씬 더 많은 이윤을 창출했을지 모를 일이다.

증거를 살펴보자. 파이 키우기가 궁극적으로 투자자에게 이득이 되는가? 즉 이해관계자 가치(사회적 성과)가 주주 가치(재무적 성과)를 증대하는가? 이 장에서는 이 같은 질문에 대해 엄격한 방법으로 탐구한다.

모든 연구의 출발점은 '사회적 성과를 측정하는 것'이다. 사회에는 많은 이해관계자가 있기 때문에 일반적으로 초점을 맞출 하나의 이해관계자, 예를 들어 환경을 선택한다. 그런 다음 성과에 대한 인풋(회사가 환경 이니셔티브에 얼마나 많은 돈을 쓰는지 또는 회사에 에너지 절감 방침이 있는지 등 여부) 또는 아웃풋(회사가 실제 에너지 소비를 얼마나 줄였는지 또는 이 같은 성과에 대한 외부기관의 평가)을 선택한다.

두 번째 단계는 시장점유율, 매출 또는 수익 같은 '재무적 성과를 측정하는 것'이다. 마지막으로 '사회적 성과와 재무적 성과 사이의 상관관계'를 계산한다. 각각의 연구결과가 다를 텐데 어떻게 전체 합의를 도출할까? 메타분석meta-analysis이 중요한 역할을 한다. 메타는 개별 논문의 연구결과를 집대성한 '연구에 대한 연구'다. 조슈아 마골리스Joshua Margolis와 제임스 월시James Walsh는 1972~2002년 사이에 작성된 127개의 논문을 분석한 결과 다음 같은 결론을 도출했다.

"회사의 사회적 성과와 재무적 성과 간에는 긍정적인 연관성이 있으며, 부정적인 연관성에 대한 증거가 거의 없다는 시그널이 명확히 나타난다."[1]

마크 올리츠키Marc Orlitzky, 프랭크 슈미트Frank Schmidt, 사라 라인스Sara Rynes의 또 다른 메타분석도 같은 결론에 도달했다.[2]

그러나 메타분석으로 검토된 연구들은 인과관계가 아닌 상관관계만 다룬다. 상관관계만 다루기 때문에 역逆 인과관계가 있을 수 있다. 높은 시장점유율, 매출 또는 수익이 사회적 성과로 이어질지도 모른다. 시장점유율, 매출, 수익은 회사가 이해관계자에게 투자할 수 있는 자원의 원천이기 때문이다. 또는 누락된 변수가 있을 수 있다. 우수한 경영 같은 제3의 요소는 사회적 성과와 재무적 성과를 모두 개선한다. 그리고 상관관계와 인과관계 외에도 다른 우려가 있다.

- 일부 연구에서는 사회적 성과를 측정할 때 의심스러운 지표를 활용한다. 초기 연구에서는 경영진에게 특정 이해관계자에 대해 얼마나 신경을 쓰느냐고 질문했다. 경영진은 실제로는 정반대면서도 얼마든지 그렇다고 응답할 수 있다. '그린워싱greenwashing'이라고 알려진 관행이다. 기업이 이해관계자에게 얼마나 투자하는지를 측정하는 방법은 아직도 활용되는데, 어떤 아웃풋이 나왔는지에 대해서는 알 수 없다는 문제가 있다. 3장에서 논했듯이 단순히 돈을 많이 쓴다고 해서 파이가 커지는 것은 아니다.

- 일부 연구에서는 재무적 성과를 측정할 때 미심쩍은 지표를 사용한다. 시장점유율, 매출, 수익의 모든 리스크가 고려되지 않는다. 이해관계자의 자본 구축에 초점을 맞춘 전략은 위험하다. 기업이 재정적으로 어려운 상황에 처했다고 해서 환경 측면의 성과를 팔아 사업 자금을 조달할 수는 없기 때문이다. 투자자는 리스크에 신경 쓰기 때문에 은행에 저축하는 것보다 주식에 투자하기 위해 높은 수익률을 요구한다.

- 일부 연구에서는 짧은 기간만 감안했기 때문에 운이 좋았던 것일 수도 있다. 채권투자를 옹호하는 사람은 보통 주식투자 실적이 채권투자 실적보다 좋다 하더라도 채권 수익률이 주가 수익률보다 높았던 1999~2009년 사이의 결과를 선택적으로 보여줄 것이다.

- 일부 연구에서는 단일 산업만 고려하는 경우가 있어서 다른 산업에 일반화하기에는 명확하지 않다.

사회적·재무적 성과를 어떻게 평가하는가

기업의 사회적 성과가 재무적 성과에 미치는 영향에 대해서는 아직 결론이 나지 않았기에, 나는 직접 연구하기로 마음먹었다. 내가 해야 할 첫 번째 일은 '사회적 성과를 어떻게 측정할지'를 결정하는 것이었다. 나는 '직원 만족도'를 선택했다. 동료에 대한 회사의 인풋은 측정 가능한 좋은 지표이기 때문이다.

캘리포니아의 '일하기 좋은 기업 선정 연구소Great Place to Work Institute in California'는 1998년부터 매년 100대 기업을 선정해서 〈포춘〉에 게재하고 있다. '미국에서 일하기 좋은 100대 기업' 리스트는 매우 철저할 뿐 아니라 직원들의 응답을 기반으로 작성되기 때문에 현장을 잘 포착한 '풀뿌리 분석'이라고 할 수 있다. 각 기업별로 250명의 직원들이 신뢰도, 공정성, 존중, 자부심, 동료애에 관한 57가지 항목에 답변했다.

이 리스트는 1984년부터 자료가 있었기 때문에 원래 내 연구(2009년까지)는 26년의 데이터를 검토할 수 있었다.[3] 나중에 2011년까지 연구 기간을 늘렸다.[4] 기업의 사회적 성과를 측정하는 일은 복잡해서 대부분 최근에서야 아웃풋을 측정하는 지표가 개발됐다.

• 데이터 마이닝과 허위 상관관계 •

직원 만족도를 연구하는 데는 또 다른 이유가 있다. 직원 만족도가 재무적 성과로 이어지는 명확한 논리가 있다. 오늘날 기업에서 직원은 가장 중요한 자산이다. 고객과의 관계를 형성하는 것도 직원이고 새로운 제품을 개

발하는 것도 직원이다. 직원 만족도가 높아지면 기업은 최고의 인재를 유치·보유할 수 있으며, 직원들의 의욕이 고취되면서 생산성도 높아진다. 사회적 성과의 다른 영역, 특히 중요성의 원칙이 충족되지 않는 경우 재무적 성과와의 연계는 덜 명확하다. 예를 들어 동물의 권리는 많은 업종에서 중요하지 않을 수 있다.

방대한 자료에서 상관관계 있는 정보만 추출하는 데이터 마이닝Data Mining의 문제를 피하기 위해서는 논리적인 연결고리 확보가 중요하다. 중요한 결과를 밝혀내는 연구를 발견하면 많은 보상이 따른다. 주식 수익을 예측하는 변수를 찾은 논문은 발표될 가능성이 높다. 주식투자 설명회에서 수익률을 예측하는 변수를 찾았다고 주장하는 새로운 뮤추얼펀드가 있다면 투자자가 몰려들 것이다. 다수의 변수와 주식의 수익률을 연계해 수백 개의 회귀분석regression analysis을 통해 유의미한 결과를 찾아야 한다.

변수 중 일부는 CEO의 성과급이나 교육처럼 합리적인 것도 있다. 하지만 CEO의 발 사이즈, 좋아하는 색 등 터무니없는 변수도 100번을 회귀분석하면 우연으로 5% 수준의 유의미한 결과가 나타날 수 있다. 이러한 우연한 결과는 '허위 상관관계'다. 그럼에도 상관관계를 밝혀낸 후에는 언제나 이야기를 만들어내서 설명할 수 있다.

심리학 문헌을 데이터 마이닝하면 "빨간색을 좋아하는 사람이 성과가 높다"는 연구결과를 찾을 수 있다. 실제로 러셀 힐Russell Hill과 로버트 바튼Robert Barton이 진행한 연구다.[5] 아이러니하게도 이와 정반대 결과를 앤드루 엘리엇Andrew Elliot, 마커스 마이어Markus Maier, 알렌 몰러Arlen Moller, 호르그 마인하르트Jorg Meinhardt가 연구해 발표했다.[6]

슈퍼볼 효과와 같은 몇 가지 허위 상관관계는 유명하다. 미식축구의 양대 컨퍼런스인 내셔널풋볼컨퍼런스NFC와 아메리칸풋볼컨퍼런스AFC 우승팀이 단판승부를 벌이는데, AFC팀이 슈퍼볼에서 우승하면 뒤이어 주식시장이 하락하는 경향이 있고, NFC팀이 우승하면 상승세를 보인다는 것이다. 슈퍼볼 효과를 믿고 투자를 권하는 투자 자문도 있다.[7] 하지만 슈퍼볼 우승

팀이 주식시장에 영향을 미칠 이유는 없다.

오늘날의 빅데이터 세계에서 데이터 마이닝은 특히 우려되는 부분이다. 로버트 노비 마르크스Robert Novy-Marx 재무학 교수는 미국 대통령의 정체성, 맨해튼의 날씨, 지구온난화, 엘니뇨, 태양 흑점 등을 이용해 트레이딩 전략의 성과를 예측하며 데이터 마이닝을 풍자했다.[8] 그는 씁쓸하게 말했다. "변수들에 대한 데이터를 기계 판독으로 쉽게 얻을 수 있을 뿐 아니라 기하급수적으로 증가했으며, 이러한 종류의 회귀분석이 용이하다는 점을 고려하면 다른 사람들도 나처럼 (허위 상관관계를 보여주는) 결과를 성공적으로 도출할 수 있을 것이다."

따라서 데이터를 검토하기 전에 재무적 성과와 타당한 연계가 있는 사회적 성과를 측정할 수 있는 지표를 선택해 허위 상관관계 가능성을 줄이는 것이 중요하다.

두 번째 일은 '재무적 성과를 어떻게 측정할지' 결정하는 것이다. 이전 연구들은 시장점유율, 매출 또는 수익을 살펴보았다. 앞에서 설명한 것처럼 인과관계 문제와 맞닥뜨리게 되는 지표다. 그래서 나는 '미래 주가 수익률'을 연구했다.

주가 수익률은 현재의 주가와 내년의 주가(배당금 포함) 사이의 주가 변동이기 때문에 도움이 된다. 주가 수익률을 높이려면 내년에 주가가 높을 뿐만 아니라 현재 주가가 낮아야 한다. 주식시장은 재무적 성과를 꽤 잘 반영한다. 일반적으로 주식시장은 재무적 성과에 과하게 초점을 맞춘다는 이유로 비판받고 있다. 오늘 주가가 낮다면 현재 재무 실적도 낮다는 의미일 것이다.

어떻게 하면 인과관계에 가까워질 수 있을까? 가상의 기업 슈퍼슈퍼마켓이 올해의 최우수 기업 리스트에 올랐다고 가정해보자. 더구나 직원 만족도가 향후 더 높은 실적으로 이어지는 세상이 있다고 상상해보자. 이 기업의 재무 실적은 평범한 수준이어서 현재 주가는 100에 불과하다. 이후 1년 동안 의욕 넘치는 동료들이 이윤을 개선하고 주가를 120으로 끌어올린다. 슈퍼슈퍼마켓의 주가 수익률은 20%가 된다. 시장 평균 수익률이 7%에 불과하다고 가정하면 슈퍼슈퍼마켓의 수익률은 시장을 능가한다.

이제 역 인과관계가 작동하는 세상을 생각해보자. 직원들이 만족한다는 것은 이미 탄탄한 재무 실적의 결과일 뿐이다. 슈퍼슈퍼마켓의 높은 수익 때문에 현재 주가는 이미 112이다. 그래서 120으로 주가가 오르면 수익률은 7%로 시장 수익률과 다를 바 없다. 따라서 재무성과가 직원 만족도를 향상시키는 것이 아니라, 직원 만족도가 재무 성과를 개선하는 경우에만 최고의 기업들은 시장 수익률을 능가할 것이다.

미래 수익률을 따져보는 것은 역 인과관계의 문제를 줄여준다. 하지만 누락 변수의 문제는 여전히 남아 있다. 슈퍼슈퍼마켓의 주가 수익률이 20%라면 의욕 넘치는 직원들 말고도 다른 이유 때문일 수 있다. 어쩌면 슈퍼마켓업종 전체의 실적이 좋을지도 모른다. 또는 회사 규모가 작거나(작은 회사 주식이 큰 회사 주식보다 일반적으로 수익률이 좋다는 증거가 있다).[9] 이것도 아니라면 실적이 시장에 반영되기까지 시간이 걸렸는지도 모른다.

따라서 나는 2가지 방법을 통해 직원 만족도 효과만 따로 분리해냈다. 먼저 슈퍼슈퍼마켓뿐 아니라 주식시장에서 거래되는 모든 최우수 기업들을 연구했다. 슈퍼슈퍼마켓의 수익률이 시장 수익률을 앞선다면 슈퍼슈퍼마켓이 규모가 작거나, 최근 실적이 좋아서일 수 있다. 그러나 업종, 규모, 최근 실적에서 다른 최우수 기업들도 시장 수익률을 앞선다면 직원 만족도라는 한 가지 공통점으로 수렴될 것이다.

둘째로 누락된 변수를 통제했다. 다양한 업종에 퍼져 있으며, 규모도 다르고, 이전 실적이 다른 경우에만 수백 개의 최고 기업을 연구하는 것이 효과가 있다. 대부분의 최우수 기업들이 IT 산업에 포진되어 있고 IT 산업 전반이 시장을 앞서고 있다면 직원 만족도와 무관하게 최우수 기업들은 시장의 수익률을 앞설 것이다.

그래서 나는 슈퍼슈퍼마켓을 전체 주식시장뿐만 아니라 동종 업종의 다른 회사들 또는 최근 실적이 좋은 다른 중소기업들과 비교했다. 최우수 기업 리스트에 오른 모든 기업에 대해서도 같은 방법으로 비교했다. 최근 실적이 저조한 자동차 대기업도 순위에 올랐다면 다른 자동차 회사 또는 실적이 저조한 다른 대기업과 비교했다. 각 기업에 맞는 맞춤형 비교그룹을 설정한 것이다(업종, 규모, 최근 실적 외에도 배당, 현재 기업 가치, 주식 거래량 등 몇 가지 다른 요인도 통제했다).

중요한 것은 내가 리스크도 통제할 수 있다는 것이다. 시장점유율, 매출 또는 수익에 대해 리스크를 조정하는 방법은 확립되지 않았지만, 수십 년의 연구결과 주가 수익률을 조정할 수 있는 툴이 고안됐다. 가장 잘 알려진 것은 '자본자산가격결정모형Capital Asset Pricing Model'이다. 자본시장의 균형 아래 위험이 존재하는 자산의 수익률을 도출해내는 모형이다. 나는 칼하트Carhart 모델로 알려진 좀 더 정교한 버전을 활용했다.

이 연구를 마친 다음, 결과의 견고성을 검증하고 여기서 검토되지 않은 대체적인 설명을 배제하는 데 4년이 걸렸다. 그 결과 미국에서 가장 일하기 좋은 100대 기업이 28년간 매년 평균 2.3~3.8%의 수익률을 기록했다는 사실을 밝혀냈다. 28년간의 누적 수익률로 따져보면 89%에서 184%에 달한다.

• 수익률 결과는 타당한가? •

연구자들은 일반적으로 큰 수치를 얻으려고 한다. 수치가 크면 더 두드러진 연구결과가 도출되기 때문이다. 28년 동안 매년 2.3~3.8% 수준의 수익률을 기록하는 것은 결코 코웃음 칠 수치가 아니다. 5년 연속으로 시장 수익률보다 2%씩 높게 실적을 내는 펀드매니저가 있다면 실력이 엄청난 사람으로 간주된다. 따라서 5년보다 훨씬 긴 기간 동안 이런 수익률을 기록한 것은 놀라운 일이다.

그러나 타당하지 않을 정도로 결과가 너무 큰 것이 아닌지도 확인해야 한다. 연간 20%씩 시장 수익률을 앞서는 트레이딩 전략을 찾아낸 연구가 있다면 어떤 투자자라도 마시던 찻잔을 떨어뜨릴 것이다. 그럼에도 2.3~3.8%의 수익을 창출할 수 있는 트레이딩 전략이 있다는 말에는 개연성이 있다. 일부 주식이 저평가되어 있는 것은 사실이지만, 합리적인 기간 동안 매년 20%씩 시장 수익률을 앞설 가능성은 훨씬 낮다. 아마도 짧은 기간만 고려했거나 다른 요인을 통제하는 데 실패했을 것이다. 센트럴파크가 내려다보이는 아파트가 100만 달러(약 11억 원)밖에 되지 않는다면 의심해봐야 한다. 이 정보에서 누락된 변수는 아파트의 노후나 수리 상태일 것이다.

대부분의 사람은 초특가 자동차, 초특가 TV 광고 같은 '너무 좋아서 믿기 어려운' 거래를 조심해야 한다고 알고 있다. 그러나 이런 주의사항이 항상 적용되지는 않는다. 더 높은 수익률일수록, 더 높은 체중 감량일수록 더 큰 관심이 모인다. 돈을 벌거나 체중을 감량하는 방법은 있다. 그러나 매년 20% 수익률을 내거나 하루아침에 비만을 치료할 가능성은 없다.

파이코노믹스의 상호작용

연구결과 직원 만족도가 좋은 기업이 실적도 좋은 것으로 나타났다. 그러나 이는 별로 감흥을 일으키는 결과가 아니다. 상식에 근거해 충분히 추측할 수 있는 사실을 증명하려고 4년이나 허비했을까?

사실 이 연구결과는 그렇게 뻔한 결과가 아니다. 미국의 유통업체 코스트코를 예로 들어보자.[10] 2014년 코스트코 직원의 시급은 20달러였다. 동종업계 평균인 11.39달러의 거의 두 배였다.[11] 코스트코는 또한 직원 90%에게 의료보험을 제공했다. 100%가 아닌 이유는 시간제 근로자의 경우 입사 6개월 뒤부터 의료보험 혜택을 받기 때문이다(경쟁사인 월마트에서는 입사 2년이 지나야 한다).

마트는 휴일 매출이 가장 크다. 그러나 코스트코는 주요 공휴일에 매장 문을 닫고 직원들이 쉴 수 있도록 배려했다. 이런 정책은 손실이 클 뿐 아니라 일부 애널리스트와 투자자들을 미치게 만든다. 한 애널리스트는 〈비즈니스위크〉에서 "(코스트코) 경영진은 주주에게 손해를 끼칠 만큼 직원들에게 초점을 맞추고 있다. 내가 왜 그런 주식을 사겠는가?"라고 한탄했다.[12]

이는 파이 쪼개기 사고방식이다. 코스트코가 창출할 수 있는 가치의 양이 정해져 있다고 가정하기 때문에 동료에게 가는 파이 조각을 투자자의 희생 결과라고 본 것이다. 당시 〈월스트리트저널〉의 기사 제목 "코스트코의 딜레마: 누구에게 봉사해야 하는가? 근로자 아니면 투자자?"도 파이 쪼개기 사고방식을 보여준다.[13] 여기서 결정적인 단어는 '아니면 (or)'이다.

그러나 파이는 고정되어 있지 않다. 급여, 의료보험 혜택, 휴가 등의 형태로 동료에게 1달러를 주면 생산성이 향상되고 사기가 진작된다. 결과적으로 그들은 파이를 2달러까지 키울 수 있기 때문에 투자자는 1달러를 잃는 것이 아니라 오히려 이익을 얻는다. 코스트코의 CFO 리처드 갈란티Richard Galanti는 〈월스트리트저널〉에서 이렇게 밝혔다.

"처음부터 우리는 직원들에게 업계 평균보다 높은 급여를 지급하고 긍정적인 업무 환경과 좋은 복지 혜택을 제공하면, 더 좋은 인재를 유치할 수 있고 직원들은 더 오래 회사에 다니며 더 효율적으로 일할 것이라는 철학을 가지고 회사를 운영한다."

조직행동학자 잉그리드 스미티 풀머Ingrid Smithey Fulmer, 배리 게르하르트Barry Gerhart, 킴벌리 스콧Kimberley Scott은 일하기 좋은 기업의 직원들이 회사에 다니는 의지가 더 강하다는 사실을 밝혀냈다.[14] 대니얼 사이먼Daniel Simon과 제드 드 바로Jed De Varo는 일하기 좋은 기업의 고객 만족도 또한 더 높다는 것을 발견했는데, 의욕 넘치는 직원들이 더 나은 제품을 설계하고 고객과 더 긍정적으로 상호작용하기 때문이다.[15]

최우수 기업들의 수익률이 업종과 관계없이 산업 전반에 걸쳐 비슷하다는 내 연구결과가 설명되는 지점이다.[16] 처음에는 애플처럼 기술과 재능이 뛰어난 직원들을 채용하는 기업에서 직원 만족도가 더 중요할 것이라고 생각했다. 그러나 비교적 노동시장이 풍부한 소매업 같은 분야에서도 직원 만족도는 중요했다. 고객에게 긍정적인 경험을 주는 데 직원들의 역할이 중요하기 때문이다.

그래서 우리는 'or'를 'and'로 바꿀 수 있다. 직원을 활용할 자원이나 최소화해야 할 비용이 아닌 기업의 파트너로 대우하는 것은 근로자와 투자자 모두에게 이익이 된다.

동료 그 너머

내 연구는 직원의 만족도를 높이는 것이 장기적으로 투자자에게 이익이 된다는 사실을 보여주지만, 다른 이해관계자에 대해 말해주는 바는 없다. 다행히도 사회적 성과의 다른 차원을 조사하기 위해 유사한 방법론을 활용한 연구들이 있다. 마케팅 연구원인 클라스 포넬Claes Fornell, 수닐 미타스Sunil Mithas, 포레스트 모제슨Forrest Morgeson, 크리스난M. S. Krishnan은 고객 만족도와 주식 수익 사이의 연관성을 조사했다.

연구결과, 미국 고객만족지수 상위 20%에 속하는 기업은 1997~2003년 다우존스 산업평균지수의 2배에 약간 못 미치는 수익을 올렸다.[17] 다시 말하지만 이는 당연한 결과가 아니다. 고객에게 더 낮은 가격, 더 많은 맞춤형 제품, 무상 AS를 제공한다면 고객 만족도는 높아지겠지만 이윤은 낮아질 수 있다.

이번엔 환경으로 눈을 돌려보자. 환경 전문 조사기업 이노베스트가 고안한 '생태효율성eco-efficiency'은 회사가 발생시키는 쓰레기 대비 회사 재화와 서비스가 창출하는 가치를 측정한다. 제룬 더월Jeroen Derwall, 나드자 게인스터Nadja Guenster, 롭 바우어Rob Bauer, 키스 코이디크Kees Koedijk는 1995~2003년 사이에 생태효율성 순위가 높은 주식 종목이 낮은 종목 대비 수익률이 연 5%씩 앞질렀다는 사실을 밝혀냈다.[18]

단일 이해관계자(동료, 고객 또는 환경)에 집중하기보다 여러 이해관계자에 기업의 성과를 통합하는 다른 접근법이 있다. KLD는 ESG 데이터 공급자(현재 MSCI 소유)로, 7가지 주제(지역사회, 거버넌스, 다양성, 직원관계, 제품, 환경, 인권)에 걸친 51개 항목에 대해 기업들의 점수를 매긴다. 모자파르 칸Mozaffar Khan, 조지 세라핌George Serafeim, 애런 윤Aaron Yoon 회계학 교수들은 1992~2013년까지 2,396개 기업을 연구했다. 연구결과 KLD 점수가 높은 기업들이 시장 수익률을 겨우 1.5% 앞서는 것으로 나타났는데, 이는 통계적으로 유의미한 수준이 아니다(수치가 너무 작아서 우연의 산물일 수도 있다).[19] 이 연구는 파이코노믹스를 강력하게 뒷받침하지는 않는다.

그런데 반전이 있다. 사업적 중요성이 있는 이해관계자에게 가치를 제공하는 것만이 궁극적으로 투자자에게 이득을 제공한다는 중요성의 원칙을 상기해보자. 회계학 교수들은 3장에 나왔던 중요성 지도를 활용하여 각 기업이 속한 산업을 기준으로 51개 항목을 중요한 이슈와 중요하지 않은 이슈로 계층화했다. 중요한 이슈에서 높은 점수를 받은 기업과 중요하지 않은 이슈에서 낮은 점수를 받은 기업은 통계적으로 유의미한 4.83%의 수치로 시장 수익률을 상회했다.

따라서 특정 항목에서는 잘하고 여타 항목에서는 노력하지 않은 기업이 전반적으로 잘하는 기업보다 실제로 더 좋은 실적을 낸다. 모든 이해관계자에 대한 무분별한 투자는 투자자에게 장기적인 가치를 제공하지 않는다. 중요한 이해관계자에 대한 선별 투자가 투자자에게 장기적인 가치를 제공한다.

이해관계자에 대한 투자로 어떤 아웃풋이 나왔는지 연구하는 대신 대체적인 접근법으로 인풋을 측정하는 방법도 있다. 즉 이해관계자 중심의 정책 적용 여부를 검토하는 것이다. 예를 들어 직원 교육을 지원하거나, 수질을 개선하는 프로토콜이 있는지, 공급자를 선택할 때 인권 기준을 적용하는지를 검토하는 것이다. 밥 에클레스Bob Eccles, 이오아니스 이오안노우Ioannis Ioannou, 조지 세라핌George Serafeim은 연차 보고서와 지속가능성 보고서를 면밀히 검토하고 200명이 넘는 임원을 인터뷰해서 기업들이 이러한 정책을 (단순히 의사만 밝힌 것이 아니라) 진짜로 채택했는지 조사했다.

그들은 1992년까지 이해관계자 중심의 정책들을 많이 택한 기업이 1993년부터 2010년까지 거의 채택하지 않았던 기업 대비 수익률이 2.2~4.5% 앞섰다는 사실을 발견했다.[20] 놀라운 것은 1992년은 책임 있는 비즈니스가 주류가 되기 훨씬 전이라는 점이다. 심지어 그로부터 10년이 지난 후에도, 〈포춘〉 500대 기업 중에 10여 개 회사만이 지속 가능성 보고서를 발표했다.[21] 그것도 자발적으로 말이다. 그들은 책임 있는 비즈니스를 통해 사회에 기여하고 싶었던 것이다. 중요한 대목이다.

일부 국가에서 책임 있는 비즈니스는 아직도 초기 단계에 머물러 있다. 대부분의 투자자는 ESG를 무시하고, 기업이 사회적 성과를 달성하는지 주시하는 대중도 거의 없다. 1992년의 미국과 비슷하다. 따라서 미래지향적이며 자발적으로 파이 키우기 사고방식을 택한 기업들은 내일의 승자가 될 수 있다. 대부분의 기업 경영은 사회적 가치 창출에 초점을 맞추지 않기 때문에 사회적 가치를 창출하는 기업은 고유의 경쟁적 우위를 누리게 되어 있다.

위의 연구는 사회적 가치 창출이 어떻게 투자자의 수익을 향상시키는지 보여준다. 하지만 그 반대 사례 또한 찾아낼 수 있다. 이해관계자를 무시한 결과 범접할 수 없을 것 같던 세계 일류 기업들의 평판이 땅에 떨어지고, 결과적으로 투자자에게 해를 입히는 사례가 무수히 많다.

배기가스 조작 스캔들이 터진 지 이틀 만에 280억 유로의 가치 손실을 입은 폭스바겐을 상기해보라. 마찬가지로 페이스북이 데이터 분석업체 케임브리지애널리티카에 사용자 개인정보를 유출당한 사건, 은행 웰스파고가 허위로 실적을 맞추기 위해 유령 계좌를 만들었다는 소식으로 시장 가치가 각각 950억 달러, 350억 달러 떨어졌다.[22]

보다 넓게 보면, 필립 크루거Philipp Krüger의 대규모 분석 결과 이해관계자와 관련된 부정적 사건이 평균적으로 약 1.31%, 즉 9,000만 달러 가치의 주가를 끌어내리는 것으로 나타났다. 지역사회나 환경 관련 부정적

사건들이 가장 큰 영향을 미치는데, 주가 하락 폭이 3%를 넘는다.[23]

이러한 증거로 무장한 채, 기업이 이윤을 추구해야 하는지 아니면 사회적 가치를 추구해야 하는지에 대해 논했던 2장을 다시 살펴보자. 실제로 이윤으로 이어질 가능성이 매우 낮은 외부효과가 일부 있다. 그러나 연구결과에 따르면 일반적인 생각보다 외부효과가 적다는 것을 알 수 있다. 기업이 외부효과라고 생각하는 것이 사실은 장기적으로 이윤에 영향을 미친다. 이 같은 연구결과는 다음의 결론에 도달한다.

"이윤의 땅에 다다르려면 목적의 길을 따르라."

장기적으로 생각하기

파이 키우기가 궁극적으로 투자자에게 이익이 된다는 것이 내 연구에서 도출된 첫 번째 시사점이었다. 몽상이 아니다. 그러나 더 정신이 번쩍 들만큼 중요한 반전을 제시하는 것은 두 번째 시사점이다. 파이를 키우는 것은 투자자에게 유익하지만 '장기적으로만 유익하다'는 점이다.

위의 연구에서 사용된 모든 지표는 공개된 정보다. 예를 들어 최우수 기업 리스트는 〈포춘〉 2월호에 대대적으로 공개된다. 이 정보를 주식시장에 반영한다면 〈포춘〉 2월호가 신문 가판대에 오르자마자 선정 기업들의 주가가 급등해 고점을 찍어야 한다. 그때가 내가 주가 수익률을 계산하는 시점이기 때문에 이후에는 그보다 더 높아지지 않아야 한다. 2월 1일 고점보다 더 높아진다는 것은 주식시장이 최우수 기업 리스트를 완전히 반영하지는 않는다는 점을 암시한다. 이런 현상이 1월 중순~2월 1일 사이 2주 동안만 지속되는 것은 아니다. 나는 이런 현상이 4년 이상 지속된다는 사실을 발견했다.

만약 주식시장이 최우수 기업 리스트를 무시한다면 주가를 상승시킨 요인은 무엇일까? 직원 만족도는 인재 채용 및 직원의 동기부여를 개선하며 마침내 더 큰 이윤으로 이어질 것이다.* 하지만 이윤을 연구하는 것만으로는 충분하지 않다. 최우수 기업이 사상 최고 실적을 발표하는데 주식시장이 이를 예상했다면 주가에는 변화가 없어야 한다. 그래서 나는 최우수 기업들의 분기별 실적을 골드만삭스와 크레디트스위스 같은 애널리스트들의 실적 전망치와 비교했다.

결과는 최우수 기업들의 실적이 애널리스트들의 전망치를 뛰어넘어 (어닝 서프라이즈) 주가가 크게 상승했다. 이는 직원 만족도가 생산성을 향상시켰다는 것을 시사하는데, 시장은 이를 고려하지 않았기 때문에 기업의 영업 실적을 과소평가한 것이다.

이 결과는 주식시장이 어떤 것에 가치를 두고, 어떤 것에 가치를 두지 않는지 여실히 보여준다. 주식시장은 일부 무형자산의 가치를 즉각적으로 평가하지 않고 나중에 이윤 같은 유형적 결과가 발생할 때 비로소 무형자산의 가치를 인식한다. 따라서 파이 키우기 사고방식은 긴 시야를 필요로 한다. 이는 사회적 성과에 대한 다른 지표에도 적용된다. 고객 만족, 친환경, 이해관계자 중심 정책은 모두 공개된 정보지만 주가에 영향을 미치려면 오랜 시간이 걸린다.

기업 입장에서는 주식시장의 느린 반응이 답답할 수밖에 없다. 리더는 주식시장의 즉각적인 보상 없이도 파이를 키울 수 있다. 그러나 시장에 그 영향이 반영될 때까지 시차가 있다는 점은 똑똑한 투자자에게는 매력적인 요소다. 좋은 회사가 늘 좋은 투자처는 아니다. 모두가 그 기업

★ 어느 기업이 최우수 기업 리스트에 편입되면 사회책임형 펀드가 주식을 사기 시작한다는 대안적 설명도 가능하다. 그러한 매수세가 주가를 끌어올리기는 하겠지만 이윤에는 영향을 미치지 않을 것이다.

이 좋다는 것을 알고 있다면 투자자는 그만한 값을 지불해야 한다.

페이스북이 소셜미디어 1인자라는 사실은 모두 알고 있기 때문에 페이스북 주식은 비싸다. 좋은 기업이지만 다른 사람들에게 과소평가된 곳에 투자하는 것이 똑똑한 투자다. 이해관계자 자본은 그러한 숨겨진 보물의 대표적인 예다. 결국 이윤으로 이어지지만 시장은 이를 깨닫지 못하고 있다. 일부 투자자는 이해관계자의 가치를 볼 때 '이윤을 희생한 대가'라는 파이 쪼개기 사고방식을 고수한다. 또는 이해관계자 자본이 중요하다는 점은 이해하지만 실제로 이 정보를 기업의 가치평가에 어떻게 적용해야 할지 갈피를 잡지 못한다.

이는 사회책임투자 관점에서는 좋은 소식이다. 사회적 기준과 재무적 기준이 상충한다는 것이 전통적 견해다. 사회책임투자자는 이해관계자를 홀대하는 회사에 투자하지 않을 것이다. 따라서 단기적으로 수익을 가져다주는 주식은 살 수 없을 수도 있다. 파이를 쪼개는 일이 수익을 얻는 가장 빠른 지름길이기 때문이다. 그런데 위 결과는 사회적 성과가 결국 재무적 성과로 이어지기 때문에 장기적인 트레이드오프를 감수할 필요가 없음을 시사한다. 투자자는 좋은 일을 하는 것만이 아니라 잘할 수도 있다.

2005년 파르나수스인데버펀드Parnassus Endeavor Fund는 '직원 만족'이라는 단일 투자 기준으로 시작했다. 이 회사의 고문 중 한 사람은 1984~1993년 일하기 좋은 기업 리스트를 공동 작성한 밀트 모스코위츠Milt Moskowitz였다. 이 펀드는 2017년까지 S&P500의 평균 연간 수익률 8.5%보다 높은 12.2%의 수익률을 기록했다. 투자조사기관 모닝스타는 대형 성장주에 투자하는 펀드 중 인데버펀드가 10년 동안 단일 최고 수익률을 기록했다고 밝혔다.[24]

인과관계에 쐐기 박기

시장점유율, 매출 또는 수익보다 사회적 성과를 미래의 주가 수익과 연계했더니 인과관계가 보다 명확해졌다. 하지만 완전히 증명하지는 못한다. 나는 업종, 회사 규모, 최근 실적 같은 다른 요인들을 통제했지만 관찰 가능한 것만 통제할 수 있었다. 회사 경영 수준 같이 관찰할 수 없는 것은 통제 밖이었다.

관찰 불가능한 요소를 가늠하는 데는 어닝 서프라이즈 테스트가 도움이 된다. 애널리스트들이 수익을 예측할 때 경영 수준을 고려한다고 보는 것이 타당하다. 최우수 기업들의 실적은 애널리스트들의 실적 전망치를 뛰어넘기 때문에 경영 수준을 넘어 그들의 성공을 이끄는 무언가가 있는 게 분명하다. 그러나 이는 어디까지나 가정이고 직접 시험해 볼 방법도 없다.

전략학 교수인 캐롤라인 플래머Caroline Flammer는 인과관계를 확실하게 입증하기 위해 다른 접근법을 취했다.[25] 플래머 교수는 주주들이 기업에 특정 행동 방침을 취하도록 요청하는 투자자 제안을 연구했다. 예를 들어 더 높은 배당금 지급 같은 재무 투자 제안도 있지만, 사회적 성과와 관련된 제안에 초점을 맞췄다.

2018년 미국 주주 결의안 가운데 43%가 사회·환경 문제에 관한 제안이었다.[26] 모든 투자자는 연례 주주총회에서 발의된 제안을 의결한다. 제안이 통과되더라도 구속력은 없기 때문에 무시하면 그만이지만, 플래머 교수의 연구에 따르면 통과된 제안의 52%는 결국 이행됐다. 최근 사례 중 2가지 제안을 살펴보자. 카시트 및 전기 시스템 공급업체인 리어에 요청된 제안은 다음과 같다.

우리 주주들은 앞서 언급된 국제노동기구ILO 인권 기준과 UN의 '인권에 관한 초국가적 법인의 책임규범Norms on the Responsibilities of Transnational Corporations with Regard to Human Rights'에 근거한 행동강령을 국제적 공급자와 생산시설에 성실히 이행하고, 외부의 독립적인 모니터링 프로그램을 통해 이 표준이 잘 준수되는지 모니터링할 것을 회사에 요청한다.

또 다른 예는 HCC 손해보험이다.[27]

우리 주주들은 앞서 언급한 성적 지향과 성정체성을 바탕으로 차별을 금지하는 원칙에 따라 동등한 고용 기회 정책을 시행할 것을 회사 경영진에게 요청한다.

제안서는 기업의 사회적 지향에 갑작스러운 변화를 제시한다. 이것이 제안서를 활용한 연구가 가진 이점이다. 그러나 이것만으로는 인과관계 문제를 해결하지 못할 것이다. 인게이지하는 대규모 투자자가 제안한 제안서일 수 있으며, 제안서를 넘어 투자자의 인게이지먼트로 실적이 개선될 수 있다. 그래서 플래머 교수는 '회귀불연속성regression discontinuity'이라고 알려진 방법론을 사용하여 아슬아슬하게 통과된 (찬성률 50%를 조금 넘는) 제안들을 아슬아슬하게 통과하지 못한(50%를 약간 밑도는) 제안들과 비교한다.

앞서 소개한 리어에 대한 제안은 49.8%의 득표율로 실패했고, HCC 손해보험에 대한 제안은 52.2%로 통과됐다. 제안이 통과되거나 실패하는 것은 사실상 무작위로 발생한다. 영향력이 강한 지배적인 투자자 영향은 아니었을 것이다. 그런 투자자라면 찬성률을 49.8%나 52.2%가 아닌 70%대로 높였을 것이기 때문이다.

플래머 교수는 1997~2012년 사이에 발의된 2,729건의 제안을 검토한 결과, 근소한 차이로 제안이 통과될 때 주가 수익률이 0.92% 향상된다는 사실을 발견했다. 승인된 제안 중에 52%가 이행되기 때문에 제안이 채택되면 주가가 평균 1.77%(0.92%/52%) 향상된다. 중요한 것은 이런 결과가 파이 쪼개기가 아닌 파이 키우기에서 비롯된다는 점이다. 운영 성과, 노동 생산성 및 판매 증가율 역시 향상되며, 기업의 사회적 지향이 동료와 고객 모두에게 영감을 준다는 것을 시사한다.

동전의 반대편

그런데 왜 파이코노믹스는 더 널리 채택되지 않았을까? 증거가 모두 일방적이지 않다는 점을 인정하는 것이 중요하기 때문이다. 앞서 사회 책임투자의 성공 사례로 인데버펀드를 언급했다. 그러나 이 또한 하나의 사례이지 증거는 아니다. 일반적으로 ESG펀드가 시장 수익률을 앞서지 않는다는 점은 가장 반격하기 힘든 반증이다.

룩 르네부그Luc Renneboog, 헹크 테르 호스트Jenke Ter Horst, 첸디 장Chendi Zhang은 미국 및 영국, 일부 유럽 및 아시아 국가에서 ESG펀드는 리스크를 통제하면 차이가 미미해지지만[28] 시장보다 연간 2.2~6.5%의 낮은 성과를 보인다는 것을 발견했다. 같은 연구진은 별도의 메타분석을 실시해 '영국과 미국의 경우 ESG펀드 성과가 비ESG펀드와 유사하지만 유럽과 아시아에서는 저조한 성과를 보인다'는 결론을 내렸다.[29]

사모펀드 영역으로 넘어와서 '임팩트투자Impact Funds'는 재무적 목표뿐만 아니라 사회적 목표를 추구한다. 브래드 바버Brad Barber, 아데어 모스Adair Morse, 야스다 아야코Ayako Yasuda 등은 20년간 159개 임팩트펀드를 연

구한 결과 전통적인 벤처캐피털펀드 수익률보다 연 3.4%씩 밑도는 것을 확인했다.[30]

일부 ESG 옹호자들은 이러한 결과들을 숨기려고 한다. 〈파이낸셜타임스〉에서 "ESG 전략의 초과 성과는 의심의 여지가 없다"고 주장한 사람도 있었다.[31] 그러한 주장은 유감스럽게도 사실이 아니지만 확증편향 때문에 여과 없이 받아들여지곤 한다. 우리는 윤리적인 투자가 작동하는 세상에서 살고 싶어 한다. 즉 선한 사람이 이기길 원하기 때문에 2장과 3장에서 논의된 불편한 트레이드오프를 처리할 필요가 없는 척할 수 있다.*

〈포브스〉는 ESG 성과가 앞선다는 결과를 도출한 미발표 메타분석을 발표하며 "이것이 새로 나온 보고서의 전제다. 더 나은 사업, 더 나은 기업 지배구조, 그리고 지속 가능한 미래에 관심이 많은 사람과의 대화를 기반으로 판단해 이 결과가 맞다"고 설명했다.[32] 그러나 '정확한 보고서'인지 아닌지는 그 결과가 맞기를 바라는 편향을 가진 사람들의 생각보다는 과학적인 엄격함에 달려 있다.

우리는 대부분의 ESG펀드 수익률이 시장 수익률을 능가하지 않는다는 사실을 진지하게 받아들여야 한다. 대부분의 ESG펀드가 실제로는 파이코노믹스를 실행하지 않을 수도 있다. 많은 펀드가 기업이 사회적 가치를 창출하는지의 여부를 평가할 때 기준을 맞추지 않는 회사들을 걸러낸다. 요건을 맞추지 못하거나(예: 이사회 다양성이 부족함), 배제 요건에 해당하는지를 보면서(예: 석유 및 가스 산업에 해당됨) 주식을 선별적으로 배제한다. 이 방식에는 3가지 단점이 있는데, 왜 ESG펀드의 평균 실적이 저조한 결과로 나타나는지를 설명할 수 있다.

---

* 이후 〈파이낸셜타임스〉는 증거의 모호성을 강조하는 서한을 실었다. 훌륭한 대처다(2017년 11월 28일).

첫째, 형식적인 체크리스트 점검 방식box-ticking은 피상적으로 이뤄지기 때문에 불완전하거나 최악의 경우 조작하기 쉽다. 한 예로 이사회에서 소수인종의 비율은 다양성 지표로 사용되는데, 기업이 다양한 사고방식이나 반대 의견을 표출할 수 있는 문화인지, 그리고 이 문화가 회사 전반에 얼마나 퍼져 있는지는 알 수가 없다. 실제로는 다양성에 대해 거의 신경 쓰지 않으면서 구색을 맞추려는 목적으로 소수인종을 이사로 지명할 수도 있다.

둘째, 형식적인 체크리스트 점검 방식은 천편일률적이다. 사회적 성과가 투자자에게 항상 유익하다고 가정하는데, 이는 파이코노믹스의 핵심인 중요성의 원칙을 무시하는 것이다. 어떤 이해관계자가 중요한지는 회사마다 다르며 앞서 언급한 관련 연구에서 보듯이 중요하지 않은 이해관계자에 대한 투자는 수익 제고로 이어지지 못한다.

형식적으로 점검하는 방식의 가장 큰 문제점은 단편적이라는 데 있다. 회사 대부분은 어떤 면에서는 좋은 성과를 거두지만 다른 면에서는 그렇지 못하다. 애플은 직원 만족도를 높이기 위해 노력하지만, 지니어스바 직원들의 긴 근로시간, 높은 업무 강도, 그리고 최저 시급과 일부 직원을 자살로 몰아넣은 것으로 알려진 폭스콘시티 납품공장의 열악한 노동 관행에 대해서는 비난을 받고 있다.[33]

물론 어떤 기업도 완벽할 수는 없다. 어떤 직원에게는 자극이 되는 문화가 다른 직원에게는 압박으로 다가올 수도 있다. 직원 만족도를 평가하는 것이 복잡하다는 말은 임금 측정 같은 단순한 하나의 체크 박스로 단순화할 수 없다는 것을 의미한다. 6장에서 논의하겠지만, 사회적 성과를 제대로 평가하려면 손에 흙을 묻혀야 한다. 즉 소매업체는 직접 매장을 방문해봐야 한다. 그러나 일부 투자자는 너무 많은 종목의 주식을 보유한 탓에 그럴 여력이 없어 책상에 앉아서 판단한다.

단일 이해관계자에 대한 회사의 기여도는 측정하기 어려울 뿐만 아니라 파이에는 많은 이해관계자가 포함되어 있다. 아마존은 파이를 키우는 기업인가? 고객에게 아마존은 요긴한 기업이다. 언제 어디서든 온라인으로 쉽고 빠르고 저렴하게 물건을 구매할 수 있다. 또한 아마존은 도시 주요 입지에 매장을 두지 않는 방식으로(대신 외곽에 물류창고를 두고 있음) 환경을 돕고, 이용자들이 중고품을 버리지 않고 되팔게 안내하면서 좋은 이미지를 구축하고 있다. 그러나 동료에 대한 처우에서는 평가가 엇갈린다.

아마존의 물류창고 업무는 근로시간도 길고 업무 강도와 부상 빈도가 높은 데다 발전이 없는 단순업무만 반복하는 가혹한 근로 여건이라는 평가가 지배적이다. 화장실이 멀어서 한번 다녀오면 근무에 태만하다고 질타를 받을까봐 물병에 소변을 누는 직원들도 있었다(그럼에도 불구하고 2018년 링크드인 설문조사에서 아마존은 미국에서 가장 일하고 싶은 기업에 선정됐다).[34] 앞서 아마존이 환경에 미치는 긍정적인 영향을 언급했는데, 과도한 포장재와 운송자원 사용을 감안해 비교해야 하기 때문에 이마저도 불분명하긴 매한가지다.

파이코노믹스는 트레이드오프를 수반한다. 트레이드오프를 조율하는 데 리더의 판단이 필요하듯이 트레이드오프를 평가하는 데는 투자자의 판단을 요한다. '사회적 책임'이라는 말이 붙은 펀드는 사회적 성과가 재무적 성과에 해를 끼치기 때문이 아니라 사회적 성과를 제대로 평가하지 않기 때문에 성과가 저조하다고 나타난 것일 수도 있다. 사회적 책임에 민감한 투자자의 실적은 사회적 책임이 있는 투자 자체의 수익성과는 대체로 무관하다.

그리고 사회책임투자자의 성과가 사회책임기업의 실적을 제대로 반영한다고 볼 수 없다. ESG펀드는 사회적 성과만 평가하는 것이 아니다.

ESG펀드는 리더십과 경영 전략도 당연히 들여다보는데 일반 펀드들이 종종 그렇듯이 평가 결과를 잘못 해석할 수도 있다. 일반 펀드 수익률도 시장 수익률을 밑돌 때가 있는데, 그렇다고 해서 투자자가 주식 종목을 고를 때 리더십과 전략을 무시해야 한다는 것을 의미하지는 않는다.

또 다른 불편한 진실은 '죄악 산업'의 초과 성과다. 해리슨 홍Harrison Hong과 마르친 카퍼지크Marcin Kacperczyk는 술, 담배, 게임회사들이 지난 42년간 죄악 산업과 가장 밀접하게 연관됐으나 죄악 산업이 아닌 업종(음료, 음식 등)의 수익률을 매년 3.2%씩 앞섰다는 사실을 확인했다.[35]

이 결과는 파이 쪼개기, 즉 죄악 산업이 중독성 있는 제품을 판매함으로써 고객으로부터 이윤을 취한 탓이 아니었다. 만약 그랬다면 더 높은 수익을 얻어야 한다. 대신 사회적 규범 때문에 연기금이나 대학 등 기관투자가들이 죄악 업종주를 기피한다는 사실을 알아냈다. (사회 규범에 얽매이지 않는) 투자자들만이 죄악 산업의 주식을 소유하기 때문에 그들은 리스크 부담이 큰 포지션을 보유하게 된다. 따라서 높은 수익은 리스크에 대한 보상일 뿐이다.

마지막으로, 파이코노믹스를 지지하는 연구조차도 일반화할 수 없을지 모른다. ESG와 관련하여 신뢰할 만한 비상장기업 정보가 없기 때문에 이 장에 언급된 모든 논문은 상장기업을 대상으로 한다. 상장기업들은 역 인과관계 우려를 줄여주는 주가 수익률이 있어 리스크 조정이 가능하다. 바로 이것 때문에 금융 연구의 대부분이 상장기업이다.

또한 이 장에서 언급된 대부분의 연구는 (사회적 성과가) 주가에만 영향을 미치는 것이 아니라 수익성도 현저히 개선되는 결과를 보여줬다. 따라서 결과는 주가가 존재하지 않는 비상장기업에도 적용될 수 있다는 가능성이 있다. 더욱이 파이코노믹스 관점에서 현실화되기 어려운 장기투자를 어떻게 가능하게 만드는지와 같은 개념적 주장은 상장기업에만 국한되지 않는다. 그러나 비상장기업의 사회적 성과와 재무적 성과 간 연계는 아직 엄격하게 제시되지 않았다. 바라건대 향후에는 실증분석을 통해 가능해질 수 있길 바란다.

앞서 논의한 연구결과는 다른 나라에서 적용되지 않을 수 있다. 그래서 나는 루시우스 리Lucius Li, 첸디 장과 함께 미국에서 가장 일하기 좋은 기업에 대한 연구 범위를 다른 나라들로 확장했다.[36] 가장 일하기 좋은 기업 리스트는 전세계 40개국에 존재한다. 우리는 미국 기업의 자회사가 아니라 현지에 본사를 두고 현지에서 주식이 거래되는 연구에 적합한 13개 국가를 도출했다. 13개 국가에서도 미국에서 나온 결과가 대체로 유효하며 13개 중 9개 국가에서는 최우수 기업의 수익률이 미국보다 더 높은 것으로 나타났다.

계속 반복하지만 연구결과가 늘 유효한 것은 아니다. 프랑스나 독일처럼 노동시장 규제가 강한 나라에서는 양상이 달랐다. 그럴 만도 하다. 프랑스와 독일에서는 직원들이 이미 법적으로 적절한 수준의 복지를 보장받고 있다. 예를 들어 이들 나라에서는 직원에게 회사의 해고 조치에 대한 보호책을 제공한다. 평균적으로 볼 때 기업이 이미 동료들을 잘 대우하고 있다면 상위에 있는 기업들은 직원 만족도에 과도하게 투자하고 있는지도 모른다.

이 결과는 2가지 이유로 중요하다. 첫째, 이 책의 초석인 실증조차도 한계가 있음을 보여준다. 증거는 증명이 되는 것과는 다르다. 증명이 됐다는 것은 보편적이라는 의미다. 고대 그리스 물리학자 아르키메데스Archimedes가 원의 면적이 '반지름×반지름×파이'라는 것을 보여줬을 때, 이는 기원전 3세기 고대 그리스의 원에만 해당하는 것이 아니라 오늘날 그리스의 원과 전세계의 원에 모두 적용됨을 증명해낸 것이다.

그러나 증거는 다르다. 증거가 있더라도 이는 증거가 수집된 나라나 업종에만 국한되게 적용될 수도 있다. 미국에서 최우수 기업의 실적이 더 월등하다고 해서 프랑스에서도 그러리라는 법은 없다. 그리고 특정 기간에만 적용될 수도 있다. 앞으로는 주식시장이 직원 만족도의 이점을 인식하는 속도가 빨라질지도 모른다. 그러면 최우수 기업 리스트가 발표된 직후 높은 주가 수익을 기대할 수 없게 될 것이다.

둘째로, 3장에서 강조했듯이 아무런 제한 없이 사회적 가치를 맹목적으로 추구해서는 안 된다는 것을 보여준다. 사회적 편익이 기업의 기회비용을 정당화하는 지점 이상으로 투자하는 것은 파이를 키우기보다 파이를 작게 만든다.

이 모든 연구에서 도출된 결론은 무엇인가? 파이코노믹스는 너무 좋아서 믿기 어려운 몽상이 아니다. 이해관계자를 이롭게 하는 것은 투자자에게 더 높은 장기 수익을 제공할 수 있다. 그러나 모든 상황에서 그렇지 않다는 점 또한 인식해야 한다. 기업의 주요 목표는 사회적 가치를 창출하는 것이지만 분별력을 갖고 가치를 창출하는 것이 중요하다. 이 접근방식을 토대로 1부에서는 개념과 원칙을 다뤘다. 앞으로 2부에서는 증거 기반의 개혁안, 3부에서는 실행 계획을 논할 것이다.

In a Nutshell

- 많은 연구에서 사회적 성과와 재무적 성과 사이에 긍정적인 상관관계가 도출됐다. 그러나 후자가 전자를 야기하는 역 인과관계가 있을 수 있다. 향후 주가 변동은 역 인과관계를 완화하는데, 이는 재무실적이 이미 현재 주가에 반영되어 있어야 하기 때문이다.

- '미국에서 일하기 좋은 100대 기업'의 주가 수익률은 28년 동안 매년 2.3~3.8%씩 시장 수익률을 앞섰다(누적 수익률 89~184%). 또한 이들 기업은 애널리스트들의 전망치를 뛰어넘는 실적을 달성했다.

- 고객 만족도, 생태 효율성, 이해관계자 중심의 정책 및 중요한 이해관계자에 대한 성과도 우수한 장기 주가 수익률과 상관관계가 있다. 그러나 중요성과 상관없이 모든 이해관계자 문제에 힘쓴다고 해서 좋은 성과를 거두는 것은 아니다.

- 기업이 이해관계자를 위해 창출하는 가치를 측정하더라도 주가에 결과로 나타나려면 몇 년이 걸린다. 따라서 투자자와 사회는 기업 리더를 평가할 때 장기적인 관점을 적용해야 한다.

- 사회책임투자펀드의 실적은 일반적으로 시장을 능가하지는 않지만, 사회적 성과가 투자 기준으로 부족해서가 아니라 측정하기가 매우 어렵기 때문일 가능성이 높다. 이는 사회적 성과를 형식적으로 체크하는 방식이 위험하다는 사실을 잘 보여준다.

- 사회적 성과가 한 업종 또는 한 국가의 재무적 성과와 상관관계가 있더라도 타 업종이나 다른 나라에는 적용되지 않을 수 있다. 또한 제한 없이 사회적 성과를 제고하는 것이 항상 재무적 성과로 이어진다는 사실을 의미하지도 않는다.

PART 2

무엇이 파이를 키우는가?
: 증거 탐구하기

2부에서는 파이 키우기의 증거에 관해 검토한다. 기업이 사회적 가치를 높이는 방법에는 사실상 제한이 없다. 더 나은 리더십, 최첨단 생산 기술, 그리고 예리한 마케팅은 이론의 여지없이 유익하다. 그러나 여기서는 이 같은 메커니즘을 다루지 않을 것이다. 파이코노믹스에는 그러한 메커니즘에 대한 고유한 관점이 없기 때문이다.

독자는 이 책을 읽기 전에 이미 좋은 리더십과 제품, 마케팅이 중요하고 또 바람직하다는 사실을 알고 있을 것이다. 이러한 요소는 소비자뿐 아니라 투자자와 이해관계자 모두에게 가치를 창출한다. 굳이 '파이 키우기 사고방식'을 운운할 필요가 없다는 말이다.

대신 파이를 결정짓는 3가지 요인, 즉 경영진(임원) 보수, 스튜어드십(관리자의 책무를 위한 투자자 모니터링 및 관여 활동), 자사주 매입에 초점을 맞출 것이다. 이해관계자의 희생이 기업 리더와 투자자에게 이득을 주는 것으로 간주되기 때문에 특히 논란이 되는 것들이다. 세계 여러 나라에서 주요 개혁 대상이다. 파이가 고정되어 있지 않다는 파이코노믹스의 관점에서 보면 경영진 보수, 스튜어드십, 자사주 매입에 대한 생각이 바뀌게 될 것이다.

리더와 투자자에 대한 이익은 이해관계자의 희생이 아니라 파이를 키우는 행동으로 실현된다. 이는 희망사항이 아닌 엄격한 증거로 입증된다. 데이터를 면밀히 살펴보면 현재 영향력 있는 개혁안의 골자로 자리 잡은 경영진 보수, 스튜어드십, 자사주 매입에 대한 통념이 사실이 아님을 알게 될 것이다.

5장에서는 직원을 희생시켜 임원을 부자로 만든다고 인식하는 '경영진 보수' 문제를 다루고, 6장에서는 '스튜어드십'에 대해 논의한다. 일부에서는 스튜어디십을 통해 장기 성장보다 단기 이익을 우선시하도록 기업을 압박해야 한다고 주장한다. 7장에서는 이해관계자에게 투자될 수 있는 자금을 주주들이 현금화하는 데 사용한다고 인식하는 '자사주 매입'에 대해 분석한다.

이러한 우려 중 일부는 근거가 있고, 파이의 메커니즘이 부적절하게 사용될 수 있다는 것을 인정한다. 그러나 나는 올바르게 설계하고 실행하면 파이를 키울 수 있다는 확실한 증거를 제시할 것이다. 여기서 핵심은 '올바른 설계와 실행'이다.

경영진 보수, 스튜어드십, 자사주 매입이 개혁되어야 한다는 일반적인 견해에는 동의하지만 파이가 커질 수 있다는 것을 인식한 후에 착수해야 할 개혁은 전혀 다른 양상을 띤다. 따라서 현재 관행 대비 경영진 보수, 스튜어드십, 자사주 매입을 크게 개선할 수 있는 방법을 설명할 것이다.

성과급

단기 게임을 방지하는 동시에 보람 있는 장기적 가치를 창출한다

2010년 4월, 바트 베흐트Bart Becht는 영국에서 공공의 적 1위가 됐다. 영국 생활용품기업 레킷벤키저의 CEO로서 사기를 치거나 고객에게 피해를 줬거나 직원을 괴롭혔기 때문은 아니었다. 많은 사람이 보기에 그가 저지른 일은 훨씬 더 심각했다.

바트는 2009년 9,200만 파운드(약 1,427억 원)에 달하는 보수를 받았다. 이는 역대 영국 임원의 최고 연봉을 깨는 기록이었다. 언론은 즉각 격분했다. 한 신문은 "너무나 충격적이어서 자리에 드러누울 정도다. 과도하게 높은 연봉이 사람을 외계인으로 만든다면, 바트 베흐트는 달렉 황제 Dalek(영국 최장수 SF드라마 〈닥터 후〉에 등장하는 외계인_옮긴이)다"라고 비꼬았다.[1] 언론은 바트의 고액연봉을 2007년 미국발 금융 위기를 촉발한 것으로 알려진 은행 간부들의 보너스와 연결시켜 대서특필했다.

독자들은 '은행 간부들이 누리는 과다한 보상이 다른 분야로 퍼지고 있다'며 우려를 표했다.[2] 또한 언론은 "최소한 은행 간부들은 어렵고 난해한 일을 한다"면서[3] 바트의 연봉보다는 은행 간부들의 높은 연봉이 차라리 납득이 된다는 뉘앙스를 풍겼다. 레킷벤키저는 CDO(자산담보채무)

나 LYONs(액면수익률옵션노트) 같은 복잡한 금융상품이 아니라 소독제, 기침약, 얼룩제거제 같은 생활용품을 판매하는 회사다. 생활용품회사를 운영하는 것은 '로켓 과학'처럼 고도의 지능을 요하는 일은 아니다.

그로부터 1년 뒤 바트는 2011년 4월 14일 예고 없이 사퇴했다. 그의 사퇴로 레킷벤키저의 시장 가치 18억 파운드가 순식간에 증발해버렸다. 이는 2009년 바트가 받은 연봉의 거의 20배에 달하는 액수다. 바트를 잃고 쪼그라든 파이는 그가 받은 연봉을 다른 이해관계자에게 재분배했을 때 돌아갈 파이보다 월등하게 컸다. 일부 애널리스트는 주식 매도 의견을 냈고, 자산관리 금융기관 인베스텍은 "바트가 미치는 영향이 너무나 크다. (바트가 없는) 회사는 불확실한 미래에 직면해 있다고 생각하기 때문에 이번 사퇴를 매우 부정적인 이벤트로 본다"고 밝혔다.[4]

그렇다고 해서 바트의 가치가 애널리스트들이 표출한 것처럼 18억 파운드의 주가 하락에서 나타난 두려움으로 증명되는 것은 아니다. 바트의 엄청난 보수에 주식시장이 속아서 바트가 특별하다고 생각했을지도 모른다. 그러나 사퇴 이후 레킷벤키저의 성과를 보면 이 두려움이 근거 있는 것이었음이 입증된다. 2011년 이전 레킷벤키저의 5년간 매출, 영업이익, 순이익을 보면 각각 연간 14%, 21.4%, 21% 증가했다. 2011년 이후 이 수치는 각각 0%, -1.1%, -0.2%로 떨어졌다. 또한 2011년 이후 매년 총 직원의 수가 2011년보다 적었기 때문에 기업의 부진이 구체적으로 드러났다.

바트는 1995년 레킷벤키저의 CEO가 된 이후 1999년 레킷&콜먼과 합병하며 CEO로서 약 15년간 레킷벤키저를 이끌었다.[5] 그는 상아탑에 앉아 있는 고고한 CEO가 아니라 현실 밀착형 리더였다. 고객의 입장을 체험하기 위해 직접 자사 세제로 집을 청소하면서 '하녀 베흐트'라 불리기도 했다.[6]

"나는 매장에서 제품을 구매하는 고객들과 대화를 나눈다. 그들이 왜 그 제품을 골랐는지, 어떤 방식으로 빨래하는지를 알아낸다. 이런 걸 하고 싶지 않다면 이 업종에 몸을 담그면 안 된다."

그가 성공적으로 리더십을 발휘했다는 점은 명백했다. 1999년 합병 이후 레킷벤키저의 주가는 7파운드에서 36파운드 이상으로 치솟았다. 배당금을 제외하고도 투자자에게 220억 파운드의 가치를 창출했다. 레킷은 지난 10년간 FTSE100 지수(런던증권거래소에 상장된 시가총액 상위 100개 기업의 주가를 지수화한 종합 주가 지수_옮긴이)에서 4번째로 실적이 좋은 기업으로 등극했다. 여기서 중요한 것은 바트가 파이를 키워 일군 성과라는 점이다.

바트가 CEO로 재임하는 동안 고객도 많은 이득을 얻었다. 바트는 데톨, 스트렙실스, 바니시를 포함한 19개 파워브랜드에 집중하면서 혁신을 꾀했다. 세탁세제 시장은 포화 상태였기 때문에 고객의 새로운 니즈가 없었다. 그래서 식기세척기로 눈을 돌렸다. 지금까지 고객들은 식기세척기에 분말 세제, 소금, 세정제까지 3가지 제품을 쓰고 있었다. 바트는 고객의 생활을 보다 편리하게 개선하겠다는 목표로 연구를 거듭해 분말 세제와 세정제를 합쳐 작은 고체로 만든 '피니시 파워볼 2 in 1'을 출시했다. 이듬해에는 소금을 포함한 피니시 3 in 1 브릴리언트, 2005년에는 유리 보호제를 추가한 피니시 파워볼 4 in 1을 내놓았다.[7]

레킷벤키저의 혁신은 이버멕틴처럼 사람을 살리지는 않지만 집안일을 좀 더 편하게 만들어주면서 수많은 사람의 일상을 변화시켰다. 레킷벤키저의 연구개발비는 경쟁사인 헹켈, P&G, 유니레버보다 적었으며, 신제품을 과대 광고하지도 않았다. 대신 점진적으로 제품을 개선하며 시장에서 굳건하게 자리 잡았다. 바트는 이런 자신의 방식을 '연속적인 안타를 이끌어내 승리하는 야구팀'에 비유했다.

레킷벤키저는 2009년 〈이코노미스트〉가 선정하는 혁신상Innovation Award
을 수상했으며, 하버드를 비롯한 여러 학교에서 혁신 사례로 다뤄졌다.
레킷벤키저의 혁신은 연구실을 넘어 바트가 조성한 기업 문화와 수평
조직 구조 덕분이었다. 〈파이낸셜타임스〉와의 인터뷰에서 레킷벤키저
직원들은 "내 회사를 운영하는 것 같았다"고 말했다.[8]

바트는 직급과 상관없이 모든 직원이 아이디어를 낼 수 있도록 장려
하고, 아이디어를 현실화하는 데 필요한 승인도 간소하게 바꿨다. 직원
수도 2000년 대비 50% 늘리고 직원들의 역량 개발에도 투자했다.[9] 주니
어 임원들이 해외근무지를 바꿔가며 새로운 역할을 경험하게 하면서 기
업가적 태도를 함양하도록 애썼다. 2008년 기준, 상위 실적 50개국 해외
법인장 가운데 95%는 적어도 한 번은 타국에서 근무했다.

레킷벤키저는 환경에도 유익을 줬다. 2008년 플라스틱 원통형에서
여러 번 밀봉이 가능한 파우치로 포장재를 변경한 덕분에 고객은 같은
가격에 양은 10% 늘어난 제품을 쓰게 되었다. 또한 2000~2011년 동
안 캐나다에 540만 그루의 나무를 심고 온실가스 배출량을 48% 줄였으
며 생산 단위당 에너지 사용량을 43%로 낮췄다.[10] 바트가 이끄는 동안
레킷벤키저는 영국 커뮤니티기업책임지수에서 1위, 미국 환경보호청의
SDSI(안전한 세제 관리 이니셔티브)에서도 1위를 차지했다.

여기서 확인할 수 있듯이 바트의 파이 조각은 사회의 희생이 아닌 10
년 이상 사회적 가치를 창출한 결과로 얻은 부산물이었다. 그럼에도 불
구하고 연봉 논란이 터진 당시 파이를 키우기 위해 그가 해낸 수많은 업
적을 다루는 기사는 거의 없었다. 게다가 헤드라인에서는 바트가 한 해
에 9,200만 파운드를 받았다고 했지만,[11] 실제 '보상'은 500만 파운드에
불과했다. 나머지 8,700만 파운드는 그가 1999년에 받은 주식과 옵션을
매도해서 얻은 수익이었다.[12] 즉 10년 근속을 통해 얻은 결과였다.

사실 바트는 2003년부터 보유 주식과 옵션 중 일부를 현금화할 수 있었다.[13] 그랬다면 오해받을 만한 상황을 피할 수 있었을 것이다. 그러나 바트는 레킷의 주식과 옵션을 보유하면서 회사의 장기적인 성과에 책임지는 선택을 했다. 만약 회사의 실적이 저조했다면 바트가 현금화한 금액은 훨씬 적었을 것이다. 고액 보수에 대한 대중의 격렬한 반응은 없었겠지만, 그 대가는 사회가 치러야 할 희생이었을 것이다.

물론 레킷벤키저의 주가 상승이 전적으로 바트 덕분은 아니다. 동료의 기여, 주식시장의 상승세 등 다양한 요소에 대해서는 뒤에서 다룰 것이다. 일단은 기업 리더가 파이를 얼마나 키웠는지를 평가하지 않고서 그들의 보수가 과도하다고 낙인찍을 수 없다는 점을 짚고 싶다.

바트는 주식과 옵션을 현금화하면서 동시에 세이브더칠드런과 국경없는의사회 등 자선신탁에 훨씬 더 많은 1억 1,000만 파운드(약 1,700억 원)를 기부했다.[14] 바트 몫으로 돌아간 파이 조각이 다시 사회로 투입됐지만, 그 부분은 언론 보도에서 쏙 빠지는 경우가 많았다. 대중이 격렬하게 반발했을 때, 바트가 "정치인들에게는 비판받았지만 회사의 대주주 그 누구에게도 비판받지 않았다"[15]고 말한 사실은 전혀 놀랍지 않다. 바트의 사퇴에 일조한 가혹한 비판은 파이를 쪼개는 사고방식이 파이 키우기를 어떻게 방해할 수 있는지 보여주는 대표적인 사례다.

바트의 사례는 경영진 보수에 대한 사람들의 인식과 일치한다. 비즈니스가 현실과 동떨어져 있음을 보여주는 증거로 가장 많이 회자되는 게 임원진의 연봉이다. 2018년 S&P500 기업 CEO의 평균 연봉은 1,480만 달러였는데, 이는 직원 평균 연봉의 264배에 달한다.[16] CEO와 직원의 임금 차이가 42배였던 1980년 이후 6배나 증가했다. 영국 FTSE100 기업 CEO는 2019년에 중위값 기준으로 436만 파운드를 벌었는데, 직원 평균 연봉의 119배다. 1980년 이후 8배나 증가했다.

영국의 싱크탱크 하이페이센터는 매년 1월 4일을 '팻 캣 데이Fat Cat Day'로 지정했는데, CEO가 직원이 1년간 번 돈보다 이미 더 많은 돈을 번 날이다.[17] 최근 들어 임원진 보수가 급속하게 늘었다는 점은 CEO의 능력을 감안했을 때 보수가 정당하다는 주장을 반박하는 근거가 된다. 신제품 출시, 가격 책정 전략 또는 탄소 배출량 등 기업의 어떤 결정도 임원진 보상만큼 대중의 관심과 분노를 일으키는 이슈는 없다.

과거에는 정치인들이 의료 및 교육 개혁을 공약하며 유권자들에게 지지를 호소했다. 이제 그들은 경영진 보수 개혁도 공약으로 내세운다. 2016년 미국 대통령 선거 당시 후보였던 도널드 트럼프Donald Trump와 힐러리 클린턴이 견해를 같이한 몇 안 되는 쟁점 중 하나가 '기업 임원들의 보수가 너무 높다'는 점이었다. 힐러리 클린턴은 "CEO가 일반 근로자보다 300배 더 많은 돈을 받는 것은 뭔가 잘못됐다"고 한탄했다.[18] 트럼프는 보다 직설적으로 "CEO의 고액연봉은 완전히 웃기는 이야기고 수치스러운 일이다"라고 말했다.

도입부에서 언급했듯이, 조 바이든 46대 미국 대통령도 치솟는 CEO의 연봉을 시급히 해결해야 할 문제라고 강조했다. 2017년 1월 야당인 노동당 대표 제러미 코빈Jeremy Corbyn은 '최대 임금 상한선'을 제안하기도 했다. 이런 개혁안은 제안되었을 뿐 아니라 일부 통과됐다.

2013년 스위스 국민은 스위스 헌법 '과다보수 반대'에 대한 개혁에 찬성표를 던졌다. 이는 임원의 계약상 보너스와 퇴직금을 금지하고, 투자자에게 구속력 있는 지급 결정권(임원급 보수 패키지에 대한 거부권 허용)을 줬다. 위반 시 3년 이하의 징역에 처해진다. 2014년 EU는 고위 은행가의 보너스를 급여의 최대 2배로 제한했다. 2016년 이스라엘은 은행가의 급여가 최저 임금 근로자 급여의 30배 이상이 넘으면 세금 공제가 안 되도록 제한했다(또는 이보다 낮을 경우 250만 세켈로 제한).

CEO의 연봉이 중요하게 인식되는 데는 여러 이유가 있다. 과도한 보수는 동료의 급여나 R&D 투자에 사용될 수 있는 자원을 가져간다. 게다가 그들은 보너스 목표치를 달성하려고 의도적으로 임금을 삭감하거나 투자를 줄일 수 있다. 그들이 받는 수백만 달러는 1970년대 중반 이후 끊임없이 커지는 소득 불평등에 영향을 미친다.

따라서 최상의 증거를 기반으로 진지하게 평가할 필요가 있다. 먼저 리더의 보수는 이해관계자가 희생한 결과라는 우려부터 시작해보자. 미국 최대 노동조합연맹AFL-CIO은 '그들은 더 받고, 우리는 적게 받고More for Them, Less for Us'라는 제목으로 경영진 보수를 모니터링해서 공개한다. 〈포브스〉는 'CEO들이 직원들의 희생으로 파이를 너무 많이 가져가고 있다'는 주장을 담은 기사를 내보냈다. 그러나 이는 파이 쪼개기 사고방식에 근거를 둔 주장이다.

자세히 따져보면 파이를 재분배·재할당할 수 있는 양이 적다. S&P500 기업들의 지분가치 중위값은 240억 달러다. CEO가 무보수로 일할 의향이 있다고 해도 1,480만 달러를 재분배하면 파이의 0.06%에 불과하다(영국 FTSE100 CEO의 평균 연봉 436만 파운드를 중위값 93억 파운드로 나누면 파이의 0.04%에 해당한다). 이것을 모든 임원진으로 곱하고 아래 직급에 대한 낙수효과로 이어진다 해도, 앞에서 논의한 바와 같이 파이를 성장시킴으로써 얻는 가치 상승에 비하면 여전히 훨씬 작다.

비영리 싱크탱크 아인랜드연구소의 야론 브룩Yaron Brook, 돈 왓킨스Don Watkins가 지적했듯이, 수세기 전 대부분의 부가 토지 형태였을 때는 파이 쪼개기 사고방식이 타당했을 것이다. 나눠 가질 수 있는 토지 크기가 정해져 있기 때문이다. 그러나 대부분의 부가 금전 형태일 경우에는 그렇지 않다. 금전적인 부는 토지와 달리 창출될 수 있다.[19] 경영진이 돈을 더 많이 받는다고 동료들이 더 적게 받는 것은 아니며 시민의 복지나 사회에 영향을 미치는 다른 요인이 창출될 수도 있다. 기후 변화를 억제하는 일은 CEO나 근로자 모두에게 유익을 준다.

그렇다고 해서 경영진의 보수 수준에 무관심해야 한다는 뜻은 아니다. 어떤 식으로 절약하든 220억 달러로 나누면 거의 모든 잠재적 절약은 미미해진다. 임금 수준이 리더의 행동에 미치는 영향보다 사회에 훨씬 더 적은 영향을 미친다는 점을 강조하는 것이다. 가난한 사람을 위해 로빈 후드처럼 부자한테서 돈을 빼앗을 필요는 없다. 가난한 사람들을 위한 가장 좋은 행동은 직접 가치를 창출하는 것이다.

임금 구조가 CEO의 행동을 왜곡할 수 있다는 우려는 전적으로 타당하다. 1990년 〈하버드비즈니스리뷰〉에는 경제학자 마이클 젠슨과 케빈 머피Kevin Murphy의 "얼마나 지불하느냐가 아니라 어떻게 지불하느냐가 중요하다"라는 제목의 기사가 실렸다. 결론은 다음과 같다. 보수 개혁의 목표는 리더의 보수를 낮추기보다는 리더가 장기적인 사회 가치를 창출하도록 유도하는 것이다.

요약하자면, 임금 구조의 3차원이 중요하며 각각은 바람직한 사회적 결과를 이끌어낸다. 민감성은 책임으로, 단순성은 대칭으로, 기간 구조는 지속 가능성으로 이어진다. 차례대로 각 요소에 대해 논의해보자.

임금 구조	임금 결과
민감성	책임
단순성	대칭
기간 구조	지속 가능성

민감성

CEO 보수는 성과에 민감해야 한다. 리더는 단순히 출근하는 것만으로 수백만 달러를 받아서는 안 된다. 그래서 우리는 보수Compensation가 아닌 사례Reward로 보상을 지칭한다. 이 차이는 단순히 의미론적인 것이 아니라 보수 설계의 이면에 있는 철학을 반영한다. 보수는 노력에 대한 것이다. 골프나 치고, 개인 전용기로 회의에 참석하는 것이 CEO의 일이라고 보는 사람들에게는 CEO가 창고에서 일하는 직원보다 더 많은 노력을 하는 것인지 분명하지 않다. 따라서 보수 관점으로 급여를 책정하면 CEO 임금 수준을 결코 정당화할 수 없다. 이와 대조적으로 사례는 가치 창출에 대한 것이다.

파이는 많은 조각으로 이뤄져 있고, 가중치를 어떻게 적용해야 하는지가 불분명하기 때문에 가치 창출을 측정하는 것은 어렵다. 4장의 증거에 따르면 장기 주가 수익이 투자자 가치뿐 아니라 이해관계자 가치의 다양한 지표를 반영한다는 점을 알 수 있다. 연구개발비 삭감이나 직원교육 축소 등 파이 쪼개기 행위는 단기적으로는 주가를 상승시킬 수 있지만 장기적으로는 끌어내린다. 이는 (사업적) 중요성의 원칙과 일치하는 것으로, 장기 주가 수익률은 가장 중요한 이해관계자에게 큰 비중을 둔다. 그렇기 때문에 외부효과로 완벽하지는 않더라도 파이를 측정하는 것이 우리가 활용할 수 있는 최선의 방법이다.

리더에게 장기 주가 수익에 대한 책임을 지게 하는 가장 좋은 방법은 성과에 관계없이 받는 연봉을 삭감하고 주식으로 더 많이 지급하는 것이다. 보통 임금 수준에만 초점이 맞춰져 이러한 해결책이 무시된다는 점에 유의하자. 2018년 S&P500 기업 CEO의 평균 연봉인 1,480만 달러가 현금 1,400만 달러와 주식 80만 달러의 구조인지, 주식 1,400만 달러와 현금 80만 달러인지는 알 수 없다. 그러나 이 2가지 지급 방법은 CEO가 성과에 얼마나 책임을 져야 하는지에 상당히 다른 영향을 미친다.

전자를 따르면 CEO는 관료처럼 일하는 샐러리맨이다. 후자를 따르면 CEO는 주인의식을 발휘한다. 후자는 말 그대로 스타트업의 리더나 오너 기업의 리더가 상당한 자사 지분을 소유하는 것처럼 기업의 미래에 투자하는 사람이다. CEO는 파이를 키우지 않으면 더 많은 돈을 벌 수 없다. 파이가 줄어들면 자신의 몫도 줄어든다. 이처럼 성과에 대한 민감성이 책임감으로 이어진다.

현실에서 기업 리더가 기업 오너처럼 보수를 받는가? 그렇지 않다는 것이 일반적 견해다. 크리스 필립Chris Philp 영국 하원의원은 2016년 보고서에서 "CEO의 고액 보수와 성과 간에는 강한 상관관계가 없다는 명백한 증거가 있으며, 2개의 학술 연구는 CEO의 고액보수와 성과 간에 오히려 부정적인 상관관계가 있음을 명확히 보여준다"고 주장했다.[20] 언급된 연구들은 미국 데이터를 기반으로 한 것이다.

2019년 하원의 기업 임원 보수에 대한 보고서에서도 "기업의 재무적 성과와 CEO에게 지급된 총액 사이에는 특별한 관련성이 없다"고 지적했다. 영국 데이터를 기반으로 한 제3의 논문에서는 CEO 보수와 재무적 성과 간의 관련성이 미약하거나 존재하지 않는다는 것을 보여주는 학술 증거를 제시했다.[21] 영향력 있는 보고서 외에도 이 3가지 논문은 상당한 관심을 끌었다. 'CEO들은 고액연봉을 받을 자격이 없다'는 많은 사람의 믿음을 확인시켜줬기 때문이다.

그러나 서론에서 논했듯이, 어떤 주장을 뒷받침하는 학문적 연구가 존재한다고 해서 그 주장이 사실이라는 것을 의미하지는 않는다. 증거의 질은 천차만별이기 때문이다. 실제로 위의 세 논문은 기본적인 오류를 범해서 어느 학술지에도 발표되지 못했다. 세 논문에서는 보수와 성과 간의 연계를 계산할 때 CEO가 특정 연도에 신규로 부여받은 현금과 지분만 고려한다. 이 수치는 해마다 크게 달라지지 않는다. 스티브 잡스 Steve Jobs는 성과에 상관없이 연봉 1달러를 받았던 것으로 유명하다.

CEO가 신규로 부여받은 보수에는 성과급의 주요 원천인 이전에 받은 지분이 포함되지 않는데 이것이 꽤 상당하다. 고정 연봉에도 불구하고 스티브 잡스는 성과에 신경을 썼다. 왜냐하면 내재적 동기 외에도, 애플에 상당한 재산(2011년 10월 스티브 잡스 사망 당시 기준 20억 달러)을 투자했기 때문이다.

더 넓게 보면, 포춘 500대 기업들의 CEO는 평균 6,700만 달러의 지분을 보유하고 있어서 주가가 10% 하락하면 670만 달러를 잃게 된다.[22] 이는 CEO가 손실을 상쇄할 수 있는 자본 이득이 없는 경우 세전 급여 1,000만 달러에 해당한다. 영국으로 치면 이 수치는 66만 파운드와 120만 파운드다. PwC가 지적한 바와 같이 '이전에 부여된 지분은 무시한 채 당해에 지급된 보수만 분석하는 것은 자본 이익은 무시하고 배당금을 기준으로 투자 수익을 분석하는 것'과 같다. 즉 말이 되지 않는다.[23]

많은 인용문에는 빠진 부분이 있기 마련이다. 버니 샌더스Bernie Sanders 미국 상원의원은 "경제 파괴에 일조한 월스트리트의 CEO들은 전과가 생기기는커녕 오히려 연봉이 올라간다"고 주장했다.[24] 이 발언으로 큰 파장이 일었지만 사실이 아니다. 샌더스 의원은 자신의 주장을 뒷받침하는 어떤 증거도 제시하지 않았다.

월스트리트 투자은행 베어스턴스의 CEO 지미 케인Jimmy Cayne은 한때 자사에 10억 달러 지분을 보유했지만, 결국 6,000만 달러에 매각했다. 리먼의 CEO 딕 풀드Dick Fuld는 9억 달러가 넘는 주식을 소유하고 있었는데 회사가 파산하면서 모두 휴지 조각이 되어버렸다. 물론 이들은 손실에도 불구하고 상당한 부를 보유하고 있었으며, 규제당국이 이들에게 추가적인 징벌을 부과하는 것은 온당하다(이에 대해서는 10장에서 논의하자). 그러나 그들이 금융 위기에서 이득을 얻었다는 주장은 거짓이다.

대부분의 CEO는 상당한 자사주를 보유하고 있다. 이러한 지분이 실제로 성과를 향상시키는가? 증거를 살펴보자. 금융경제학 교수 울프 폰 릴리엔펠트 톨Ulf von Lilienfeld-Toal과 스테판 루엔지Stefan Ruenzi는 23년 동안 CEO의 자발적 자사주 보유와 장기적 수익 간의 관계를 연구했다.[25] CEO 보유 지분이 낮은 기업 대비 CEO 보유 지분이 높은 기업은 4~10% 더 높은 주가 수익률을 보였다. 파이를 다른 방식으로 쪼개서 얻은 최대 이익률인 0.06%보다 훨씬 높은 수치다. 또한 자산 수익률, 노동 생산성, 비용 효율성 및 투자 수익률도 더 높았다. 모두 파이 키우기 관점과 일치한다.

물론 상관관계가 인과관계를 의미하는 것은 아니다. 한 가지 해석은 성과급 지급이 효과가 있다는 것이다. CEO가 많은 자사주를 보유하면 주가가 상승하도록 애쓰게 된다. 그러나 인과관계는 그 반대일 수 있다. 리더는 미래 주가가 높을 것으로 예상할 때 이사회에 현금 대신 주식으로 보수를 지급해달라고 요구하거나 또는 공개시장에서 주식을 매수할 수도 있다.

첫 번째 설명이 사실인지 확인하기 위해 울프와 스테판은 '성과급이 중요할 가능성이 높은 곳'에서 효과가 더 큰지 연구했다(성과급이 중요하지 않으면 리더는 저조한 성과에 대해 책임을 지지 않게 되기 때문이다). 회사 주식을 보유한 기관이 거의 없고, 업계 경쟁자가 적으며, 기업 인수를 방어할 능력이 있고, CEO가 회사 창업자이며, 최근 매출 성장률이 높은 경우가 여기에 해당한다(마지막 2가지는 이사회가 CEO를 해임할 가능성이 낮다). 5가지 사례에서 주식 보유와 장기 주가 수익률 사이의 연계가 더 강하다는 것은 전자가 후자의 원인이 된다는 것을 시사한다.

성과급이 성과를 향상시키는 요인인지는 분명치 않다. 흔히 리더는 충만한 내재적 동기를 기반으로 회사를 경영해야 하기 때문에 성과급은 무관하다고 주장한다. 제약회사 CEO라면 사익 추구보다 인간의 건강을 증진할 목적으로 신약을 개발해야 한다는 관점이다.

2015년 7월 존 크라이언John Cryan이 독일의 글로벌 금융기업 도이체뱅크의 CEO가 됐을 때 "왜 내 고용계약서에 보너스 조항이 있는지 모르겠다. 약속하건대 누가 나에게 돈을 더 주거나 적게 주거나 상관없이 언제나 일을 열심히 할 것"이라고 말했다. 그의 발언은 성과급이 불필요하다는 주장을 뒷받침하는 데 인용되지만, 재무적인 책임을 지지 않고 열심히 일하겠다는 크라이언의 주장은 증거로 검증될 수 없다. 크라이언은 보너스 조항을 결국 수용했는데 임기 중에 회사가 매년 손실을 입게 되자 보너스를 포기해야 한다는 압박감에 시달렸다.

CEO의 내재적 동기가 중요하다는 것은 의심의 여지가 없다. 만약 내재적 동기가 충만하지 않은 사람이 CEO가 된다면 분명 잘못된 인사다. 이때의 해결책은 더 많은 지분을 주는 것이 아니라 해임하는 것이다. 그러나 울프와 스테판의 연구결과는 이미 차고 넘쳐야 할 내재적 동기를 넘어 성과급이 여전히 점진적인 효과를 낼 수 있음을 시사한다.

사람은 주인이 되면 행동이 달라진다. 세입자는 집을 빌려 쓰기 때문에 사는 동안 당연히 집을 관리해야 하는데, 집주인이 되면 세입자로 살 때보다 훨씬 더 집에 신경 쓰고 잘 관리한다. 이렇듯 내재적 동기는 '좋은 성과'를 내는 원동력이 된다.

그러나 '뛰어난 성과'는 과거의 실수를 인정하고 CEO 자신이 생각한 전략을 뒤집는 것처럼 힘든 결정이 수반된다. 아무리 정직한 리더라도 매번 이러한 어려운 결정을 내리지는 못할 것이다. '내재적 동기부여에 효과적인 보상기법을 사용하면 좋은 성과를 뛰어난 성과로 바꿀 수 있다'는 것이 울프와 스테판이 밝혀낸 사실이다.

성과급에 반대하는 또 다른 주장은 성과급이 성과와 무관한 것이 아니라 오히려 성과에 부정적인 영향을 미친다고 지적한다. 이전의 많은 연구는 직원이 보상과 연계된 성과 측정에만 집중하기 때문에 성과급이 역효과를 불러일으킨다는 것을 보여준다.[26] 1902년 베트남을 점령하던 프랑스는 쥐 박멸을 목표로 쥐 사냥을 장려했다. 쥐 사체가 넘쳐나는 상황을 방지하기 위해 정부는 사냥꾼에게 쥐꼬리를 가져오면 돈으로 보상해주겠다고 제시했다. 그러자 사냥꾼들이 쥐를 죽이지 않고 꼬리만 잘라내어 쥐가 계속해서 번식하는 상황이 벌어졌다.

최근 예를 들자면, 시험 점수에 근거하여 교사에게 돈을 지불하는 것은 학생들에게 배움에 대한 사랑과 권위에 대한 존중을 심어주기보다는 시험 준비 위주로 학생을 가르칠 수 있게 하기 위함이다. 이 문제들은 골드만삭스의 수석고문 스티븐 커Steven Kerr의 기사 "B를 바라면서 A를 보상하는 어리석음에 대하여"에 요약되어 있다.[27]

보통 이런 연구들은 CEO가 아닌 직원을 대상으로 삼는다. 사실상 직원들의 성과지표는 불완전하다. 예를 들어 시험 점수는 사회가 교사에게 기대하는 것 중 아주 작은 부분만 반영할 뿐이다. 그러나 CEO에게는 투자자의 가치뿐 아니라 이해관계자까지 통합하는 장기 주가라는 좋은 성과지표가 있다.

울프와 스테판의 연구는 성과급뿐 아니라 CEO의 중요성도 보여준다. CEO의 고액연봉에 비판적인 사람들은 성공적인 기업에서도 리더의 역할이 크지 않다고 지적한다. 회사에는 CEO 말고도 수천 명의 직원이 있고, 해당 CEO가 선임되기 전에도 이미 회사가 번창하고 있었다는 것이다. 물론 이러한 요소들도 중요하다. 하지만 울프와 스테판은 '리더도' 중요하다는 것을 보여준다.

그들은 CEO의 주식 보유를 기준으로 회사들을 비교했고, CEO가 보유하는 주식 비율이 높을수록 장기 주가 수익률이 높아진 것을 발견했다. 스포츠팀의 감독을 교체하면 선수들이 바뀌지 않아도 경기력이 획기적으로 향상되는 것처럼 말이다. 티잔 티암Tidjane Thiam이 프루덴셜 그룹에서 크레디트스위스로 옮긴다고 발표했을 때 프루덴셜 주가는 3.1%(13억 파운드) 떨어지고, 크레디트스위스 주가는 7.8%(220억 파운드) 올랐다. 물론 이것이 티잔 티암의 역량 덕분인지 프루덴셜 내부에 숨은 문제가 있었는지는 모를 일이다.

상관관계를 넘어 인과관계가 있는지를 살펴보기 위해 경제학자 더크 젠터Dirk Jenter, 에고르 마트베예프Egor Matveyev, 루카스 로스Lukas Roth는 CEO가 사망했을 때 기업 가치에 어떤 일이 일어나는지 조사했다.[28] 사임과 달리 사망은 자발적인 것이 아니기 때문에 회사 내 문제를 반영할 가능성이 낮다. 연구결과 젊은 CEO가 사망하면 주가가 4.2% 하락하는 반면 고령 CEO가 사망하면 주가는 3.6% 상승하는 것으로 나타났다. 젊은 CEO가 나이 든 CEO보다 낫다는 사실을 보여주려는 것이 아니라 CEO의 선택이 중요하다는 것이 핵심이다. 젊은 CEO와 고령 CEO의 차이는 7.8%(4.2%+3.6%) 정도로 CEO의 임금 수준 차이보다 월등히 높다. 젊은 CEO를 고용하는 데는 비용이 많이 들지만 고령 CEO를 고용하면 치러야 할 손실이 훨씬 크다.

흥미롭게도 경제학자 모텐 벤네슨Morten Bennedsen, 프란시스코 페레스 곤잘레스Francisco Pérez González, 대니얼 울펜존Daniel Wolfenzon은 CEO가 아닌 CEO의 가족이 사망한 경우 시장 반응을 조사했다. 그의 가족들이 회사 내부 문제로 인해 스트레스로 사망할 리는 없기 때문이다.[29] CEO의 배우자, 부모, 자식이나 형제자매가 사망하면 CEO의 마음이 그쪽으로 쏠릴 수밖에 없다. 이런 경우 CEO가 중요하지 않다면 다른 임원이 빈자리를 잠시 메꿔주면 된다. 그런데 연구결과 CEO의 가족이 사망한 경우 평균적으로 회사 수익률이 12% 떨어졌다.[30] 예외적으로 CEO의 장모나 시어머니가 사망한 경우는 수익이 증가했다(그 효과는 통계적으로 의미가 없는 수준이었지만).

CEO가 회사에 상당히 기여하는 것은 맞지만, 회사 성과는 CEO 혼자 오롯이 이뤄낸 것이 아니다. 현재의 급여 체계도 이를 반영한다. 미국 대기업의 CEO들은 회사 가치 상승분의 0.4% 미만을 받는다.[31]

단순성

다국적 에너지기업 BP는 2015년 65억 달러라는 역사상 가장 큰 손실을 입었다. 이는 2014년에 기록한 38억 달러의 이윤에 비하면 극적인 반전이었다. 역사상 가장 큰 손실에 대해 BP는 딥워터 호라이즌 재난, 유가·가스 가격 하락 등 일회성 항목을 제외하는 '근원대체원가수익 underlying replacement cost profit'이라는 지표가 더 적합하다고 주장했다. 그러나 이마저도 주당 66센트에서 32센트로 반 토막이 났다. 투자자는 14%의 주가 하락을 겪었고 5,400명의 동료가 일자리를 잃었다.

그럼에도 오히려 BP는 CEO 밥 더들리Bob Dudley의 보수를 1,640만 달러에서 1,960만 달러로 인상했다. 투자자는 아무것도 할 수 없었다. BP 투자자의 59%가 반대했지만, 표결은 구속력이 없는 조언에 불과했다. BP는 지난해에 투자자의 96%가 구속력 있는 의결로 승인한 보수 정책에 따라 더들리 보수를 지급했을 뿐이다.* 그리고 BP의 선택이 옳았다.

더들리의 실적이 저조한 것은 명백해 보이는데 어떻게 20% 인상이라는 계산이 나왔을까? 그의 급여 구조가 극도로 복잡했기 때문이다.

더들리의 급여에는 총 6가지 요소가 있었다. 간단하게 설명하기 위해 2가지에만 초점을 맞출 것이다.

하나는 성과급 주식performance share이다. 지금까지 논의한 일반적인 주식과는 달리 더들리가 받은 '귀속' 주식의 양은 총주주수익률TSR(일정 기간 상장회사의 자본 가치 변동에 배당금을 더한 것), 영업현금 흐름, 안전 및 운용 리스크, 상대적 예비금 대체율relative reserves replacement ratio[32] 및 주요 프로젝트 이행 등 몇 가지 성과지표에 달려 있다. 각 성과지표마다 목표가 있으며 지표들이 통합되고 계산식에 따라 가중치가 부여된다. 이 공식에 따라 더들리가 받을 수 있는 최대 급여의 78%에 해당하는 710만 달러 주식이라는 결과가 나왔다. 핵심 부분에서 목표를 달성하지 못했는데도 말이다.

두 번째는 성과 주식보다도 더 많은 지표에 근거한 현금 보너스였다. 자료 5-1은 140만 달러를 지급한 이유를 설명한 2015년 BP 연례 보고서다.

이 자료를 보니 더 헷갈리는가? 전문가들도 그랬으니 걱정할 필요는 없다. 사회, 언론, 심지어 대형 투자자조차 더들리가 어떻게 그렇게 많은 돈을 받는지 알아낼 수 없었다. 로열런던자산운용의 책임투자 담당 애슐리 해밀턴 클랙스턴Ashley Hamilton Claxton도 그중 한 명이었다. 그녀는 "불합리하고 무신경한 보수 인상이다. BP가 사상 최악의 연간 손실을 기록한 해에 더들리의 보수를 대폭 인상하기로 결정한 것은 이사회가 현실

★ 영국에서는 투자자가 '경영진 보수에 대한 주주 발언(say-on-pay)' 의결권을 가지고 있다. 하나는 미래 보수를 어떻게 책정할 것인가를 정하는 미래 전망 보고서다(예: 보수와 성과지표의 연계 그리고 퇴임 보수의 존치 여부). 기업은 최소한 3년에 한 번씩 구속력 있는 의결을 채택해야 한다. 2014년 BP가 96%의 지지를 얻은 보고서가 여기에 해당된다. 두 번째는 지난 1년간 지급된 보수가 어떻게 결정됐는지를 설명하는 사후 실행 보고서로 매년 의결이 이뤄지고, 구속력은 없는 권고안 역할을 한다. BP가 2015년 59%의 반대 의견을 받은 보고서가 이에 해당된다.

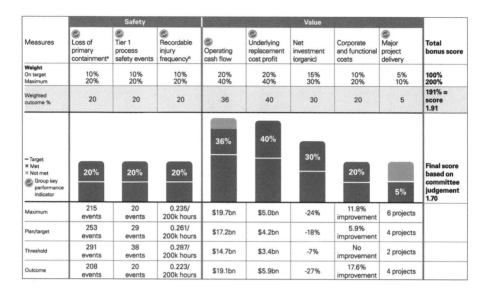

Measures	Safety			Value					Total bonus score
	Loss of primary containment^a	Tier 1 process safety events	Recordable injury frequency^b	Operating cash flow	Underlying replacement cost profit	Net investment (organic)	Corporate and functional costs	Major project delivery	
Weight On target Maximum	10% 20%	10% 20%	10% 20%	20% 40%	20% 40%	15% 30%	10% 20%	5% 10%	100% 200%
Weighted outcome %	20	20	20	36	40	30	20	5	191% = score 1.91

Legend: — Target / ▪ Met / ▪ Not met / ⊚ Group key performance indicator

Chart values: 20% / 20% / 20% / 36% / 40% / 30% / 20% / 5% — Final score based on committee judgement 1.70

Maximum	215 events	20 events	0.235/ 200k hours	$19.7bn	$5.0bn	-24%	11.8% improvement	6 projects	
Plan/target	253 events	29 events	0.261/ 200k hours	$17.2bn	$4.2bn	-18%	5.9% improvement	4 projects	
Threshold	291 events	38 events	0.287/ 200k hours	$14.7bn	$3.4bn	-7%	No improvement	2 projects	
Outcome	208 events	20 events	0.223/ 200k hours	$19.1bn	$5.9bn	-27%	17.6% improvement	4 projects	

출처: Annual Report and Form 20-F 2015

〔 자료 5-1 〕 2015년 이사회의 현금 보너스 계산

과 유리되었음을 보여준다"고 설명했다.

하지만 많은 이슈와 마찬가지로 이 사안도 한쪽 주장만으로는 설명이 되지 않는다. BP는 일부 영역에서 저조한 실적을 보인 반면 다른 영역에서는 초과 성과를 냈다. 근로자 부상은 시간당 23% 감소했다. 멕시코만 유출 사건 이후 BP에 있어 안전은 전략적 우선순위였다. BP 주가가 14% 하락했지만, 18% 떨어진 동종 그룹 대비 선전한 편이다.[33] 이는 BP의 실적 부진 상당 부분이 더들리의 통제 밖에 있는 유가 하락 때문이었음을 보여준다.

따라서 합리적인 사람이라면 더들리의 1,960만 달러가 정당한 보수인지에 대해 의견이 다를 수 있다. 우리는 더들리 급여 체계의 '복잡성'에 초점을 맞출 것이다. 급여 체계가 복잡한 것은 BP에만 국한된 것이

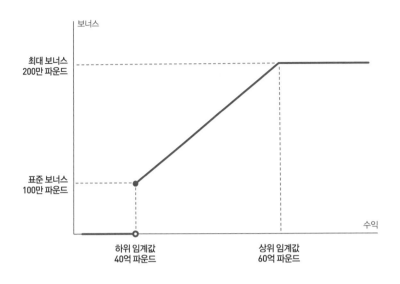

보너스

최대 보너스
200만 파운드

표준 보너스
100만 파운드

수익

하위 임계값
40억 파운드

상위 임계값
60억 파운드

〔자료 5-2〕 보너스 및 장기 성과급

아니라 일반적인 관행이다. 좀 더 자세히 살펴보자.

일반적으로 CEO에 대한 보너스는 몇 가지 성과지표에 따라 지급된다. 때때로 여러 해에 걸쳐 계산될 수 있으며, 이 경우 장기 성과급LTIP으로 알려진 보너스가 지급된다. 리더가 조금이라도 보너스를 받으려면 각 지표마다 달성해야 하는 임계값이 있다. 예를 들어 40억 파운드라고 하고, 임계값에 도달하면 100만 파운드를 받는다고 가정해보자.

우리는 CEO가 좋은 성과가 아니라 뛰어난 성과를 달성하기를 원하기 때문에 이윤이 40억 파운드보다 높으면 보너스가 올라간다. 동시에 CEO에게 너무 많은 보수를 주는 것도 원하지 않기 때문에 수익이 60억 파운드에 도달하면 보너스는 200만 파운드로 상한선을 정한다. 표로 보면 위와 같다(수평축은 단순화되어 축적이 정밀하지 않다).

성과급 주식도 이와 비슷하다. 자료 5-3에서 CEO는 수익이 40억 파

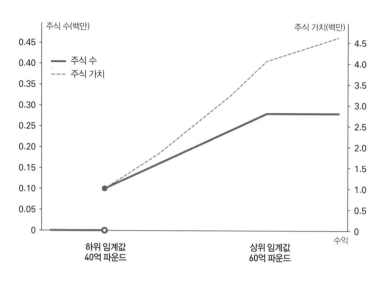

주식 수(백만)

- **주식 수**
- --- 주식 가치

주식 가치(백만)

하위 임계값
40억 파운드

상위 임계값
60억 파운드

수익

〔 **자료 5-3** 〕 성과급 주식

운드일 경우 주당 10파운드인 주식 10만 주, 즉 100만 파운드의 주식을
받는다. 이윤이 상승함에 따라 더 많은 주식을 받는데, 이윤이 60억 파
운드에 도달하면 최대 28만 주의 주식을 얻게 된다. 수익이 60억 파운드
를 넘어서면 주식 수는 늘어나지 않지만 대신 가치가 상승한다(수익이 높
으면 주가가 올라가기 때문에).

다양한 고려 사항의 균형을 맞출 필요가 있기 때문에 급여 체계가 복
잡할 수밖에 없다. 하위 임계값을 설정한 것은 성과급 지급에서 매우 중
요하다. CEO가 뛰어난 성과를 낼 때만 보상할 수 있기 때문이다. 또한
공정성을 위해서도 필요하다. 직원들은 평균적인 실적으로는 보너스를
받지 않기 때문에 리더도 마찬가지여야 한다. 도전적이되 성취 가능한
목표로 정확하게 하한 목표치를 설정해야 한다. 그렇지 않으면 CEO에
게 동기부여가 되지 않을 것이다. 직원의 부상을 23% 감소한 성과는 더

블리가 보너스를 받을 정도로 충분한 개선이었을까? 이는 명확하지 않으므로 상세한 조정 자료 검토가 필요하다.

40억 파운드 목표 달성 이후 선의 기울기는 CEO가 더 높은 성과를 올리도록 독려할 만큼 충분한 경사여야 하지만 너무 가팔라서는 안 된다. 그러면 CEO가 너무 많은 이득을 취하게 될 것이다. 또한 급여가 무한정 치솟는 것을 방지하기 위해 상위 임계값도 설정해야 한다. 따라서 단일 성과지표의 경우 2개의 임계값과 선의 기울기를 정해야 한다.

사실 이 정도 복잡한 것이 전부가 아니다. CEO의 업무는 다면적이기 때문에 성과를 이윤 같은 단일 지표로만 측정할 수는 없다. 이윤은 단기 조치로 부풀려질 수 있기 때문에 상대적 예비금 대체율 같은 장기 재무지표가 필요하다. 파이를 키우는 회사는 사회 전반에 이바지하기 때문에 안전 같은 비재무지표가 필요하다. 재무·비재무지표가 종합적으로 정해지면 가중치를 정해야 한다. 이윤 52%, 안전 27%, 예비율 21%로 정해야 할까? 아니면 다른 비율로 해도 될까?

이 문제는 너무 복잡해서 이사회는 전담 '보상위원회'를 두고 있다. 보상위원회는 전문가인 보상 컨설턴트를 고용하여 자문을 받는다. 〈포춘〉 100대 기업이 보상 컨설턴트 자문 비용으로 쓰는 돈만 따져도 연간 25만 달러다.[34] 앞서 논의한 바와 같이 성과급이 회사 가치에 미치는 영향은 매우 크기 때문에 전문 보상 컨설턴트를 활용해 복잡한 보상 체계를 설계하는 것은 효율적인 일이라고 볼 수 있다.

하지만 실제로도 그럴까? 재무경제학자 벤 베넷Ben Bennett, 카 베티스Carr Bettis, 라다 고팔란Radha Gopalan, 토드 밀번Todd Milbourn은 지난 15년간 974개의 기업을 연구한 결과, 기업들이 하위 임계값에 도달하지 못하는 경우보다 도달할 가능성이 높다는 것을 발견했다. 이는 성과급이 효과가 있다는 것을 시사한다. 성과 목표를 설정하게 되면 리더는 당연히 성과목표를 달성하기 위해 힘쓸 것이다. 그러나 성과 목표를 설정한 것만으로 리더가 가치를 창출하게 만들지는 못한다.

스티븐 커의 말을 빌리면, 그들은 A를 보상하지만 사회와 장기지향적 투자자는 B를 원한다. 앞서 언급한 학자들은 목표를 달성하기 위해 CEO들이 어떤 조치를 취했는지 연구했다. 연구결과 목표에 도달한 리더가 간발의 차이로 목표에 도달하지 못한 리더보다 연구개발 수행 건수가 적은 것으로 나타났다. 이는 리더가 연구개발비를 삭감해서 목표에 도달했음을 의미했다.[35] 그들은 또한 '재량적 발생액discretionary accruals'이 더 많았다. 이것은 보고된 수익을 향상시킬 목적으로 회계정책을 활용하는 방법이다.*

따라서 장기 성과급 제도는 실제로는 평가 기간이 가까워질수록 단기 조치의 색채를 띤다. 이는 모든 목표 기반 접근방식의 근본적인 문제를 여실히 보여준다. 즉 목표로 설정되지 않은 부분은 우선순위에서 밀릴 수밖에 없다. 보너스에 안전 같은 비재무 요소를 포함하더라도 조직문화 같은 다른 비재무 영역에서는 결과가 저조할 수밖에 없다.

또한 CEO가 과도한 위험을 감수할 수 있다는 점도 문제다. 수익이 40억 파운드에 약간 못 미치는 수준이라 보너스를 받지 못할 상황에 놓인다면 CEO는 위험한 프로젝트에 도전할 가능성이 높다. 그러면 수익이 30억 파운드가 되거나 45억 파운드가 될 것이다. 가능성은 반반이다. 프로젝트에서 예상되는 수익이 37억 5,000만 파운드라면 회사 차원에서는 프로젝트를 수행하지 않는 편이 좋다. 하지만 리더에게는 프로젝

---

* 재량적 발생액은 수익과 현금 사이에 시간차가 있을 때 나타난다. 예를 들어 잡지사는 구독료를 선불로 받지만 향후 잡지를 발송할 때만 수익이 발생한다. 발생액이 생길 수밖에 없는 정당한 이유들이 많지만, 간발의 차이로 수익 목표를 달성한 회사가 간발의 차이로 수익 목표를 달성하지 못한 회사보다 많은 것을 설명해주지는 않는다.

트를 수행하는 것이 좋다. 프로젝트가 성공하고 수익이 45억 파운드가 되면 125만 파운드의 보너스를 받기 때문이다. 만약 실패한다면 어차피 보너스를 못 받을 테니 리더 입장에서는 밑져야 본전이다.

보너스는 결과적으로 파이가 줄어들더라도 위험 감수를 부추긴다. 이는 비대칭성으로 이어진다. 회사 재정에만 국한된 문제가 아니다. 만약 수익이 60억 파운드가 넘는다 해도 보너스가 더 나오는 것은 아니다 보니 CEO는 혁신을 꺼리고 지나치게 보수화될 수 있다. 만약 잘되면 70억 파운드, 잘 안되면 55억 파운드 수익이 나는 프로젝트가 있다고 가정한다면(확률은 반반) 예상 수익은 62억 5,000만 파운드이기 때문에 프로젝트를 맡는 게 좋다. 프로젝트가 잘되더라도 리더가 어차피 받았을 최대 보너스(200만 파운드)를 받을 것이고 프로젝트가 잘 안되더라도 보너스가 줄지만 받는 데는 문제없다.

CEO는 (이전 사례와는) 반대 방향으로 일방적 내기를 하고 있다. 즉 파이가 커진다고 해도 위험 감수에 나서지 않는 것이다. 실제로 위의 재무 경제학자들은 정해진 목표치를 넘어서서 지급되는 보너스가 더 이상 늘지 않는 지점에서 리더는 목표치를 넘어서기보다 정확하게 목표치 또는 목표치를 소폭 상회하는 실적을 보고한다는 것을 밝혀냈다.

이런 식으로 설정된 임계값은 타당치 않다. 기업이 실적(40억 파운드)을 낼 때보다 안 좋은 실적(30억 파운드)을 내면 사회 관점에서는 손해다. 그리고 만약 기업의 성과가 좋은 것(60억 파운드)보다 뛰어나면(70억 파운드) 사회는 이익을 얻는다. 그러나 보너스 관점에서는 나쁜 것과 평범한 것, 좋은 것과 뛰어난 것 사이에 차이가 없다.[36]

성과지표가 단 한 개라도 위에서 설명한 문제는 모두 발생한다. 다수의 성과지표를 채택하는 기업에서는 성과지표 간 가중치를 어떻게 정할지는 분명하지 않기 때문에 훨씬 더 복잡해진다. 아데어 모스, 비크람 난

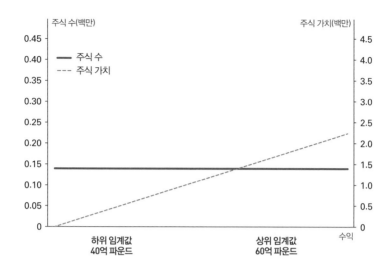

〔자료 5-4〕 양도제한조건부 주식

다Vikram Nanda, 아미트 세루Amit Seru 박사는 리더가 가장 잘 수행하는 영역을 반영하는 쪽으로 가중치가 사후에 바뀌는 경우가 간혹 있다는 것을 발견했다.[37] 보상 체계가 복잡할수록 더 많은 변수가 있기 때문에 꼼수를 부리기 쉽다.

그렇다면 해결책은 무엇일까? 해답은 보상 체계를 단순하게 만드는 것이다. 계산식에 기반한 보너스 대신 몇 년 동안 CEO가 매매할 수 없는 보통주(양도제한조건부 주식)로 대체하는 것이다. 이들 주식의 가치는 자동적으로 성과에 민감하다. 몇 년 후 주가에 따라 달라지기 때문에 복잡한 성과지표를 정하거나 특정 지표나 가중치, 임계값을 선택할 필요가 없다.

양도제한조건부 주식은 3가지 차원에서 대칭으로 이어진다. 첫째, 성과급이 급여에 미치는 영향은 모든 성과 수준에서 일관되게 나타난다.

이는 40억 파운드라는 고정된 목표치를 제거하고 대신 주식 수를 절반으로 줄이면 어떤 일이 일어나는지 보여주는 자료 5-4에서 점선의 일정한 기울기가 일관성을 나타낸다. 어느 수준이든 리더는 이윤을 증대시켜 이득을 얻고 어느 수준이든 이윤이 감소하면 손실을 입는다. 목표치를 달성했다고 보수가 급등하지 않으며 목표치를 달성하려고 연구개발비를 줄이거나 위험을 무릅쓰는 행동도 취하지 않게 된다. 리더는 성과목표를 달성하는 것이 아니라 성과 흐름을 달성한 것에 대해 보상을 받는다.

둘째, 양도제한조건부 주식은 특정성과지표와 연관된 비대칭 문제를 해소한다. 장기 주가수익은 이해관계자에게 영향을 미치는 행위를 포함하여 회사가 중시하는 지표를 반영한다. 그 중요도에 따라 가중치를 매기므로 임의로 가중치를 부여하는 방식이 필요없다. 얼마만큼의 주식을 부여할지 결정하기 위해서는 여전히 판단이 필요하며, 이사회가 장기주가 수익률로도 고려되지 않는 외부효과를 감안할 수 있다. 이때는 '주식 매매 금지' 제약 기간을 얼마 동안으로 정할지 판단해야 하는데, 이에 대해서는 뒤에서 논의하겠다. 하지만 복잡한 문제는 적어도 2가지 차원으로 축소된다. 즉 리더에게 얼마나 많은 주식을 주고 얼마 동안 매매금지 제약을 줄지만 정하면 된다.

세 번째 차원은 양도제한조건부 주식을 직원에게도 줄 수 있다는 것이다. 이렇게 하면 회사의 성공에 기여한 직원에게 성공의 결실을 공유할 수 있다. 2018년 엔지니어링 회사 더위어그룹은 임원들에게 적용되는 양도제한조건부 주식을 도입하면서 동시에 동료들을 위한 '전 임직원 주식 소유 프로그램'을 도입했다. 기업의 성공은 결코 CEO 혼자서 일궈낸 것이 아니다. 바트 베흐트가 혁신적인 문화를 창조했지만 신제품을 디자인하고 플라스틱 포장을 줄인 것은 직원들이었다. 직원에게 이득이 생겨야 리더도 이득이 생긴다. 그러나 리더는 보너스를 받고 직원은 주식을 받는다면 주가가 떨어져도 리더는 보너스는 받을 수 있어서 '대상에 따라 다른 룰이 적용된다'는 우려가 나올 수 있다.[38]

실제로 임원이 아닌 직원들에게 회사 주식을 부여하는 제도는 일반적으로 더 높은 성과와 연관이 있다는 증거가 있다. 김한, 페이지 위멧 Paige Ouimet 박사는 인수로부터 회사를 방어하거나 현금을 보존하려는 목적으로 시행되는 것이 아니라 동료들과 성공의 결실을 공유하려는 목적으로 동기부여가 될 때(임금 대신 주식을 사용할 수 있기 때문에) 상관관계가 더 높게 나타난다고 지적했다.[39]

야엘 혹버그 Yael Hochberg와 로라 린지 Laura Lindsey 박사는 직원의 새로운 아이디어나 노력이 특히 큰 영향을 미칠 수 있는[40] 성장 기회를 가진 기업에서 효과가 더 크다고 강조했다. 중요한 것은 특정 그룹(예를 들어 R&D팀)을 대상으로 하는 것이 아니라 지분이 전체적으로 광범위하게 공유될 때만 효과가 발생한다는 점이다. 이는 직원에게 주식을 부여하면 직원이 일을 더 열심히 할 뿐만 아니라 다른 동료도 도와주고 서로 기준을 높이 세우면서 조직 전체에 성과 문화가 조성된다는 주장과 일치한다. 개별적인 노력과 타인을 돕거나 모니터링하는 것이 전체 성과에 큰 영향을 미치는 중소기업에서 이 제도의 효과가 더 크다는 것도 이를 뒷받침한다.

직원들에게도 적용되는 지분 제도는 직원 근로의 결실뿐 아니라 외부 요인으로 발생하는 횡재도 누릴 수 있다. 예를 들어 기술 발달은 기업에 비용 절감 효과를 주지만 그만큼 일부 근로자의 희생이 따를 수 있다. 11장에서 파이를 키우는 기업이 설 자리를 잃은 직원들을 재배치하는 데 어떠한 책임이 있는지 논할 것이다. 그러나 항상 실현 가능하지는 않을 것이다. 전직원이 회사 주식을 보유하는 제도는 기술을 통해 얻는 이득을 널리 분산하고 실직한 동료에게 주는 타격을 부분적으로 완화할 수 있다.

임원들에게 주식으로 보수를 지급하는 방식에 대해 잠재적 우려가 있는 것은 사실이다. 어떤 보상 프로그램도 완벽할 수는 없다. 하지만 완벽을 추구하다가 좋은 것을 희생시켜버리는 우를 범해서는 안 된다. 그리고 자주 제기되는 많은 우려는 보이는 것보다 심각하지 않다. 그중 몇 가지에 대해 논의해보자.

- 장기 주가 수익률도 주식시장의 상승과 같이 경영진이 통제할 수 없는 요인에 따라 달라진다. 임원진은 여전히 횡재할 수 있다.

일반 주식시장의 상승은 투자자와 지분 보유자에게도 이익이 된다. 회사는 공급자로부터 더 많은 재료를 사고 채용도 늘린다. 기존 직원이 주식을 부여받았다면 이익을 보게 된다. 주식시장이 상승장일 때 전체 파이가 커지기 때문에 리더의 지분이 높은 것은 이해관계자의 파이 조각을 가져온 것이 아니다. 만약 CEO가 성과급 대신 급여를 받았다면 CEO는 대부분의 급여를 주식시장에 투자할 것이다. 따라서 어떤 요인으로든 주식시장이 상승하면 이익을 얻게 된다. CEO 입장에서는 자신이 보유하는 주식 가치가 부분적으로나마 스스로의 통제 하에 있는 자신의 회사에 투자하는 것이 다른 회사에 투자하는 것보다 훨씬 낫다.

결정적으로 그 효과는 양방향으로 작용한다. 주식시장이 하락하면 투자자와 이해관계자는 손해를 겪게 되고 상당한 부를 자신의 회사 주식에 묶어둔 리더도 마찬가지다. 하지만 리더가 현금으로 보수를 받았다면 상황은 달라진다.

위의 주장에도 불구하고 밖으로 보여지는 문제 때문에 횡재로 얻는 이익은 여전히 우려를 낳을 수 있다. 2017년 12월 영국의 주택업체 퍼시몬은 CEO 제프 페어번Jeff Fairburn의 주식옵션이 1억 1,000만 파운드에 달한다고 발표했다. 이 때문에 니콜라스 리글리Nicholas Wrigley는 CEO의 고액연봉에 책임을 지고 사임했다. 퍼시몬의 시가총액은 2012년 2월 CEO에게 옵션이 부여된 이후 80억 파운드 증가했지만, 대부분은 저금리와 영국 정부의 주택구입지원 정책이 주택시장을 활성화한 덕분이었다. 제프가 2012년 옵션 대신 현금을 받아 퍼시몬에 투자했다면 비슷한 금액을 벌었을 것이라는 게 사실이다. 금리가 오르고 주택시장이 붕괴됐다면 이런 선택지는 아무 가치도 없었을 것이라는 점도 사실이다. 그러나 이러한 논쟁은 묵살됐다. 일어났을지도 모르는 일은 실제로 일어났던 일에 비해 주목을 끌지 못하기 마련이다.

주식시장의 눈총이 우려된다면 보통주 대신 주가가 동종업계 대비 TSR에 달려 있는 인덱스 주식으로 보상하는 것도 방법이다. 이렇게 하면 CEO가 통제할 수 없는 유리한 산업 환경에 대해서는 보상받지 못하게 할 수 있다. 단점은 CEO가 불운에 영향받지 않는다는 점인데, 만약 경기 침체로 동료들이 일자리를 잃고 투자자는 경기 침체 때문에 저축한 돈을 잃고 있다면 불공평하게 보일 수 있다.

인올프 디트만Ingolf Dittmann, 어니스트 마그Ernst Maug, 올리버 스펠트Oliver Spalt는 완전한 인덱싱이 되면 대부분의 미국 회사에서 성과급 비용이 최대 50%까지 늘어날 것이라고 추정했다. 심지어 최적의 인덱싱(부분 인덱싱)을 적용하더라도 비용절감 효과는 크지 않은 것으로 나타났다.

- 보너스를 받기 위해 리더의 역할이 명확해진다. 수익 40억 파운드 또는 5%의 매출 성장 목표를 달성하는 것이다. 장기 주가 수익률은 너무 요원해서 임원이 어떻게 달성해야 할지 모른다.[41]

맞다. 바로 이것이 요점이다. 단기 목표를 달성하는 방법은 명확해서 조작을 부추긴다. 장기적인 주가 수익률을 수단적인 방법으로 올리는 것이 훨씬 더 어렵다. 대신에 이는 파이를 키운 결과물로 얻는 부산물이다. 목표를 없애면 목표를 달성해야 하는 시도에서 해방되고 리더는 가치를 창출할 수 있게 된다. 가치 창출은 일반적으로 장기간의 주가 수익을 향상시키기 때문에 보상받는다는 확신을 가지고 가치를 창출한다. 주식을 보유한 CEO는 보너스 극대화에 주력하는 고용된 외부인이 아니라 주인처럼 생각하고 행동하는 기업의 오너가 된다.

- 주식 기반 보상을 통해 경영진에 대한 보수는 한계가 없어진다. 기업 가치는 제한 없이 상승할 수 있기 때문에 경영진 지분의 가치는 제한 없이 상승할 수 있다.

파이코노믹스 관점으로 볼 때 가장 큰 문제는 리더에게 파이의 큰 조각을 주는, 즉 많은 보수를 지급하는 것이 아니라 애초에 파이를 키우지 않는 것에 있다. 주식 기반으로 보수를 책정하면 리더는 가치가 창출된 경우에만 더 많은 돈을 받을 수 있다. 리더가 얻는 이득은 사회가 희생한 결과가 아니라 가치를 창출한 결과물이다. 만약 상한선이 있다면 CEO는 상한선에만 근접한다.

- 성과급 주식에서 임계값을 없앤다면 경영진은 성과에 관계없이 주식을 받게 될 것이고, 부와 성과 사이의 연계가 상당히 약해진다. CEO는 사실상 주식을 공짜로 받는다.

임원에게 주식을 지급하는 것은 공짜가 아니다. 회사는 CEO의 연봉을 낮춰서 총보수에 변동이 없도록 설계할 수 있다. 흔히 간과되는 부분이다. 바트 베흐트의 보수는 '1999년 회사가 설립된 이후[42] 그에게 공짜로 부여한 싼 주식에서 비롯됐다'는 이유로 비판받았다. 그러나 바트에게 주어진 주식은 공짜로 주어진 게 아니었다.

1999년 레킷벤키저는 바트에게 전액 현금으로 보수를 지불하는 대신 현금을 줄이고 부분적으로 지분을 지급했다. 이런 방식은 CEO에게 100% 급여로 보수를 주고 그 돈으로 주식을 사도록 요구하는 것과 같다. 자주 거론되는 개혁안이다. 그러나 이렇게 되면 리더는 주식 매수 시점을 저점일 때로 맞출 수 있다. 애초부터 CEO에게 주식으로 보수를 부여하면 이러한 조작은 불가능해진다.

그리고 성과가 좋으면 돈으로 보상받게 하는 데 목표치는 필요하지 않다. 목표치가 없으면 CEO가 받는 주식 수는 성과에 따라 달라지지 않지만, 주식 가치는 성과에 달려 있게 된다. 성과 조건이 없더라도 주가가 10% 하락할 경우, 미국의 평균적인 CEO의 경우 670만 달러에서 1,000만 달러 정도의 임금 삭감을 겪게 되는 것과 마찬가지라는 사실을 상기하자. 목표치는 장기지향적 투자자가 신경 쓰지 말아야 할 성과지표에 대해서만 CEO의 책임을 지울 뿐이다. CEO가 임계값을 달성하지 못하는 경우 보수가 줄어들게 보상 체계를 설계하면 목표를 달성하기 위한 단기적인 유인을 줄 뿐이다.

사실 성과 조건이 붙지 않는 주식은 투자자가 보유하는 주식과 똑같기 때문에 CEO와 투자자를 완전하게 일치시킨다. 이에 따라 CEO는 투자자들과 정확히 같은 방식으로 급여를 받는다. 투자자의 수익률은 복잡한 수식이 아니라 주가에 따라 오르내린다. 투자자가 임의의 임계값을 넘으면 갑자기 주식을 더 많이 받거나 또는 주가가 아래로 떨어져도 주식을 박탈당하지 않는 것처럼 CEO도 마찬가지여야 한다.

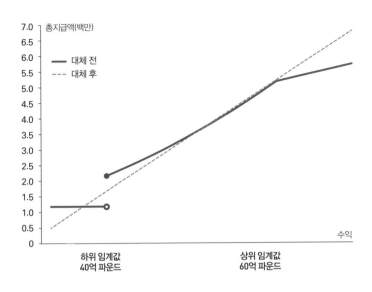

〔자료 5-5〕 상여금(장기 성과급을 양도제한조건부 주식으로 대체한 경우)

주식이 공짜가 아니듯이 목표치도 공짜로 사라지는 것은 아니다. 목표가 없어지면서 주식 몰수 위험도 사라지기 때문에 CEO는 그만큼 주식을 적게 받아야 한다. 더위어그룹은 2018년 LTIP에서 양도제한조건부 주식으로 보상체계를 바꿀 때 50% 할인율을 적용했다.[43] 그러나 더나은 대안은 주식을 늘리고 연봉을 삭감하는 것이다. 자료 5-5에서 실선은 120만 파운드의 급여와 자료 5-3의 성과주로 구성된 보상 체계를 나타낸다. 점선은 자료 5-4의 50만 파운드 연봉에 직선상 지분의 증가 수준을 더한 새로운 보수 체계를 나타낸다.

CEO가 이를 수용할까? 당연히 수용해야 한다. 특히 전체적인 보수를 줄이는 개혁안에 비하면 더욱 그렇다. 첫째, 예상 보수는 떨어지지 않을 것이다. 연봉은 낮아지지만 주식은 더 많아지면서 성과 조건이 없는 것으로 균형이 맞춰지기 때문이다. 선의 기울기는 회사에 따라 다를 수 있다. 둘째, CEO의 재산 중 위험에 노출된 재산(선의 경사)은 상승하지 않을 것이다. CEO가 하위 임계값(40억 파운드)을 기준으로 부담해야 했던 실질적인 위험은 모든 수준의 성과에 걸쳐 퍼져 있다.

● 언더핀이 있는 양도제한조건부 주식 ●

목표치가 제거되면 CEO는 실적이 부진해도 주식을 받게 된다. 그 주식 가치는 미미하며, 자료 5-5는 성과 조건이 붙고 더 높은 연봉을 받았을 때보다 총급여가 더 낮다는 것을 보여준다. 그러나 실적이 저조할 때도 주식을 보유하는 CEO로 보여지는 것은 우려의 대상이 될 수 있다. CEO에게 양도제한조건부 주식을 부여하는 데 비판적인 사람들은 CEO에게 성과 조건이 부과되었더라면 더 높은 연봉을 받았을 거라는 점을 인식하지 못한 것이다(일어났을지도 모를 대안에 대한 주목도는 여전히 일어난 일에 비해 훨씬 떨어진다).

대중의 시선이 우려된다면 심각한 정도의 저조한 실적을 거뒀을 경우 주식을 회수하면 된다. 이런 언더핀underpin은 목표와 같으나 기준이 훨씬 낮다. 목표는 도전적으로 설정되고 성과가 좋을 때만 보상해야 하지만 실적이 보통일 경우 목표를 달성하기 위한 조작을 부추긴다. 언더핀은 성과가 저조할 때만 빼고 충족돼야 하기 때문에 조작을 부추기지 않는다. 예를 들어 더위어그룹의 언더핀에는 지배구조상 중대한 실패가 없고 채무약정을 위반하지 않는 것이 포함된다. 물론 언더핀은 달성하기 쉽기 때문에 목표가 아니라 언더핀이 주어지면 CEO는 더 낮은 연봉을 받아들여야 한다.

임원에게 상여금이나 LTIP 대신 양도제한조건부 주식으로 보상하는 아이디어가 인기를 끌고 있다. 2017년 4월 영국 하원의 기업지배구조 보고서는 "LTIP가 성과 향상에 미치는 영향은 검증된 바 없으며, 최악의 경우 잘못된 유인을 창출하고 단기적인 의사결정을 유도할 수 있다"고

결론지었다. 따라서 정해진 기간[44]이 지나야 매도할 수 있는 주식으로 교체할 것을 권고했다. 같은 달에 노르웨이 국부펀드는 CEO 보수에 대한 입장문을 발표하며 "총 연간 보수의 상당 부분을 주식으로 제공한다. 할당된 주식에는 성과 조건을 붙여서는 안 된다"고 제안했다.

소위 장기 성과급 제도라고 불리는 성과 조건은 비효과적이며 불균형적인 결과를 초래할 수 있다. 장기 성과급 제도에는 불투명한 측정지표가 설정되는 경향이 있고 재량권에 달려 있기 때문에 이사회는 흔히 성과 측정기간 동안[45] 성과지표를 조정, 보완 또는 재조정한다. 2019년 9월 미국투자협회가 경영진 보수에 대한 정책을 전면 재검토하면서 주식의 장점을 부각했다. 몇몇 영국 회사는 최근에 양도제한조건부 주식을 채택했다.[46]

그러나 대부분 회사들은 아직도 양도제한조건부 주식 제도를 채택하지 않는다. 이 책 전체에서, 특히 6장과 9장에서 파이를 키우는 데 투자자와 이해관계자는 동맹임을 강조한다. 특히 투자자가 'say-on-pay' 의결권을 보유하고 있다는 점을 감안하면 급여 개혁을 뒷받침하는 포인트가된다. 투자자는 증거가 보여주듯이 근시안적인 게임을 부추기는 복잡한 보너스 체계에 반대하고 장기적인 관점을 지지하며 투자자 자신들이 보유한 것과 일치하는 단순한 주식에 찬성표를 던질 수 있다.

나는 일부 투자자가 제한된 주식에 대해 고정 급여라고 부르며 반대하는 주장을 들었다. 부여받는 주식 수는 실적에 따라 달라지지 않기 때문이다. 이는 타당하지 않다. 양도제한조건부 주식의 가치는 실질적으로 성과에 달려 있다. 실제로 이러한 주주들은 채권자들을 칭하는 고정 수익 투자자로 분류되는 것에 반대할 가능성이 높다.

양도제한조건부 주식에 대한 개념적 주장과 증거에 대한 광범위한 오해에도 불구하고, 이를 시행하는 데 따르는 어려움은 극복할 수 있다.

더위어그룹의 보상 위원장인 클레어 채프먼Clare Chapman이 2018년 LTIP를 양도제한조건부 주식으로 대체하기 위한 협의를 시작할 때, 많은 투자자가 회의적일 것이라는 사실을 알고 있었다. 그래서 채프먼은 회사의 거의 모든 주요 투자자, ISS와 글라스루이스Glass Lewis(투자자에게 의결 방법에 대해 조언하는 의결대리 자문사)를 만나거나 화상회의를 통해 근거를 설명했다. 채프먼은 항상 증거를 근거로 들었다. 하버드대 경영대학원의 사례연구에 따르면, 논의 전반에서 채프먼은 데이터와 증거의 중요성을 강조했다.

"우리는 사람들의 의견에 근거해 일을 추진할 여유가 없었다. 상당히 탄탄한 팩트 기반이 필요했다. 그렇지 않으면 주주에게 전략적인 일관성을 유지할 가능성이 거의 없었을 것이다."[47]

그러나 이러한 회의는 단순히 설득을 위한 것이 아니라 경청하기 위한 자리기도 했다. 채프먼과 동료들은 투자자의 우려를 청취하고 초기 제안을 수정했다. 그리고 나서 보완된 안에 대해 다시 자문받으며 추가 수정을 거쳤다. 결과적으로 더위어그룹은 ISS와 글라스루이스로부터 양도제한조건부 주식에 대한 긍정적인 투표 권고를 얻은 첫 번째 영국 기업이 됐다. 이 제안은 2018년 4월 92%의 지지를 얻어 통과됐다.

기간 구조

장기적으로 보면 주가가 투자자는 물론 이해관계자에 대한 가치까지 반영한다는 점이 주식 기반 보상 체계를 지지하는 주장의 핵심이다. 여기서 중요한 용어는 '장기적'이다. 단기적으로는 주가가 조작될 수 있다. 즉 연구개발비를 줄이면 단기적인 이익이 증가하여 주가가 상승할 수 있다. 시장은 그러한 행동을 꿰뚫어보고 이윤을 액면 그대로 받아들여서는 안 되는 것이 아닌가?

실제로 산지브 보즈라즈Sanjeev Bhojraj, 폴 히바르Paul Hribar, 마크 피코니Marc Picconi, 존 매키니스John McInnis 회계학 박사는 연구개발비 또는 광고비가 낮거나 발생액이 높아 애널리스트 전망치를 앞지른 기업들을 연구개발비 또는 광고비가 높거나 발생액이 낮아 실적 전망치에 못 미친 기업과 비교했다. 실적 전망치를 상회한 회사들의 주가가 실적 전망치에 못 미친 기업 대비 단기적으로 2~4% 정도 앞서는 것으로 나타났다. 이는 시장이 이윤 증가를 액면 그대로 받아들였음을 시사한다. 그러나 이후 3년간 15~41%의 저조한 실적을 보여주며 장기적으로 가치를 해쳤음을 보여줬다.

이런 작위 과실을 방지하고 리더가 지속적으로 성과를 낼 수 있도록 리더에게 부여된 주식은 몇 년 동안 매매가 금지되어야 한다. 컨트리와이드가 서브프라임 대출에 뛰어드는 것을 진두지휘했던 CEO 안젤로 모질로를 떠올려보자. 사업 확장으로 모질로는 목표 시장점유율 달성에 가까워졌고, 단기 매출을 창출함으로써 주가와 자신의 부를 끌어올렸다. 모질로는 2007년 8월 금융 위기가 터지기 시작한 시점까지 9개월간 1억 4,000만 달러 가치의 주식을 현금화했다.[48] 그 후 5개월간 컨트리와이드 주가는 70% 하락하고 뱅크오브아메리카에 인수됐다.

모질로는 서브프라임 대출이 결국 부실화될 수 있다는 것을 인지하고 있었다고 비공개적으로 인정했다. 또한 서브프라임 대출이 부실화되기 전 자신의 주식을 현금화할 수 있다는 것도 알고 있었다.[49]

주식을 매매하지 못하도록 제한하면 몇 년씩 지나야 투자효과가 나기 때문에 장기 투자를 하지 않게 되는 '부작위 과실'을 방지할 수 있다. 4장에서 우리는 직원 만족도가 향상되면 주가가 올라가지만, 주가 개선으로 완전히 반영될 때까지는 5년이 걸릴 수도 있다는 것을 확인한 바 있다. 3년 후 주식을 처분할 수 있다는 사실을 알고 있는 CEO는 5년 후에나 효과가 나는 일에 굳이 애쓰지 않을 수도 있다.

그렇다면 얼마 동안 주식 매매를 제한하는 것이 최적일까? 답은 기업에 달려 있다. CEO의 역할이 장기적으로 영향을 미치는 제약회사 같은 경우는 다른 산업 대비 매매 제한 기간이 더 길어야 한다. 또한 일시적으로 주가가 높을 때 리더가 현금화할 수 없도록 최소한 한 번의 산업 사이클이 지속되어야 한다. 미국 정유기업 엑손의 경영진에게 부여된 주식의 절반은 퇴임 후 5년, 나머지 반은 퇴임 후 10년이 지나야 귀속된다. 즉 유가 사이클을 통과하는 동안 주식을 보유하도록 제한한다.

중요한 것은 작위 과실과 부작위 과실 둘 다를 방지하려면 CEO 퇴임 후까지 주식 매매를 제한해야 한다는 점이다. 그렇지 않으면 CEO가 단기 관점으로 행동해서 생기는 문제를 후임이 떠안게 되거나 또는 자신이 일을 잘해도 그 결실이 후임에게 횡재가 될 투자라면 CEO는 추진조차 하지 않을 수 있다.

짐 콜린스Jim Collins는 그의 저서 《좋은 기업을 넘어 위대한 기업으로》에서 좋은 리더와 위대한 리더를 구분한다. 재임 중에 기업이 잘되게 노력하는 리더가 좋은 리더라면, 퇴임 후에도 그 기업이 지속적으로 성공하는 데 기여하는 리더가 위대한 리더다. 퇴임 후 주식 보유를 의무화하면 CEO는 위대한 리더가 되기 위해 애쓸 것이다. 물론 리더에게 너무 많은 위험을 떠안게 한다고 반대하는 사람도 있다. 그러나 이는 리더가 취할 수 있는 가장 중요한 장기적 행동 중 하나인 '후계 계획'을 촉진한다. 만약 CEO가 주식을 바로 현금화할 수 있다면 대부분의 수익을 자신의 통제권 밖에 있는 주식시장에 투자할 것이다.

최근 퇴임 후에도 CEO가 주식을 보유하는 제도를 도입한 회사들이 늘고 있다. 폴 폴먼Paul Polman 전 유니레버 CEO는 퇴임 후 첫해 동안 기본급의 5배를 초과하는 주식을 매매할 수 없다(단 500만 파운드 이상의 주식을 소유한 경우 적용). 퇴임 후 2년 차 때는 매매할 수 없는 주식 가치가 절반으로 내려간다. 2018년 영국 기업지배구조법UK Corporate Governance Code이 개정되어 기업은 의무적으로 퇴임 후 주식을 보유하는 요건을 공식적인 회사 방침으로 도입해야 한다.

● 환수금 ●

리더가 장기적으로 책임지게 하는 또 다른 방법으로 환수제가 있다. 리더가 달성한 단기 목표에 대해 일단 보상하고, 만약 나중에 부정행위인한 성과로 밝혀지면 보너스를 회수하는 것이다. 미국의 첫 번째 환수 사례는 유나이티드헬스의 전 CEO 윌리엄 맥과이어William McGuire다. 그는 2007년 주식 매입 가격을 소급 조작(백데이팅)해서 부풀린 급여 4억 6,800만 달러를 뺄어냈다. 영국에서는 바클레이은행이 이자율 조작, 보험 부당 판매로 과징금을 물게 되자 직원 보너스 3억 파운드를 회수했다.

환수 조치는 마치 부정한 행위를 저지른 리더를 처벌하는 것처럼 매력적으로 들린다. 하지만 실상 소 잃고 외양간 고치는 격이다. 애초부터 소를 잃지 않는 편이 훨씬 낫다. 즉 리더가 몇 년 동안 지분을 처분하지 못하게 하는 것이다. 이미 지급한 돈을 환수하려면 법적 조치가 필요하기 때문에 이행하는 데 비용이 많이 든다. 그보다 훨씬 큰 문제는 환수 조치 적용 범위가 매우 제한적이라는 것이다. 백데이팅 같은 명백한 사기에는 적용할 수 있지만, 연구개발비 삭감 같은 단기 행위에 대해서는 적용하기가 모호하다. 3장에서 논의한 것처럼 때로는 투자 감축으로 파이가 커지는 경우도 있기 때문이다. 그리고 조직 내 문화를 개선하지 못하는 부작위 과실에는 환수 조치 적용이 어렵다.

단기 주식 보유 때문에 리더가 단기적 행동을 취하게 된다는 것을 무엇으로 증명할 수 있을까? 리더가 주식을 매도하면 투자자들이 투자를 줄인다는 것을 증거로 보여줄 수 있을지 모른다. 하지만 둘 다 누락 변수로 야기된 것일 수 있다. 만약 경제 전망이 어둡다면 CEO는 투자를 축소하는 게 합리적이며, 이와는 별개로 주식을 매도할 수 있다.

그래서 나와 회계학 교수 비비안 팽Vivian Fang, 카타리나 르웰렌Katharina Lewellen은 다른 접근법을 택했다. CEO가 실제로 얼마나 많은 주식을 매도하는지가 아니라 얼마나 많은 주식이 귀속되는지를 기준으로(주식 매매 제한이 만료하는) 단기적 유인을 측정했다.[50] 매매 제한이 끝나면 보통 CEO들은 주식을 매도해 투자 다각화를 꾀한다. 그래서 CEO는 주식을 더 높은 가격에 매도하려고 귀속 직전에 주가를 끌어올릴 수도 있다. 중요한 것은 오늘 귀속되는 지분의 총액은 몇 년 전에 부여된 지분의 총액에 달려 있기 때문에 현재 전망과는 상관관계가 없다.

2,000개가 넘는 기업을 연구한 결과 우리는 한 분기에 귀속되는 지분이 많을수록 투자가 더디게 증가한다는 것을 발견했다. 결과는 5개의 투자 지표에 걸쳐 매우 견고하게 나타났다. 시간의 경과보다는 성과 목표 달성에 따라 귀속이 결정되는 성과주를 제외한다면 말이다.

이 결과가 의미하는 바는 무엇인가? CEO가 단기 수익을 창출하려고 좋은 프로젝트를 알면서도 추진하지 않는다는 것이 한 가지 해석이다. 그러나 CEO가 나쁜 프로젝트를 효율적으로 걸러낸다는 해석도 가능하다. 소모적인 프로젝트를 가려내고 중단시키는 데는 노력이 필요한데, 그렇게 하면 CEO의 명성이 떨어질 수 있다. CEO가 자신의 주식을 매도하려고 할 때는 기꺼이 어려운 결정을 내리려고 한다. 단기 주식의 압박은 CEO의 주의를 산만하게 하는 것이 아니라 동기부여가 된다. 마치 과제를 계속 미루던 학생이 제출시간이 얼마 남지 않자 벼락치기로 몰아서 해치우는 것과 마찬가지다.

만약 지분 귀속으로 CEO가 효율적으로 일하게 된다면, 독자들은 CEO가 나쁜 투자를 줄이는 것뿐만 아니라 불필요한 비용을 줄여 매출 성과를 높이리라 기대할 것이다. 그러나 이에 대한 증거는 찾지 못했다. 효율적으로 투자를 감축했다기보다 빠져나갈 여지가 있을 때, 예를 들어 투자 선택에 대한 자신의 평판 훼손이 덜 염려될 때 CEO가 투자를 줄인다.

금융학 교수 토미스라브 라디카Tomislav Ladika, 자크 사우트너Zach Sautner 는 다른 환경 세팅에서 단기 주식 보유가 단기적 행동을 유발한다는 확증을 발견했다. 그들은 인과관계를 파악하기 위해 미국 회계기준FAS 123R 의 영향을 연구했다. 2005년 6월부터 시행된 이 회계기준 변동으로 미귀속 경영진 옵션의 가치만큼 기업 이윤이 감소하게 됐다. 이를 피하기 위해 많은 회사가 주식 옵션이 일찍 귀속되도록 허용했고, CEO에게 투자 삭감을 통해 주가를 끌어올리는 유인을 제공했다.

회계기준 변동 외에 2005년의 여러 사건들이 투자 유인에 영향을 미쳤을 수 있다는 우려도 있다. 따라서 토미스라브와 자크는 2005년에 새로운 회계기준을 준수해야 했던 회사들, 즉 회계연도가 6월과 12월 사이에 끝나는 회사들과 2006년까지 새로운 표준을 준수할 필요가 없는 회사들을 비교했다. 그 결과 옵션 귀속 이후 투자가 상당히 축소된 것을 발견했다.[51]

단기로 주식을 보유하게 함으로써 치러야 할 것은 비용만이 아니다. 장기 보유의 혜택을 입증한 연구에서 보듯이 보상의 기간구조를 확장하는 것이 중요하다. 4장에서 논의했던 사회적 성과 개선을 위한 주주 제안에 관한 논문을 썼던 캐롤라인 플래머 교수는 티마 밴살Tima Bansal과 함께 관련 주제인 장기 성과급 증대를 위한 주주 제안을 연구했다. 그들은 비슷한 '회귀 불연속성' 접근법을 통해 50%를 조금 넘는 의결로 통과된 제안과 미미한 차이로 통과되지 못한 제안을 비교했다.

1997~2012년 사이 800개 이상의 제안을 조사한 결과 간신히 통과한 제안으로 장기 자산 수익률, 순이익률 및 매출 성장이 향상됐음을 발견했다. 흥미롭게도 단기적으로는 성과가 약간 감소하는 것으로 나타나 장기적 관점을 수용하려면 단기적인 희생이 따른다는 것을 알 수 있다. 그러나 회사의 가치가 전반적으로 상승하기 때문에 그로 인해 얻는 혜택은 희생보다 크다.

지금까지 우리는 장기적 주가 수익률을 파이 크기를 나타내는 대용으로 활용했다. 하지만 장기 주가 수익률은 외부효과를 온전히 반영하지 못하기 때문에 파이와 상관관계가 있을 뿐 파이와 동일한 것은 아니다. 캐롤라인과 티마는 이해관계자 가치의 지표를 명백하게 연구했고 환경, 고객, 커뮤니티 및 특히 동료에 대한 KLD 등급이 향상됨을 발견했다. 이해관계자와 투자자 모두에게 이익이 되는 혁신 또한 그들의 연구 대상이다. 그들의 연구에 따르면, 장기 성과급을 늘리자[52]는 제안이 통과된 후 기업은 보다 수준 높고 혁신적인 특허를 많이 출원하는 것으로 나타났다.[53]

이 3가지 연구는 모두 보상의 기간구조가 얼마나 중요한지를 보여준다. CEO의 급여를 반으로 삭감하면 최소 주식 보유 기간을 늘리는 것보다 더 많은 헤드라인을 장식하겠지만, 후자는 CEO가 이해관계자에 투자하도록 하는 유인에 영향을 미치기 때문에 사회에 훨씬 더 큰 영향을 미친다. 즉 CEO는 직원들에게 의미 있는 일과 개발 기회를 제공하고, 공급자와 장기적인 관계를 형성하며, 고객 신뢰를 구축한다.

실제로 2018년 영국 기업지배구조 법규는 주식 보유 기간을 최소 3년에서 10년으로 연장했다. CEO들이 회사의 상당한 지분을 보유해야 한다고 주장하는 노르웨이국부펀드의 급여 원칙을 상기해보자. 이 원칙들에서도 '사퇴나 퇴직에 관계없이 최소한 5년 이상, 가급적이면 10년 동안 주식 매매를 제한할 것'을 권고하고 있다.[54]

보수 배율

지금까지 보상reward을 개혁하는 방법으로 파이를 키우는 3가지 방식을 논의했다. 리더를 회사의 중요한 오너로 만들고, 복잡한 보너스를 제거하여 보상 체계를 단순화하고, 주식 보유기간을 늘리는 것이다. 이제 흔히 제안되는 개혁안으로 넘어가보자. 이 제안은 의도는 좋지만 파이 쪼개기 방식에 근거하여 역효과를 낼 수 있다. 바로 평균 직원 급여 대비 CEO가 받는 보수 배율과 관련이 있는 해법이다. 미국과 영국에서 각각 2018년과 2019년부터 시행된 것처럼 '보수 배율' 공시를 의무화하는 것이다.

2020년 세계경제포럼은 4대 회계법인Deloitte, EY, KPMG, PwC과 연계하여 모든 기업에 보수 배율을 포함하도록 권장하는 일련의 이해관계자 자본주의 지표를 발표했다. 일부 투자자는 보수 배율을 투자 기준으로 삼거나 한발 더 나아가 적극적으로 보수 배율을 낮추고자 노력한다. 2017년 자산운용사 블랙록은 300개가 넘는 영국 기업에 직원 임금이 비슷하게 인상될 경우에만 CEO의 임금 인상을 승인하겠다고 서한을 보냈다. 언론에서는 보수 배율이 높다는 이유로 기업들에 망신을 주고, 정책입안자들도 이를 처벌하기 시작했다. 2016년 미국 포틀랜드 시의회는 보수 배율이 100을 넘는 기업에 '도시사업면허세'에 가산세 10%를, 250을 넘으면 25%의 가산세를 부과했다. 2020년 샌프란시스코는 유사한 법을 통과시켰다.

보수 배율을 공시 요건으로 만든 데는 높은 보수 배율이 불공정하다는 의미를 담고 있다. 실제로 4장에서 동료들을 공정하게 대우하는 것이 중요하다는 점을 다뤘다. 동료들이 CEO보다 361배나 적게 받는 것은 의심의 여지없이 불공정한 일일까? 파이를 불공정하게 쪼개면 사기 저하와 조직 문화를 손상시킴으로써 파이 크기가 줄어들 수 있다. 그래서 정부는 물론 투자자까지도 보수 배율을 면밀히 모니터링하는 신중한 태도를 보인다.

그러나 '공정성fairness'과 '평등equality'은 다르다. 공정성은 성과와 관련이 있다. 만약 내가 모든 학생에게 성적과 상관없이 같은 점수를 준다면 그것은 평등하지만 공정하진 않다. 예일대학교 심리학자 크리스티나 스타만스Christina Starmans, 마크 셰스킨Mark Sheskin, 폴 블룸Paul Bloom은 '사람들이 불평등한 사회를 선호하는 이유'라는 제목의 종합적인 메타분석 결과 '사람들은 불평등이 아니라 불공정한 것을 싫어하는 것'으로 나타났다.[55]

보상의 맥락에서, 공정성이란 리더의 기여에 상응하는 보상이다. 즉 가치 창출에 대한 보상이어야 한다. 이것이 장기적 주식 보유를 통해 성취하고자 하는 것이다. 올바른 기준점은 'CEO의 동료들이 얼마나 많은 보수를 받느냐가 아니라 CEO가 파이를 얼마나 키워왔느냐'다. 보통 보수 배율이 높은 기업을 비판할 때 리더가 높은 보수에 상응하는 성과를 달성했는지는 따지지 않는다. 제이미 다이먼Jamie Dimon JP모건 CEO는 2017년 364%의 보수 배율로 뭇매를 맞았다. 하지만 2017년 이전 최근 2년간 주가는 62%나 올랐다.

CEO와 동료 간에 파이가 어떻게 분배되는지 측정하는 지표가 보수 배율이다. 여기에는 이해관계자가 고려되지 않는다. 더 중요한 점은 파이 크기를 측정하지 않는 데 있다. 따라서 리더가 사회적 가치를 창출하는 방식, 즉 파이 키우기가 고려되지 않는 지표다. 모두가 더 나아지는 파레토 개선이 있어도 보수 배율은 더 나빠질 수 있다.

기업이 80억 파운드의 가치를 창출한 경우 CEO가 400만 파운드를 받고 평균 직원들이 3만 3,000파운드를 받는다면 보수 배율은 125대 1이 된다. CEO가 혁신해서 기업이 120억 파운드의 가치를 창출한다면 CEO는 600만 파운드, 직원들은 4만 파운드를 받는다. 모두가 이익을 얻었지만 보수 배율은 150대 1로 늘어난다. 리더에게 가치 창출에 대한 책임을 지우는 것이 파이코노믹스라면, 리더가 동료보다 훨씬 더 많은 돈을 받은 것에 책임지도록 하는 것이 보수 배율이다.

재무학자 사브리나 하월Sabrina Howell과 데이비드 브라운David Brown은 미국 기업들이 정부로부터 연구개발비 보조금을 받을 때 상당 부분을 직원들과 공유한다는 점을 발견했다. 보조금 덕분에 직원들은 평균 16% 임금이 오르고 창업자는 더 많이 받는다. 회사에 더 큰 영향을 미치기 때문에 창업자의 급여는 실적 증가와 감소 모두에 더 민감하다.[56] 그래서 모두가 이득을 보더라도 보수 배율은 커진다.

금융학자 홀저 뮬러Holger Mueller, 페이지 와이멧Paige Ouimet, 엘레나 시민치Elena Simintzi는 연구를 통해 영국의 경우 높은 보수 배율과 높은 기업 가치, 영업 실적, 장기간의 주가 수익률 및 전망치를 상회하는 실적 사이에 연관성이 있다는 것을 밝혀냈다.[57] 예를 들어 보수 배율이 상위 3분의 1에 해당하는 기업은 주가 수익의 다른 결정요인을 통제하면 주가 수익률이 연간 9.7~11.8%로 보수 배율이 하위 3분의 1에 해당하는 기업을 앞선다.

또 다른 문제는 보수 배율은 회사들 간에 단순 비교할 수 없다는 것이다. 골드만삭스의 보수 배율(2019년 178:1)이 월마트(983:1)보다 낮은데, 이는 골드만삭스 CEO의 보수가 적기 때문이 아니라 골드만삭스 직원들의 보수가 높기 때문이다. 심지어 동종업계 내에서도 기업의 비즈니스 모델에 따라 보수 배율은 달라진다.

골드만삭스가 JP모건(393:1)보다 낮은 이유는 JP모건이 리테일은행을 소유하고 있기 때문이다. 미국 도넛 체인점인 던킨(48:1)이 미국 레스토랑 치폴레(1,136:1)보다 보수 배율이 낮은 이유는 던킨이 던킨도너츠와 배스킨라빈스 매장을 프렌차이즈로 운영하기 때문이다. 치폴레는 프렌차이즈로 운영하지 않고 저임금 근로자까지 직접 고용한다. 시간제 직원을 더 많이 고용하거나, 저임금 일자리를 아웃소싱하거나, 자동화하거나, 직원 교육을 제공하고 휴가를 더 제공하거나, 근로조건을 개선하는 등의 노력 대신 급여를 더 많이 지급하는 기업은 정규직의 평균 급여가 높아져서 배율이 낮아진다. 실제로 경영자들은 보수 배율을 조작할 목적으로 위에 언급한 조치들을 취할 수도 있다.

불평등은 어떠한가? 사회 복지는 파이 크기뿐 아니라 파이의 분배에도 달려 있다. 그러나 S&P500 기업의 CEO 보수는 미국 2억 5,000만 명의 성인들의 불평등에는 거의 영향을 미치지 않는다. 경제학자 스티브 카플란Steve Kaplan, 조시 라우Josh Rauh는 사모펀드, 벤처캐피털, 헤지펀드, 법조계의 보수가 기업 CEO 보수보다 더 빨리 상승했음을 보여준다.[58] 〈포브스〉 선정 미국 400대 부자 목록을 보면 상장기업 리더보다 헤지펀드, 사모펀드, 부동산 투자자가 훨씬 많이 포진해 있음을 알 수 있다.

재계 밖에서도 보수가 올랐다. 2018년 축구선수 알렉시스 산체스Alexis Sánchez는 광고 수입을 빼고도 한 해에만 2,00만 파운드를 벌었다. 요한 크루이프Johan Cruyff 선수의 전성기 때[59] 연봉 60만 달러보다도 훨씬 많다. 1970년대 크루이프 시대와는 달리 TV 광고와 글로벌 시장 확대로 축구 산업이 성장했기 때문에 벌어진 차이다. 산체스가 득점해서 맨체스터유

나이티드가 챔피언스리그에 진출한다면 수억 달러의 가치가 창출된다. 때문에 최고의 인재에게는 많은 돈을 지불할 가치가 있다.

사실 거의 모든 확장 가능한 직업군에서 보수가 오른 것을 확인할 수 있다. 확실히 J. K. 롤링Joan K. Rowling이 제인 오스틴Jane Austen보다 재능이 뛰어나다고 할 수 없지만, 롤링이 쓴 소설이 더 다양한 콘텐츠로 활용되기 때문에 훨씬 더 많은 돈을 벌고 있다. 배우, 음악가, 심지어 리얼리티TV 스타들도 과거보다 훨씬 더 큰 영향력을 갖고 더 많은 돈을 번다.

이를 통해 CEO들의 임금이 왜 그렇게 많이 올랐는지 알 수 있다. 과거보다 지금의 CEO들이 더 재능이 있다고 주장하기는 어렵지만, 재능은 과거보다 더 중요해졌다. 축구산업이 커졌듯이 기업들도 커졌다. 또한 세계를 무대로 경쟁하기 때문에 빠른 기술 변화에 적응하지 못하는 기업은 소멸되고 만다. 스마트폰 제조기업 블랙베리와 애플을 비교해보라. 최고의 인재에게는 업계 최고로 보상해줄 가치가 있다. S&P500 기업의 평균 규모는 220억 달러다. CEO가 차선책 후보보다 약간 더 재능이 있고 1% 더 가치 창출에 기여한다고 가정해도 2억 2,000만 달러다. 이렇게 보면 1,400만 달러의 연봉이 그렇게 지나치진 않는다.

이것이 경제학자 자비에 가베Xavier Gabaix와 오귀스탱 랑디에Augustin Landier가 펴낸 논문의 주장이다. 이 논문으로 자비에는 40세 이하 금융경제학자 중 최고 석학에게 수여하는 '피셔블랙상Fischer Black Prize'을 받았다. 그들은 1980~2003년 사이 미국 CEO의 급여 상승이 동기간 기업 규모 상승으로 충분히 설명될 수 있다는 것을 보여준다.[60] 재무학 교수 줄리언 소바그낫Julien Sauvagnat이 2004년부터 2011년까지를 검토한 후속 연구에 따르면 금융 위기가 터진 2007~2009년은 회사 규모가 17% 감소하고 CEO의 급여는 28% 줄어든 것으로 나타났다.[61]

그렇다면 왜 같은 논리가 직원에게는 적용되지 않는가? CEO의 행동은 확장성이 있기 때문이다. 만약 CEO가 새로운 생산 기술을 구현하거나 조직 문화를 개선한다면 전사적으로 적용할 수 있고, 따라서 규모가 큰 기업일수록 더 큰 효과를 볼 수 있다. 24억 달러 규모의 기업에서 1%는 2,400만 달러 규모지만 240억 달러 규모의 회사에서 1%는 2억 4,000만 달러에 달한다. 이와 대조적으로 직원 대부분의 행동은 확장성이 떨어진다. 기계 10대를 수리할 수 있는 능력을 가진 엔지니어는 회사가 보유한 기계가 100대든 1,000대든 관계없이 8만 달러의 가치를 창출한다.

이로부터 2가지 접근법을 도출할 수 있다. 첫째, CEO의 높은 연봉은 사회 전반에 걸친 일반적인 경향의 일부라는 점이다. 이 이야기가 매력적으로 들리더라도 임원의 급여 인상이 리더의 영향력 아래 있는 이사회에서 승인된 내부 작업의 결과라는 것을 암시할 필요는 없다.

둘째, 소득 불평등 문제는 치솟는 CEO 보수 문제를 넘어 훨씬 심각하고 광범위하다는 점을 시사한다. 확장 가능한 모든 직업군에서 보수가 올라가고 있으므로 기업 내에서 소득 불평등을 해소하는 것은 사회전체 소득 불평등을 해소하는 데 비효율적인 방법이다. 100만 파운드를 초과하는 소득세율이나 상속세율처럼 좀 더 체계적인 방법으로 해결해야 한다(사후 재분배와 사전 제공 간의 트레이드오프를 인식해야 한다). 그렇게 해야 상장기업 CEO만이 아니라 모든 고소득 직종의 소득 불평등을 해소할 수 있다.

모든 증거를 종합해보자. 경영진 보수를 개혁한다는 것은 어떤 의미인가? 현재 개혁의 초점은 급여 수준을 조정하는 것이다. 그것은 파이를 다르게 분배할 뿐이고, 내가 인지하는 한 그러한 변화가 투자자나 이해관계자의 가치를 향상시킨다는 증거는 어디에도 없다. 보상 체계에는 민감성, 단순성, 지평이 더 중요하며, 투자자와 이해관계자 모두가 이익을 볼 수 있도록 파이를 키운 것에 대해서만 리더가 보상받도록 해야 한다. CEO의 파이 조각을 줄이기보다 CEO가 이해관계자의 조각까지 늘리는 개혁안이 마련돼야 한다.

In a Nutshell

- 경영진 보수에 대한 일반적인 비판과 해결책은 급여 수준에 초점을 맞춘 보상이다. 이것은 파이 쪼개기에 기초한다. 리더의 급여를 줄여도 다른 이해관계자에게 재분배될 수 있는 가치의 양은 매우 적다. CEO 급여는 평균 임금에 비해 크지만 기업 가치에 비해 적기 때문이다.

- 장기 가치를 창출해서 파이 키우기를 유도하든, 단기 목표로 파이를 축소시키든, 중요한 것은 보상 수준보다 보상이 미치는 영향이다. 급여 개혁의 목표는 급여 수준을 낮추는 것이 아니라 가치 창출을 장려해야 한다.

- 부에 대한 민감성은 책임감으로 이어진다. 리더가 상당한 지분을 보유하면 일반적으로 생각하는 것보다 민감도가 훨씬 높아진다. 주식 보유와 미래 주가 수익 간에 연관성이 있다면, 그 관계는 인과관계일 가능성이 높다.

- 급여의 단순성은 대칭으로 이어진다. 목표 기반의 복잡한 보너스 체계는 리더가 성과지표에만 집중하게 한다. 하위 임계값에 근접하기 위해 과도한 위험을 감수하거나 상위 임계값에만 도달한 다음 그 이상의 노력은 멈추게 할 수 있다.

- 기간 구조는 지속 가능성으로 이어진다. 리더의 기간 구조를 늘리면(주식을 장기간 보유하게 하면) 작위 과실과 부작위 과실 모두를 막을 수 있다.

- 리더의 보수는 근로자의 보수가 아니라 성과에 연동되어야 한다. 동료는 임원 급여와 관계없이 공정하게 지급되어야 한다. 같은 업종 내에서도 보수 배율은 단순 비교할 수 없기 때문에 보수 배율에 초점을 맞추면 조작을 부추길 수 있다.

- 경영진뿐 아니라 모든 동료에게 주식을 주고, 그들이 기여한 결과로 얻어진 가치 상승분을 공유하면 공정성 문제를 해결할 수 있다.

- CEO 보수 증가가 정당한가에 대해서는 논란의 여지가 있지만, 이들의 잠재적 가치 창출 능력도 커졌다. 불평등 문제는 100만 파운드 이상의 수익에 대해 높은 소득세를 부과하는 것 같은 체계적인 방식으로 다루어져야 한다.

스튜어드십
경영진을 지원하거나 감시하는 관여형 투자자의 가치

1995년 '피델리티밸류펀드Fidelity Value Fund'는 미국인에게 최고의 투자처였다. 제프 우벤Jeff Ubben이 이 펀드를 운용한 지 5년 만에 다른 펀드를 앞지르자 더 많은 사람이 몰려들었다. 펀드 운용자산이 50억 달러로 늘었으니 제프에게는 축복이었어야 했다. 하지만 문제가 있었다.

어떤 펀드든 주식 한 종목에 너무 많은 포지션을 보유할 수 없다. 너무 많은 리스크를 떠안게 되기 때문이다. 또한 소유 지분이 10%를 초과하면 미국 법률에 따라 '내부자'로 분류되어 주식 매도에 제약을 받는다. 투자자가 투자금을 회수하려 한다면 곤란하기 때문에 제프와 그의 팀은 신규 유입 자금을 지나치게 분산 투자할 수밖에 없었다.

"매일 새로운 자금이 들어와서 펀드를 희석시켰고, 결국 포지션을 120개나 보유하게 되면서 최고의 아이디어에 집중하지 못했다. 포지션 수를 줄여도 또다시 새로운 자금이 들어와서 결국 제자리로 돌아오곤 했다."[1]

최고의 아이디어에 초점을 맞추기 위해 제프는 10~15개의 주식종목으로 구성된 집중 포트폴리오를 보유하는 '행동주의 펀드activist fund(높은 수익을 얻기 위해 기업의 지배구조에 적극 개입하는 헤지펀드_옮긴이)'인 밸류액트 ValueAct를 공동 설립했다. 행동주의 펀드는 주식을 사서 주가가 오르기를 단순히 기다리는 것이 아니라, 기업의 경영방식에 영향을 미치는 것으로 인게이지먼트 또는 행동주의로 알려져 있는 펀드다.

행동주의 투자자는 취사선택된 일화들을 바탕으로 광범위하게 잘못 묘사되고 있다. 영화 〈월 스트리트 전쟁〉에서 담배회사 RJR나비스코를 인수하려는 사모펀드 KKR을 피에 굶주린 싸움으로 묘사한다. KKR을 문명화된 도시를 장악한 침략자로 그린 것이다. 이 같은 이야기는 행동주의 투자자를 '냉담하게 파이를 쪼개는 사람들'이라는 이미지로 조장하여 깊은 불신을 갖게 한다. 침략자들이 원주민의 전리품을 빼앗아 도시를 약탈하듯이 행동주의 투자자는 직원들을 해고하고, 고객에게 폭리를 취하고, 연구개발비를 삭감함으로써 다른 이해관계자를 약탈한다는 것이다.

이에 맞서 회사 경영진과 정책입안자들이 방어에 나선다. 2014년 프랑스는 투자자가 최소 2년 동안 지분을 보유할 때까지 의결권을 절반으로 제안하는 법률 '로이플로랑주Loi Florange'를 제정했다. 일부 기업, 특히 페이스북, 구글, 스냅 같은 젊은 테크 기업들에는 '차등의결주식dual class shares'이 있는데, 외부 투자자에게 매도된 주식은 리더가 보유한 주식의 10분의 1만 의결권을 가진다. 스냅의 경우 의결권이 전혀 없다.

행동주의 투자자 중에는 실제로 격렬한 전투를 방불케 하는 경우도 있다. 하지만 행동주의는 전투를 통해 가치를 훔쳐가는 게 아니라 가치를 창출한다. 〈월 스트리트 전쟁〉에서 진짜 야만인은 나비스코 경영진이었다. 그들은 '연기가 안 나는 담배' 같은 비현실적인 사업에 8억 달러가 넘는 돈을 낭비했다. 특히 터무니없는 것은 그들이 누린 혜택이었다. 나비스코는 10대의 전용기와 36명의 조종사를 보유했으며, 심지어는

CEO의 개(승객 'G 셰퍼드')도 전용기를 타고 골프대회 등에 참가했다. 회사는 60만 달러 가치의 가구가 들어 있는 격납고와 25만 달러의 조경에 둘러싸여 있었다. KKR은 투자자와 사회의 자원을 남용하는 행위를 끊고 실질적인 가치를 창출했다.

그러나 대부분의 관여형 투자는 일반적으로 생각하는 것보다 따분할 정도로 극적이지 않으며 훨씬 협력적이다. 파이코노믹스에서 강조하듯이 투자자와 경영자는 한 팀이다. 밸류액트의 제프와 그의 동료들은 파이를 키우는 사람들이다. 그들이 선택한 10~15개의 주식종목은 잠재력보다 현재 파이가 훨씬 작다고 생각되는 주식들이다. 그들은 이 잠재력을 실현하도록 돕기 위해 각 회사와 협력한다.

밸류액트가 소프트웨어기업 어도비를 회생시킨 사례가 대표적인 예다. 미국 사무용기기 제조회사 제록스에서 함께 일했던 존 워녹John Warnock과 찰스 게쉬케는Charles Gerschke는 1982년 글자와 도형 이미지를 프린터로 인쇄하거나 출력장치 화면에 나타나게 하는 포스트스크립트PostScript를 개발하기 위해 어도비를 창립했다. 애플 CEO였던 스티브 잡스가 어도비 창립 1년 만에 500만 달러를 제시하며 인수하겠다고 나선 것도 이러한 원천기술 때문이었다. 존과 찰스는 인수 제안을 거절하면서 대신 애플에 19%의 지분을 팔고 포스트스크립트를 5년간 사용할 수 있는 라이선스 계약을 체결했다.

애플 레이저라이터 프린터에 포스트스크립트가 탑재된 덕분에 포스트스크립트는 1987년까지 컴퓨터 인쇄의 첫 번째 산업 표준이 됐다. 2년 후, 어도비는 이미지 편집 소프트웨어인 포토샵을 출시했고, 1993년 스프레드시트, 프레젠테이션, 문서를 범용 형식으로 변환하여 공유할 수 있는 PDF를 출시했다. 2005년에는 경쟁사인 매크로미디어를 인수하면서 어도비는 최고의 순간을 맞이했다. 이 덕분에 드림위버, 플래시 등 다양한

신제품이 출시됐다. 1999년 초부터 2007년 말까지 어도비 주가는 584%
나 급등했다.

그러나 이후 어도비는 방향을 잃기 시작했다. 매크로미디어를 통합
한 크리에이티브 스위트Creative Suite 제품들은 판매 부진을 겪었다. 포스트
스크립트 성장을 촉진했던 애플이 2010년 어도비의 경쟁사인 HTML5
로 선회하면서 자사 제품에 플래시를 못 쓰게 하자 어도비는 큰 타격을
입었다. 그 여파로 어도비는 2008년, 2009년, 2011년 세 차례에 걸쳐
2,000명의 직원을 감원해야 했다.

밸류액트는 이러한 문제를 잘 알고 있었다. 그리고 어도비를 데스크
톱 제품에 너무 집중한 나머지 모바일 혁신을 따라가지 않고 구시대적
인 수익 모델을 고수하는 회사라고 진단했다. 그럼에도 밸류액트는 어
도비의 잠재력을 보고 투자에 나섰다. 2011년 9~12월 사이에 밸류액트
가 보유한 어도비 지분은 5%로 늘어났다. 어도비 경영진은 밸류액트가
대규모 투자자가 된 후 "우리 사업과 전략에 대한 그들의 의견이 도움이
됐다"고 밝혔다.[2] 2012년 12월, 밸류액트가 어도비 지분의 6.3%를 보유
하자 어도비는 밸류액트 파트너인 켈리 발로우Kelly Barlow를 이사회에 임
명했다.

밸류액트는 이름대로 어도비의 가치 창출을 위한 행동에 나섰다. 투
자자는 속전속결로 돈을 챙겨간다는 통념과 달리 제프는 장기적인 계획
을 세웠다. 제프 말대로 빠른 타격은 필요 없다. 밖에서 계속 압력을 넣
는 것만으로는 안 된다. 기업 안으로 들어가서 정보를 얻고 지속 가능한
장기 계획을 세워야 한다.

그대로 방치했다면 어도비는 플래시를 되살리려고 했을지도 모른다.
34억 달러에 매크로미디어를 인수한 어도비는 손실 감축에 나서지 않
았다. 그렇게 하면 매크로미디어 인수가 실책이었음을 인정하는 꼴이

되니 대우가 베트남 자동차 시장에서 철수하지 않은 것처럼 실책을 범하고도 돈을 더 퍼부으려 했다. 밸류액트는 매크로미디어 인수에 관여하지 않았기 때문에 감정이 섞이지 않은 제3자의 관점을 제공할 수 있었다. 밸류액트는 어도비가 플래시에서 벗어나 HTML을 적극 채택하도록 독려했다. 그 결과, 어도비는 HTML5와 다른 개방형 기술을 사용하여 콘텐츠를 만들었고, 2020년 플래시를 영구 종료했다.[3]

어도비는 새로운 모바일 앱을 개발하기 시작했다. 구독 기반 수익 모델로 전환하며 불법 도용 피해를 줄이고 일회성 구매보다 더 안정적인 매출을 확보하게 됐다. 또한 장기 성과급 같은 혁신도 촉진됐다. 포토샵을 만든 토머스 놀Thomas Knoll이 말했다.

"엔지니어들은 회사의 대전환을 적극 찬성했다. 전에는 엔지니어들이 2년마다 새로운 기능을 고안해 시연에 힘써야 했다. 신규 기능을 바탕으로 새로운 버전을 구매하도록 고객을 설득해야 했기 때문이다. 이제는 유저들이 사용해보고 없어서는 안 될 기능을 만들어내는 것이 엔지니어의 동기 요인이 됐다. 나는 엔지니어들이 데모용으로 보기에만 좋은 것을 만드는 것보다 사용자들에게 더 가치 있는 제품을 만들게 하는 것이 더 좋은 동기부여라고 생각한다."[4]

어도비 매출은 2011년 42억 달러에서 2017년 73억 달러로 늘었다. 자료 6-1에서 알 수 있듯이, 7년간의 정체 이후 2011년 12월부터 밸류액트가 관여하기 시작해 2016년 3월 어도비에서 손을 뗄 때까지 주가가 3배 이상 뛰었다. 이해관계자도 이익을 보았다. HTML5로 확장함으로써 고객들은 어도비 제품을 애플 제품과 통합할 수 있게 되었고, 모바일 앱으로 어도비 제품을 여러 다른 기기에서도 사용할 수 있게 됐다. 2011년부터 2017년까지 어도비의 임직원 수는 1만 명에서 1만 8,000명으로 늘었고 납부한 법인세도 2억 200만 달러에서 4억 4,300만 달러로 급증했다.[5]

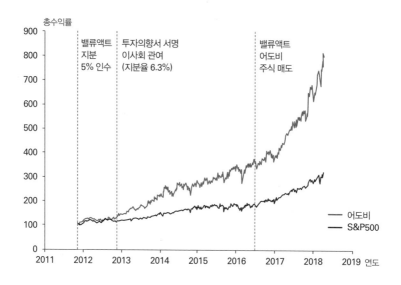

총수익률

900
800 — 밸류액트   투자의향서 서명   밸류액트
700   지분   이사회 관여   어도비
       5% 인수   (지분율 6.3%)   주식 매도
600
500
400
300
200
100
0

2011 2012 2013 2014 2015 2016 2017 2018 2019 연도

—— 어도비
—— S&P500

〔자료 6-1〕 어도비 vs S&P500 IT 지수 총수익률

　게다가 밸류액트는 어도비에 투자하는 동안 거두게 될 결실에만 집중한 것이 아니라 더 멀리 내다봤다. 밸류액트가 손을 뗀 이후 2년 동안 어도비 주가는 2배로 뛰었다. 밸류액트는 왜 어도비 주식을 모두 매도했을까? 이미 어도비를 정상 궤도에 올려놓았으며 다른 회사의 파이 성장 기회를 발견했기 때문이다.

　2016년 9월, 밸류액트는 씨게이트테크놀로지의 지분 4%를 사들였다. 이런 투자자를 적으로 보는 일반적인 견해와 달리 씨게이트테크놀로지의 CEO 스티브 루크조Steve Luczo는 밸류액트의 성과를 알고 먼저 접근해서 이사회 '옵저버observer'를 부여했다(모든 논의에 참여하나 의결권은 없다).[6]

　밸류액트가 어도비를 탈바꿈시킨 사례는 목적에 딱 들어맞는 예를 고른 것일 뿐이다. 행동주의 투자자가 장기적 가치를 희생하면서 단기 이익을 도모한 사례들도 있다. 칼 아이칸Carl Icahn은 트랜스월드항공의 지분 20%를 확보한 후 수익 자산을 경쟁사에 매각해 회사를 파산에 이르게 했다. 밸류액트가 예외적인 걸까? 왜 어떤 투자사는 소유한 회사를 개선시키는 데 성공하고 다른 투자사는 실패하는 걸까? 그리고 주주는 기업의 운영 방식에 영향을 미치지 않으면서 기업 실적을 향상시킬 수 있을까? 이 장에서는 이러한 질문들을 살펴보고자 한다.

주주행동주의 헤지펀드의 장기적인 유익

첫 번째 질문부터 시작하자. 밸류액트는 아웃라이어인가? 답을 하기에 앞서 먼저 밸류액트가 어떤 투자자인지 자세히 이해할 필요가 있다. 행동주의 헤지펀드는 행동주의 투자자의 특정 유형이다. 헤지펀드는 주식을 매입하고 공매도 할 수 있는 반면 뮤추얼펀드는 보통 매입만 할 수 있다. 헤지펀드는 공매도로 널리 알려져 있고 악명 높지만 파이코노믹스 관점에서 볼 때 공매도가 가장 중요한 특징은 아니다. 2가지 다른 특징이 더 중요하다.

첫째, 뮤추얼펀드는 매년 운용자산의 1% 정도를 운용보수로 고객에게 부과하지만 헤지펀드는 운용보수로 2%를 부과한다. 더 중요한 점은 성과수수료로 펀드 수익의 20%를 추가로 부과한다는 점이다. 둘째, 뮤추얼펀드가 주식시장보다 높은 수익률을 목표로 하는 반면, 헤지펀드는 시장 대비 평가되지 않고 별개로 평가된다. 따라서 그들은 하락장에서도 긍정적인 수익을 창출하려고 애쓴다.

행동주의 투자자가 최악의 주주 유형으로 간주된다면 행동주의 헤지펀드는 그중에서도 악종이다. 높은 성과를 내면 성과급을 받을 수 있고, 어떤 여건에서도 수익을 창출할 필요가 있는 헤지펀드는 임금 삭감, 투자 삭감, 회사의 주요 자산 매각 등을 통해 단기 수익에 매진하는 것이 당연할지도 모른다. 사업가이자 작가인 피터 조르제스쿠Peter Georgescu는 이렇게 표현했다.

"주주행동주의자들은 공포 경영을 하고 회사의 근본적인 주요 자산을 빼앗아 장기적으로 가치를 창출할 수 있는 모든 것에서 현금을 뽑아먹는 테러리스트 같은 존재일지도 모른다."7

2016년 태미 볼드윈Tammy Baldwin, 제프 머클리Jeff Merkley 미국 상원의원은 "행동주의 헤지펀드가 경제의 단기주의를 주도하고 있다. 그들은 느슨한 증권법을 악용하여 상장기업의 지분을 많이 얻는다… 노동자와 지역사회, 납세자의 희생으로 자신의 배를 채우려는 소수의 투자자가 경제를 장악하는 것을 용납할 수 없다"고 주장하며 행동주의 헤지펀드를 단속하기 위해 브로카우법Brokaw Act을 발의했다. 이러한 우려는 매우 심각하며 사실이라면 시급히 해결해야 한다.

이러한 주장이 사실일까? 증거를 살펴보자. 재무학 교수 알론 브라브Alon Brav와 웨이 지앙Wei Jiang은 10년 이상 다양한 저자들과 함께 일련의 논문을 통해 활동주의 헤지펀드의 영향을 연구했다. 이 연구는 특히 놀랍다. 행동주의 헤지펀드는 사실 투자산업의 극히 일부에 불과한데도 이 장에서 지금까지 유일하게 논의되고 있는 펀드다. 헤지펀드가 파이를 쪼개는 투자자의 전형으로 여겨지기 때문이다. 하지만 증거를 토대로 볼 때 그들은 파이를 키우는 것으로 나타났다.

미국의 어떤 기업이든 투자자가 지분 5% 이상을 취득하고 해당 기업의 경영방식에 영향을 미치려고 할 때는 반드시 내용을 명시한 '스케줄 13D' 서식을 신고해야 한다(항목 4번에 표기). 알론과 웨이, 그리고 법률학자 프랭크 파트노이Frank Partnoy, 랜달 토머스Randall Thomas는 행동주의 헤지펀드가 신고한 1,000건 이상의 13D 자료를 분석했다. 연구결과 13D 신

고 후 평균 7% 주가가 상승했고, 장기적인 추세가 역전되지 않았다는 사실을 발견했다.[8]

알론, 웨이, 루시안 뱁척은 헤지펀드가 '헐값에 매입한 주식을 (허위 정보 등으로) 폭등시킨 뒤 팔아치운다Pump and Dump'는[9] 일반적인 우려와 달리 손을 뗀 후에도 어도비 사례처럼 3년간 주가가 계속 상승한다는 사실을 발견했다. 행동주의 투자사 엘리엇의 설립자인 폴 싱어Paul Singer는 다음과 같이 주장했다.

"잘못된 전략을 고치고, 회사 인수를 바로잡거나, 저조한 자산을 재배치하고, 비효율적인 경영진이나 이사진을 교체한 결과로 나타난 긍정적 영향이 회사 주가에 바로 반영될 수 있지만, 즉각적으로 결과가 나타났다고 해서 장기적인 유익을 감소시키는 것은 아니다."[10]

또한 헤지펀드는 일반적으로 2년 동안 회사를 소유하는 것으로 나타나서 장기적인 개선을 구현할 수 있을 만큼 기업과 함께하지 않는다는 우려도 어느 정도 해소된다. 주가가 상승한 것은 헤지펀드가 투자한 회사의 실적을 개선해서라기보다 배당금을 빼가거나 세금을 아끼기 위해 빚을 쌓아둔 탓일 수도 있다. 그래서 김현섭, 알론, 웨이는 헤지펀드가 수익성에 미치는 영향을 조사했다. 자료 6-2는 많은 것을 말해준다.[11]

'이벤트 해'는 투자사가 13D를 신고한 시점이고, 실선은 업계 대비 상대적인 자산 수익률이다. 자산 수익률은 헤지펀드 진입 전 현저히 낮은 것을 볼 수 있다. 이는 헤지펀드가 실적이 저조한 회사의 회생을 목표로 하고 있음을 시사한다. 13D 신고 이후, 자산 수익률은 반등한다. 그리고 이는 일시적 현상이 아니다. 개선세는 해가 갈수록 더 강해지고, 그 결과는 5년 후까지도 유지된다.[12]

하지만 높은 수익성이 파이를 키우는 결정적인 증거는 아니다. 다른 이해관계자의 희생으로 수익성이 개선된 것일 수도 있다. 헤지펀드의

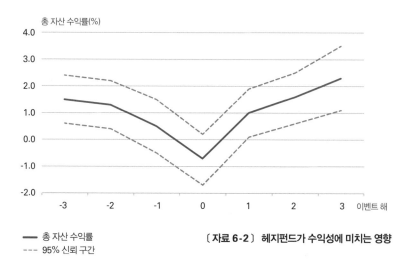

총 자산 수익률(%)

─── 총 자산 수익률
--- 95% 신뢰 구간

〔자료 6-2〕 헤지펀드가 수익성에 미치는 영향

요구에 압박을 느낀 기업이 직원을 혹사시키거나 제품 품질을 타협하거
나 공급자를 쥐어짜고 있는지도 모른다. 수익성이 향상된 원인을 더 깊
이 파고들어 알아내는 방법은 각 개별 제조시설 또는 공장의 생산성에
대한 정보를 얻는 것이다. 그러나 연례 보고서나 공개 자료에는 이러한
데이터가 포함되어 있지 않다. 이 정보는 기밀이라 미국 통계국이 보유
하고 있다.

그래서 김현섭 박사는 수익의 증가 원인을 정확히 파악하는 데 도움
이 될 만한 데이터를 구하려고 백방으로 뛰며 고생했다. 우선 자신이 진
행 중인 연구가 어떤 효용이 있는지 납득시키기 위해 미국 통계국에 상
세한 제안서를 작성해야 했다. 여러 번의 수정과 제출을 거쳐 마침내 제
안서가 승인됐다. 그 후 그는 미국 통계국의 특별연구원 자리에 지원하
면서 신원조사는 물론 연방정부 요원과의 면접을 통과해야 했다.

필요한 정보를 열람하게 된 알론, 웨이, 김현섭 등은 헤지펀드가 표적
으로 삼은 공장에서 '총요소생산성Total Factor Productivity(생산에 투입되는 노동,

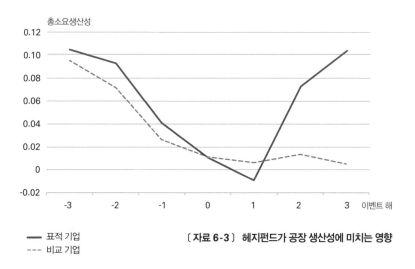

총소요생산성

0.12
0.10
0.08
0.06
0.04
0.02
0
-0.02

-3   -2   -1   0   1   2   3   이벤트 해

— 표적 기업
--- 비교 기업

〔자료 6-3〕 헤지펀드가 공장 생산성에 미치는 영향

자본, 기술 등을 복합적으로 반영한 수치_옮긴이)'이 증가했지만, 이와 유사하게 실적이 저조함에도 헤지펀드의 표적이 되지 않은 공장에서는 개선이 없다는 것을 확인했다.[13] 개선됐다는 것은 어차피 일어났을 반등이 아니다.

자료 6-3에서 실선은 표적이 된 공장의 생산성, 점선은 유사하게 실적이 저조하지만 헤지펀드의 표적은 아닌 공장을 나타낸다. y축의 척도는 표준화된 총요소생산성으로, 표준편차가 1인 생산성 지표를 표준화한다. 실제 표준 편차는 0.32이다. 따라서 y축 값이 0.1이면 총요소생산성이 3.2%(0.1×0.32=0.032) 증가한다.

여전히 회의적인 독자들이 있을 수 있다. 총요소생산성은 임금(기타 투입물 포함) 대비 산출물을 측정한다. 어쩌면 헤지펀드는 임금을 삭감하고 노동시간을 늘려 공장 노동자들을 착취했는지도 모른다. 그래서 알론, 웨이, 김현섭은 노동시간당 생산량인 노동생산성을 더 깊이 살폈다.[14] 연구결과 13D 신고 이후 노동생산성은 3년간 8.4% 증가해 9.2%를 기록했다. 노동시간이 늘어난 것도, 임금이 떨어진 것도 아니었다.

물론 헤지펀드에 대한 공통적인 우려가 모두 거짓이라고 할 수는 없다. 연구결과 헤지펀드가 개입한 회사들은 공장을 매각하는 것으로 나타났다. '기업 약탈자'라는 비난을 받을 만한 원죄가 있다.

그런데 반전이 있다. 연구자들은 인구조사 데이터를 활용해 매각되어 오너가 바뀐 공장의 생산성을 추적했다. 그러자 새로운 오너를 맞이한 공장의 생산성이 향상된 것으로 나타났다. 헤지펀드 개입 없이 공장이 처분될 때는 생산성이 개선되지 않았다. 따라서 헤지펀드 주도의 처분방식은 자산을 더 잘 활용할 회사에 재할당한다고 볼 수 있다.

이는 비교우위의 원칙과 일관된다. 유망한 축구 공격수가 선발 라인업에 들어가지 못한다면 재능 낭비라는 것을 모두가 잘 알고 있다. 그 선수는 뛸 수 있는 축구단으로 이적되어야 한다. 그런데 이러한 인식이 자산이나 사업 매각에는 잘 적용되지 않는다.

투자는 어떨까? 단기주의에 대한 우려와는 달리 IT 지출이 증가하는 것은 생산성이 향상됐기 때문일 수 있다.[15] 그러나 사회에 더욱 중요한 것은 혁신이다. 혁신에는 파급효과가 따른다. 알론, 웨이 등은 헤지펀드의 표적이 될 때 그렇지 않은 경우 대비 연구개발 지출이 평균 20% 감소한다는 것을 발견했다.

이는 결정적으로 확실한 증거로 보인다. 행동주의 투자에 대한 가장 큰 우려가 맞다는 것을 확인해주는 내용이기 때문이다. 볼드윈과 머클리 상원의원은 브로카우법을 출범하면서 "행동주의 투자자가 표적으로 삼은 회사는 투자와 연구개발이 줄어든다"고 주장했다. 그들은 어떤 연구도 인용하지 않았지만 정확히 맞았다.

하지만 여기서도 반전이 있다. 연구개발 지출은 감소했지만 헤지펀드의 표적이 된 기업들은 15% 더 많은 특허를 확보하고, 각 특허는 15% 더 많이 인용(특허 수준의 지표)되는 것으로 나타났다. 즉 이 기업들은 적은

투입으로 더 많은 결과물을 산출해낸다. 투자자는 한 치의 낭비도 허락하지 않는다.[16]

이는 중요한 포인트다. 보통 단기주의가 아닌지 가늠하기 위해 투자의 양이 지표로 활용된다. 그러나 투자는 지출(투입)을 측정하는 것일 뿐 그 지출로 무엇을 하는지(산출물)는 측정하지 않는다. 스포츠 팬들은 선수들에게 수백만 달러를 쓰는 팀보다 빠듯한 재정에도 훌륭한 성적을 내는 팀에 더 감명받는다. 하지만 기업을 분석할 때는 이런 차이를 인식하지 못한다. 앞서 언급한 것처럼 단순히 돈을 쓰는 데는 스킬이 필요하지 않다. 5장에서 바트 베흐트가 돈을 많이 써서 레킷벤키저의 혁신을 이룬 게 아니라 파워브랜드에 초점을 맞췄다는 사실을 상기해보라.

공장을 다른 기업에 재할당한 것과 마찬가지로 알론, 웨이 등은 투자자의 관여활동을 통해 특허와 발명가의 재할당이 촉진된다는 것을 밝혀냈다. 헤지펀드의 표적이 된 회사들은 자사의 기술, 특히 그들의 비교우위와 관련이 적은 특허를 다른 기업에 양도한다. 특허는 다른 기업에 이전된 이후에 더 많이 인용되며 보다 큰 영향력을 미친다. 새로운 회사로 옮긴 발명가들도 더 많은 발명, 특허를 창출해낸다. 헤지펀드의 표적이 되지 않은 기업 대비 기존 회사에 남아 있는 발명가들 또한 더 생산적이 된다.

어떻게 이 회사들은 마법처럼 더 생산적이고 혁신적으로 바뀔 수 있었을까? 변화는 최상부에서 시작된다. 일부 CEO는 떠난다. CEO가 남게 되는 경우, 5장에서 권고한 바와 같이 전보다 보유하는 주식이 상당히 늘어난다. 새로 합류한 이사들은 전보다 자격 면에서 보다 훌륭하고 관련 기술이나 산업에 대한 전문지식도 뛰어나다.*

그리고 행동주의가 사회에 끼치는 유익은 해당 회사에 미치는 영향보다 훨씬 폭넓다. 일단 행동주의 표적이 된 기업의 경쟁사들에 영향을 미친다. 헤이디 아슬란Hadiye Aslan과 프라빈 쿠마르Praveen Kumar의 연구에 따르면 경쟁사들은 경쟁력을 유지하기 위해 조치를 취하고,[17] 닉 간체프Nick Gantchev, 올레그 그레딜Oleg Gredil, 팹 조티카스티라Pab Jotikasthira의 연구에서는 경쟁사들이 헤지펀드가 자사 지분을 확보하는 것을 막기 위해 경쟁력 향상을 꾀했다는 것을 보여준다.[18] 동종 업계의 다른 기업들은 자체적으로 생산성, 비용 효율성 및 자본 할당을 개선하고, 고객에게 이득이 되도록 가격 인하를 단행하며 제품 차별화를 꾀한다.

인게이지먼트의 가치

알론, 웨이와 공동 저자들의 연구는 투자자에 대한 전통적인 관점을 완전히 뒤바꿨다. 투자자는 자금을 맡긴 사람들에게 수익을 줘야 하기 때문에 이해관계자의 몫을 취해 수익을 창출할지도 모른다는 것이 투자자에 대한 우려다. 일부 투자자는 파이 쪼개기 사고방식을 가지고 있을 수도 있지만, 자료 2-1에서 알 수 있듯이 파이 쪼개기를 통해 창출할 수 있는 수익에는 한계가 있다. 파이를 키우지 않는 투자자는 장기 수익률

★ 이는 상관관계일까, 인과관계일까? 투자사가 해당 기업의 실적이 향상될 것으로 예측하고 기대감에 더 많은 지분을 매입했을지도 모른다. 하지만 이는 설득력이 낮다. 노동생산성과 혁신의 효율성이 개선되고, 생산성이 낮은 공장이 매각되고, 비핵심 특허는 양도되고, 일부 발명가들은 퇴사하고, 일부는 남아서 더 생산적이 되고, CEO도 교체되고, 새로운 이사진이 임명된다는 것을 모두 예측했다는 말이 되기 때문이다.
또한 연구자들은 인과관계를 보여주기 위해 그들의 다른 논문들을 교차 검토하며 추가 연구를 이어갔다. 예를 들면 관여방식이 보다 대립적이거나 13D 서식의 4번 항목에서 저평가나 자본구조보다 전략이나 자산매각 등 운영 이슈가 타깃이 될 때 생산성 향상이 더 큰 것으로 나타났다. 이러한 개선은 투자사가 13D 신고 이전에 유의미한 포지션을 보유했을 때도 발생했다. 따라서 펀드는 지분을 크게 늘리지 않았지만, 13D 서식을 통해 관여할 의향을 통지했다. 헤지펀드가 빠져나갈 때 4번 항목의 변경사항을 이행하는 데 성공하지 못했다면 시장 반응은 좋지 않을 것이다. 이는 헤지펀드가 바꾸고자 했던 사항들이 이행됐다면 부가가치가 생겼을 것이라는 점을 시사한다.

이 낮아지고 그렇게 되면 사람들은 투자금을 회수할 것이다. 따라서 일반적으로 생각하는 것보다 투자자들과 이해관계자의 이해는 훨씬 더 일치한다.

그러나 CEO들과 기업의 고문들은 보통 헤지펀드를 기업을 공격하는 적으로 본다. 헤지펀드의 저명한 적수인 마티 립턴Marty Lipton 변호사는 헤지펀드를 어떻게 다뤄야 하는지에 대한 청사진을 내놓았는데, '공격'이라는 단어와 공격과 유사한 단어를 20번이나 썼다.[19] 그러나 관여는 장기 주가 수익률, 수익성, 생산성과 혁신을 개선한다. 이는 회사 경영진과 사회가 바라는 바와 정확히 일치한다.

구조조정 제안을 '공격'으로 보고 즉시 수세에 들어가 행동주의 투자자의 주장이 틀렸다고 주장하기보다는, 그들이 옳을 수도 있다는 가능성을 고려하는 것이 경영진의 즉각적인 반응이어야 한다. 행동주의 투자자가 내는 의견의 가치를 무시해서는 안 된다. 행동주의 투자자의 주요 타깃은 실적 저조 문제이니 회사는 이들과 협력해야 한다.

2014년 투자자는 영국의 아웃소싱기업 카릴리온에 높은 부채, 늘어나는 연금 부채, 취약한 현금 창출에 대한 우려를 제기하고 경영 전략을 바꿀 것을 제안했다. 그러나 경영진은 이를 무시했다. 2018년 1월, 카릴리온은 결국 파산하여 투자자들뿐 아니라 사회에도 피해를 입혔다. 이 여파로 3,000여 명이 실직했고 2만 7,000명의 연금이 위태로워졌으며 일부 협력업체들도 도산하고 말았다. 영국 정부의 보고서에 따르면 "만약 초기 단계에서 주요 투자자의 충고를 새겨들었다면 붕괴를 예견했던, 어두워지는 구름을 피할 수 있었을 것"[20]이라고 지적했다.

투자자는 경영진보다 사업에 대한 지식이 훨씬 적은 외부인인데 어떻게 유용한 관점을 제공할 수 있을까? 예를 들어 아이디어를 브레인스토밍하거나 경쟁적 위협에 대해 논의할 때 그들은 독립적인 사운드보드

Soundboard(아이디어·결정 등에 대한 반응이나 테스트의 대상이 되는 사람이나 그룹)를 제공한다. 투자자는 매일 회사에 나가 일하지는 않지만, 외부인의 견해는 CEO가 도출한 전략이나 인수한 사업 같은 현상 유지를 고수하려는 애착을 극복하는 데 도움이 된다.

항아리 안에 있는 개구리는 서서히 물이 뜨거워지는 것을 알아차리지 못하지만 외부인은 거품을 보면서 물이 끓는 것을 알아차릴 수 있다. 행동주의자인 빌 애크먼Bill Ackman은 "행동주의 가치는 기업이 직면한 경쟁적 위협에 대한 안일함과 안일함이 빚어낸 비효율성에 눈을 뜨게 함으로써 수만 개의 일자리가 사라져버린 코닥 파산 같은 사태를 방지하는 데 있다"[21]고 설명한다.

정책입안자들은 인게이지먼트 투자의 가치를 깨닫고 있다. 일본은 1990년대 초부터 장기간의 경기 침체를 겪었는데, 처음에는 '잃어버린 10년'으로 불렸지만 경기 침체가 길어져 이제는 '잃어버린 20년'으로 불리고 있다. 증상 하나는 일본의 자본 수익률이 매우 낮다는 것이다. 부분적으로는 기업들이 혁신적인 투자 기회를 포착하기보다 현금에 의존하는 편한 선택을 한 데서 기인한다.[22]

아베 신조 전 총리는 활발한 투자자 인게이지먼트를 해결책으로 봤다. 아베 전 총리는 일본 경제를 되살리기 위해 통화정책(양적완화), 재정진작과 더불어 투자자 권리를 강화하는 대책을 내놓았다. 2015년 '일본 기업지배구조규정'을 제정한 것도 한 예다.

그러나 대부분의 이슈와 마찬가지로 증거가 모두 일방적이지는 않다. 알론과 웨이는 헤지펀드를 포괄적으로 연구하지만 4장에서 강조했듯이 증거는 보편적이지 않다. 연기금이나 뮤추얼펀드 등 비헤지펀드 투자자의 행동주의에 대해서는 결과가 엇갈린다. 데이비드 예맥David Yermack이 2010년까지 행동주의 연구를 조사한 결과(헤지펀드 연구 전에 작성)

'현재까지 기관투자자의 행동주의가 성공하는 것은 제한적으로 보인다' 는 결과가 나왔다.[23]

사회적으로 책임 있는 투자가 항상 성과를 거두지는 않는 것처럼 인게이지먼트가 늘 성과로 이어지는 것은 아니다. 이유는 비슷하다. 사회책임투자는 보수의 기간 구조를 고려하지 않고 보수 배율을 기준으로 주식을 선택하는 등 형식적으로 체크박스만 표시하는 방식으로 도입될 수 있다. 마찬가지로 인게이지먼트 투자도 같은 방식으로 이행될 수 있다. 보수 지평을 넓히는 것 같은 심층적인 이슈보다 보수 배율과 같이 빨리 얻는 결과를 추구한다. 중요한 것은 인게이지먼트 활동 자체가 아니라 '인게이지먼트의 질'이다.

무엇이 인게이지먼트를 강화하는가?

어도비 사례와 유사한 인게이지먼트에 있어 행동주의 헤지펀드가 특히 효과적인 데는 3가지 이유가 있다. 중요한 것은 헤지펀드에만 해당되지 않고 다른 투자자도 채택할 수 있다는 점이다. 첫째, '포트폴리오 집중'이다. 밸류액트는 10~15개 종목에만 집중하기 때문에 각각 주식에 상당한 지분을 보유하게 된다. 따라서 헤지펀드가 지분을 보유하고 있는 모든 기업의 잡초까지 쳐낼 수 있는 유인이 된다.

많은 뮤추얼펀드의 상황은 다르다. 크게 2가지 유형이 있다. 인덱스펀드는 지수를 보유한다. 예를 들어 미국 1,000대 기업인 러셀 1000 지수가 인덱스펀드다. 적극적으로 주식종목을 선정하는 펀드매니저가 없기 때문에 이들 펀드의 연 수수료는 일반적으로 0.1% 정도 (2018년 9월 피델리티가 제로수수료지수 펀드 출시)로 매우 저렴하다. 두 번째 유형은 능동적으로 운용되는 펀드, 즉 액티브펀드다. 액티브펀드는 '벤치마크benchmark 지수'를 특정해서 벤치마크 지수와 다른 종목을 선택하고, 벤치마크 지수의 성과를 능가하는 것을 목표로 삼는다. 펀드매니저와 애널리스트에게 돌아가는 수수료는 1% 정도다.

이론상으로는 어떤 종목이든 자유롭게 선택할 수 있는 것이 액티브펀드지만, 실제로는 많은 경우 벤치마크 수익률에 준하는 수익을 얻기 위해 수백 개의 주식종목을 대상으로 포트폴리오를 구성한다. '유사 인덱스화closet indexing'라고 알려진 관행이다. 이러한 펀드의 주요 관심사는 인덱스펀드의 실적이 벤치마크 수익률보다 떨어지지 않게 하는 것이다. 그렇게 되면 고객이 이탈되고 펀드매니저가 해고될 수 있다.

장기적으로 잠재력 있다고 믿는 주식종목이 아니라 인덱스의 일부라는 이유만으로 보유할 수도 있다. 이 펀드들은 주식 가치가 떨어져도 개의치 않는다. 기준점이 되는 벤치마크도 가치가 떨어지기 때문이다. 모닝스타에 따르면 유럽 대형주 펀드의 20%가 유사 인덱스펀드로 분류될 수 있는 것으로 나타났다.[24] 이러한 방식은 펀드가 너무 많이 분산되어 각각의 주식에 의미 있는 방식으로 참여할 수 없음을 시사한다.

연기금에도 비슷한 문제가 발생한다. 미국의 경우 연기금은 투자 다각화를 요구하는 '신중투자자 원칙prudent man' 규정을 따라야 한다. 만약 작위 과실, 즉 불량 주식에 투자하지 않는 것에만 신경을 쓴다면 투자 다각화로 신중을 기할 수 있을 것이다.[25] 그러나 파이코노믹스 관점에서는 부작위 과실을 피하는 것 이상을 추구한다. 지나친 다각화는 경솔하다. 펀드가 수백 개의 주식을 보유하면 각각의 주식에 대해 깊이 이해하기 어렵고 가치를 창출할 수 있는 많은 기회를 놓칠 것이다.

우리 삶에서 지나친 다양성을 추구하며 신중을 기할 수 있는 영역은 많지 않다. 수백 가지의 일에 매진하겠다고 약속해도 각각의 일에 충분한 시간을 쏟지 못한다는 것을 우리는 잘 알고 있다.

헤지펀드는 특정 지수 대비 평가되는 것이 아니기 때문에 집중된 포트폴리오를 보유하고 있다. 헤지펀드의 목표는 시장 상황과 무관하게 수익률을 내는 것이기 때문에 수익률이 10% 떨어졌을 때 15% 지수 하락을 핑계 삼을 수 없다. 따라서 헤지펀드가 보유한 주식은 벤치마크의 일부이기 때문에 기계적 추종이 아닌 의도적으로 선택한 종목이다. 더 많은 것이 달려 있기 때문에 헤지펀드는 깊이 관여할 동기가 생긴다.

행동주의 헤지펀드의 성과가 높은 두 번째 이유는 강력한 성과급 때문이다. 헤지펀드와 뮤추얼펀드가 둘 다 1억 달러의 지분을 보유했다고 가정해보자. 만약 헤지펀드의 인게이지먼트로 5% 가치가 상승한다면 지분은 500만 달러만큼 가치가 상승한다. 운용 첫해에 헤지펀드는 증가액 중 110만 달러를 가져간다. 110만 달러는 20%의 성과수수료 100만 달러에 2%의 운용수수료 10만 달러를 합한 값이다. 운용수수료가 1%인 뮤추얼펀드는 5만 달러만 가져간다. 헤지펀드에 비해 성과급이 22배 적다. 관여활동에는 시간뿐 아니라 비용도 들기 때문에 성과급이 중요하다.

닉 간체프는 보통 대리전(이사회 자리를 두고 벌이는 공개 쟁탈전)으로 끝나는 '행동주의 캠페인에 천만 달러가 넘는 자금이 소요된다'고 추정했다.[26] 인게이지먼트는 협력적으로 시작해야 한다. 하지만 경영진이 비타협적인 경우 대립할 수밖에 없다. 이 방식은 유용하지만 비용이 많이 드는 에스컬레이션escalation(통상적인 절차나 현재 권한 수준으로 해결이 어려운 문제 발생 시 상급자에게 알리는 것_옮긴이) 메커니즘이다.

CEO 고액연봉에 비판이 있듯이 일부 사람들은 헤지펀드에 주는 20%의 성과급에 주저할 수도 있다. 하지만 성과수수료는 누군가의 희생이나 대가가 아니다. 헤지펀드가 파이를 키웠을 때만 얻을 수 있다. 장

기 성과급과 마찬가지로 헤지펀드 직원들에 대한 급여는 일반적으로 몇 년 동안 연기된다.[27]

세 번째 이유는 행동주의 헤지펀드가 인게이지먼트에 상당한 자원을 쏟기 때문이다. 이 부분이 헤지펀드 투자의 핵심이다. 일부 뮤추얼펀드는 비용에 의존해 마케팅을 하며 인게이지먼트 활동을 소모적인 활동으로 간주한다. 그러나 인게이지먼트를 통해 늘어나는 것은 비용이 아니라 이윤이다.

다행인 것은 이 3가지 특징 중 어느 것도 헤지펀드에 국한되게 적용되는 것이 없다는 점이다. 다른 투자사도 동일한 관행을 택할 수 있으며 최고의 투자사들은 이미 택하고 있다. 9장에서 설명하겠지만, 투자사는 장기간의 성과에 따라 펀드매니저의 보수를 지급하고 인게이지먼트에 상당한 자원을 쏟게 해야 한다. 액티브펀드는 지수를 추종하는 것이 아니라 집중 지분을 보유해야 한다. 헤지펀드는 집중적이며, 성과급이 지급되고, 자원이 제공되는 투자자의 한 예일 뿐이다.

위의 특징을 가진 비헤지펀드 투자자에 대한 연구를 보면 결과가 더 긍정적이다. 사모펀드 투자사도 같은 특성을 보인다. 사모투자사도 헤지펀드만큼이나 대중으로부터 비난을 받는다. 그러나 그들이 회사를 인수하면 회사 수익이 개선되고[28], 총요소생산성이 향상되며[29], 새로운 제품이 출시되고[30], 특허 수준이 향상된다는 것을 보여주는 증거가 있다.[31]

상장기업에 투자하는 투자사에 눈을 돌려보자. 영국 투자사인 헤르메스는 고객 자금뿐 아니라 브리티시텔레콤과 포스트오피스 연기금을 관리한다. 1998년, 헤르메스 주요 펀드들이 지나치게 분산되어 있다는 우려에 대응해 헤르메스는 영국 포커스펀드UK Focus Fund를 설립했다. 이름에서 알 수 있듯이 포커스펀드는 적은 수의 종목을 보유했다. 어느 때라도 13개 종목을 넘지 않았다. 인게이지먼트에 전념해서 현재 수익률은 낮지만 회복될 수 있다고 믿는 주식만 샀다. 펀드매니저의 기본급은 낮았지만 성과에 따라 7자리 수 보너스까지 받을 수 있는 강력한 성과급 제도를 보유했다.

포커스펀드는 인게이지먼트를 통해 비교우위의 원칙에 따라 비핵심 자산을 매각하는 것을 목표로 했다. 마르코 베흐트Marco Becht, 줄리안 프랭크스Julian Franks, 콜린 메이어Colin Mayer, 스테파노 로시Stefano Rossi 등은 인게이지먼트를 통해 목표를 달성할 때 주가 수익률이 평균 5.3% 상승한다는 사실을 발견했다.[32] 또한 협력적 인게이지먼트보다 대립적 인게이지먼트일 때 수익률이 더 높은 것으로 나타났다. 이는 헤르메스가 기존 경영진의 부실한 의사결정을 뒤엎었음을 시사한다. 인게이지먼트가 있기 전 2년 동안 감소했던 수익성은 인게이지먼트 시작 후 2년에 걸쳐 반등했다.

엘로이 딤슨Elroy Dimson, 오구잔 카라카스Oğuzhan Karakas, 시 리Xi Li의 연구팀은 사회책임 투자에 전념하는 대규모 익명의 투자사를 조사했다. 이 투자사는 환경 및 사회적 인게이지먼트에 관한 전문지식을 습득했다.[33] 그러한 행동주의는 이해관계자에게 이익을 주는 것을 목표로 하지만 투자자 역시 이익을 얻었다. 파이가 커졌기 때문이다. 주가는 이듬해 2.3% 상승했고, 인게이지먼트 목표가 달성되어 7.1% 올랐다. 수익도 개선됐다.

일반적 인게이지먼트

밸류액트가 어도비에서 수행한 활동과 알론, 웨이 및 공동 저자들이 연구한 활동은 전문적 인게이지먼트다. 여기서 최선의 행동방식은 특정 상황에 따라 달라진다. 밸류액트는 어도비의 특정 문제를 깊이 이해하고 수익 모델 변경 같은 맞춤형 솔루션을 제안했다.

　가치를 창출하는 인게이지먼트 활동은 그뿐만이 아니다. 일부 개선 사항은 대부분의 기업에 걸쳐 이행될 수 있으며 이를 '일반적 인게이지먼트'라 부르고자 한다. 보수 지평을 늘리거나 탄소배출량 공개를 장려하는 것은 바람직하기 때문에 투자자는 심도 있는 전략적 분석 없이 이런 변화를 추진할 수 있다. 전문적 인게이지먼트 활동은 기업 전략과 운영에서 출발한 '상향적' 방식인 반면, 일반적 인게이지먼트 활동은 '하향적' 방식으로 여러 분야에 걸쳐 광범위한 이슈에 적용된다.

　인덱스펀드는 모든 주식을 지수로 보유하고 있으며 특정 기업에 집중하기에는 너무 넓게 분산될 수 있기 때문에 전문적 인게이지먼트를 하기 어렵다. 그러나 규모가 크고 강력한 의결권을 가지므로 일반적 인게이지먼트를 하기 좋다. 2014년 기준, 인덱스펀드는 전체 미국 뮤추얼펀드 자산의 3분의 1 이상을 보유했다. 1998년보다 4배 증가한 수치다. 뱅가드, 블랙록, 스테이트스트리트, 리걸&제너럴 같이 인덱스펀드를 제공하는 자산운용사는 특정 회사의 최대 주주인 경우가 많다.[34]

　이안 아펠Ian Appel, 토드 고믈리Todd Gormley, 돈 카임Don Keim은 회귀 불연속성 접근법을 사용하여 인덱스펀드 소유권이 지배구조에 미치는 영향을 연구했다. 그들이 인과관계를 보여준 방법은 이렇다. 종목이 러셀 1000의 최하위인지 아니면 러셀 2000의 상위에 있는지 여부는 본질적으로 무작위지만 인덱스펀드 소유에 큰 영향을 미친다. 1,000번째로 큰 회사는 러셀 1000 지수에서 가장 작기 때문에 러셀 1000을 추종하는 인덱스펀드 보유 지분은 거의 없을 것이다. 이와는 대조적으로 1,001번째로 큰 회사는 러셀 2000 지수에서 가장 크기 때문에 러셀 2000을 추종하는 인덱스펀드 보유 지분이 높을 것이다.

　연구결과 인덱스펀드 보유 기준으로 러셀 2000 상위 종목의 경우 러셀 1000 하위 종목보다 66% 높은 것으로 나타났다. 이 차이는 지배구조 개선[35] 및 향상된 수익성, 회사 밸류에이션과 관련이 있다. 또한 경영진의 제안에는 더 낮은 지지, 지배구조 관련 주주 제안에는 더 높은 의결 지지로 이어진다. 이는 의결권이 있는 인덱스펀드가 일반화된 인게이지먼트를 개선한다는 아이디어와 일치한다.

투자자 권리

실제 행동주의 사례뿐 아니라 투자자의 권리, 즉 주주들이 회사와 인게이지하고 기업 운영 방식에 영향을 미치는 힘을 연구함으로써 인게이지먼트 활동의 가치를 조명할 수 있다.

기업들은 투자자의 영향을 줄이기 위해 몇 가지 메커니즘을 마련할 수 있다. 하나는 시차이사회제도staggered board다. 파올로가 CEO라고 치자. 그는 부패했고 잘못된 인수합병으로 회사 현금을 과도하게 썼으며 스스로 높은 연봉을 받았다. 또한 교활해서 자신의 경영대학원 동창인 세 명의 펀드매니저 아미트, 사라, 델핀을 이사회에 선임했다. 이들은 파올로가 개인적인 부를 축적하는 데 힘을 실어줄 것이다.

파올로는 그들의 이사회 선임을 시차를 두고 진행했다. 아미트는 올해, 사라는 내년, 델핀은 2년 후에 선거에 나선다. 행동주의 투자자는 파올로를 해임하기 위해 새로운 이사진을 선임하고 싶어도 어느 해든 3분의 1만 교체 가능하기 때문에 1년을 더 기다려 재선에 성공하지 않는 한 과반수를 얻을 수 없다. 파올로는 이렇게 투자자의 영향에서 벗어나 계속해서 가치를 파괴할 수 있다.

그러나 시차이사회제도가 나쁜 것만은 아닐 수 있다. 시차이사회제도를 통해 파이를 쪼개는 경영진 대신 파이를 키우는 리더를 보호하여 장기적 투자*에 집중하게 만들 수 있다.

이제 증거를 살펴보자. 폴 곰퍼즈Paul Gompers, 조이 이시이Joy Ishii, 앤드루 메트릭Andrew Metrick이 쓴 논문은 시차이사회제도뿐만 아니라 주주들의 압력으로부터 경영진을 보호하기 위한 23개의 메커니즘에 관한 자료를 수집했다.[36] 결과는 충격적이었다. 보호 메커니즘이 가장 적고 이에 따라 가장 강력한 투자자 권리를 보유한 기업은 반대 기업 대비 매년 수익률이 8.5%가량 높았다. 또한 더 높은 매출 성장세를 보였다. 이는 그 기업들이 고객의 니즈를 충족하고 더 높은 수익성을 보였음을 뜻한다.[37] 폴, 조이, 앤드루가 투자자의 권리 일반에 대한 연구를 했다면, 시차이사회제도가 회사의 가치를 감소시킨다는 인과관계를 밝혀낸 또 다른 연구도 3편이 있다.[38]

폴, 조이, 앤드루는 차등의결주의 영향에 대해 별도의 분석을 통해 상당한 기업 가치 하락과 연관되어 있음을 밝혀냈다.[39] 그 후 론 마술리스Ron Masulis, 콩 왕Cong Wang, 페이 셰Fei Xie 등이 감소의 원인을 밝혀냈다. 차등의결주는 CEO의 고액연봉, 잘못된 인수 및 투자 결정과 관련이 있다. 즉 차등의결주는 기존 경영진을 고착화하고 그들이 제국을 건설할 수 있게 한다.[40]

이러한 연구결과는 중요하지만 현재의 사고방식에는 어긋난다. 투자자 권리를 제한해야 한다는 요구가 많다. 주주들이 이해관계자로부터 가치를 취하거나, 특히 CEO가 창업자인 경우 투자자가 단기 수익을 밀

★ 단기 압박에 영향받지 않는 것이 우려된다면 3년 임기제가 더 나은 방식이 될 수 있지만 3, 6, 9년 등 같은 해에 모든 이사 선거에 참여하도록 해야 한다. 그렇게 되면 이사들은 1년의 성과가 아닌 3년의 성과에 책임을 지게 되어 단기적인 압박을 덜게 된다. 3년이 지나도 실적이 저조하면 이사회 전체를 투표로 몰아낼 수 있다.

어붙이며 CEO의 비전에 간섭한다는 주장이다. 기업가와 투자자에 대한 대중의 인식이 다르다는 점을 고려할 때 이 내러티브는 호소력 있게 들린다. 기업가는 아이디어를 창출하는 존재고, 투자자는 다른 사람의 아이디어에 힘입어 돈을 버는 사람이라는 게 대중의 인식이다.

기업가는 이론의 여지없이 사회의 다른 어떤 구성원보다 파이를 더 많이 키운다. 그러나 자동차에 가속 페달과 브레이크 페달이 있는 것처럼 파이코노믹스에서는 기업가의 비전과 투자자의 감독 사이에 있는 균형도 중요함을 강조한다. 한때 유망했던 기업이 창업자 때문에 망했던 몇 가지 사례를 경계할 필요가 있다. 〈이코노미스트〉는 대우 창업자에 대해 "김 회장은 다른 사람과 논의하기보다 현장에서 즉흥적으로 감에 의존해 투자 결정을 내리는 데 익숙하다"고 설명했다.[41]

야후의 공동설립자 제리 양Jerry Yang은 야후를 자신의 회사라고 보고 2008년 2월 마이크로소프트로부터 받은 475억 달러의 인수 제안을 거절했다. 사실 야후는 상장기업이었기 때문에 제리 양의 회사가 아니라 주주들의 회사였다. 마이크로소프트의 인수합병 제안을 거절하고 난 후 그해 11월까지 야후의 가치는 3분의 1로 떨어졌고, 디트로이트 연기금 두 곳에서는 야후가 마이크로소프트의 제안을 거부해 투자자에 대한 의무를 위반했다며 야후를 고소했다.

우버 창업자 트래비스 칼라닉Travis Kalanick의 비타협적인 태도와 내가 원하는 건 뭐든지 한다는 식의 리더십은 우버의 성차별적인 직장 문화, 주요 임원진의 이탈, 규제 위반 범칙금, 그리고 낮은 대중 평판에 한몫한 것으로 여겨졌다.

그루폰의 공동 창업자 앤드루 메이슨Andrew Mason은 2010년 구글로부터 받은 60억 달러의 인수 제안을 거절했다. 매출 성장세 부진, 재무제표 재작성, 프로답지 못한 행동들 때문에 CNBC의 허브 그린버그는Herb

Greenberg는 2012년 12월 앤드루 메이슨을 '올해 최악의 CEO'로 선정했고, 그루폰의 가치는 30억 달러 밑으로 곤두박질쳤다. 2013년 2월 28일 그가 해임되자 그루폰 주가는 4%나 올랐고, 그해 말까지 기업 가치는 79억 달러로 상승했다.[42]

투자자 권리에 관한 위 연구들은 상관관계를 규명하겠다고 미리 의도를 밝혔다. 2개의 후속 논문은 인과관계를 밝혀내는 데 진척을 이뤘다. 비센테 쿠냐트Vicente Cuñat, 미레이아 지네Mireia Giné, 마리아 과달루페Maria Guadalupe는 4장에서 언급한 캐롤라인 플래머의 연구 같은 회귀 불연속성 접근법을 사용하지만 사회적 성과보다 지배구조를 강화하기 위한 주주 제안을 분석한다.[43] 연구결과에 따르면 제안을 이행하면 주가가 평균 2.8% 오른다. 인수와 투자는 감소하지만 장기적으로는 가치가 상승하는데, 가치를 창출하는 사업이 줄어든 게 아니라 제국 건설 행태가 줄어든 것을 시사한다.

조너선 콘Jonathan Cohn, 스튜 길런Stu Gillan, 제이 하트젤Jay Hartzell은 2010년 8월 미국 증권거래위원회SEC가 통과시킨 '프록시 액세스 룰Proxy Access Rule(일정자격을 갖춘 주주 또는 주주 단체가 추천한 이사후보를 회사의 주주총회 부속 서류에 포함하게 한 규정_옮긴이)'을 조사했다(이 규정은 2011년 7월 무효화 소송에서 SEC가 패소하여 효력을 상실했다).[44] 이 규정은 특정 투자자가 추천한 이사 후보를 제안하는 데 도움이 되었을 것이다. 규정의 효력을 강화할 수 있는 사건 이후에 주가는 올랐고, 효력을 약화시킨 사건 이후에는 주가가 하락했다. 이 반응은 저조한 실적을 보이는 회사 주식에서 더 강하게 나타났는데, 투자자의 힘이 저성과를 규율하는 데 도움이 된다는 것을 시사한다.[45]

이제 투자자가 보다 넓은 사회에 어떤 영향을 미치는지 살펴보자. 앨런 페럴Alan Ferrell, 하오 량Hao Liang, 뤽 레네부그Luc Renneboog는 37개국을 연구했고, 친親투자자법이 노동관계, 지역사회 참여, 환경 지향 등 이해관계자 가치의 11가지 다른 척도와 긍정적인 상관관계가 있다는 것을 발견했다.[46] 알렉산더 다이크Alexander Dyck, 칼 린스Karl Lins, 루카스 로스Lukas Roth, 하네스 바그너Hannes Wagner는 41개국을 분석한 결과 기관투자자의 지분 보유가 재생에너지 사용, 고용 품질, 낮은 탄소 배출량, 소수의 인권 침해 등 다양한 환경 및 사회적 조치의 개선과 연관되어 있다고 결론지었다.[47] 독일, 네덜란드, 북유럽 등 사회규범이 강한 국가의 기관투자자의 경우 그 효과는 더 컸다.

위의 연구들은 일반적으로 어떤 일이 일어나는지 보여주지만 보편적인 증거는 아니다. 특정 상황에서는 주주의 힘을 제한하는 것이 가치 있는 일일 수 있다. 윌리엄 존슨William Johnson, 존 카르포프Jon Karpoff, 이상호는 기업이 상장할 때 인수 방어권이 장기적으로 이해관계자 관계를 결속시킬 수 있다고 제시한다.[48] 2000년 제조업체 펨스타가 상장했을 때 IBM은 그들의 최대 고객이었다. IBM은 펨스타와 협력하여 브라질에 제조공장을 열고 제조 노하우를 공유했다. 펨스타가 공유된 지식을 가지고 도주하거나 갑자기 공급가를 올리지 않을 것이라는 신뢰가 없었다면 불가능한 일이었다.

펨스타는 상장 후 인수될 위험에 닥쳤다. 새로운 오너가 합리적이라면 이해관계자 관계의 가치를 이해하고 보존할 것이다. 인수사는 이러한 관계에 대해 흔히 프리미엄을 지불한다. 그러나 만약 인수사가 비이성적이라면 IBM에 더 높은 가격을 물려서 기존 관계를 끊을 수도 있다. 그래서 펨스타는 기업공개 시 인수 방어 수단으로 5가지를 마련했다. 윌리엄, 존, 이상호는 기업이 대규모 고객, 종속 공급자 또는 전략적 제휴, 인수 방어 수단을 보유하고 있다면 상장 시 기업 가치가 상승한다고 밝혔다. 마르틴 크레머스Martijn Cremers, 루보 리토프Lubo Litov, 시모네 세페

Simone Sepe는 회사가 시차이사회제도 채택 시, 위와 같은 비즈니스 관계를 보유하는 경우에만 회사 가치가 상승한다는 것을 보여준다.[49]

곧 논의하겠지만 인수 방어만이 장기간의 관계를 유지하는 유일한 방법은 아니다. 그럼에도 불구하고 이 논문들의 연구결과는 정보가 없는 투자자가 기업 이해관계자 관계의 가치를 무시하고 파괴적으로 개입할 수도 있다는 생각과 일치한다. 따라서 다양한 국가, 기업을 고려할 때 천편일률적으로 투자자의 권리를 최적으로 설계할 수 없다.

또한 시간이 지남에 따라 상황이 달라질 수도 있다. 신규 상장기업에는 방어 수단이 기존의 이해관계자 관계를 보존하는 데 도움이 되지만, 기업이 성숙해감에 따라 고착화로 이어질 수도 있다. 투자자로부터의 보호는 특정 상황에서 정당화될 수 있다. 규제당국은 이것이 실적이 저조한 리더가 사회를 희생시켜가면서 자신을 고착화하는 데 남용되지 않도록 해야 한다.

모니터링

인게이지먼트는 일종의 스튜어드십이다. 메리엄Merriam 사전에서는 스튜어드십을 '자신의 보살핌에 맡겨진 어떤 것에 대한 신중하고 책임감 있는 관리'라고 정의한다. 사람들이 저축해서 모은 돈은 투자자에게 위탁된다. 이 돈을 책임감 있게 관리한다는 의미는 일반적으로 투자자가 투자하는 기업의 장기적 성과를 개선하는 것까지 포함한다.

따라서 우리는 자료 6-4가 보여주는 것처럼 저축자를 뒤돌아보는 스튜어드십 정의에서 기업을 전망하는 정의로 이동할 것이다. 스튜어드십은 기업이 사회적 가치를 향상시키는 투자에 대한 접근법이다. 주어진 파이를 그저 받기만 하고 저평가된 파이를 찾음으로써 이익을 얻는 것보다 파이를 키우고 회사의 실적을 향상시키고자 하는 노력이 스튜어드십이다.

인게이지먼트가 가장 잘 알려진 형태의 스튜어드십이지만 그것만이 유일한 것은 아니다. 투자자는 시간을 들여 또한, 기업의 단기적 가치를 넘어 무형자산, 전략, 목적에 이르기까지 기업의 장기적 가치를 깊이 이해함으로써 스튜어드십을 이행할 수 있다. 그러한 행동을 '모니터링'이라고 부를 것이다. 곧 설명하겠지만, 투자자가 회사 경영에 영향을 미치는 것이 아니라 특정 회사 주식을 매수할지, 보유할지, 매도하는 데만이라도 이 분석을 활용하면 파이가 커진다.

전설적인 투자가 피터 린치Peter Lynch는 매우 성공적인 모니터였다. 그는 1977~1990년에 피델리티마젤란펀드Fidelity Magellan Fund를 운용하면서 연평균 수익률 29%를 기록했다. 13년 중 11년 동안 S&P500 수익률을 상회하는 실적을 기록했다. 피터는 그의 저서 《피터 린치의 이기는 투자》에서 다음과 같이 말했다.

"모든 주식 뒤에는 회사가 있기 마련이다. 그 회사가 무엇을 하는지 알아내라. 종종 회사 운영상의 성공과 주식의 성공[50] 사이에는 몇 달 또는 심지어 몇 년 동안 아무런 상관관계가 없다. 장기적으로는 회사의 성공과 주식의 성공 사이에 100% 상관관계가 있다."

만약 피터가 소매업체 주식을 살 생각이라면 그는 고객과 동료들이 어떻게 대우받는지 확인하려고 매장을 직접 방문했을 것이다. 그가 가장 좋아하는 투자 아이디어의 원천은 '한 달 동안의 투자 컨퍼런스에서 밝혀낼 수 있는 것보다 더 많을 것을 알게 되는' 벌링턴 쇼핑몰이었다. 그는 매년 200개 이상의 기업들과 만났다. 한 번은 아내와 아이들의 손에 이끌려 사회적 화장품 매장 바디샵에 갔다. 피터는 잘 관리된 매장과

〔자료 6-4〕 투자 체인

열의 넘치는 직원들, 수많은 고객에 감명을 받았다. 그 후 몇 달 동안 더 면밀하게 분석했고, 결국 바디샵의 많은 지분을 사들였다.

아마도 가장 유명한 피터의 투자 사례는 자동차기업 크라이슬러로, 그의 투자 기법이 가장 빛나는 예일 것이다. 1982년 피터는 자동차업종에 투자하기로 결정했다. 그는 미국이 경기 침체에서 회복하고 있기 때문에 경기 순환적인 업종을 원했다. 당시 자동차업계 선두주자로 3개의 회사가 있었다. 아래 표에서 이 회사들의 재정 상태를 알 수 있다.

	제너럴모터스(GM)	포드	크라이슬러
1982년 미국 시장점유율	44%	17%	9%
1981년 이익	3억 3,300만 달러	-11억 달러	-4억 7,600만 달러
1982년 이익	9억 6,300만 달러	-6억 5,800만 달러	-6,900만 달러*

*자산 매각으로 얻은 일회성 자산 2억 3,900만 달러 제외

독자라면 어느 회사를 선택하겠는가? 생각할 것도 없어 보인다. GM은 1981년 경기 침체에도 불구하고 시장을 주도했고 경기 침체가 끝나면서 수익이 3배로 늘었다. 그러나 GM은 피터가 가중치를 가장 적게 둔 회사였고(피터는 자동차업종에 낙관적이었기 때문에 GM 주식도 일부 샀지만), 손실을 내고 있는 나머지 두 기업의 주식을 더 많이 샀다. 피터는 수익을 넘어 전략과 리더십을 봤다. 피터는 GM이 '거만하고 근시안적이며 현재의 성공에 안주하고 있다'고 결론지었다.

피터는 포드의 큰 포지션을 매입했지만, 최고 선택은 크라이슬러였다. 1981년 손실 이후 파산할 것이라는 것이 월가의 대체적인 전망이었음에도 불구하고 피터는 1982년 봄부터 크라이슬러 주식을 매입하기 시작했다. 그해 6월 피터가 나중에 "나의 21년 투자 경력에서 가장 중요한 날"이라고 표현한 날, 그는 크라이슬러 본사를 방문해 출시 준비 중인 신형 모델들을 직접 확인했다. 그중 하나는 나중에 시장을 선점한 최초의 미니밴이었다. 크라이슬러의 잠재력에 확신을 갖게 된 피터는 모든 것을 걸기로 하고, 7월에 이르러서는 크라이슬러 주식이 피델리티마젤란 자산의 5%를 차지했는데, 이는 SEC가 허용하는 최대치였다.

시간이 흘러 피터의 판단이 옳았다는 것이 증명됐다. 향후 몇 년 간 심지어 GM 주식조차도 3배로 뛰면서 자동차업종을 선택한 결실을 맺었다. 그러나 그의 종목별 베팅은 훨씬 더 많은 성과를 거두었다. 포드 주가는 같은 기간 17배 성장한 반면 크라이슬러는 거의 50배나 뛰었다.

모니터링이 기업이 파이를 키우는 데 어떻게 도움이 될까? 1982년 피터에게 크라이슬러 주식을 팔아버린 주주들의 희생으로 피터가 돈을 번 게 아닌가? 파이코노믹스 관점에서 모니터링은 매우 중요하다. 기업의 장기 가치를 진정으로 이해하지 못하면 투자자는 파이를 키우기 위해 기업과 협력할 수 없다.

이 책에서 단기주의 문제에 대해 여러 번 논의했다. 어떤 가치 침식이든 장기적으로만 발생하기 때문에 리더는 즉각적으로 이익을 늘리기 위해 작위 과실(예: 투자를 삭감) 또는 부작위 과실(예: 직원 만족도를 개선하지 않음)을 저지를 수 있다. 문제의 핵심은 정보의 비대칭이다. 투자자는 수량적인 정보를 바탕으로 기업을 평가할 수 있다. 수량적 정보는 수집하기 쉽기 때문이다. 야후파이낸스가 어떤 상품을 판매하는지 몰라도, 그리고 피터가 했던 것처럼 고객 관계, 기업 문화 또는 제품의 파이프라인에 대한 연구에 상당한 시간과 노력을 투자하지 않고도 야후파이낸스의 배당금, 수익 및 매출을 쉽게 알 수 있다.

모니터링을 하지 않는 투자자는 장기 투자로 인한 영향인지 따지지도 않고 단기 실적이 부진하다는 이유만으로 주식을 매도한다. 이는 주가와 CEO 보유 지분의 가치[51]를 떨어뜨리며 CEO가 해임될 위험을 증가시킨다. 투자자가 장기 가치가 아닌 단기 수익에 근거하여 평가하리라는 것을 아는 리더는 단기 수익 달성에 우선순위를 둘 것이다.

존 그레이엄John Graham, 캠 하비Cam Harvey, 시바 라즈고팔Shiva Rajgopal이 401명의 최고 재무 책임자를 대상으로 실시한 설문조사에 따르면 80%가 수익 벤치마크를 충족하기 위해 재량적 지출(연구개발 및 광고 등)을 줄일 의향이 있는 것으로 나타났다.[52] 한 응답자가 지적했듯이 '시장은 먼저 팔고 나중에 질문한다'.

이처럼 모니터링은 중요하다. 시간을 내 질문하면서 투자자는 낮은 실적이 부실 경영 때문인지 투자 때문인지를 이해할 수 있고 단기적인 압박으로부터 리더를 보호한다. 크라이슬러는 월가의 비관론자들이 파산을 예견한다고 해서 걱정하지 않았다. 크라이슬러 주식을 보유한 사람은 피터였지, 월가가 아니었기 때문이다. 크라이슬러에 중요한 것은 피터가 어떻게 의결했는지, 그가 지분을 보유할 것인지 또는 팔 것인지였다. 그들은 피터가 크라이슬러의 현재 손실보다 미래 파이프라인에 신경을 쓴다는 것을 알고 있었다.

마찬가지로 크래프트가 2017년 2월 현재 주식 가치 대비 18%의 프리미엄을 투자자에게 얹어주는 조건으로 유니레버 인수합병(M&A)을 제시했을 때 대부분 관심이 없었다. 환경 발자국을 절반으로 줄이고, 고객 복지 향상을 목표로 하는 지속 가능한 생활 계획Sustainable Living Plan을 포함한 유니레버의 장기 전략을 면밀히 조사한 투자자는 이러한 조치들이 주가에 아직 반영되지 않았음을 깨달았다. 크래프트에 대한 투자자의 반응은 크고 분명했다. 런던왕립자산운용의 투자책임자인 마이크 폭스Mike Fox는 "더 낮은 수준의 기업이라면 받아들일 수 있겠지만 유니레버 수준의 기업이라면 턱도 없는 가격이다"라고 말했다. 크래프트는 이틀 후 인수제안을 철회했다.[53]

인내심이 늘 미덕인 것은 아니다

위 내용을 보고 주식을 장기 보유하고 좀처럼 팔지 않는 것이 이상적인 투자자라고 받아들일 수 있다. 인내가 미덕으로 여겨지기 때문에 이러한 투자자는 '인내 자본patient capital'으로 알려져 있고, 인내심을 장려하는 방침도 있다. 앞서 프랑스의 로이플로랑주에 대해 논의한 바 있다. 2년 동안 주식을 보유한 투자자의 의결을 두 배로 늘리는 것을 골자로 하는 제도다. 마찬가지로 도요타는 투자자가 수년간 자사 주식을 보유할 경우 '충성 배당금'을 주는 주식 유형을 도입했다. 힐러리 클린턴은 대통령 선거 운동 기간 동안 매입 후 2년 이내에 매도한 주식에 대한 양도소득세를 대폭 인상할 것을 제안했다.[54]

하지만 인내심이 항상 바람직한 것은 아니다. 인내하는 투자자를 칭송하는 것은 투자자가 주식을 보유하는 기간과 그의 지향을 혼동하기 때문에 근본적으로 결함이 있다. 전자는 투자자가 주식을 팔기 전에 얼마나 오래 주식을 보유하고 있는지가 관건이다. 후자는 투자자의 매도를 유발하는 근거(장기 가치 또는 단기 수익)가 무엇이냐다.

전 뱅가드 CEO인 빌 맥나브Bill McNabb는 "우리가 가장 좋아하는 보유 기간은 영원이다. 분기별 실적 목표치를 달성했을 때도 달성 못할 때도 주식을 보유할 것이다. 우리가 특정 회사를 좋아한다면 그 회사 주식을 보유할 것이다. 좋아하지 않을 때도 보유할 것이다. 다른 투자자가 몰릴 때도 다른 투자자가 썰물처럼 빠져나갈 때도 보유할 것이다"[55]라고 말하면서 인내심을 옹호했다.

뱅가드가 주로 운용하는 인덱스펀드에는 맞을 수도 있다. 그러나 기업이 어떤 성과를 내든, 사회의 가치를 창출하든, 아니면 착취하든, '그 회사를 좋아한다'거나 '그렇지 않다'든 간에, 장기적 관점으로 보유중인 주식을 고수하는 액티브 투자자는 인내심 있는 투자자라고 불러서는 안 된다. 오히려 회사를 제대로 모니터링하지 못하는 책임감 없는 투자자다. 마찬가지로 투자자는 분기별 수익 목표를 달성했다고 해서 자동적으로 주식을 보유해서는 안 된다. 목표치를 어떻게 달성했는지 조사하고 부정하게 목표를 달성한 거라면 조치를 취해야 한다.

예를 들어 포르쉐Porsche 가문과 로어 색소니Lower Saxony 등 폭스바겐의 '인내심 있는' 주주들은 배기가스 조작을 막기 위한 아무런 조치도 취하지 않은 채 방심했다. 코닥의 투자자는 코닥이 디지털 사진에 투자하지 않고 있다는 사실을 망각한 채 편안하게 1980~1990년대에 높은 수익을 누렸다. 1981년 소니가 전자카메라의 시제품을 공개한 뒤 코닥이 거의 대응하지 않았음에도 불구하고 16년 후인 1997년 코닥의 시장가치는 310억 달러로 사상 최고치를 기록했다.*

리더가 할 수 있는 최악의 일 중 하나는 관성에 따라 일하고 파이를

---

* 오히려 코닥은 디지털 기술의 위협을 심각한 것으로 보지 않는다는 듯한 조치를 취했다. CEO 콜비 챈들러Colby Chandler가 퇴임한 1989년 훗날 선마이크로시스템스의 사장이 된 디지털 기술의 신봉자 필 샘플러Phil Sampler 대신 전통적인 필름 사업을 대표하는 케이 휘트모어를 후계자로 선택했다. 1996년에는 5억 달러를 들여 어드벤틱스와 카메라 시스템을 출시했는데, 이 시스템을 통해 사용자는 일반 필름에 사진을 인화하기 전 사진을 미리 확인할 수 있었다. 디지털 기술을 활용한 기능이었지만 코닥은 디지털 기술로 전통 필름 사업을 대체하기보다 전통적인 필름 사업을 강화하는 방법으로 보았다.

키우지 않는 것이다. 투자자가 할 수 있는 최악의 일 중 하나는 관성에 따라 움직이며 해당 기업을 모니터링하지 않는 것이다.

저품질 제품을 공급하거나 환경을 오염시키거나 직원들을 홀대하는 기업에는 등을 돌려야 한다는 데 대부분 동의한다. 이와 비슷하게 대부분의 사람들은 투자 회수가 투자자가 기업에 책임을 묻는 정당한 방법이라고 본다. 때문에 인내심을 발휘해 계속 주식을 보유하는 방식을 칭송하는 것은 타당하지 않다. 기업의 낮은 수익 때문이 아니라 기업이 속한 산업이나 국가 또는 이사회 내 다양성 결여 등과 같이 공통적으로 적용될 수 있는 기준 때문에 주식을 처분하는 경우가 일반화된 투자 회수에 해당한다.

미국이 주도해서 1980년대 정점을 찍었던 남아프리카공화국의 투자 회수 캠페인은 남아공 정부의 인종 차별 철폐를 목표로 했다. 그러나 기업의 사회공헌, 무형자산 및 전략적 방향 같은 특정 요인을 기반으로 한 전문화된 투자 회수에 동참해야 할 필요성이 훨씬 더 클 수 있다. 고객이 기업의 산업 또는 국가를 평가하고 보이콧을 조직하는 것은 쉽게 할 수 있지만, 보다 복잡한 이슈를 평가하기에는 역부족이다. 대형 투자사는 경영진에게 접근할 수 있고 모니터링을 해야 할 강한 재정적 유인이 있기 때문에 복잡한 이슈를 평가하는 데 경쟁 우위를 보유한다.

따라서 주식을 매도하는 것은 단기주의 행위가 아니라 규율의 행위일 수 있다. 경제학자들은 이를 '엑시트exit를 통한 거버넌스'라고 부른다 (인게이지먼트는 '보이스voice를 통한 거버넌스'라고 부른다). 주식 매도가 실효를 거두기 위해서 중요한 것은 엑시트의 기반이 되는 정보다. 바로 이것이 투자자의 지향점이 뜻하는 바다.

만약 투자자가 단기 수익에 기초하여 주식을 매도하면 상당한 악영향을 끼친다. 리더가 단기 수익을 최우선시하게 되기 때문이다. 하지만 투자자가 장기 가치에 근거하여 주식을 매도하면 CEO는 장기 가치에 책임을 지게 되리라는 것을 알게 된다. 포드는 2015년에 최고 수익을 기록했고, 2016년에는 두 번째로 높은 수익을 거뒀다. 그러나 전기자동차나 자율주행차에 충분히 투자하지 않는다는 우려로 포드 주가는 그 후 2년 동안 주가가 21%나 하락했다. 치솟는 수익에도 불구하고 주가가 하락한 것은 2017년 5월 마크 필즈Mark Fields CEO가 해임되는 데 주요 원인이 됐다.

따라서 중요한 문제는 '투자자가 장기 보유하느냐'가 아니라 '장기적 정보를 기반으로 거래하느냐'다. 어떻게 하면 후자를 보장할 수 있을까? 인게이지먼트를 촉진하는 방법으로 투자가들이 대규모 지분을 보유하게 하는 것이다. 내 논문 중 하나는 '블록홀더blockholder'로 알려진 대규모 투자자가 수익을 넘어서 기업을 진정으로 이해하는 데 필요한 시간과 자원을 투자할 동기를 가지고 있다는 것을 밝혔다.[56] 지분 규모가 크면 모니터링을 촉진하지만, 투자자가 회사에 대한 부정적인 정보를 알게 되어도 충성배당금 및 매도에 따르는 세금 때문에 매도 비용이 많이 들게 되어 모니터링을 저해한다.

우리는 충성도 있는 투자자를 원한다. 그러나(해당 기업이 장기 가치를 창출하는지에 관계없이) 무조건적인 충성도는 경영진을 고착화시킬 뿐이다. 조건부 충성이 훨씬 좋다. 즉 단기 수익은 낮지만 파이를 키우고 있다면 주식을 계속 보유하는 것이다. 회사가 미래를 위해 투자한다면 주식을 보유하고, 그렇지 않으면 투자를 회수하는 것이 좋은 스튜어드십이다. 이것이 블록홀더와 무조건적인 충성도 사이의 중요한 차이점이다. 차등의결 주식이나 시차이사회제도, 충성 주식(장기 보유 주식) 같은 보호책은 성과와 상관없이 리더를 고착화한다.

예를 들어 로이플로랑주는 빈센트 볼로레Vincent Bolloré 볼로레투자그룹

회장이 언론사 비벤디 지분의 14.5%만을 보유했음에도 불구하고 비벤디의 경영권을 장악하고 제국 건설의 일환이 되는 인수를 추진할 수 있도록 허용했다.

장기적 고려를 기반으로 한 단기적인 결정이 중요한 것은 거래뿐 아니라 인게이지먼트에도 적용된다. 주식을 장기간 보유하는 장기 투자자와 대비해서 장기적 고려를 바탕으로 인게이지하고 거래하는 투자자를 '장기 지향적 투자자'로 칭하고자 한다. 대신 장기 보유 투자자를 '저회전 투자자ow-turnover investors'로 지칭할 것이다.

워런 버핏Warren Buffett은 장기 지향적 투자자다. 그는 큰 지분을 사들여 기업에 대한 충분한 지식이 없는 주주들의 단기적 요구로부터 기업을 보호하면서 기업이 브랜드를 구축할 수 있는 여지를 만들어준다. 그러나 그는 맹목적으로 충성하지 않는다. 경영자가 근시안적으로 행동한다면 힘든 결정을 내릴 것이다.

2000년 버핏의 투자펀드인 버크셔해서웨이는 페인트회사 벤자민무어의 지분을 사들였다. 이 회사는 독립된 딜러들을 통해 거의 독점적으로 제품을 판매해왔다. 1883년 설립 이후 무어가의 일원이 회사 경영을 맡았다. 버핏은 무어의 딜러들이 그가 홈디포와 로웨의 대형 체인점을 통해 판매로 전환할까봐 염려한다는 것을 알았다. 그래서 그는 수천 명의 개별 딜러에게 그들과 함께할 것을 약속하는 영상을 보냈다.

12년 후, 벤자민무어의 CEO 데니스 에이브럼스Denis Abrams는 로웨와 유통 계약을 거의 체결할 뻔했다. 에이브럼스가 5년 재임기간에 이룬 탄탄한 실적을 2009년 버크셔해서웨이 연례 보고서에서 칭송했음에도 불구하고 버핏은 그를 해임하고 유통계약 성사를 막았다. 이 사례는 장기간의 관계를 보존하는 데 인수 방어이 필요하지 않음을 보여준다. 보통은 정보에 정통한 투자자로 충분하다.

기업이 모든 직원의 인게이지먼트를 장려해야 하는 것처럼 정책입안자들은 모든 투자자의 인게이지먼트를 촉진해야 한다. 직원과의 면담에서 신입 사원을 배제하는 것은 귀중한 아이디어의 원천을 활용하지 못할 뿐 아니라 창의적인 인재 유치에 걸림돌이 될 수 있다.

마찬가지로 투자자에게 완전한 의결권을 갖기 전에 몇 년을 기다리도록 요구하는 것은 회사가 개선되는 것을 막을 수도 있고, 아예 처음부터 그 회사 주식을 매입하지 않게 만들 수도 있다. 모니터링과 인게이지먼트는 별도의 스튜어드십이 아니라 서로 보완적인 관계다. 투자자의 보이스 파워는 보통 엑시트 위협에 달려 있다. 비타협적인 리더는 실적 저조가 지속될 경우 주식을 매도할 투자자에게 더 귀를 기울이려고 할 것이다. 피드백을 들어주지 않으면 등을 돌려버릴 고객들에게 회사가 귀를 기울이는 것처럼 말이다.

• 주가의 정보적 역할 •

단기 수익보다 장기 가치를 주가에 반영하게 하는 투자자 거래는 리더가 장기 가치를 우선순위에 두도록 유도하는 것 이상의 효과를 낸다. 주가가 장기 가치를 반영하면, 주가는 중요한 시그널이 된다. 3장에서 논의한 바와 같이, 수익이 중요한 시그널이 될 수 있는 것처럼 말이다. 실리콘밸리의 주가가 높으면 똑똑한 대학생들은 컴퓨터 공학을 전공하고 탄광이 아니라 테크기업에 취직하려고 할 것이다. 공급자들은 기업 가치가 높은 기업들에게 투입물을 제공하기 위해 기꺼이 대규모 투자를 단행할 것이다. 그 기업들이 앞으로 수십 년은 건재할 것이라고 확신하기 때문이다. 이사회는 전망되는 주가를 참고하여 CEO 해임 여부를 결정할 것이다.

그리고 리더 스스로도 주가를 기반으로 투자 결정을 내릴 수 있다. 증거에 따르면 주가가 높을 때 CEO들은 투자 기회가 좋다고 추론하고 더 많이 투자하는 것으로 나타났다.[57] 그러나 투자자가 장기적인 정보를 확보하지 못하고 그것을 기반으로 거래하지 못할 때, 주가는 부실한 시그널이 되고 잘못된 결정을 초래할 수 있다.

코닥이 디지털카메라에 투자하지 않았음에도 불구하고 투자자는 주식을 보유하면서 주가를 높게 유지했다. 이 때문에 코닥이 필름 고수 전략을 계속 추진하고, 공급자들은 필름에 필요한 재료를 계속 만들며, 직원들은 코닥에서 이직 하지 않았는지도 모른다. 투자자가 주식을 매도해서 코닥 주가를 끌어내렸다면 경영진이 관성에서 벗어났을지도 모른다.

여기서 이에 대해 더 논의하지는 않겠다. 그 자체로 방대한 주제이기 때문이다. 관심 있는 독자들이 있다면 내가 필립 본드Philip Bond, 이타이 골드스타인Itay Goldstein 과 함께 쓴 "The Real Effects of Financial Markets"라는 제목의 기사를 읽어보기를 추천한다. 이 기사에서 금융시장 거래가 어떻게 기업의 의사결정을 개선할 수 있는지에 대한 광범위한 연구를 다룬다.[58]

모니터링의 가치 찾기

이제 증거를 살펴보자. 단기 매매에 대한 비판은 새로운 것이 아니다. 전략전문가인 마이클 포터Michael Porter는 1992년 〈하버드비즈니스리뷰〉에서 투자자가 거의 주식을 매도하지 않고 장기로 보유하는 일본의 지분 소유 구조를 세상에 알렸다.[59] 그러나 '잃어버린 20년'은 일본이 전형적인 경제 모범 사례가 아니라는 것을 보여준다. 일본의 실적이 평범한 데는 여러 이유가 있겠지만, 투자자가 얼마나 쉽게 주식을 거래할 수 있는지를 보여주는 '유동성'이 유익하다는 직접적인 증거가 있다. 인과관계를 확인하기 위해 일련의 연구에서는 미국 주요 증권거래소의 십진법화 decimalization를 활용한다.

십진법화는 다음과 같이 작동한다. 모든 주식시장에는 최소 거래 단위인 '틱 사이즈tick size(호가 단위)'가 있다. 2000년 이전에는 미국거래소 3곳NASDAQ, NYSE, AMEX이 모두 최소 틱 사이즈가 1달러의 16분의 1이었다. 20달러인 IBM의 주가를 투자자가 팔면 19달러로 16분의 15(19.9375달러)만 팔 수 있어 매도 비용이 많이 든다. 2000년 8월~2001년 4월 사이에 3개의 거래소에서 최소 호가 단위를 1센트로 줄였다. 따라서 매도 비용이 19.99달러로 감소한 것이다.

비비안 팽, 톰 노에Tom Noe, 셰리 티스Sheri Tice는 십진법화가 기업의 실질적인 가치를 향상시켰다는 것을 보여줬고,[60] 슬리드하 브하라스Sleedhar Bharath, 수다샨 자이야라만Sudarshan Jayaraman, 벵키 나가르Venky Nagar는 연구를 통해 이러한 개선효과가 블록홀더를 보유한 CEO가 더 큰 지분을 보유하고 있는 기업에서 더 강하게 나타남을 보여줬다. 이는 투자 회수를 통한 거버넌스가 이익을 얻게 된 핵심 요인이었음을 시사했다.[61] 비비안 팽, 이매뉴얼 주르Emanuel Zur, 그리고 나는 십진법화 덕분에 투자자가 애초부터 큰 지분을 쉽게 확보할 수 있다는 것을 알게 됐다.[62 63]

거래를 용이하게 하는 유동성이 아니라 실제 거래를 연구한 결과도 있다. 중요한 질문은 '어떤 요인으로 거래가 촉발되는가'다. 실적 같은 공개 정보에 즉각적으로 반응하여 거래가 일어나는 것일까? 아니면 주주의 독자적인 분석에 기초하는 걸까? 스털링 얀Sterling Yan과 저 장Zhe Zhang의 연구에 따르면 회전율이 높은 투자자는 자신들이 알고 있는 정보에 근거해 거래하며 회전율이 낮은 투자자보다 정보에 밝은 것으로 나타났다.[64] 회전율이 높은 단기 주주에 대한 일반적인 비판과는 달리 이러한 결과는 일리가 있다. 주주가 시장에 포착되지 않는 깊은 통찰력을 갖고 행동하기 때문에 높은 회전율이 발생할 수 있다.

루보스 패스터Lubos Pastor, 루크 테일러Luke Taylor, 롭 스탬보Rob Stambaugh는 거래량이 많을 때 뮤추얼펀드 수익률이 더 높다는 것을 밝혀냈다.[65] 수많은 연구결과에 따르면 특히 대주주는 정보에 근거해 거래한다는 것을 보여준다.[66] 거래 결과에 관해서는 데이비드 갤러거David Gallagher, 피터 가드너Peter Gardner, 피터 스완이 '단기적인 스윙' 매매가 주가의 정보력을 높이고 시장 효율성을 향상시킨다는 것을 발견했다. 주가 정보력 상승은 뒤이어 발생하는 기업의 초과 성과와 관련 있다.[67]

블록홀더를 보유한 회사들이 어떻게 다르게 행동하는지 조사한 연구도 있다. 이들 회사들은 수익을 조작하거나 재작성하는 경우가 적었는데[68] 실적을 부풀리면 블록홀더가 이를 간파할 수 있기 때문일 것이다. 또한 이 회사들은 연구개발에 더 많이 투자하고 더 많은 특허를 출원한다.[69] 블록홀더들은 회사가 애널리스트의 수익 전망치를 충족하기 위해 연구개발을 삭감하는 것을 저지하는 반면, 단편적인 투자자는 그러한 행동을 독려한다.[70]

블록홀더 스튜어드십은 회사가 장기적 관점으로 사고하게 만들기 때문에 나타나는 결과일 수 있다. 반대로 장기적인 관점으로 사고하는 기업에 블록홀더들이 투자하는 것일 수도 있다. 필리프 아기옹Philippe Aghion, 존 반 레이넨John Van Reenen, 루이지 징갈레스Luigi Zingales는 S&P500 지수에 회사가 편입되면 어떤 일이 일어나는지 조사함으로써 인과관계의 방향이 전자임을 보여준다.[71] 이 때문에 기관투자자가 더 많은 주식을 보유하게 되고,[72] 해당기업은 더 많은, 더 높은 수준의 특허를 창출한다.

이 장에서 논의된 각각의 개별적인 연구결과를 종합해보면 2가지 폭넓은 결론을 도출할 수 있다. 첫째, 주주 가치 옹호론자들은 투자자를 의심의 여지없이 긍정적으로 평가하고, 반대론자들은 투자자를 나쁘다고 주장하기 때문에 모든 투자자를 하나로 묶을 수 없다. 실적에 관계없이 벤치마크를 독차지하며 주식을 보유하는 유사 인덱스하는 투자자는 모든 보유 지분을 깊이 이해하고 가치를 창출하기 위해 경영진과 파트너링하는 투자자와는 천양지차다.

둘째로, 투자자를 이해관계자의 적으로 보는 경우가 많지만 연구결과에 따르면 대규모 장기 지향적인 투자자가 파이를 키워 모두에게 유익을 준다. 수동적으로 주식을 보유하는 인내심 있는 투자자를 치켜세우기보다 스튜어드십 역할을 진지하게 받아들이는 투자자를 장려하는 사회가 되어야 한다. 투자자는 미래의 위대한 기업을 건설하는 데 이바지할 수 있다.

In a Nutshell

- 투자자는 스튜어드십에 관여한다. 즉 인게이지먼트, 행동주의 또는 모니터링을 통해 기업이 창출하는 사회적 가치를 개선한다.

- 일반적으로 투자자의 인게이지먼트에 대한 비판은 투자자가 이해관계자의 희생으로 부를 축적한다고 보는 파이 쪼개기 관점에 기초한다. 그러나 광범위한 연구에 따르면 헤지펀드 행동주의는 실적이 저조한 기업 리더를 내쫓고, 노동생산성을 향상시키며, 혁신의 효율성을 향상시켜 파이를 키운다.

- 투자자 권리가 강화되면 행동주의를 촉진하고, 일반적으로 더 높은 장기 성과와 연결된다. 투자자 보호는 이해관계자 관계가 특히 중요한 특정 상황에서 가치를 더할 수 있다.

- 투자자는 모니터링을 통해 수익 목표치를 달성해야 한다는 압박에서 리더를 해방시켜 장기 가치를 창출하도록 도울 수 있다. 모니터링은 기업이 미래를 위해 투자할 때 투자자의 충성도와 결합되고, 기업이 단기 이윤을 좇거나 관성으로 움직일 때는 투자를 회수하는 것까지 아우른다.

- 투자자의 주식 보유 기간과 지향점을 구분하는 것이 중요하다. 장기 전망 분석에 기초한 주식 매도는 단기주의라고 할 수 없다. 이상적인 투자자는 단순히 오래 주식을 보유하는 것이 아니라 장기 지향적으로 투자한다.

- 투자자 거래를 용이하게 하는 주식 유동성 확대는 더 높은 기업 가치와 뛰어난 스튜어드십과 연관되어 있음을 시사한다. 블록홀더를 보유한 기업은 더 많이 투자하고 수익 조작은 적은 것으로 나타났다.

자사주 매입
자원이 사회적 가치를 창출할 수 있게 투자하기

2014년은 의료보험사 휴마나에게 실망스러운 한 해였다. 자사주 매입이 없었다면 주당 순이익EPS은 7.34달러로 2013년 7.73달러보다 5% 이상 낮았을 것이다. 투자자뿐 아니라 CEO 브루스 브루사드Bruce Broussard에게도 큰 손실이었다. EPS 목표인 7.50달러를 달성해야 상여금을 받기 때문이다. 임원들은 흔히 상여금 임계값을 달성하기 위해 회계 방침을 변경한다. 브루사드도 마찬가지였다. 그는 휴마나가 조기 부채 상환에 지출한 비용은 일회성이므로 EPS 계산에서 제외해야 한다고 주장했다. 그러나 그렇게 해도 EPS는 7.49달러였고, 브루사드는 간발의 차이로 목표치에 도달하지 못했다.

브루사드에게는 또 다른 꿍꿍이가 있었다. 바로 '자사주 매입'이다. 브루사드는 5억 달러의 주식을 사들여 유통 주식 수를 줄임으로써 EPS를 7.51달러로 끌어올렸다.[1] 드디어 EPS 목표를 넘어섰고, 브루사드는 168만 달러의 상여금을 받아냈다.

휴마나 사례는 자사주 매입에 대한 일반적인 시각을 보여준다. CEO의 고액연봉이 파이 쪼개기의 정점으로 여겨진다면, 자사주 매입은 그

다음 자리를 차지할 것이다. 자사주 매입은 기업이 여분의 현금을 보유하고 있을 때, 재투자하거나 임금을 인상하는 데 쓰는 대신 기존 투자자의 주식을 다시 매입하는 것이다.

대부분의 상여금 제도에는 EPS가 성과지표로 포함된다. 품질 개선이나 비용 절감을 위한 생산성 향상 같은 파이를 키우는 조치를 취하면 EPS가 올라가기 때문이다. 그러나 자사주 매입은 리더가 실제로 성과를 올리지 않고도 EPS 목표를 인위적으로 달성할 수 있게 해준다. 후나마 사례에서 보았듯이 주식 수를 줄이기 때문이다.

파이코노믹스에서 자사주 매입은 이해관계자를 희생시키고 투자자와 경영진에게만 유리하게 파이를 분할하기 때문에 부정적인 것처럼 보인다. 2014년 경제학 교수 윌리엄 라조닉William Lazonick은 〈하버드비즈니스리뷰〉에서 "2007년 금융 위기를 벗어나 미국 경제가 회복되면서 수익이 급등했지만 일반 시민은 혜택을 보지 못했다. 그 수익이 자사주 매입에 쓰였기 때문"이라고 주장했다.

실제로 S&P500 기업은 2003~2012년에 자사주 매입에 2조 4,000억 달러를 썼다. 배당금까지 더하면 순이익의 91%가 투자자에게 돌아갔다. 라조닉은 "생산 시설에 대한 투자나 임금 인상에 쓸 수 있는 순이익은 거의 남지 않았다"[2]고 말했다. 자사주 매입은 실제로 파이를 나누는 것보다 더 나쁜 결과, 즉 투자를 막아 파이를 축소시킬 수 있다.

리더들은 흔히 좋은 투자 기회가 없다며 자사주 매입을 정당화한다. 투자 기회가 없을 때 좋은 아이디어를 내는 것이 CEO의 일이 아닌가? 그렇게 하지 않는 것은 부작위 과실로 보인다. 주식을 다시 사는 것보다 더 좋은 아이디어를 낼 수 없다면 CEO 적임자가 아니다.

이러한 이유들 때문에 놀랍게도 보수, 진보 가릴 것 없이 모든 정치인이 자사주 매입 제한을 요구하고 있다. 2019년 2월 척 슈머Chuck

Schumer, 버니 샌더스 민주당 상원의원이 자사주 매입 제한안을 발표했고, 일주일 뒤 마르코 루비오Marco Rubio 공화당 상원의원도 자사주 매입에 관한 제안을 발표했다.

2017년 영국 정부는 '자사주 매입에 밀려 생산 투자에 자본이 할당되지 않는 것이 아니냐'는 우려로 자사주 매입 조사에 착수했다. 자사주 매입으로 이득을 본 투자자 중 일부도 이해관계자로부터 이익을 얻는 것에 죄책감을 느꼈다. 블랙록의 리더 래리 핑크는 2014년 3월 회사 CEO들에게 보낸 공개서한에서 "너무 많은 기업이 배당과 자사주 매입을 늘리기 위해 자본 지출을 줄이고 심지어 부채까지 늘렸다"고 말했다.

그러나 나는 조금 다른 견해를 펼치고자 한다. 여기서도 엄격한 학문 연구와 영국 정부의 의뢰로 PwC와 내가 공동으로 수행한 자사주 연구를 기반으로 논의할 것이다. 나는 자사주 매입이 가치 창출을 방해하거나 파이 쪼개기 장치가 될 수 있다는 점을 인정한다. 파이를 키우는 기업이 ESV를 실천하는 기업보다 훨씬 적게 자사주를 매입해야 한다고 주장할 것이다. 하지만 제대로 실행된다면 자사주 매입은 충분히 파이를 키울 수 있다. '제대로 실행된다면'이 중요하다. 따라서 대규모 증거를 근거로 대부분의 경우 자사주 매입이 통념과 달리 가치를 창출한다는 사실을 보여주고, 개혁을 위한 제안으로 이 장을 마무리하고자 한다.

자사주 매입에 대한 오해 바로잡기

● 자사주 매입은 투자자에게 주는 공짜 선물이다?

자사주 매입을 비판하는 사람들이 가장 많이 오해하는 부분이다. 한 기사에는 "의회가 은행 주주들에게 530억 달러의 선물을 줄 수 있다"는 제목이 붙었고, 또 다른 기사는 "쉘(다국적 석유기업)은 인내심 있는 주주들에게 190억 파운드의 횡재를 안겨주기 시작했다"[3]라는 제목을 달아 신문의 헤드라인을 장식했다. 이러한 인식이 형성된 데는 부분적이지만 '매입'이라는 용어 때문일 수 있다.

매입은 '지급'의 한 형태다. 하지만 자사주 매입은 투자자가 공짜로 무언가를 얻는 것이 아니다. 투자자는 현금을 받긴 하지만 주식을 포기하는 대가로 돈을 받는 것이다. 기업이 부채를 상환하는 것과 같다. 회사에 대한 은행의 미래 청구권을 줄이는 대신, 오늘 은행에 현금을 주는 것이다. 빚을 상환하는 것이 은행에 주는 공짜 선물이라고 주장하는 사람은 아무도 없을 것이다.

• 자사주 매입은 주식을 현금화하는 데 필요하다?

다른 비평가들은 투자자가 무언가(현금)를 얻기 위해 무언가(미래 청구권)를 포기해야 한다는 것을 인정한다. 그들은 자사주 매입이 공짜가 아니라는 것을 인정하면서도 '현금화 메커니즘'이라고 주장한다. 주식을 매도하는 투자자는 더 이상 그 기업의 미래에 관심이 없다. 주식을 산 지 몇 달 만에 주가가 이미 올랐으니 그는 현금화할 수 있는 자사주 매입을 요구할 수 있다.

하지만 투자자는 언제든 주식시장에서 새로운 주주에게 주식을 팔 수 있으므로 이러한 주장도 틀렸다. 자사주 매입 즈음에 일시적으로 주가를 상승시켜 투자자가 더 높은 가격에 팔 수 있게 한다는 좀 더 미묘한 주장도 있다. 이후 논의하겠지만, 실증에 따르면 자사주 매입은 단기보다 장기적으로 주가를 훨씬 더 많이 끌어올린다. 따라서 주식을 매도하는 주주는 장기 이익을 누리지 못하고, 가장 많은 이익을 얻는 것은 주식을 계속 보유하는 투자자인 셈이다.

• 자사주 매입 때문에 임금이 줄어든다?

라조닉이 밝힌 "순이익의 91%가 투자자에게 지급되기 때문에 생산 시설에 대한 투자나 임금 인상에 쓸 투자금이 거의 남아 있지 않다"는 통계는 반박 불가능한 증거로 널리 인용된다. 예를 들어 슈머, 샌더스 상원의원이 자사주 매입 반대 제안을 낼 때, 그들은 "기업 이익의 90% 이상이 자사주 매입이나 배당으로 갈 때는 문제가 있는 것이다"[4]라고 지적했다.

그러나 이 통계는 아주 기본적인 실수를 범하고 있다.[5] 순이익은 이미 임금, 교육, 웰빙 프로그램 같은 동료에 대한 지출, 연구개발이나 광고 같은 무형의 투자를 빼고 남은 결과다. 그의 주장은 마치 "접시가 비어 있어서 아이들이 먹을 것이 없다"라고 말하는 것과 같다. 그러나 아이들이 이미 음식을 먹었기 때문에 접시가 비어 있는 것이다.

• 자사주 매입은 투자가 아니다?

이 말은 사실이다. 자사주 매입에 쓴 돈이 직원을 교육시키거나 브랜드를 광고하거나 공장 신설에 쓰이는 것은 아니다. 그러나 투자는 오늘의 비용을 들여 미래의 가치를 창출하는 활동을 일컫는다. 자사주 매입은 금융 투자다. 기업이 미래에 지불해야 할 배당금을 줄이고* 부채 상환으로 미래의 이자 지급을 줄이는 것과 마찬가지로 투자에 집행할 수 있는 여력을 늘리는 것이다.

미래를 대비해 저축할 때 사람들은 실물 투자와 금융 투자를 모두 고

★ 2005년 브라브, 그레이엄, 하비 및 마이클리의 설문조사(2005)에 따르면 회사들은 배당금 확보에 현금을 쓴 난 다음에 투자를 집행하는 것으로 나타났다. 따라서 배당을 줄이면 투자 지금을 확보할 수 있다. 기업이 배당금을 지급하지 않으면 대신 자본 이익을 통해 투자자에게 수익을 환원해야 한다.

려할 것이다. 기업도 마찬가지다. 리더가 가치를 높이는 모든 실물 투자를 한 후에 은행 예치, 뮤추얼펀드 심지어 다른 회사의 주식 같은 다양한 금융 투자를 비교평가할 것이다.[6] 그러한 투자 수익은 CEO의 성과와는 상관이 없다. CEO 입장에서는 자신의 능력과 장기 가치 창출을 위한 전략으로 자사주 매입을 한다. 자사주 매입은 자사 주식에 투자하는 것이다. 이는 CEO 자신의 전략에 확신이 있다는 신호이기 때문에 일반적으로 좋은 징후다.

● 이윤은 이해관계자에게 돌아가야 한다?

기업이 예상 밖으로 높은 이윤을 달성했다면 투자자뿐 아니라 이해관계자에게도 이를 돌려줘야 한다는 점도 자사주 매입에 대한 또 다른 비판이다. 앞에서 자사주 매입이 투자자에게 이윤을 '주는 것'이 아니라는 점을 설명했다. 게다가 직원들이 이윤 증가에 대해 투자들과 동등한 권리를 가지고 있다는 주장은 완전히 맞는 말은 아니다.

직원들은 열심히 일해서 이윤 증가에 이바지했을 것이다. 공급자와 고객, 투자자도 마찬가지다. 많은 구성원이 회사의 성공에 기여하기 때문에 성공의 결과는 공유되어야 한다. 투자자가 수익을 얻듯이 직원은 급여를 받고, 공급자는 매출을 내며, 고객은 상품과 서비스를 누리면서 성공의 결과를 공유한다. 투자자와 이해관계자의 차이는 회사에 대한 기여로 둘 다 보상을 받지만 투자자가 받는 보상은 못 받을 수도 있는 위험이 있는 반면 이해관계자가 받는 보상은 대체로 안전하다는 것이다.

집으로 비유해보자. 집주인이 집을 팔기 전 집값을 올리려고 지붕을 수리하기로 결정했다. 집주인은 건축업자를 고용해 노동에 대한 대가를 지불하고, 건축업자는 수리를 통해 매매가 상승에 기여한다. 그러나 매매가 상승은 수리 외에도 주택시장의 상황이나 집주인의 마케팅 능력에 좌우된다. 건축업자의 대가가 매매가에 연동되면 건축업자는 상당한 리스크를 지게 된다. 그래서 건축업자는 집이 얼마에 팔리는지와 상관없이 정해진 돈을 받고, 집주인이 모든 위험을 부담한다. 집주인은 주택시장이 불황이면 타격을 받고, 반대로 호황이면 이익을 얻는다.

기업도 마찬가지다. 직원들은 제품을 열심히 디자인하고 만들고 마케팅한 대가로 월급을 받는다. 경제가 침체되고 제품이 더 낮은 가격에 팔리거나 아예 팔 수 없는 경우에도 그들에게 지급된 급여는 회수되지 않는다. 투자자는 먹이사슬의 맨 밑바닥에 있다. 다른 사람들이 먼저 보상을 받고 난 후에 남는 것이 수익이다.

경기 침체기에도 직원과 공급자는 여전히 임금을 받지만 주주들은 보통 마이너스가 된다. 반면 경기가 호황일 때는 투자자도 집주인처럼 상승 효과를 누린다. 이것이 바로 수익이 분배되는 방식이다. 이해관계자는 '안전한 청구권'을 얻고 투자자는 '위험한 청구권'을 얻는다.*

중요한 점은 자사주 매입이 없더라도 증가된 수익이 투자자에게 돌아간다는 것이다. 집주인이 즉시 집을 팔지 않더라도 집값 상승으로 이익을 얻는 것처럼, 회사가 높은 수익을 올린 후 다른 곳에 지출하지 않고 보유하더라도 그 수익은 여전히 투자자의 소유다. 따라서 자사주 매입은 수익의 증가나 감소가 어떻게 분할되는지와는 아무런 관계가 없다.

이해관계자에게만 청구권을 주는 것은 아니다. 지붕 수리도 집값에 중요하기 때문에 건축업자가 더 열심히 일하도록 집주인은 건축업자의

★ 누군가는 여전히 직원들이 위험을 감수한다고 주장할 수 있다. 경제 여건이 열악하면 회사가 도산해 일자리가 없어질 수 있다. 이 경우에도 직원들은 이미 한 일, 즉 과거 기여에 대해 보상받지만 투자자는 투자한 돈에 대해 수익을 얻지 못할 것이다. 물론 회사가 존속하고 그들의 직업이 유지된다면 직원은 더 나은 삶을 살 수 있다. 직원들은 회사의 미래에 공헌한 대가를 받을 수 있기 때문이다. 그런 의미에서 이들은 일회성 보상을 받는 건축업자와 달리 지속적인 고용을 누리면서 상승효과를 공유한다.

보수를 낮추고 매매가의 일부로 나머지를 대체하는 방법을 채택할 수도 있다. 마찬가지로 5장에서 직원에게도 주식을 부여하는 것이 바람직하다고 주장한 바 있다. 그러나 이러한 방식은 상승 효과를 누릴 수 있지만 반대로 부작용에 노출되기도 한다.* 또한 이는 직원들에게도 주식이 부여되는지에 관한 것이지, 회사가 자사주 매입을 하거나 잉여현금으로 회사 내에 재투자하는가의 여부에 달려 있는 것이 아니다.

회사가 계약상의 최소 의무만 이행하는 것은 파이코노믹스의 정신이 아니다. 회사가 직원에게 고정된 급여를 지급하더라도 임금 인상, 교육 프로그램 및 뛰어난 근무 여건을 통해 동료들과 이윤을 공유할 수 있다. 파이코노믹스는 이러한 현금 지출을 '투자'로 분류한다. 파이코노믹스 관점에서는 이윤과 명확한 연계가 없더라도 이해관계자에게 이익이 되는 조치까지 투자에 포함하기 때문이다. 이 장에서는 자사주 매입과 투자의 광범위한 정의 사이에서 기업이 어떤 선택을 하는지에 대해 논할 것이다.

창출된 이윤으로 자사주를 매입하는 것은 또 다른 우려를 해소한다. 자사주 매입은 기업이 이윤을 냈을 때만 가능하다. 따라서 CEO의 고액 연봉과 마찬가지로 자사주 매입은 이해관계자의 희생의 결과물이 아니라 파이를 키운 것에 대한 부산물이다. 나중에 논의하겠지만 기업의 실

★ 기업이 다운사이드 리스크 없이 직원에게 상승분인 업사이드 몫을 줄 수 있다고 생각할 수 있다. 예를 들면 5만 달러 연봉에 회사가 10억 달러 이상의 수익을 달성했을 때 주식을 추가로 얹어주는 방식으로 근로계약을 체결할 수 있다. 수익이 10억 달러 미만으로 떨어져도 여전히 5만 달러 연봉을 받는다. 그러나 이 계약에도 다운사이드 리스크는 있다. 수익이 10억 달러 이하로 떨어질 확률은 절반이다. 10억 달러 수익을 달성하지 못하면 아무것도 받지 못한다. 수익이 10억 달러를 넘을 확률도 절반이다. 10억 달러 달성 시 직원이 받게 될 몫이 2만 달러라고 가정하면 예상되는 수익의 몫은 1만 달러(2만 달러를 받을 확률이 50%이므로)로, 직원의 총 예상 급여는 연봉을 합쳐 6만 달러다. 회사가 직원에게 6만 달러의 고정 급여를 지급하는 경우와 비교하면 이 계약에는 여전히 다운사이드 리스크가 존재한다는 점을 쉽게 알 수 있다. 수익이 10억 달러보다 낮다면 근로자가 받는 급여는 기대했던 6만 달러가 아니라 5만 달러이기 때문이다.

적이 저조할 때 가장 먼저 줄이는 것이 자사주 매입이다.

파이코노믹스 관점으로 본 자사주 매입

이해관계자에게 지급한 뒤 남은 이윤은 모두 재투자되어야 한다고 생각하기 쉽다. 자사주 매입은 기업에 일종의 '일시적 과잉흥분' 상태를 야기한다. 워런 상원의원이 "자사주 매입은 단기적으로는 회사 주가를 올린다. 그러나 진짜 기업 가치를 끌어올리는 방법은 미래에 투자하는 것인데, 기업들이 이를 하지 않고 있다"고 지적한 것을 상기해보라.

그러나 3장에서 강조했듯이 파이 키우기는 기업 성장을 의미하는 것이 아니다. 모든 투자는 다른 곳에 할당될 수 있는 자원을 사용한 것이기 때문에 사회에 대한 기회비용을 수반한다. 대우와 컨트리와이드는 비용을 거의 신경 쓰지 않고 사업 확장에만 투자함으로써 사회에 상당한 해악을 끼쳤다.

중요한 것은 리더가 얼마나 열심히 일하고 얼마나 많은 아이디어를 가지고 있든 간에 회사가 가치를 창출할 수 있는 투자 기회는 늘 유한하다는 점이다. 소매 체인점은 최적의 위치를 선정해 몇 개의 매장을 오픈한다. 그러다 어느 정도 시간이 지나면 실적이 부진한 매장들도 나타나고, 매장이 너무 늘어나서 추가한 매장까지 제대로 관리하지 못하게 되는 상황에 이를 수도 있다. 그래서 CEO는 남은 현금을 주식을 되사기 위해 사용한다.

여기에서 파이코노믹스를 이행하는 기업과 ESV를 추구하는 기업 사이의 중요한 차이점을 논의할 수 있다. 이 차이점은 자사주 매입에 대한 일부 비판이 정당화되는 한 가지 이유가 된다. ESV에서 리더는 적어도 이윤이 늘어날 것으로 예측되는 곳에 투자한다. 이러한 접근방법의 경우 CEO는 투자할 만한 곳이 없다는 이유로 대규모 자사주 매입을 선택한 것이라고 정당화할 수 있다.

그러나 파이를 키우는 리더는 이윤 증가를 예측할 수는 없지만 사회적 가치를 창출할 것이라는 판단으로 투자한다. 일반적으로 파이를 키우는 리더는 ESV를 추구하는 리더보다 더 많이 투자하고 자사주 매입은 더 적게 할 것이다. 따라서 더 이상 투자 기회가 없다고 보고 주식을 되사는 CEO는 아이디어가 바닥났다는 비난을 받을 수 있다. 그들은 이윤과의 연계는 명확하지 않지만 사회적 가치를 창출할 수 있는 사업을 알아차리지 못한 것이다.

파이코노믹스에서도 가치를 창출할 수 있는 투자 목록은 한정되어 있다. 곱셈, 비교우위, 중요성의 원칙을 충족시키는 프로젝트는 한정되어 있다. 결과적으로 자사주를 매입한다고 해서 CEO의 아이디어가 바닥났거나 주주 가치만 극대화한다는 것은 아니다. 임금 인상, 교육 프로그램 및 뛰어난 근무 여건을 통해 직원과 수익을 공유하는 등 이윤과 명확한 연계가 없어 보이는 많은 투자를 이미 하고 있을 것이다.

파이를 키우는 리더는 사회적 가치를 창출하는 프로젝트와 그렇지 않은 프로젝트를 구분할 수 있고, 자제력을 발휘하여 사회에 가치를 창출하지 않는 프로젝트를 제외하면서 파이를 키운다. 그러나 안타깝게도 많은 CEO가 그러한 자제력을 발휘하지 않는다. 3장에서 보았듯이 회사를 무리하게 확장하면 기업 가치가 훼손될 수 있는데, 리더는 자신의 평판이나 금전적 보상을 높이기 위해서라면 이런 선택을 할 수 있다.

마찬가지로 만약 사회가 보수 배율에만 집착한다면 직원의 임금을 인상하는 것은 CEO가 자신의 연봉 인상을 정당화하는 데 이용될 수 있다. 따라서 투자보다 자사주 매입에 현금을 쓰는 것은 대중의 인식과는 반대로 CEO의 개인적 이익에 반하는 것이다.

증거

파이코노믹스 관점에서 자사주 매입의 역할은 사뭇 개념적이다. 앞에서 리더가 가치를 창출할 수 있는 투자 기회를 모두 활용했다면 그다음 선택으로 자사주 매입이 적합하다고 주장했다. 여기서 '활용했다면'은 강한 전제다. 이 조건의 충족 여부를 어떻게 구별할 수 있을까? CEO들이 EPS 목표치를 달성하려고 좋은 투자 기회인데도 실행하지 않는 것일 수 있다.

자사주 매입에 대한 가장 큰 비난은 '단기적으로 주식을 끌어올린다'는 일시적인 과잉 흥분 때문에 장기적으로 기업 가치를 훼손한다는 점이다. 기업에 대한 사회의 불신이 크다. 그러나 자사주 매입에 관해 뒷받침하는 증거를 검토하지 않은 채 광범위한 주장이 제기된다.

실제 증거를 검토해보자. 자사주 매입은 단기 주가를 상승시키지만 장기 주가 수익률은 더욱 높인다.[7] 데이비드 아이켄베리David Ikenberry, 요제프 라코니쇼크Josef Lakonishok, 테오 페르말런Theo Vermaelen이 1995년에 발표한 논문에 따르면 자사주 매입한 회사들이 향후 4년 동안 자사주 매입을 하지 않은 회사 대비 주가가 12.1% 상회했다. 미국 기업을 분석한 알베르토 만코니Alberto Manconi, 우르스 페이어Urs Peyer, 테오 페르말런의 2018년 연구에서 위 같은 결과가 대체적으로 전세계적으로 적용된다는 사실을 확인했다.[8]

휴마나를 예로 들 수 있다. 이 사례는 터무니없는 조작처럼 보일 수 있지만 실제로는 그게 다가 아니다. 5억 달러 자사주 매입 결정은 주가가 130.56달러였던 2014년 11월 7일 발표됐다. 2015년 3월 16일 자사주 매입이 완료되었을 때 주가는 174.31달러로 올랐고, 휴마나가 자사주에 지불한 주당 평균 가격은 146.21달러였다. 자사주 매입으로 CEO 브루스 브루사드는 168만 달러의 보너스를 받고 투자자는 9,600만 달러를 벌어들였다.[9] 장기적인 이익은 훨씬 더 높다. 2020년 이 책을 집필하는 당시 주가는 290달러다.

브루사드의 보너스는 휴마나 주식을 계속 보유하고 있는 투자자의 희생이 아니었다. 패자는 휴마나에서 잠재력을 보지 못하고 현금화해버린 주주뿐이었다.*

휴마나 사례는 파이 키우기 사고방식이 중요함을 다시 한번 보여준다. '미국은 자사주 매입을 억제해야 하는가?'라는 주제로 마련된 〈파이낸셜타임스〉 토론에서 나는 '반대' 패널로 초청됐는데, 동의하는 패널에서는 '자사주 매입을 실행하는 기업 내부자들이 흔히 자사주 매입을 통해 개인적으로 이익을 얻는다는 연구결과가 있다'[10]고 주장했다.

이런 상황에서는 논쟁적으로 대응하기보다 긍정적인 사례를 활용하는 것이 효과적이다.[11] 만약 '좋은 프로젝트를 실행한 기업 내부자들이 개인적으로 득을 본다는 연구결과가 있다면' 자사주 매입을 억제하자는 주장은 재검토해야 할 것이다. 먼저 검토해야 할 것은 '리더가 파이가 커진 결과를 공유하느냐, 아니냐'보다 그 행동이 '파이를 키우는지, 작게 만드는지'다. 실제로 공정한 성과급 제도는 좋은 행동에 대해서는 CEO에

★ 휴마나가 7.50달러 EPS 목표를 달성했다고 해서 브루사드에게 보너스를 준 것이 정당하다고 주장하는 것은 아니다. 만약 그가 보너스 대신 장기 주식을 받았다면 자사주 매입으로부터도 이익을 얻었을 것이다. 정확한 자사주 매입 규모는 휴마나 주가의 저평가에서 오는 '투자 기회 대 실질적 프로젝트'의 투자 기회에 달려 있었다. 얼마나 많은 자사주를 매입할지 결정할 때 리더는 EPS 목표를 충족시킬 만큼 자사주를 매입하기보다 이 2가지 투자 기회 간의 트레이드오프를 감안해야 한다.

게 보상하고 나쁜 행동에 대해서는 처벌한다.

자사주 매입과 투자 사이의 연관성을 검토한 연구도 있다. 구스타보 그루론Gustavo Grullon과 로니 마이클리Roni Michaely는 기업이 성장 기회가 부족할 때[12] 자사주 매입을 더 많이 하고, 에이미 디트마르Amy Dittmar는 잉여 자본이 있을 때 자사주 매입을 많이 한다는 사실을 발견했다.[13] 이는 상관관계를 보여줄 뿐이다. 인과관계가 있는지 알아보기 위해서는 조직 내에서 실제로 어떻게 자사주 매입 결정을 내리는지 지켜볼 필요가 있다. 자사주 매입을 투자보다 더 우선하는지, 투자를 더 우선하는지 말이다.

정확히 그 주제를 다룬 영향력 있는 연구가 있다. 알론 브라브, 존 그레이엄, 캠 하비, 로니 마이클리는 미국 384명의 CFO를 대상으로 자사주 매입(및 배당) 결정을 내리는 방법을 조사했다.[14] 여기에는 명백한 우려가 있다. 경영진들이 거짓말을 할 수도 있지 않나? 그럴 수도 있다. 그러나 CFO들은 배당금을 확보하기 위해 투자를 줄일 수 있다는 점을 인정함으로써 단기주의적으로 행동한다는 것에 솔직하지 않을 수도 있다는 우려를 누그러뜨렸다. 놀랍게도 그들은 자사주 매입에 한해서는 그러한 압박은 없다고 응답했다.

CFO들은 '바람직한' 투자를 한 뒤 현금이 남아 있을 때만 자사주 매입을 하는 것으로 나타났다. 투자 기회가 남지 않아서 자사주 매입을 하게 되는 것이지, 자사주 매입으로 투자 기회가 낮아지는 게 아니었다. PwC와 나는 영국 정부 요청으로 74명의 임원들을 대상으로 비슷한 조사를 실시했는데, 역시 같은 결론에 도달했다. 단 한 명의 응답자만이 자사주 매입 때문에 회사가 원하는 모든 투자를 할 수 없었다고 주장했다.

이 증거가 회사는 정확히 적절한 수준으로 자사주 매입을 한다고 증명하는 것은 아니다. 경영진은 '바람직한' 투자를 투자자 수익과 연관성을 가지고 있는 것으로 정의하면서, (잉여현금이 생길 만큼) 너무 적게 투자하고 있는 것일 수도 있다. 이것이 사실이라고 해도 투자 부족의 원인은 자사주 매입이 아니라 파이코노믹스보다 ESV를 실천하는 CEO에게서 찾을 수 있다. 만약 자사주 매입이 금지된다면 ESV를 실천하는 CEO는 그만큼의 금액을 투자하고, 남은 현금을 저축하거나 부채를 상환하는 데 쓸 것이다. 즉 ESV 관점에서 자사주 매입을 선택했다는 것은 좋은 투자 기회가 남아 있지 않다고 생각한다는 것을 의미한다.

따라서 자사주 매입 자체는 문제가 아니다. 자사주 매입은 더 심각한 다른 문제의 증상 중 하나일 뿐이라는 것이다. 해결책은 이러한 증상에 대처하는 것이 아니다. 기업들이 파이 키우기 사고방식을 채택하지 못하는 것이 문제다.

더 큰 그림

투자의 사회적 기회비용은 파이코노믹스의 핵심이다. 파이코노믹스 관점에서는 투자의 주체를 기업만이 아니라 사회 전체로 보기 때문이다. 어느 기업이 노동력이나 원자재 같은 실물 자원을 사용하지 않는다면 다른 기업들이 이를 활용하여 가치를 창출할 수 있다. 금융 자원도 마찬가지다. 가장 큰 차이점은 자금이 어디에 쓰일지를 결정하는 것은 기업의 CEO가 아니라 주주들이며, 그들은 다른 곳에 투자할 수 있기 때문에 훨씬 더 넓은 범위의 투자 선택지를 가지고 있다.

노후 준비로 은행에 저축하거나 뮤추얼펀드에 투자하는 사람들은 낡은 집을 리모델링해서 일자리를 만들지 않는다고 비난받지 않는다. 그들이 저축하는 돈은 사라지는 게 아니다. 은행이나 뮤추얼펀드가 그 돈으로 투자하기 때문이다.

투자자는 더 나은 투자 기회가 있을 때만 주식을 매도할 것이다. 현금을 쌓아둘 목적으로 주식을 매도할 가능성은 매우 낮기 때문이다. 스타트업은 벤처투자자로부터 펀딩을 받는다. 상당 부분 벤처투자자의 돈은 다른 기관투자자로부터 나온다. 기관투자자는 상장기업 지분을 보유하고 있다.[15] 자사주를 매입하는(또는 배당금을 지급하는) 회사는 대체로 오래된 회사들이다. 돈이 생긴 투자자는 벤처캐피털에 투자하고, 이 돈은 다시 기업의 사업 자금으로 흘러들어가게 된다.

사회적 가치 창출의 부산물로 이윤을 추구하고, 그 다음 파이를 키우는 모든 프로젝트에 투자한 뒤 남은 현금을 투자자에게 지급함으로써 기업은 다른 기업이 가치를 창출하는 선순환을 만들어낸다. 반면 기업 리더가 현금을 투자자의 돈이 아니라 자신의 돈이라고 생각하고 그냥 쌓아두면 이러한 선순환이 일어나지 않는다. 현금을 쌓아두는 방식은 6장에서 언급된 일본 경기 침체의 원인이 됐다. 시장에서 자본은 제한된 자원이다. 자본을 효율적으로 사용할 수 있는 자본 배분 제도는 국가경쟁력으로 이어진다.

자사주 매입으로 지급되는 자금은 소규모 비상장기업에서만 재활용되는 것이 아니라, 중간 규모의 상장기업에서도 재활용된다. 금융학 박사 화이치 첸Huaizhi Chen이 돈의 흐름을 연구한 결과에 따르면 회사가 배당금을 지급하거나 자사주를 매입하면 그 현금이 투자자가 보유한 다른 주식에 재할당되는 것으로 나타났다. 재분배는 주가를 끌어올리고 향후에 주식이 발행될 가능성을 높인다.[16]

제시 프라이드Jesse Fried와 찰스 왕Charles Wang의 연구는 'S&P500 기업에서는 발행되는 주식보다 자사주 매입되는 주식이 더 많은 반면 비S&P500 기업은 반대의 양상을 보인다'는 것을 발견했다.[17] 이는 자사주 매입 너머의 문제를 보여준다. 즉 금융산업이 사회적 가치를 창출하지 못한다는 점이다.

미국 금융산업의 규모는 2018년 1조 5,000억 달러의 가치에 달할 정도로 어마어마하다.[18] 금융업계 연봉은 최고 수준이며 정부 구제금융의 혜택을 받으면서도 어떤 제품도 생산하지 않는다. 금융산업 옹호론자들은 금융사들은 다른 기업이 제품을 생산하는 데 자금을 제공한다고 주장한다. 그러나 미국과 영국에서는 주식시장에서 신규 조성된 금액이 자사주 매입에 사용된 금액과 거의 같은 수준이다. 이런 면에서 주식시장은 자금의 순공급자가 아니다.

그러나 자금의 순흐름을 보는 것은 자칫 오도할 여지가 있다. 주식시장의 역할은 자금이 부족하지만 사회에 가장 큰 유익을 창출할 회사에 할당하는 것이다. 여기에는 좋은 투자 기회가 별로 없어서 잉여현금을 투자자에게 지급하는 회사도 포함된다. 이로써 더 나은 투자 기회가 있는 회사들이 더 많이 투자할 수 있도록 한다. 어떤 기업은 펀딩을 받고, 어떤 기업은 자금을 상환하면서 '제로 넷 파이낸싱Zero net financing'이 된다. 조세프 그루버Joseph Gruber와 스티븐 카민Steven Kamin은 국가 차원에서 자사주 매입(또는 배당금 지급)이 높은 나라에서 투자가 덜 이뤄진다는 증거를 발견하지 못했다.[19]

자사주 매입 vs 배당금

기업이 파이를 키우는 모든 투자를 단행하여 투자 기회를 소진했다고 해도 자사주 매입만이 유일한 방법은 아니다. 새로운 자금을 조달하는 시간이나 비용 없이 향후 민첩하게 투자하는 데 쓰거나 혹시 모를 악재의 완충재로 잉여현금을 보유할 수 있다. 그러나 미국 전체 현금 잔고는 2019년 기준 5조 2,000억 달러로 2007년 대비 58% 높기 때문에 완충재로 충분한 현금을 보유하고 있다.[20] 이것은 또한 자사주 매입 때문에 현금이 모자라서 투자를 못한다는 우려와 모순된다. 2016년 워런 버핏은 버크셔해서웨이 주주서한에서 이렇게 말했다.

"일각에서는 (자사주 매입을) 생산적인 활동에 필요한 자금을 빼돌리는 반미국적인 행위로 묘사하는데 전혀 사실이 아니다. 오늘날 미국 기업이나 개인투자자들에게는 잘 활용할 것으로 보이는 자금이 넘쳐나고 있다. 나는 최근 몇 년 동안 자본이 부족해서 성사되지 못했다는 프로젝트를 들어본 적이 없다(그런 사례가 될 만한 게 있으면 알려주길 바란다)."

코로나 사태로 '기업들의 자금이 넘쳐난다'는 버핏의 주장이 틀렸다는 게 증명됐을까? 팬데믹 여파로 미국 항공업계는 500억 달러의 구제금융이 필요했다. 일각에서는 지난 5년 동안 항공업계가 자사주 매입과 배당금 지급에 450억 달러를 쓴 결과라고 비판했다. 하지만 코로나 발병을 예측한 사람은 아무도 없었다. 어떤 사건이든 지나고 나면 말하기 쉬운 법이다.

중요한 문제는 그 당시에 현금 사용이 '옳은 결정이었는가' 하는 것이다. 블랙잭에서 카드 합이 12일 때 추가 카드를 요청했는데, 페이스카드(킹, 퀸, 잭)를 뽑아 돈을 다 잃게 된다 하더라도 추가 카드를 받기로 한 결정이 틀렸다고 할 수는 없다.

기업은 합리적인 수준에서 위험을 방지하기 위해 현금이라는 완충장치를 반드시 보유해야 한다. 그러나 절대 돈을 잃지 않는 것이 블랙잭 플레이어의 목표가 아닌 것처럼, 혹시 모를 모든 만일의 사태에 대비할 용도로 현금을 쌓아두어서는 안 된다. 그렇게 하면 투자자가 성장하는 기업에 자금을 주지 못하게 된다.

실제로 코로나가 터지기 전, 시민들은 탄소 발자국을 발생시키는 항공산업의 규모를 줄여야 한다고 요구했다. 멸종저항Extinction Rebellion이라는 영국 환경단체는 단거리 비행 금지를 제안하기도 했다. 주주에게 현금을 지급하는 것은 사회 내 부족한 자원인 자본이 쇠퇴하는 산업에서 점점 커져가는 산업으로 재분배되도록 이끌고 촉진시키기 위함이다.

회사가 현금을 사내에 비축하게 되면 투자자는 그 돈으로 스타트업에 펀딩하지 못하게 된다. 게다가 리더에게 현금이 넘치면 무리하게 회사를 확장하려는 제국 건설에 나설 수도 있다. 마치 휴대폰을 책상 위에 두면 더 자주 확인하게 되는 것처럼 말이다. 2010년대 내내 야후는 가치 평가에서 각 부분 가치의 총합보다 낮은 평가를 받았다. 부실 인수로 인해 자금을 낭비할 것이라는 우려가 한몫한 결과였다.

에이미 디트마르와 얀 마르트 스미스Jan Mahrt-Smith는 지배구조가 부실한 회사에서의 현금 1달러는 0.42~0.88달러 수준으로밖에 평가되지 않는다는 점을 발견했다.[21] 이는 기업이 돈을 낭비하거나 보유하는 대신에 (자사주 매입을 통해) 현금을 지급하는 것만으로 가치를 창출할 수 있음을 잘 보여준다.

그다음 할 수 있는 방법으로는 투자자에게 배당금 형태로 현금을 지급하는 것이다. 거의 모든 나라에서 자사주 매입보다 배당금 지급이 더 많이 이뤄진다. 현금 보유와 달리 배당금도 자사주 매입과 마찬가지로 다른 곳에 자금이 투자될 수 있게 한다. 하지만 자사주 매입의 경우 배당금 지급 대비 여러 이점이 있다.

첫째, 보다 유연하다. 일단 배당금을 지급하면 향후에도 배당금을 지급해야 하므로 잠재적으로 투자에 제한이 생긴다. 웨이 리Wei Li와 에릭 리Erik Lie는 배당을 줄이면 주가가 평균 4% 하락한다는 것을 밝혀냈다. 이는 위에서 알론 브라브와 공동 저자들이 조사한 것처럼 CFO들이 그토록 배당금 축소를 꺼렸던 이유를 설명해준다.

반면 자사주 매입 정책은 투자 요건과 가용 현금에 따라 유연하게 변경할 여지가 있다. 1년 동안 재매입할 수 있지만, 만약 수익이 떨어지고 투자에 한 푼이라도 더 끌어모아야 할 상황이 되면 자사주 매입을 줄일 수 있다. 무랄리 자가나탄Murali Jaganathan, 클리퍼드 스티븐스Clifford Stephens, 마이크 바이스바흐Mike Weisbach는 연구를 통해 이윤이 떨어질 때 자사주 매입이 줄어든다는 것을 발견했다.[23]

둘째, 자사주 매입은 선별적이다. 자사주 매입에서 팔지 말지를 결정하는 것은 투자자다. 대체 투자 기회가 있거나 해당 주식 가치를 가장 낮게 평가하는 사람들이 주식을 매도할 것이다. 따라서 자사주 매입을 통해 회사의 장기 전략을 신뢰하지 않는 투자자는 털어내고 장기 전략을 믿는 투자자들만 남게 할 수 있다. 이와 대조적으로 배당금은 다른 좋은 용도가 없어서 현금을 놀릴 수도 있는 투자자들까지 포함하여 모든 투자자에게 지급된다.

셋째, 지분 소유를 집중시키는 것은 배당이 아니라 자사주 매입이다. CEO와 지속적인 투자자 모두 현재 더 많은 지분을 소유하여 가치를 창출하기 위한 동기부여를 증가시킨다(5장과 6장 참조). 1980년대 워런 버핏이 자신의 지분 소유를 집중시키기 위해 미국 보험회사 가이코의 자사주 매입을 활용한 바 있다.

마지막으로, 앞에서 논의한 바와 같이 자사주 매입은 주가가 낮을 경우 좋은 투자다. 4장과 6장에서 주식시장이 어떻게 단기 수익에 과도하게 초점을 맞추고 기업의 장기 가치를 충분히 반영하지 못할 수 있는지 설명한 바 있다. 해결책은 CEO 본인이 언행일치로 자사주를 사는 것이다. 현재 저평가되어 있다면 주식을 매수하는 것이 득이 될 뿐 아니라 시장에 저평가되어 있다는 신호를 보내서 바로잡는 데도 도움이 된다. 저평가를 시정하기 위해 자사주 매입을 활용할 수 있다는 것은 리더가 자사주 매입에 대해 많이 걱정할 필요가 없다는 것을 의미한다. 이는 리더가 장기적인 결실을 보고 투자할 수 있게 해준다.

자사주 매입의 약점을 해결하는 방법

앞에서 실제 증거를 두고 논의했듯이 대부분의 경우 자사주 매입으로 파이가 커질 수 있지만, 항상 그렇지는 않다. 사실 리더와 집주인의 비유가 완벽하지는 않다. 집주인은 집의 전체 지분을 소유하고 있기 때문에 가치를 올리고자 하는 동기가 충분하다. 그러나 기업 리더는 보통 일부분만 소유한다. 리더 급여의 일부분은 보너스로 지급되는데, 보통 EPS 목표 달성이라는 단서가 붙는다. 그리고 이 목표는 자사주 매입을 활용하면 달성 가능하다. 따라서 장기 가치를 창출하기보다는 단기 목표를 달성하는 방향으로 자사주 매입이 행해질 수 있다.

실제로 이런 일이 발생할까? 증거를 살펴보자. 5장에서 살펴본 것처럼 간발의 차이로 보너스 임계값을 달성한 리더와 달성하지 못한 리더를 대상으로 한 베넷과 공동 저자의 연구를 다시 떠올려보자.[24] 전자가 후자에 비해 연구개발 비용 지출이 상당히 적다는 점을 감안하면, CFO들은 확실히 임계값에 도달하기 위해 어떤 조치를 취할 용의가 있다. 그러나 자사주 매입은 그런 조치 중 하나가 아니었다. 같은 연구에서는 두 그룹 간의 자사주 매입 관련 행동에서 차이가 발견되지 않았다. 마찬가지로 PwC와의 영국 정부 연구에서, 2009년과 2016년 사이에 영국 FTSE 350 기업 중 EPS 목표를 달성하기 위해 자사주를 매입한 적이 있는 기업이 단 한곳도 없다는 것을 발견했다. 휴마나가 예외적인 사례였던 셈이다.

또한 5장에서 단기 성과급은 보너스뿐 아니라 비비안 팽, 카타리나 르웰렌, 그리고 내가 보여준 대로 주식 보상에서도 비롯된다는 점에 주목했다. 후속 논문에서 비비안, 앨런 황Allen Huang, 그리고 나는 임원들에게 주식을 귀속시키는 것이 자사주 매입 가능성을 높이고 자사주 매입에 대한 장기적인 수익을 감소시킨다는 것을 발견했다.[25] 일반적으로 자사주 매입은 장기 주가 수익률 상승과 연관이 있지만, 주식 보상으로 유발되는 매수세는 그렇지 않다. 그러나 이러한 자사주 매입조차도 그 자체가 문제가 아니라 투자 감축 같은 근시안적인 행동을 유발하는 단기 주식 보유의 증상이다.

따라서 자사주 매입을 제한하는 것이 근본적인 해결책은 아니다. 자사주 매입을 제한하면 CEO들은 주가를 끌어올리기 위한 방편으로 자사주 매입에서 투자 감축으로 선회할 것이다. 이렇게 되면 투자 감축을 억제하지 못하고 오히려 투자 감축 사례가 늘어날 것이다. 그 대신에 주식 보유 기간을 늘려 근본적인 문제를 해소해야 한다. 또는 CEO나 임원들에게 지분을 부여할 때 이사회가 회사의 결정을 보다 면밀하게 검토해야 한다.

비비안, 앨런과 진행한 연구에서는 더 심각한 관행이 밝혀졌다. CEO들은 보통 자사주 매입 직후 단기적으로 주가가 상승한 때에 귀속된 지분을 매도하는 것으로 나타났다. 로버트 잭슨Robert Jackson SEC 위원도 다른 개별 연구에서 같은 결과를 확증했다.[26] 예를 들어 안젤로 모질로는 2006년 11월부터 2007년 8월까지 컨트리와이드 자금으로 24억 달러 규모의 자사주를 매입했지만 같은 기간 자신의 1억 4,000만 달러 규모의 주식은 매도했다.[27]

앞서 나는 '자사주 매입은 CEO가 회사에 대한 확신을 보여주는 신호'라고 주장했다. 자신이 보유하는 주식을 팔면서 회사 돈으로는 자사주를 매입한다면 이는 이율배반이다. 만약 CEO가 회사 전망에 대해 정말로 낙관했다면, 주식을 귀속받았을 때 팔지 않고 보유할 것이다. 잠재적인 해결책은 경영진이 자사주를 매입한 후 정해진 기간(예를 들어 6개월) 내에 자신이 보유한 주식을 매도하지 못하게 금지하는 것이다.

CEO들이 근시안적으로 행동하는 문제는 보상 계약에서만 비롯되는 것은 아니다. 애널리스트들의 실적 전망치를 충족시키고자 하는 바람에서 비롯되기도 한다. 에이토르 알메이다Heitor Almeida, 슬라바 포스Slava Fos, 마티아스 크론룬트Mathios Kronlund는 자사주 매입 없이도 EPS 목표를 달성시켰을 회사와(따라서 자사주 매입을 하고자 하는 유인이 없음) 간발의 차이로 EPS 목표를 놓친 회사(따라서 자사주 매입에 대한 강력한 동기가 있음)[28]를 비교했다. 연구결과 후자는 더 많은 주식을 매입하며 그다음 해에는 투자를 평균 10% 줄이고, 인원을 5% 감축한 것으로 나타났다.

5장에서 논의한 바와 같이 이러한 감축은 효율적이거나(리더는 수익이 나지 않는 프로젝트를 접을 수 있음) 근시안적일 수 있는데, 일반적으로는 2가지 경우가 구별되지 않았다. 그러나 이 연구결과는 확실히 EPS 목표를 충족하려는 목적으로 자사주 매입이 이뤄질 경우 장기 가치를 파괴할 수 있다는 생각과 일치한다.

그렇다 하더라도 더 근본적인 문제는 애널리스트 EPS 전망치를 충족하려는 욕구다. 자사주 매입은 그 증상으로 나타난 것뿐이다. 5장에서 산지브 보즈라즈와 공동 저자들이 이러한 욕구로 경영자들이 연구개발비와 광고비를 줄인다는 사실을 발견했다는 결과를 떠올려보자. 자사주 매입은 단순히 잉여현금을 활용한 부산물일 수 있다. 8장과 10장에서 강조하겠지만, 해결책은 EPS 전망치를 충족하고자 하는 기업의 욕구를 해결하는 것이다. 분기별 수익 보고를 중단함으로써 말이다.

앞에서 기업 가치를 훼손하는 자사주 매입이 과소 투자에 어떤 시사점이 있는지 논의했다. 여기서도 일반적인 해결책 중 하나가 효과적일 수 있다. 즉 직원들에게 회사 지분을 주는 것이다. 직원들은 그들의 노고와 아이디어로 회사 가치가 올라갔을 때뿐 아니라 자사주 매입으로 가치가 상승했을 때도 결과를 공유할 수 있게 된다. (5장에서 강조한 바와 같이) 이는 자사주 매입으로 투자자들뿐 아니라 직원들에게도 이익이 된다는 것을 의미한다. 회사를 중시하지 않고 장기 전망에 개의치 않는 투자자들로부터 주식을 사들이고, 회사를 중시하고 장기 전망에 신경 쓰는 직원들의 지분을 늘리는 것이다.

In a Nutshell

- 자사주 매입은 리더와 투자자를 위해 파이를 불공정하게 나누는 것으로 간주된다. 대부분 자사주 매입에 대한 공통된 비판은 잘못된 인식에 근거한다. 자사주는 투자자에게 공짜로 주는 선물이 아니며 투자자의 현금화 수단도 아니다.

- 파이를 키우는 기업은 장기 이윤이 확실하게 증가하지 않더라도 사회적 가치를 창출할 가능성이 높은 프로젝트를 수행해야 한다. 그들은 ESV를 추구하는 기업보다 더 많이 투자하고 자사주 매입은 덜 해야 한다.

- 파이를 키우는 기업은 여분의 현금을 모두 투자해서는 안 된다. 곱셈, 비교우위, 중요성의 원칙을 충족할 때만 투자해야 한다. 모든 투자안을 검토하고 실행한 후, 특히 주가가 저평가된 경우에만 자사주 매입이 합당해진다.

- 파이를 키우는 데 자사주 매입이 활용된다는 것과 일치하는 증거가 있다. 자사주 매입은 단기 주가를 끌어올리지만, 장기 주가는 더욱 상승한다. 기업은 투자 기회가 적고 잉여현금이 있을 때 주식을 더 많이 사들인다. 자사주 매입을 결정하기 전 투자결정을 하기 때문에 자사주 매입은 저투자의 원인이 아니라 결과다.

- 배당금보다 자사주 매입이 잉여현금을 지급하는 더 좋은 방법이다. 자사주 매입은 보다 유연하고, 기업의 장기 전략에 공감하지 못하는 투자자를 대상으로 하기 때문에 지속적인 투자자(리더 포함)의 지분율을 높여준다. 또한 회사의 주가가 저평가되어 있으면 자사주 매입을 통해 회사의 가치를 창출하기도 한다.

- 경영자 보상에 사용된 주식이나 애널리스트 전망치 때문에 자사주 매입이 이뤄질 때는 가치를 파괴할 수도 있다는 증거가 있다. 하지만 보너스 제도에서 EPS 목표를 달성하는 데 자사주 매입이 활용된다는 실제 증거는 없다.

- 자사주 매입이 가치를 파괴하는 경우에도 자사주 매입은 단기 압박이라는 근본적인 문제의 증상일 뿐이고, 이는 투자 감소 등 같은 다른 증상으로 이어진다. 보다 근원적인 문제 해결을 목표로 삼아야 한다.

PART 3

어떻게 파이를 키울 것인가?
: 실천에 옮기는 방법

3부에서는 1부와 2부에서 논의한 아이디어들을 실행에 옮기는 방법에 대해 논의하고자 한다. 사회적 가치를 창출한다는 개념은 이상적이지만 비현실적으로 보일지도 모른다. 월요일 아침, 막상 실전에서 달성해야 할 단기 목표가 있을 때 파이 키우기는 것은 불가능해 보일 수 있다. 우리는 이제 파이 키우기를 어떻게 현실화할 수 있을지 살펴보고자 한다.

8장에서는 기업, 9장에서는 투자자, 10장에서는 고객, 인플루언서, 또한 규제에 영향을 미치는 유권자로서의 시민citizen을 각각 다뤘다. 3부에서는 2부의 증거들을 좀 더 느슨하게 논의할 것이다. 5장에서는 기업이 시행하는 성과급 제도에 대해 논의했고, 6장에서는 투자자가 수행하는 스튜어드십에 대해 다루었으며, 7장에서는 정부 정책으로 촉진하거나 제약할 수 있는 자사주 매입을 다루었다. 2부에서 다룬 내용을 고려할 때, 우리는 기업, 투자자들, 그리고 시민들이 어떻게 파이를 키울 수 있는지 논의할 것이다.

하지만 그 경계가 명확하지는 않다. 이사회가 성과급 제도를 마련하지만 이를 투자자가 의결하며, 관련 법안을 입법하는 것은 입법기관이 하는 일이다. 스튜어드십의 성패는 투자자뿐만 아니라 기업도 기꺼이 참여하느냐에 달려 있으며, 규제의 대상일 수도 있다. 정책은 의회를 통해 부과될 수 있지만 주주나 기업 스스로가 자발적으로 채택할 수도 있다

게다가 2부에서는 대부분 사람들이 파이 쪼개기를 관행이라고 믿지만 실은 파이를 키울 수 있는 관행을 중심으로 논의했기 때문에, 3부와 완전

히 일치하지는 않을 것이다. 기업이 목적을 갖는 것(기업이 목적이 없어야 한다고 주장하는 사람들은 거의 없다)과 같이 파이를 키우는 것으로 널리 받아들여지는 요인들이 많다. 여기서 어려운 부분은 이러한 요인들이 유익하다는 점을 증명하는 것이 아니라, 그것들을 실행에 옮기는 것이다. 3부에서는 실행에 초점을 두고자 한다.

또한 3부에서는 2부에서 나온 아이디어들의 외연을 넓혀준다. 5장에서는 장기 CEO 성과급의 가치에 대한 증거를 제시했는데 8장에서는 어떻게 기업이 보다 일반적으로 장기적 사고를 적용할 수 있을지에 대해 논할 것이다. 6장에서는 자산운용사들이 이행하는 스튜어드십의 가치를 설명했는데 9장(및 부록)에서는 스튜어드십이 자산 소유자, 증권 애널리스트, 의결 자문회사 및 투자컨설턴트를 포함하는 전체 '투자 사슬'의 책임에 관해 논할 것이다. 7장에서는 가치를 파괴하는 자사주 매입이 일반적으로 근본적인 문제를 보여주는 증상임을 보여주었다. 10장에서는 규제로 해결할 수 있는 광범위한 시장 실패를 강조할 것이다.

08 | 기업
목적의 힘, 그리고 실현 방법

탁월성Excellence

동아프리카 대지구대Great rift valley는 레바논에서 모잠비크 동부에 걸쳐 6,000km 정도의 길이로 형성되어 있다. 이곳은 아프리카에서 가장 높은 산들과 접해 있지만, 세계에서 가장 깊은 호수도 있다. 케냐의 호수들은 수심이 얕고 바다로 이어지지 않는다. 그래서 물이 증발하는 건기에는 특히 미네랄이 풍부하다. 대지구대 케냐쪽 최남단 마가디Magadi 호수의 소금 두께는 최대 40m에 이른다.

존 르 카레John Le Carre의 저서를 각색해서 만든 동명의 영화 〈콘스탄트 가드너〉에서 마가디 호수를 봤을 것이다. 호수의 동쪽 해안에 있는 마가디 마을 주민은 1,000여 명에 지나지 않는다. 그중 한 명이 엠마누엘 시론가Emmanuel Sironga다. 그는 가족과 함께 염소를 팔아 생계를 이어간다.

엠마누엘은 염소를 팔아 돈을 받으면 위조 여부를 확인한 뒤 강도를 당할지 모르는 위험에도 직접 보관했다. 현금이 충분히 모이면 은행에 예치했다. 하지만 가장 가까운 은행도 몇 시간이나 가야 했기 때문에 은행에 다녀오면 하루 일을 공칠 수밖에 없었다. 그렇다고 은행에서 더 멀리 떨어진 곳에 살 수는 없는 노릇이라 염소 방목지 선택에도 제약을 받았다. 친척들한테 돈을 보낼 때는 봉투에 넣어 수수료를 내고 다른 사람에게 부탁했다. 그러다보니 돈이 제대로 전달되지 못할 때가 많았다.

2007년 휴대전화를 이용한 금융서비스 엠페사M-Pesa가 출시되며 이런 번거로움에서 해방되었다.[1] 마을 사람들은 엠페사를 통해 안전하게 입금, 인출, 송금, 제품 결제를 할 수 있게 됐다. 이를 통해 엠마누엘은 가축을 돌보는 본업에 집중할 수 있게 됐다.

"목축업자로서 우리는 더 푸른 목장을 찾아 먼 거리를 가야 한다. 엠페사 덕분에 친척과 친구들에게 송금하기 위해 멀리 이동하지 않아도 돼 훨씬 편해졌다."[2]

엠마누엘의 삶을 바꿔놓은 이 기술은 어떻게 만들어졌을까? 영국 정부의 대외원조기관인 국제개발부DFID에서 후원받는 연구원들은 케냐인이 현금을 보내는 것보다 더 쉽게 휴대폰으로 회의록을 보낸다는 것을 알게 됐다. 초기 아이디어에 불을 붙인 것은 정부였지만, 현실화하는 데는 파이를 키우는 기업이 필요했다.

DFID는 은행 업무가 제한되어 있는 케냐인의 금융 접근성을 개선하기 위해 영국 최대 통신회사 보다폰을 만났다. 보다폰의 글로벌 결제 책임자인 닉 휴즈Nick Hughes는 휴대폰으로 통화 대신 현금을 송금하는 아이디어를 착안했다. 모바일을 뜻하는 'M', 스와힐리어로 돈을 뜻하는 'Pesa'를 합쳐 M-Pesa라는 이름이 붙었다.

보다폰은 엠페사를 출시하기 위해 100만 파운드의 자금을 투자했다. 지금은 돈을 송금하는 금융 앱이 차고 넘치지만, 당시 케냐인이 가지고 있던 기본 사양의 휴대전화(지금도 많은 케냐인이 이 기본 전화기를 쓰고 있다)에서 엠페사가 구동되게 하는 것이 난제였다. 보다폰은 전국적인 소매점 네트워크를 구축하고 언제 어디서나 고객이 휴대전화를 활용해 계좌를 개설하고 예금하고 현금을 인출할 수 있도록 직원을 교육시켰다.

2007년 출시된 엠페사는 케냐인의 삶을 변화시켰다.[3] 엠페사라는 전자지갑을 통해 사업가는 쉽게 물건을 사고팔고, 학부모는 자녀의 학비를 안전하게 보낼 수 있으며, 자식은 부모에게 용돈을 빠르게 송금할 수 있고, 미래를 위해 저축할 수도 있게 됐다.

타브네 수리Tavneet Suri와 윌리엄 잭William Jack은 엠페사를 활용하게 되면서 2014년까지 케냐의 19만 6,000가구(전체 인구의 2%)가 빈곤에서 벗어났다고 말했다. 효과는 여성이 가장인 가구에서 더 두드러졌다. 엠페사를 통해 19만 6,000명의 여성들이 농업에서 벗어나 기업 및 소매업으로 직업을 전환할 수 있었다.[4] 엠페사는 이후 다른 나라에도 출시되었고 현재 매달 4,000만 명이 이용하는 아프리카 최대의 결제 플랫폼이 됐다.

그러나 보다폰이 사회에 기여한 것은 이뿐만이 아니었다. 보다폰은 2012년 통신업계 최초로 '납세투명성 보고서tax transparency report'를 발간해 전세계적으로 납부한 세금을 공개했다. 이는 저세율 국가에 지적재산권 같은 무형자산을 옮겨서 세금을 줄이는 관행을 고려했을 때 매우 의미있는 변화였다. 그렇다면 엠페사와 조세투명성 중에서 보다폰이 사회에 더 크게 기여할 수 있었던 행동은 무엇일까?

엠페사가 없었더라도 보다폰이 사회에서 비난받을 일은 없었겠지만, 납세에 문제가 생긴다면 거센 비난에 직면하게 된다. 실제로 2010년 9월 잡지 〈프라이빗아이〉는 보다폰이 60억 파운드의 조세를 회피했다는 기사를 내보냈고, 이후 보다폰은 영국 정부의 예산부족 문제에 책임이 있다는 비난에 시달려야 했다. 책임 있는 기업은 제 몫의 세금을 납부하여 공공의 목적에 사용되도록 기여해야 한다. 이를 회피하여 사회에 해악을 끼쳐서는 안 된다. 그러나 해악을 끼치지 않는 것으로는 충분하지 않다. 기업은 보다 적극적으로 공공선에 복무해야 한다.

엠페사의 사례는 기업이 파이를 가장 잘 키울 수 있는 방법을 보여준다. 바로 '탁월함'이다. 기업이 사회적 가치를 창출하는 활동에서 보조적인 역할을 수행하는 것보다 기업의 핵심 사업에서 불굴의 의지로 전념하면 더 큰 가치를 창출할 수 있는 것은 당연하다. 보다폰이 사회에 공헌하는 가장 좋은 방법은 탄소 발자국을 줄이는 것이 아니다. 물론 탄소 발자국을 줄이는 것도 중요하지만 기존의 모바일 서비스를 훌륭하게 제공하고 끊임없이 서비스를 혁신하는 것이 보다폰이 할 일이다.

탁월함의 중요성을 인식해야 하는 첫 번째 이유는, 사회에 '공헌'한다는 것은 머크가 이버멕틴을 무상으로 제공하거나 애플이 계산기를 두드리지 않고 사내 피트니스센터를 만드는 것 같은 재정적 희생을 넘어서는 다른 차원의 일이기 때문이다. 재정적 희생을 감수하는 조치는 실로 가치 있고, 이 책에서도 그 점을 계속해서 강조했다. 그러나 일반적으로 탁월성을 추구하는 것이야말로 최상의 공헌이다. 많은 회사가 자선 활동을 하지만 그들이 사회에 가장 크게 기여할 수 있는 방식은 그들의 핵심 활동에서 탁월성을 발휘하는 것이다.

3M의 과학자 스펜서 실버Spencer Silver는 비행기 제작에 필요한 강한 접착제를 만드는 과정에서 우연히 약한 접착제를 만들게 되었고, 이를 '문제없는 해결책'이라고 불렀다. 동료 아트 프라이Art Fry는 약한 접착제에서 아이디어를 얻어 우리가 흔히 쓰는 포스트 잇 노트Post-It Note를 개발했다.

일반적으로 보면 많은 기업이 문제 해결(시장 수요를 알아차리고 이를 충족시킬 최선의 방법을 찾아내는 것)에 능하지만 급진적인 혁신은 문제 자체를 찾아내는 데 있다(약한 접착제처럼 존재하지 않았던 시장을 창출하는 것). 이는 공헌활동보다 탁월함의 중요성을 보여주는 예다.

이는 파이코노믹스와 CSR의 차이를 잘 보여준다. 파이코노믹스는 회사의 핵심 사업을 통해 사회적 가치를 창출하는 것이다. CSR은 파이를 쪼개는 핵심 사업에 대한 보상으로 비핵심 CSR 부서의 국한된 활동을 말한다. 보다폰의 총괄이사인 매트 피콕Matt Peacock이 비유한 것처럼 'CSR은 회사가 경작하려고 베어버린 고목을 활용해 인근 마을에 청년클럽을 지어주면서 자신들의 행위를 정당화하는 것'과 비슷하다.

탁월함의 중요성을 인식해야 하는 두 번째 이유는, 모든 기업이 머크나 튜링제약처럼 사회에 명확한 영향을 미치지는 않지만, 그렇다고 해서 다른 기업이 하는 일이 덜 중요한 것은 아니기 때문이다. 사회를 위해 제약산업으로 방향을 틀 게 아니라 기업이 할 수 있는 일을 훌륭하게 완수하는 데 초점을 맞춰야 한다. 휴대전화는 흔한 물건이지만 매트가 지적한 대로 '개발도상국에서 누군가의 손에 휴대전화를 쥐어주면 인생이 바뀐다'. 그러므로 통신회사는 엠페사 사례처럼 핵심 활동에서 탁월성을 발휘해 엄청난 사회적 가치를 창출할 수 있다.

출퇴근은 단순한 일상의 일부지만, 훌륭한 운송회사는 사람들을 더 빠르게 직장으로 연결시키고 지역사회와 가까운 곳에 터전을 잡게 하며 새로운 회사들의 창업을 돕는다. 장난감회사는 질 좋은 장난감으로 아이들에게 즐거움과 교육적 성취를 주고 부모에게는 평화를 가져다준다. 물론 담배회사 같이 기업의 핵심 활동이 사회적 가치를 창출하지 않는 소수의 업종도 있지만 사회적 가치를 창출하는 업종이 훨씬 많다.

파이를 키우는 데 있어 탁월함의 중요성은 직원들에게 더 큰 시사점이 있다. 명시적으로 사회적 가치를 창출에 기여하지 않는 직업군이 많기 때문이다. 회사에서는 회사의 비전과 직결된 직원들을 중시하기 마련이다. 로이 베젤로스가 머크의 급여담당자가 아닌 과학자들의 대화를 듣고 영감을 받은 것처럼 말이다. 그러나 평범해 보이는 일을 직원들이 탁월하게 수행하는 것만으로도 회사에 기여하는 것이며 모든 동료가 사업에 중요한 역할을 한다는 점을 인식해야 한다. 정확하게 예산을 관리하거나 회의록을 작성하는 일은 다른 사람이 정보에 입각해 현명한 의사결정을 내릴 수 있게 해주며, 재화를 효율적으로 조달하는 일은 기업의 자원이 폭넓게 활용될 수 있게 돕는다.

5장에서 논의된 대로 연구개발부서 같은 특정 그룹만 대상으로 하지 않고 조직 전체에 주식을 부여한 경우 일반 직원들의 성과가 개선된다는 점을 떠올려보자. 마찬가지로 기업은 사명이 일상적인 업무 및 활동과 연결되도록 보장할 필요가 있다. 그렇지 않으면 아무리 비전이 넘치는 사명을 갖고 있더라도 급여담당자든 구매담당자든 직원들을 고무시키지 못할 것이다.

기업이 가치를 훼손하는 가장 흔한 방법은 탁월성을 포기하고 평범함을 용인하는 부작위 과실이다. 보다폰이 휴대전화를 활용한 전자지갑을 만들지 않았더라도 언론으로부터 비판받지는 않았을 것이다. 하지만 케냐의 19만 6,000가구는 빈곤 속에 삶을 이어가야 했을 것이다. 때때로 탁월성을 추구한다는 것은 실적이 저조한 동료를 해고해야 하는 것 같은 어려운 결정을 수반할 때도 있다. 리더는 힘든 결정을 내리지 못한 것을 정당화하기 위해 특정 이해관계자에게 해가 된다는 것을 근거로 내세울 수 있다. 그러나 탁월함 아니라 평범함을 수용함으로써 사회에 끼친 피해는 훨씬 클 수 있다.

목적Purpose

탁월성을 추구하는 것은 유용한 원칙이지만 그 자체로는 부족하다. 회사가 모든 활동에서 탁월하기란 불가능하다. 기업의 자원은 한정되어 있기 때문에 그중에서도 잘할 수 있는 활동을 선택해야 한다. 많은 결정에는 트레이드오프가 수반되므로 어떤 이해관계자에게 중점을 둘지 선택해야 한다. 이 부분에서 기업이 파이를 키워야 한다는 이 책의 핵심 아이디어는 가슴 벅차지만 다소 모호해 보일 수 있다. 제약회사는 운송회사와는 다른 방식으로 파이를 키운다. 기업들의 고유한 상황에서 '파이를 키운다는 것'은 무엇을 수반하는가?

바로 목적을 달성하는 것이다. 단순하지만 강력한 이 원칙은 기업에 '목적'을 내재화하는 것을 목표로 하는 영국 컨소시엄 더퍼포즈풀컴퍼니 TPC와 내가 진행한 연구에서 분명히 나타난다. 이 장에서는 5명으로 구성된 '운영그룹'에서의 경험을 통해 배운 교훈, 그리고 태스크포스TF에 속한 경영진, 투자자, 컨설턴트, 이해관계자 대표 및 정책입안자들의 통찰력을 기반으로 논의를 펼치고자 한다.

기업의 목적은 기업이 이 세계에 존재하는 이유와 역할을 의미한다. '누구에게 서비스를 제공할 것인가? 당신의 기업이 존재함으로써 어떻게 세상이 나아지는가?'에 대한 답이다. 목적은 기업이 사회에 공헌하고 이를 통해 파이를 키우는 특별한 방법이다. 약을 개발하거나, 회사와 사람들을 연결하는 더 빠른 철도를 개발하거나, 아이들에게 재미와 교육을 제공하는 장난감을 만드는 것이 목적일 수 있다. 이윤은 파이를 키우는 결과로 생기는 부산물이기 때문에 목적을 달성하는 기업의 부산물이기도 하다.

"숨 쉬는 것이 삶의 목적이 아니듯 비즈니스의 목적도 더 이상 이윤

266

이 아니다"라고 한 경제학자 존 케이John Kay의 말처럼[5] 우리는 살기 위해서 숨을 쉬어야 하지만 숨 쉬는 것이 삶의 목적이 아니다.[6] 래리 핑크 블랙록 CEO는 "목적은 이윤만을 추구하는 것이 아니라 그것을 달성하는 데 생기를 불어넣는 힘"이라고 강조했다.[7]

목적은 강력하다. 서로 다른 이해관계자를 공공의 임무로 묶어주기 때문이다. 하지만 일부에서는 목적이 이해관계자를 묶는 유일한 방법은 아니라고 주장한다. 경제학자 로널드 코스는 회사를 계약의 결합체로 보고, 구성원은 계약에서 제공하는 인센티브에 합리적으로 반응한다고 말했다.

예를 들어 영업사원은 거래에 따른 커미션을 받기 위해 열심히 일한다. 그러나 이해관계자가 계약을 통해서만 협업할 수 있다는 견해는 지나치게 단순화된 시각이다. 영업사원이 부하 직원을 멘토링하거나 어려움에 처한 동료들을 돕는 등의 일은 수량화가 불가능하다. 계약상으로 강제할 수도 없다. 설사 강제할 수 있다고 해도 리더는 모든 상황에서 영업사원에게 지시를 내릴 수 있을 만큼의 관련 지식을 가지고 있지 않다. 직원들이 결정하도록 하는 것이 더 나은 방법이다.

한 무리의 사람들이 보조를 맞춰 오토바이를 타고 간다고 가정해보자. 앞서가는 리더만 쳐다보다가는 사고가 날 수 있다. 그러나 뒤따르는 이들이 같은 목적지를 목표로 하되 속도와 경로를 자유롭게 선택할 수 있다면 더욱 안전하게 목적지에 도착할 것이다.

로널드 코스가 제시한 코스 정리의 가장 큰 맹점이자 '계약에 근거해 기업을 세운다는 것'은 비즈니스의 인간적인 측면을 간과한 것이다. 거래로 이뤄진 망은 구성원이 헌신하는 것이 아니라 준수 의무만을 다하는 빈껍데기에 불과하다. 반면 공동의 목적이 있으면 구성원은 소속감이 생긴다. 구성원은 다른 회사로부터 수익을 얻을 수 있음에도 불구하고 특정 회사의 사명에 감화되어 해당 조직의 일원이 되는 선택을 한다.

기업가가 상당한 개인적 위험을 감수하면서 스타트업에 의욕을 불어넣는 것도 목적이다. 회사의 목적에 감화되면 직원들은 윗사람들에게 보이는 것 이상으로 열심히 일하고, 고객들은 더 싼 제품의 경쟁사가 있더라도 그 회사 제품을 선택하며, 투자자는 비록 수익이 낮을지라도 투자금을 회수하지 않고 지원하고, 공급자는 수년간 그 회사에 자원을 제공하려고 한다. 그들은 기업의 성공에 있어서 금전적인 '무엇'이 아니라 개인적이기는 하지만 말 그대로 지분을 보유하며 계약이 이행할 수 있는 것보다 훨씬 더 많이 기여하게 된다. 계약이 아니라 이해관계자를 신뢰함으로써, 회사는 그들에게 회사의 목적을 가장 잘 달성하도록 어떤 조치도 취할 수 있는 재량권을 주게 된다.

1장에서 언급했듯이 목적은 밀레니얼 세대에게 특히 중요한 응집력이 된다. 앞서 언급했던 PwC·AIESEC 연구는 '밀레니얼 세대는 자랑스러워할 수 있는 회사에서 일하고 싶어 하며 회사의 가치관이 자신의 가치와 일치해 하는 일이 가치 있다고 느끼기를 원한다'고 결론지었다.[8] 딜로이트 조사에서 밀레니얼 세대의 27%만이 회사에서 5년 더 있고 싶다고 응답했고, 88%는 '회사의 목적에 동의한다면 5년간 다른 회사로 이직하지 않겠다'고 답했다.[9] 이 결과는 의미심장하다. 여론조사기업 갤럽에 따르면 인게이지먼트 부족으로 인한 밀레니얼의 이직으로 미국 경제에 끼치는 손실액이 연간 300억 달러가 넘는 것으로 추산됐다.[10]

목적의 가치를 살펴보기 위해 머크 사례로 돌아가보자. 로이 베젤로스는 과학을 통해 사람들의 삶을 변화하는 것이 머크의 존재 목적이라고 생각했다. 머크가 운이 좋아서 마침 딱 맞는 목적의식을 가진 CEO를 들인 것이 아니다. 머크의 목적은 1891년 조지 머크가George Merck 머크 미국법인을 설립하기 위해[11] 독일에서 미국으로 이민한 이후 쭉 머크에 내재화되어 있었다. 즉 이버멕틴은 머크에 유일한 특이 사례가 아니다. 머크의 역사에는 수많은 이야기가 있다. 1942년까지만 해도 페니실린은 신약으로 너무 비싸서 연구실 밖에서 만들어진 적이 없었다. 그때까지 머크 대표로 재직하고 있던 조지 머크는 모험을 단행했고, 그 결과 머크는 대규모로 페니실린을 제조한 최초의 제약사가 됐다.

1942년 3월 14일, 미국 코네티컷 뉴헤이븐에 사는 33세의 앤 밀러Ann Miller는 유산을 겪은 후 패혈증에 걸려 병상에서 죽어가고 있었다. 11일 연속으로 열이 40~41도를 오갔고 의사들이 백방으로 애를 썼지만 소용이 없었다. 죽어가던 그녀를 살린 것은 페니실린이었다. 페니실린 치료를 받은 다음 날 정상 체온으로 돌아왔다. 머크 덕분에 앤은 페니실린 치료를 받은 최초의 미국인이 되었으며 이후 아이 셋을 낳고 아흔 살까지 살았다.

머크는 독점 이윤을 추구하지 않고 경쟁사에 페니실린 제조 비법을 공유했다.[12] 제약사들과의 공동의 노력 끝에 페니실린으로 2차 세계대전에서 10만 명의 연합군 병사들을 치료했다.[13] 조지 머크가 말했다.

"우리는 약이 사람들을 위한 것이라는 사실을 결코 잊지 않으려고 노력한다. 이윤은 목적이 아니라 따라오는 것이다. 이를 기억한다면 이윤은 반드시 따라오기 마련이다."

실제로 머크의 가장 중요한 가치는 '우리의 사업은 인간의 삶을 보존하고 개선하는 것'이다. 로이를 머크로 이끈 것 또한 사람들을 위해 과학적 돌파구를 활용하고자 한 헌신이었다. 1954년 콜롬비아대학교에서 의학학위를 받은 후 로이는 국립보건원, 매사추세츠 종합병원, 워싱턴 의과대학 등 다양한 기관에서 연구원으로 일했다. 그는 과학의 경계를 넓히고 대중과 공유할 수 있는 통찰력을 창출하기 위해 연구에 매진하며 100개 이상의 논문을 발표했다. 이를 기반으로 미국 예술과학아카데미와 국립과학아카데미에 위원장으로 선출되기도 했다.

그런 그가 민간회사로 옮긴다는 것은 사회를 이롭게 하기 위해 과학적인 기술로 전념하는 기업을 선택한다는 것을 의미한다. 그 회사가 바로 머크였다. 로이는 1975년 연구소 수석연구 부사장으로 회사에 합류했다. 그리고 3년 후 윌리엄 캠벨이 이버멕틴을 발견했으며 나머지는 알려진 대로다. 그 역사에 있어 중요한 것은 인간을 위한 이버멕틴을 탐구하려는 윌리엄의 비전과 무상 제공을 결정한 로이의 판단이 특이 사례가 아니었다는 점이다. 조지 머크 시절부터 조직 전체에 뿌리내린 머크의 목적이 결실을 이룬 것이다.

목적 정의하기

목적은 선언문 이상의 무엇이다. 뒤에서 논의하겠지만 기업은 목적 안에서 작동해야 한다. 그러나 산에 오르는 사람이 최적의 경로를 찾기 전에 어떤 산을 갈지 결정하는 것처럼 목적 선언문은 출발점이다. 그에 따라 먼저 회사가 회사의 목적을 어떻게 정의할 수 있는지 논의하고자 한다.

목적에는 '누구를 위해 존재하는가'와 '왜 존재하는가'라는 2가지 차원이 포함되어야 한다.* '왜' 질문은 회사가 존재하는 이유를 설명한다. 앞서 나온 사례로 말하자면 약을 개발하거나 교통수단으로 사람과 사회를 연결하거나 어린이들을 즐겁게 하기 위한 것일 수 있다. '왜'라는 질문에

★ 일부 기업은 목적의 정의가 다를 수 있으며 '사명' 또는 '비전'이라는 문구로 우리의 정의에 보다 가까운 용어를 사용하기도 한다. 기업의 목적을 예로 들 때 일부 기업이 다른 용어를 사용하더라도 여기서 다루는 정의와 가장 가깝게 정의하는 선언문을 활용할 것이다.

사람들이 관심을 갖고 있다. 일례로 사이먼 사이넥Simon Sinek의 《나는 왜이 일을 하는가》라는 책이 주목을 받았다.[14]

상대적으로 '누구'라는 질문에는 관심이 덜 집중되는 편이다. '누구를 위해 존재하는가'는 기업이 어떤 구성원을 초점에 맞춰 노력하는지를 나타낸다. 이 질문은 '왜' 질문과 연계되어 있다. 기업은 이 구성원들에게 기여하기 위해 존재하기 때문이다. 그러나 많은 경우 결정에는 트레이드오프가 수반되므로 '누구를 위한'이라는 질문은 독립적 가치를 지닌다.

어떤 행동으로 파이의 일부 조각은 커질 수 있고 다른 조각은 작아질 수 있다. 이 질문은 다른 조각들의 가중치를 정하고, 그 행동이 전체적인 파이를 키우는지 아니면 줄이는지 결정하는 데 도움이 된다. 사실상 이 질문으로 어려운 딜레마를 푸는 데 누가 우선시되어야 하는지를 결정하게 된다. 그렇다고 해서 모든 결정에서 특정 구성원을 항상 우선하고 다른 구성원을 무시해야 한다는 것을 의미하지는 않는다.

대부분의 목적 선언문은 고객에 초점을 맞춘다. 머크의 현재 비전은 '우리의 혁신적인 의약품, 백신, 동물을 위한 제품을 통해 전세계 사람의 삶에 변화를 준다'는 것이다. 영국철도청은 '사람들을 친구, 가족, 그리고 직업과 연결시켜 번창하는 경제를 뒷받침한다', 장난감회사 매텔은 '놀이를 통해 배우고 발전하는 글로벌 리더로 어린 시절의 경이로움을 고취시키는 것'이 목적이다. '왜'에 대한 선언문에는 이미 이렇게 '누구(환자, 동물, 통근자, 여행자, 어린이 등)'를 위한 것인지가 포함되어 있다.**

** '왜'와 '누구' 중에 무엇이 먼저 나오는지는 회사마다 다르다. 중요한 점은 목적 선언문에는 회사가 구체적으로 '어떻게' 특정 재화와 서비스를 제공할지는 담겨 있지 않다는 점이다. 고객의 선호와 취향의 진화, 시간이 지남에 따라 변할 것이기 때문이다.

그러나 고객만이 중요한 이해관계자는 아니기 때문에 목적 선언문은 고객을 언급하는 것에 그쳐서는 안 된다. 농업원자재회사 올람의 목적 선언문은 '지속 가능한 농산물과 식재료를 제공함으로써 경제적 번영을 창출하고, 사회 복지에 긍정적으로 기여하며, 환경에 대한 우리의 책임 경영에 기여한다'로 환경에 대한 책임을 강조한다. 사우스웨스트 항공사는 '직원들에게 동등한 학습 기회와 개인적 성장을 위한 안정적인 근무 환경을 제공하는 것'을 목표로 하며 동료들을 강조한다. 사우스웨스트는 직원들을 관심, 존중, 배려하는 태도로 대우하면 직원들이 같은 태도로 고객을 응대할 것이라 기대한다.

'회사는 '왜'와 '누구'를 어떻게 결정하며 목적을 어떻게 정의할까? 이에 대한 지침이 될 수 있는 3가지 포인트가 있다. 첫째, 목적은 역으로 합리적인 경우에만 의미가 있다. 여기서 '역으로'라는 표현은 반대를 뜻하는 것이 아니라 기업이 우선시할 수 있는 다른 이해관계자를 의미한다.

많은 기업은 가능한 한 더 많은 이해관계자에게 기여하는 것이 바람직하다는 생각으로 목적 선언문에 다양한 이해관계자를 아우른다. 그러나 '투자자에게 수익을 창출하면서 고객, 동료, 공급자, 환경 및 지역사회를 위해 기여한다'는 목적을 역으로 보면 기업의 목적이 구성원 모두를 배제하지 않을 것이기 때문에 의미가 없다.[15] 아무에게도 기여하지 않는다는 역은 처음부터 타당하지 않기 때문에 이를 배제하는 목적 선언문은 알맹이가 없다.

반대로 직원을 강조하는 사우스웨스트항공의 목적은 환경이나 공급업체를 부각시키는 것도 타당하기 때문에 의미가 있다.* 코스트코의 '높

★ '역으로'라는 표현은 반대(예: 우리 직원들에게 불안정한 근무 환경을 제공하기 위해)를 뜻하는 것이 아니라 기업이 우선시할 수 있는 다른 이해관계자를 의미한다.

은 품질의 상품과 서비스를 최대한 낮은 가격에 제공한다'는 목적은 품질을 기준치 이상으로 유지하면서 가격이 일차적으로 중요하다는 점을 강조하기 때문에 의미가 있다. 소매업체의 목적으로 최고 품질의 상품과 서비스를 적당한 가격에 제공하는 것이 합리적일 것이다.

목적은 선택적이고 집중적이어야 한다

따라서 목적 선언문에는 선택과 집중이 드러나야 한다. 선택과 집중이 거북하게 느껴질지도 모른다. 특정 구성원이나 활동을 강조하면 나머지는 우선순위에서 밀린다는 것을 의미하기 때문이다. 그러나 기업들이 직면하는 트레이드오프는 편하지 않은 게 사실이다. 목적을 폭넓게 설정하면 트레이드오프가 필요한 현실을 무시하게 된다. 반면 거북한 선언문은 3가지 중요한 딜레마에 대한 지침을 제공한다.

첫째는 일부 이해관계자에게는 도움이 되지만 다른 이해관계자에게는 해가 될 수 있는 행동을 취할지의 여부다. 프랑스 에너지기업 엔지는 실직을 초래하더라도 헤이즐우드 공장 폐쇄라는 힘든 결정을 내렸는데, 환경을 우선시하는 회사 목적 때문이었다.

둘째는 기업의 제한된 시간과 자원을 어디에 할애하느냐다. 회사가 목적에서 무엇을 빼느냐는 무엇을 포함하느냐 만큼이나 중요하다. 이해 상충 문제를 조율하는 데 도움이 되기 때문이다. 리더십 전문가인 크레이그 그로셸Craig Groeschel이 한 말을 달리 표현하자면 '다른 누구도 하지 않는 일을 하기 위해서는 다른 사람이 하고 있는 일을 해서는 안 된다.'[16] 이는 효과적인 전략과 비슷하다. 레킷벤키저는 다른 제품에 대한 투자를 줄였기 때문에 19개의 파워브랜드에만 집중할 수 있었다.

세 번째는 어느 사업 기회를 접느냐다. 약국 CVS의 목적은 '사람들이 더 나은 건강의 길로 가는 것을 돕는다'이다. 2014년 CVS는 담배 판매로 20억 달러의 매출을 올렸음에도 담배 판매를 중단한 뒤 기업명을 CVS Health로 바꿨다. 언뜻 이해가 가지 않는 사업 결정으로 보이겠지만 배경에 명백한 정당성이 있었다. CEO 래리 멀로Larry Merlo는 "간단히 말해서 담배 판매는 우리 목적에 부합하지 않는다"고 말했다. CVS 매출은 2014년 1,390억 달러에서 3년 뒤 1,850억 달러로 늘었다. 매출 신장에 기여한 많은 요인이 있겠지만 CVS 사례는 이윤을 희생하지 않고도 목적을 달성할 수 있음을 보여준다.

2013년 바클레이은행은 고객들의 세금 회피를 돕는 담당부서를 정리했다. 이 때문에 10억 파운드 매출이 사라지고 2,000명이 일자리를 잃게 됐다. CEO 안토니 젠킨스Antony Jenkins는 이렇게 설명했다.

"정교하고 복잡한 구조에 의존한 분야도 있다. 이런 분야는 세금 혜택을 주요 목적으로 거래가 이뤄진다. 합법적이었지만 그러한 활동은 우리의 목적에 부합하지 않는다. 우리는 다시는 그런 일에 관여하지 않을 것이다."

1부에서 파이 키우는 기업들이 결정을 내리는 방식을 살펴봤다. 목적이 명확할수록, 예를 들어 담배 판매가 사람들의 건강에 도움이 되는지와 같이 특정 행동이 목적을 강화하는지 판단하는 것이 더 쉽다. 클라우디아 가텐베르크Claudia Gartenberg, 안드레아 프랫Andrea Prat, 조지 세라핌은 대규모 연구를 통해 명확한 목적의 가치를 정립했다.[17]

4장에서 공개한 일하기 좋은 100대 기업 리스트를 떠올려보자. 위 연구 저자들은 리스트 작성에 기반이 된 50만 개의 개별 설문에 대한 구체적인 세부자료를 얻었다. 연구자들은 '내 일은 단순히 일이 아니라 특별한 의미가 있다', '우리가 함께 성취한 결과를 볼 때 나는 자부심을 느낀다', '나는 우리가 지역사회에 기여하는 방식에 대해 긍정적으로 느끼고 있다', '나는 다른 사람에게 내가 여기서 일한다고 말하는 것이 자랑스럽다' 등 4개의 설문 항목을 활용했다. 그들은 지표들이 경영진의 명확성과 결합되었을 때만 더 높은 지분율과 주가 수익으로 이어진다는 것을 발견했다.[18] 목적이 강하고 뚜렷한 기업은 위험을 통제하면 연간 수익률이 시장을 5.9~7.6% 상회하는 것으로 나타났다.

• '왜'는 비교우위, '누구'는 중요성의 원칙으로

첫 번째 지침은 목적 선언문에서 명확한 초점이 왜 중요한지 보여주고, 두 번째 지침은 리더가 이 초점을 결정하는 데 도움을 준다. '왜' 질문은 비교우위의 원칙에 근거해야 하고, '누구를 위한' 질문은 중요성의 원칙에 근거해야 한다. 3장에서 비교우위는 기업이 잘하는 일에서 생긴다고 설명한 바 있다. 또한 비교우위는 회사가 열정을 가진 일에서 기인한다. 열정은 비교우위의 원천이다. 리더, 동료, 투자자 및 기타 이해관계자의 열정은 전문성, 토지, 자본 같은 자원이다. 기업이 이러한 자원으로부터 많은 것을 얻을 수 있도록 하기 때문이다.

나는 MIT에서 박사학위를 받은 다음 와튼스쿨에서 조교수를 지냈다. 그곳에는 창업을 꿈꾸는 MBA 학생들이 여럿 있었다. 최근 와튼 출신으로 성공한 기업가 중 음식배달회사 딜리버루를 설립한 윌 슈Will Shu가 있다. 윌의 동급생 중에는 MBA 2년 동안 50여 개의 창업 아이디어를 구상한 친구도 있었다. 그는 졸업 후 50여 개의 아이디어 가운데 반려동물장난감 사업을 추진했다. 전자상거래 사이트 엣시Etsy와 비슷한데 반려동물용품을 중점으로 한 사업이었다.

몇 년 후 윌은 친구와 근황을 나누다가 그가 사업을 접은 이야기를 들었다. 윌은 친구에게 이유를 물었고 그는 "내가 그다지 강아지를 좋아하지 않는다는 것을 깨달았다"고 대답했다. 그가 사업을 시작한 이유는 틈새 시장, 즉 유리한 기회가 있었기 때문이었다. 그는 자신의 회사로 사회에 어떤 서비스를 제공할 수 있는가 고민하기보다 파티에서 자신을 기업가로 소개하는 것에 열정적이었다.

월은 음식배달에 열정적이었기에 딜리버루를 설립했다. 음식을 배달하는 일에 열정이란 단어가 쓰인다는 게 의아한 독자들이 있을 것이다. 그러나 사실이다. 월의 열정은 모건스탠리 애널리스트 시절로 거슬러 올라간다. 우리는 입사 동기지만 그는 뉴욕, 나는 런던에 있었다. 9년 후 와튼에서 비로소 서로 알게 됐다. 애널리스트들은 보통 4시간 정도 눈을 붙이고 아침에 출근해서 다시 자정 넘어서까지 일하기 일쑤다. 이런 생활 속에서 유일한 낙은 저녁 시간이다.

뉴욕에서 일할 때는 웹 기반 플랫폼인 심리스Seamless로 거의 모든 음식을 주문해서 먹을 수 있었다. 그러나 애널리스트 3년 차에 런던으로 이주했을 때 영국 음식은 먹을 게 없다는 편견이 사실이라는 것을 알게 되고 낙담했다. 더 중요한 것은 영국에는 공유 플랫폼이 없었다. 모건스탠리 애널리스트들은 같은 빌딩 내 식당에서만 메뉴를 골라야 했고, 나의 오아시스 같은 식사 시간도 사라져버렸다.

이런 배경 때문에 월은 음식배달에 열정을 갖게 됐다. 월은 MBA 중에 여름 인턴으로 일했던 일류 헤지펀드의 영입 제안을 거절하고 음식배달 일을 시작했다. 그리고 이 열정이 그의 비교우위가 됐다. 라이더로 일한 첫 9개월 동안 그는 의욕적으로 하루 5시간씩 음식을 배달했다. 창업 자금이 부족한 것도 이유였지만 월은 라이더로 일해보면서 어떤 애로사항이 있는지 체험해보고 싶었다. 수십억 달러의 기업 CEO가 된 월은 아직도 일주일에 한 번씩 라이더로 뛰려고 노력한다. 내가 MBA 학생들을 데리고 딜리버루를 방문했을 때 그는 사업을 이해하는 것이 중요하다고 말하면서 나를 포함한 모두에게 라이더 경험을 해보게 했다.

대부분의 긱 경제gig economy(산업현장에서 필요에 따라 사람을 계약직 또는 임시직 형태로 고용하는 방식_옮긴이) 회사들과 마찬가지로 딜리버루도 동료들을 공정하게 처우하는 데 있어 큰 어려움에 직면해 있다. 그러나 기꺼이 라이더로 뛰었던 그의 열정 덕분에 윌은 이러한 도전을 이해하는 데 비교우위가 생겼다. 그는 라이더 교대 근무를 주요 수입원으로 삼는 것이 매우 어렵다는 사실을 인식하고 있다.

기업의 목적에서 '누구'에 해당하는 것은 중요성의 원칙, 즉 어느 이해관계자가 기업에 중요한가(사업적 중요성), 또 기업이 특히 신경 쓰는 이해관계자가 누구인가(내재적 중요성)에 기초해야 한다. 4장에서 논의한 대로 사업적 중요성이 높은 이해관계자를 위해 가치를 창출하는 기업만이 투자자에게 높은 수익을 창출한다는 사실을 떠올려보자. 비교우위처럼 열정은 내재적 중요성의 원천이다. 회사의 리더, 동료, 투자자가 이해관계자에게 기여하는 것을 중시하기 때문이다.

● 목적은 의도적이면서 현상적이어야 한다

세 번째 지침은, 목적은 의도적이면서도 현상적이라는 점이다. 조직 상부의 리더는 하향식으로 필요한 기조를 확립해야 한다. 하지만 기업의 목적을 정의하는 데 자신들이 독점권을 가지고 있는 것은 아니라는 점을 인식해야 한다. 목적은 동료들로부터 생겨날 수 있으며, 이러한 방식으로 목적이 형성되면 간부만이 아니라 조직 전체에 목적이 내재화될 수 있다. 즉 직원들이 주인의식을 가질 수 있는 가능성이 더욱 커진다. 이를 위해서는 직원들을 단순히 실행 주체로만 볼 것이 아니라 아이디어의 원천으로 보는 관점이 필요하다.

예를 들어 컨설팅기업 맥킨지와 디즈니연구소는 한 팀을 이뤄 회사들이 목적을 정의하도록 돕는다. 이 과정에서 각계각층의 동료들에게 무엇이 그들에게 영감을 주고 중요한지 인터뷰하고 아이디어를 공유하는 워크숍을 열기도 한다. 공식적인 협의 외에 리더는 사회의 요구 같은 변화하는 조건에 대응하여 목적이 진화할 수 있도록 하는 데 적극적인 태도를 취해야 한다. 따라서 명확한 목적을 설정하는 것이 물론 중요하지만 유연성을 희생시켜서는 안 된다.

기업의 주요 외부 이해관계자의 의견으로도 목적을 정립할 수 있다. 이 방식으로 외부 관점이 수렴된다. 영국 국가의료제도NHS의 헌법에는 NHS의 목적, 환자와 직원의 권리, 책임에 대한 성명이 포함되어 있다. 당초 내부 논의를 바탕으로 초안을 만들었을 때는 국민 건강 유지와 질병 회복에 초점을 맞췄다. 하지만 NHS는 이후에 시민대표, 환자, 임상의, 보건 자선단체, 노동조합, 보건당국, 정치인 등 다양한 외부 이해관계자들과 광범위한 논의를 진행했다.

수렴된 의견 중 하나는 죽음이 도래했을 때 존엄하게 마지막 순간을 맞이하는 것이 중요하다는 점이었다. 이 피드백을 반영해서 최종 발표된 헌법은 상당히 다른 내용이 담기게 됐다. 최종 발표된 목적은 다음과 같다.

"NHS는 국민의 것이다. NHS는 국민의 건강과 복지를 향상시키고, 국민이 정신적·육체적으로 건강을 유지할 수 있도록 지원하고, 아플 때는 회복하고, 완전히 회복할 수 없을 때는 국민이 삶의 끝까지 최선을 다할 수 있도록 돕기 위해 존재한다."

직원들과의 협의와 마찬가지로 외부 의견을 반영하는 것은 목적 선언문을 더욱 선명하게 만드는 동시에 이해관계자가 이를 중심으로 결집해 주인의식을 갖게 하는 결과로 이어진다. 일단 목적이 정립되면 선언을 넘어 기업 내에서 살아 숨 쉬는 존재가 되어야 한다. 살아 있는 목적이란 2가지를 의미한다. 즉 밖으로는 회사의 목적에 대해 외부 커뮤니케이션을 진행하고, 안으로는 목적을 내재화하는 것이다. 그럼 이제 구체적으로 실행방법을 살펴보도록 하자.

목적에 대해 커뮤니케이션 하기

여기서 '커뮤니케이션'이란 회사가 목적 선언문에 대해 보고하는 것을 포함한다. 더 중요한 점은 목적 선언문이 실제로 이행되는지가 포함되어야 한다는 것이다. 기업은 선언문에서 각 이해관계자에게 제공하는 가치에 대한 장기 목표를 설정한 후 목표 달성 대비 잘 진행되고 있는지 보고해야 한다. 리더가 목표 달성을 잘하고 있는지 평가하는 지표로 계량화된 수치의 가치가 있지만 그 자체로는 불완전하며 내러티브로 보충되어야 한다.

내러티브로 보충하면 숫자 이면의 맥락을 설명할 수 있다. 만약 기업이 목표 달성의 궤도에 있다면 그간의 성공 사례와 도달한 이정표를 공유할 수 있고, 그렇지 않다면 왜 궤도에서 이탈하고 있는지, 그리고 다시 궤도에 도달하기 위해 무엇을 하고 있는지를 공유할 수 있다. 마찬가지로 예를 들어 73%라는 직원 만족도 점수만으로는 많은 것을 알 수 없다. 어떤 부분에서 직원 만족도가 높고 낮은지, 핵심 성공 사례가 무엇인지, 개선하기 위한 방안은 무엇인지 등이 더 많은 정보를 제공한다.

둘째로, 이 수치가 지금까지 달성한 것만을 반영한다면 내러티브는 미래지향적일 수 있다. 혁신 추구의 일환으로 출원된 특허 수가 몇 개인지 보고하는 것 외에도 회사가 최고 품질의 연구개발팀을 모집하고 교육시키기 위해 어떤 노력을 했는지 설명해야만 위험 감수를 수용하고

279

실패를 용인하는 혁신 문화를 만들 수 있다.

영국 소매유통기업 막스앤스펜서는 '플랜B가 없기 때문에' 플랜A라는 이니셔티브로 기업 목적을 구체화했다. 플랜A를 통해 막스앤스펜서는 '고객이 우리가 하는 모든 것을 통해 웰빙, 지역사회, 지구에 긍정적인 영향을 줄 수 있는 비즈니스가 되고 지속 가능한 미래를 건설한다'는 목적을 세웠다. 막스앤스펜서는 여기서 나아가 100개의 특정 목표를 구체화했다. 예를 들어 환경 목표에는 에너지 소비, 음식물 쓰레기, 포장 재활용성 등이 포함된다. 매년 막스앤스펜서는 목표가 달성되었는지, 지연되었는지를 공개한다. 진행 중인 사안에 대해서는 진행 중인지, 지연되고 있는지를 보고한다. 자료 8-1은 막스앤스펜서가 공개한 '2017 플랜 A 보고서'의 에너지 소비 및 소싱 섹션에서 발췌한 내용이다.

보통 사회적 가치는 측정이 불가능하기 때문에 파이코노믹스로는 리더에게 책임을 묻지 못한다는 우려가 있는데, 자료 8-1의 무수한 수치들이 이를 반영한다. 사회적 성과의 많은 차원이 수량화 될 수 있다. 플랜 A 보고서에서 발췌한 극히 일부에 불과한 자료 8-1의 많은 정보가 분기별 수익 같은 하나의 숫자로 쉽게 집약될 수 없는 것은 사실이다. 리더가 여러 이해관계자에 대한 책임을 지기 때문이다. 그리고 이 또한 단일 목표로 축소될 수 없다.

목적에는 우선시되는 특정 이해관계자가 있는 반면 기업은 모든 이해관계자에 대한 책임이 있다. 따라서 이해관계자의 중요도에 따라 비중을 달리하더라도 기업은 모든 이해관계자에게 얼마나 많은 가치를 제공하는지 보고해야 한다. 현재 영국 FTSE 350 기업 중 18%만이 중요도를 활용하여 어떤 비재무 정보를 공개할지 결정하고 있다는 사실은 개선의 여지가 크다는 것을 보여준다.[19]

이해관계자 가치의 비재무지표를 커뮤니케이션하는 것은 주주 가치

기존 보고서		통합 보고서		
What?	How?	What?	How?	Format
주주 가치	재무	주주 가치	재무	정량적
		이해관계자 가치	재무	정량적
			비재무	정량적, 정성적
		목적, 전략, 경쟁 환경 등	비재무	정량적, 정성적

기존 보고서 VS 통합 보고서

의 재무지표에 초점을 맞춘 전통적인 보고의 범위를 넘어선다. 이보다 완전한 모델은 '통합보고integrated reporting'라고 알려져 있으며 자료 8-1에 설명되어 있다.* 국제통합보고위원회IIRC는 통합보고서가 어떻게 구조화될 수 있는지에 원칙 기반의 프레임워크를 제공한다. 회사들이 ESG 정보 보고에 참고할 수 있는 표준의 예로 지속가능회계기준위원회와 글로벌보고체계이니셔티브GRI 등을 들 수 있다.[20] 이러한 프레임워크는 기업 간 보고 체계의 비교 가능성을 제고하는 데 특히 중요하다.

기업이 보고할 수 있는 수천 개의 잠재적인 비재무지표들이 있기 때문에 '포용적 자본주의를 위한 제방 프로젝트Embankment Project for Inclusive Capitalism'는 30조 달러 이상의 자산을 운용하는 31개의 주요 회사와 투자자들과 협력하여 비재무지표를 63개 항목으로 구성된 하나의 지표 세트로 축약했다. 이는 장기 성과에 대한 중요도에 있어 CEO와 투자자

★ 현재 비재무 정보를 공개하는 대부분의 기업은 막스앤스펜서의 플랜A 보고서 같은 독립된 '지속 가능성 보고서'를 통해 공개하고 있다. 지속 가능성 보고서는 재무 정보가 담겨 있는 연차 보고서와 함께 제공된다. '통합 보고서'는 때때로 재무·비재무 정보를 결합한 단일 보고서를 일컬을 때만 쓰이기도 한다. 대부분의 지속 가능성 보고서는 비재무 정보를 담고 있는 반면 통합 보고서는 비재무 정보가 향후 수익성의 의미까지 다룬다. 개별 보고서든 단일 보고서든 재무 및 비재무 정보에 대한 보고의 결합을 일컫는 용어로 통합 보고서를 사용한다.

ENERGY CONSUMPTION AND SOURCING

UK AND ROI ENERGY EFFICIENCY (1) — ACHIEVED

AIM
Improving energy efficiency in UK and ROI stores, offices and distribution centres by 35% per sq ft by 2015.

See 2015 Plan A Report

UK AND ROI ENERGY EFFICIENCY (2)** — BEHIND

AIM
Improving energy efficiency in UK and ROI stores, offices and distribution centres by 50% per sq ft by 2020.

PROGRESS
This year, we improved total energy efficiency across our stores, offices and warehouses by 39%, to 35.1 KWhs/sq ft compared with 2006/07 (57.4 KWhs/sq ft).

Store energy efficiency was +38% at 42.3 KWhs/sq ft, compared to (67.9 KWhs/sq ft) in 2006/07. Gas usage included in our calculation has been adjusted using standard degree days to reflect changes in the number of cold days (44.2 KWhs/sq ft before adjustment). This performance is slightly down on last year due to an increased proportion of new Food sales floor, which consumes more energy than Clothing & Home.

We improved energy efficiency in our warehouses by 41% at 15.7 KWhs/sq ft compared with 2006/07: 26.4 KWhs/sq ft. We improved energy use in our offices by 36% at 31.8 KWhs/sq ft (2006/07: 49.4 KWhs/sq ft).

UK and ROI Energy Efficiency
Total store, office and warehouse energy usage in KWhs/sq ft

2006/07 Actual	2015/16 Actual	2016/17 Actual	2020 Target	Achievement on 2006/07
57.4	34.9	35.1	28.7	-39%

INTERNATIONAL ENERGY EFFICIENCY** — PROGRESSING

AIM
Improving energy efficiency in our international stores, offices and distribution centres outside of the ROI by 20% per sq ft by 2020 against a newly developed baseline.

PROGRESS
Last year we operated stores in 16 countries outside the UK and ROI, including a joint-venture business in India. Around a third of this international footage uses energy provided by a landlord and is outside our operational control. We've only included the energy and footage where we have operational control.

In 2016/17, we reduced our energy consumption by 9%, achieving 25.5 KWhs/sq ft compared to 2013/14 (27.9 KWhs/sq ft). Energy consumption in our International stores is much lower than in those in the UK and ROI as most don't sell chilled food and use heating and air-conditioning provided by a landlord.

We have four international warehouses. Their primary function is to support our UK business. These warehouses showed a 77% improvement in efficiency, due to changes in the way they use their footage.

International stores (outside of ROI)
Total store energy usage in KWhs/sq ft

2013/14 Actual	2015/16 Actual	2016/17 Actual	2020 Target	Achievement on 2013/14
27.9	27.5	25.5	22.4	-9%

Internationally located warehouses
Total warehouse energy usage in KWhs/sq ft

2013/14 Actual	2015/16 Actual	2016/17 Actual	2020 Target	Achievement on 2013/14
9	6.9	2.1*	7.2	-77%

* The main reason for this improvement is the removal of a warehouse in Hong Kong from the data, due to its multi-user status.

STORE REFRIGERATION – DOORS** — ACHIEVES-LATE

AIM
By 2015, we will conduct a trial to retrofit doors on fridges in stores in the existing estate, then fully evaluate it, with recommendations for future roll-out.

PROGRESS
We are not reporting additional progress this year but plan to install further refrigeration energy efficiency measures during 2017/18.

〔자료 8-1〕 막스앤스펜서 '2017 플랜A 보고서'의 에너지 목표 및 결과

사이의 공감대가 형성돼 있는 지표로, 투자자가 이를 진지하게 받아들일 것을 알기 때문에 기업이 공개할 수 있다. 환경 회복의 경우 에너지 소비량, 탄소 배출량, 물 사용량 등이 지표로 포함되며, 혁신의 경우 출원 특허 수와 인용 횟수가 포함된다. 중요한 것은 재무지표에는 투자에 대한 투입만 반영되지만 비재무지표는 출원 특허 수나 인용 횟수 같은

산출물을 측정할 수 있다는 점이다.

통합 보고서에는 수많은 이점이 있다. 하나는 기업의 목적에 부합하는 투자자와 이해관계자를 끌어모은다는 점이다. 두 번째는 투자자와 이해관계자가 재무적인 차원만 평가하지 않고 통합적인 차원에서 회사를 평가하게 한다는 점이다. 로라 스타크스Laura Starks, 파스 벤캣Parth Venkat, 큐피 주Qifei Zhu 등은 (기업 공시에 근거한) ESG 등급이 높은 기업은 예상 밖의 마이너스 실적 발표 후에도 투자자 매도가 적다는 것을 발견했다. 뛰어난 이해관계자 성과를 달성하고 보고하는 기업의 경우 분기별 수익이 회사의 건전성을 그대로 반영하는 것은 아니라는 점을 투자자가 인식하고 있음을 시사한다.[21]

논쟁의 여지없이 통합 보고서의 가장 큰 이점은 통합적 사고를 촉발한다는 것이다. 통합보고서를 통해 회사의 목적이 무엇이고, 회사가 목적을 얼마나 잘 이행하는지에 대한 논의가 촉발되며, 직원들은 이해관계자와 투자자의 영향 관점에서 주요한 결정을 분석한다. "측정 가능해야 행해진다"는 피터 드러커의 금언처럼 말이다.

영국 과자회사 워커스크립스가 자사가 만드는 감자칩의 탄소 발자국을 감소시키고 궁극적으로 투자자에게 이익을 줬다는 2장의 사례를 떠올려보자. 이는 워커스크립스가 탄소 발자국을 표시하는 탄소 라벨링을 채택함으로써 촉발됐다. 탄소 발자국이 가시화되면서 회사가 행동을 취하도록 동기부여한 것이다. 〈이코노미스트〉는 "라벨 자체가 중요한 것이 아니라 라벨을 만들기 위해 거쳐야 하는 과정이 중요하다"고 언급했다.[22] 목적에 부합하는 방식으로 기업을 운영하는 것이 목표고 그 부산물로 이윤이 창출되듯이, 기업은 통합된 사고를 통해 운영되어야 하며 그 결과로 통합 보고서가 만들어져야 한다.

통합 보고서에는 비재무지표가 포함될 뿐만 아니라 일부 재무지표가 제외되기도 한다. 2009년 유니레버 CEO로 취임한 첫날 폴 폴먼은 분기별 실적 보고를 중단하기로 결정했다. 6장에서 논의한 바와 같이 CFO의 80%는 실적 기준치를 충족하기 위해서라면 투자 삭감에 나설 것이다. CFO들이 응답한 설문조사였지만, 분기별 실적 보고로 실제로 투자가 삭감됐음을 확인해주는 2가지 연구가 있다.[23] EU가 분기별 보고서 발행 요건 사항을 폐지했음에도 불구하고 많은 기업은 여전히 분기별 실적 보고를 택하고 있다.[24] 분기별 실적 압박에서 벗어나면 장기 가치에 집중할 수 있는 자유를 얻게 될 것이다. 실제로 폴 폴먼이 재임한 10년 동안 유니레버의 주가는 150% 상승하여 FTSE 100의 수익률 두 배를 기록했다.

• 통합 보고에서 우려해야 할 점 •

통합 보고는 이론상으로는 바람직할지 몰라도 실제로는 비현실적이라고 보는 사람들이 많다. 기업 간 비재무지표를 비교할 수 없기 때문이다. 직원 만족도는 여러 기업에 걸쳐 여러 방법을 활용하여 수집이 가능하다. 그러나 비재무지표는 기업의 고유한 목적에 달려 있기 때문에 본질적으로 비교가 불가능하다.

두 회사가 동료를 우선시하더라도 한 회사는 임금을, 다른 회사는(사우스웨스트항공사처럼) 학습과 개인적인 성장을 강조할 수 있다. 이렇게 낮은 비교 가능성 때문에 정작 중요한 것에서 주의가 분산될 수 있다. 피터 린치는 여러 매장에 방문해 특정한 상황에 맞게 점포를 평가했다. 어떤 기업에 투자할지 결정하기 위해 비교할 수밖에 없었지만 개별 지표의 순위를 직접 매기기보다는 전반적인 정성 평가를 기반으로 했다. 3장에서 언급했듯이 사람들은 비교가 불가능한 많은 영역을 포함한 전체적인 평가에 기초하여 결정을 내린다.

집을 사려는 사람들은 단순히 평수만 따지는 것이 아니다. 자녀들의 학교를 결정할 때도 좋은 성적을 내는 학교인지만 따지는 것이 아니다. 연봉만 따져서 직장을 결정하는 것도 아니다. 집 평수, 시험 성적, 연봉 같은 지표는 모두 비교 가능한 것인데도 말이다.

더욱이 비교 가능한 지표를 줄기차게 요구하는 것은 투자자에게 후폭풍을 불러올 수 있다. 그렇게 하면 투자자가 할 일이 컴퓨터로 대체되기 쉽기 때문이다. 정량적 요인을 바탕으로 알고리즘이 종목을 선택하는 스마트베타펀드는 최근 몇 년간 크게 성장해 2017년 12월 1조 달러 규모를 돌파했다.[25] 일부에서는 재무기준뿐 아니라 비재무 기준까지 활용하기 시작했다. 인공지능으로 대체되지 않으려면 투자자는 기업 목적의 맥락 안에서만 이해할 수 있는 비교 가능하지 않은 서술적 정보, 즉 인간만이 평가할 수 있는 정보를 기업에 요청해야 한다.

보고에서 커뮤니케이션으로

커뮤니케이션은 단순히 보고만하는 것이 아니라 기업의 투자자와 이해관계자, 특히 목적 선언문에 포함된 투자자들과의 인게이지먼트를 포함한다. 크게 2가지 차이가 있다. 첫째, 보고가 비인격적인 반면 커뮤니케이션은 인격적인 대면을 통해 이뤄진다. 보고는 연간 보고서 같은 문서를 통해 이뤄진다. 커뮤니케이션에는 대면 회의 방식이 가장 효과적이다.

투자자들과 이해관계자는 회의를 통해 훨씬 더 많은 정보를 얻고, 리더가 어떻게 상호작용하는지 관찰할 수 있다. 기업과 투자자로 구성된 글로벌 컨소시엄Focusing Capital on the Long Term은 커뮤니케이션의 효과를 극대화하기 위해 논의의 주안점이 되는 10가지 주제에 대한 로드맵을 제시한다.[26]

두 번째로 보고는 일방적인 반면 커뮤니케이션은 양방향으로 이뤄진다. 타운홀town hall이나 화상회의 웨비나Webinar를 통해 동료들이 직접 질문하고 제안하는 경험을 공유할 수 있다. 마찬가지로 리더는 비공개 회의를 통해 투자자로부터 배울 수 있다. 많은 회사들이 인수합병이나 의결 같은 긴급한 상황이 있을 때만 투자자와 만나려고 하지만, 일상적으로 더 자주 만나야 한다.

기업은 전략이나 자본 배분 등의 사안에 대해 컨설턴트 자문을 받고 고액의 자문료를 지불한다. 그러나 투자자와 이해관계자는 돈을 받지 않고도 기꺼이 사운딩보드 역할을 자처한다. 그들은 파이를 키우는 데 있어 기업의 우방인데도 불구하고 제대로 활용되지 않고 있다. 또한 일상적으로 투자자를 만나는 것은 대립각을 세우는 주주행동주의를 예방하는 가장 좋은 방법 중 하나다.

투자자와의 양방향 커뮤니케이션을 개선하는 한 가지 아이디어는 그들에게 권고안 성격으로 '목적에 대한 의결권say-on-purpose'을 주는 것이다. EU의 say-on-pay 의결권과 비슷하게 둘로 나눌 수 있다. 즉 기업의 목적에 대한 미래지향적인 '정책 의결'과 그것을 실행에 옮겼는지 사후에 점검하는 '이행 의결'이다. 정책 투표를 통해 투자자가 조직의 목적이 확실히 공감하면 수백만 달러를 투자해 약품을 기부하는 것처럼 조직의 목적이 필연적으로 야기하는 이해상충 문제를 조율할 수 있다. 이행 의결을 통해 투자자는 관련 지표를 추적하고, 실행에 대한 책임을 물을 수 있다.

투표는 찬반만 표현할 수 있기 때문에 완전한 도구는 아니다. 반대표만으로는 투자자가 어떤 면에서 불만족하는지 알 수 없다. 찬성표를 던졌다고 해도 모든 면에서 만족한다는 의미는 아니다. 투표는 보다 광범위한 인게이지먼트의 과정 중 하나의 결과물일 뿐이다. 투표를 하려면 투자가가 목적 선언문을 분석하고 잘 이행되고 있는지 상세하게 검토해야 한다. 이런 평가를 기반으로 의결 방법을 결정하고 경영진에게 커뮤니케이션할 수 있다.

투자자는 이미 대부분의 국가에서 say-on-pay 의결권을 보유하고 있지만, 기업의 목적은 급여 정책보다 더 중요하다. 잘못된 임금 정책은 회사를 망칠 수 있지만, 임금 정책이 훌륭하다고 해서 기업은 훌륭해지는 것 또한 아니다. 그러나 목적이 훌륭해지면 기업이 훌륭해질 수 있다. 목적에 대한 의결권을 통해 투자자는 사회에 필요한 기업의 가장 중요한 측면에 관해 의사를 표명할 수 있다. 투자자의 지지를 확보한 리더는 기업의 목적에 부합하는 행동에 확신을 갖게 된다. 비록 단기 이윤이 희생되더라도 말이다. 이렇게 되면 투자자는 현 CEO가 퇴임한 후에도 기업이 계속해서 목적을 내재화하는 데 기여할 수 있다.

보고에서 커뮤니케이션으로 전환하면 상당한 이점이 생긴다. 보통 회사들은 원치 않는 인수합병 제안을 받으면 수세 모드에 돌입하고, 회사가 넘어가게 되면 낮은 가치 평가에 목청을 높인다. 그러나 6장에서 언급한 것처럼 크래프트가 유니레버를 인수하려고 할 때 재빨리 인수 제안을 묵살한 것은 유니레버 주주들이었다. 주주들이 크래프트의 18% 프리미엄이라는 유혹에 흔들리지 않도록 상당한 투자를 했기 때문에 가능한 일이었다.

기업은 기업의 수준에 맞는 투자자를 보유하기 마련이다. CEO 폴 폴먼은 분기별 실적 보고를 중단하고 주요 투자자와 정기적으로 만났다. 기업이 창출하는 가치의 상당 부분이 '지속 가능한 생활계획'이라는 점을 설명하고 진행 상태를 평가하게 했다. 이러한 과정 없이 유니레버가 긴급한 상황에 닥쳐서 투자자에게 도움을 요청했더라면 이미 늦었을 것이다.

'자기 자본(또는 주주 자본)'이라는 용어는 주주들이 처음에 기업에 얼마나 많은 자금을 투자했는지를 설명하는 데 흔히 사용된다. 그러나 '이해관계자 자본'은 이해관계자가 출자한 금액이 아니라 기업이 이해관계자와 맺는 관계의 가치를 설명한다. 이처럼 '투자자 자본'을 기업이 투자자와 맺는 관계의 가치로 정의하고자 한다. 투자자 자본은 투자의 현재 가치를 넘어서 투자자가 어느 정도 기업의 목적을 지지하고 중요한 지표를 이해하고 있는지, 기업이 탁월한 성과를 내는 데 얼마나 참여하는지를 포함한다.

투자자와의 관계에 투자함으로써 얻어지는 유익을 탐구한 연구가 있다. 이 연구에 따르면 투자자가 CEO투자자포럼에 참석한 후 주가가 평균 2% 올랐다. CEO투자자포럼은 미국전략적투자자구상SII이 주관하는 행사로 리더가 핵심 투자자와 장기 계획을 공유하는 자리다. 기업이 목적과 관련된 특정 정보와 실행 가능한 정보를 공개할 때 반응은 특히 긍정적이었다.[27]

목적의 내재화

실천으로 옮기지 않는 한 목적 선언은 의미가 없다. 목적을 기업에 내재화하는 데 필요한 5가지 전략, 즉 전략, 운영모델, 기업 문화, 내부 보고, 이사회에 대해 논의해보자.

● 전략

전략부터 시작하자. 인게이지먼트는 회사의 목적을 기반으로 형성되어야 한다. 아웃도어 의류회사 파타고니아의 목적은 '우리는 우리의 터전인 지구를 되살리기 위해 사업한다'는 선언에서 강조했듯이 환경 회복이다. 2011년 블랙프라이데이 때 파타고니아는 "이 자켓을 사지 말라Don't Buy This Jacket"라는 헤드라인과 함께 파타고니아 후리스가 등장하는 전면 광고를 〈뉴욕타임스〉에 실었다. 고객에게 새 옷을 사기보다 입던 옷을 수선해 입도록 독려하는 '함께해요, 캠페인Common Threads Initiative'이었다.

이 캠페인을 통해 파타고니아는 18개월 동안 3만 개 이상의 옷을 수선했다. 그리고 오히려 캠페인 이후 2012년에는 매출이 30% 늘었다. 파타고니아는 신제품 판매 감소를 우려하면서도 2017년 중고 온라인마켓 원웨어를 신설하기도 했다. 마찬가지로 앞서 CVS가 단순히 CVS Health라는 이름만 바꾼 것이 아니라 담배 판매를 중단하는 결정을 내리고, 바클레이가 세금 회피 담당부서를 폐지한 사례를 확인했다.

전략을 통해 신뢰를 쌓을 수 있다는 점은 앞서 우리가 긍정적으로 평가했던 '목적의 집중화'로 파생되는 또 다른 장점이다. 이해관계자는 모든 것을 하려는 모호한 목적보다 집중적인 목적 선언이 실천되고 있는지 확인하는 것이 더 쉬우며, 여기서 도출되는 전략들은 목적에 부합하기 쉽다.[28]

● 운영모델

목적을 내재화하는 두 번째 방법은 기업의 핵심 운영 모델을 목적에 맞추는 것이다. 예를 들어 영국의 대형마켓 테스코가 자사의 핵심 목적을 '고객의 평생 충성도를 얻을 수 있는 가치를 창출하는 것'으로 정의했을 때, 테스코는 회사 프로세스가 확고하게 고객들에게 맞춰져 있는지 확인해야 했다. 테스코는 제품 확보 부분에서는 90% 이상의 효율성을 달성했다. 그러나 이것만으로 '고객의 평생 충성도'를 충족하기에는 충분하지 않았다. 그래서 테스코는 고객들이 제품을 언제든지 편리하게 구매할 수 있도록 프로세스를 재설계했다.*

테스코는 모든 매장에 고객을 도와줄 관리자를 배치하겠다고 약속했지만 실행할 경영 및 교육 시스템을 갖추지는 못했다. 그래서 테스코는 관리자들이 불필요한 상향 보고에 시간을 쏟지 않고 고객 서비스에 집중할 수 있도록 매장 업무와 계층구조를 단순화했다. 또한 리더십 개발 주요 프로그램을 시작했다.

목적지향적인 기업이 아니라도 좋은 기업이라면 효율적인 운영 모델과 관리 교육을 보유해야 한다고 생각할 것이다. 어떤 효과가 생기는지 대략적으로 추정이 가능하다면 ESV 관점에서도 프로세스를 개선하고 매니저 능력을 향상하는 것이 바람직하다고 지지할 것이다. 그러나 모든 기업은 트레이드오프에 직면해 있다. 최고의 회사에서조차 운영 모델의 다양한 요소에 개선의 여지가 있다. 운영 모델을 검토할 때는 목적을 실행하기 위해 가장 시급히 개선해야 하는 작업의 우선순위를 정하는 것이 포함된다. 이는 목적을 정립함에 있어서 선택과 집중이 필요함을 다시 한번 보여준다.

★ 프로세스 개선의 한 가지 예로, 예전에는 우유를 우유병 공장 팔레트에 먼저 적재한 후 비닐로 포장한 다음 트럭에 옮겨 매장으로 운송했다. 매장에 도착하면 비닐을 벗기고, 팔레트에서 꺼낸 후 케이지에 넣어 매장 진열을 위해 옮겨졌다. 그러나 현장 직원의 의견을 바탕으로 이런 비효율적인 프로세스가 폐기됐다. 이제는 중간 과정 없이 우유를 공장에서 바로 케이지에 넣는다. 그 후 우유는 트럭에 실려 매장으로 운반되고 케이지에 담긴 채로 판매된다. 간소화된 프로세스로 공급망이 상당히 단축됐고, 제품 가용성이 증대됐을 뿐 아니라 인건비와 포장 비용도 절감됐다. 게다가 테스코는 매장 내 재고 관리자에게 휴대용 컴퓨터를 투자한 최초의 영국 리테일 회사이기도 하다. 편리한 기술 도입으로 재고 관리가 정확해지자 제품 가용성이 향상되었고, 직원들의 단순 업무 시간도 줄어들면서 보다 의미 있는 작업을 할 수 있게 됐다.

● 내부 보고

셋째, CEO는 기업 외부뿐 아니라 내부에서 통합 보고가 이뤄지도록 해야 한다. 여기에는 직원, 팀 및 프로젝트가 목적과 관련해서 어떠한 성과를 내고 있는지 정보를 수집하는 것이 포함된다. 이 정보는 성과평가 근거로 활용될 수 있다.

때때로 CEO는 최고 임원급 바로 아래의 고위 경영진에게만 목적에 대한 지지를 호소하고 직원들에게는 부서의 재무 목표에 전념하라고 지시한다. 어느 임원은 이러한 고위 경영진을 '찰흙'이라고 표현했다. 찰흙이 물의 흐름을 막는 것처럼 고위 경영진이 목적이 전사로 확산되는 것을 막는다는 것이다. 이는 고위 경영진의 고의적인 방해라기보다 현실에서 고위 경영진이 평가받는 방식 때문에 야기되는 문제다.

어느 기업에서 나를 연사로 초청한 적이 있다. 기업의 목적과 관련해서 강연해달라는 요청이었지만 실상 그들의 가장 중요한 측정 기준은 '파트너당 단기 수익'이라고 시인했다. 이와는 대조적으로 막스앤스펜서는 플랜A를 시작할 때 균형성과표BSC를 활용해 사업부와 매장 관리자를 평가했다. 균형성과표는 플랜A 목표 가운데서 가장 많은 통제권 하에 있는 목표에 맞춰진 전통적인 재무지표와 비재무지표를 결합한 성과 시스템이다.**

상사의 평가 외에도 직원들은 통합 내부 보고 기능을 통해 스스로 얼마나 일을 잘하는지 파악할 수 있으며 정보에 입각한 의사결정을 내릴

** 균형성과표는 'CEO의 보상은 주로 장기 주가 수익률에 기초해야 하며 추가 요소가 없어야 한다'는 5장의 권고와 어떻게 부합하는가? CEO는 기업 전체를 책임진다. 장기 주가 수익률이 그에 대한 포괄적 지표이며 이해관계자 가치의 여러 차원이 포함된다. 개별 사업부는 자체 주가가 없으며 단일 지표(사업부 이윤 등)도 매우 불완전할 것이다. 게다가 CEO들은 대부분 금전적으로 여유가 있기 때문에 (장기성과지표의 사용으로) 여러 해 동안 급여가 지연되는 일이 생기더라도 감내할 수 있다.

수 있다. 이를 위해서는 직원이 목표에 영향을 미칠 수 있을 정도로 회사 전체의 목표가 세분화되어야 한다.

막스앤스펜서는 온실가스 배출량을 보고하고, 배출량을 지역, 활동(예: 냉방 대 난방), 부서(예: 식품 대 의류)별로 분류했지만 단일 매장을 운영하는 개별 동료에게는 구체적인 가이드라인이 되지 못했다. 그래서 막스앤스펜서는 개별 매장 단위에서 내부적으로 정보를 추적한다. 또한 직원들이 직접 통제할 수 있는 것은 배출량이 아니라 배출 활동(전기, 가스, 냉장 등 사용)이기 때문에 배출 활동을 측정하고 있다.

• 기업 문화

목적을 내재화하는 네 번째 방법은 기업의 문화를 목적에 맞추는 것이다. 목적은 기업이 왜 존재하는지 누구에게 기여해야 하는지에 관한 것이지만, 문화는 기업이 어떻게 운영되는지를 반영한다. 간단히 말해서, 문화는 '조직에서 일하는 방식'이다. 어떤 목적이 회사 전체에 투영되도록 하기 위해서는 문화가 중요하다.

클라우디아 가텐베르크, 안드레아 프랫, 조지 세라핌의 연구를 떠올려보자. 그들은 직원들이 분명한 목적을 가지고 있다고 인식한 회사의 성과가 뛰어나다는 것을 보여줬으며 고위 지도자들보다 중간 관리자의 인식과 연관성이 높은 것으로 나타났다. 중간 관리자들이 현장에서 기업의 목적이 일상적인 행동으로 이어지도록 하는 데 중요한 역할을 하기 때문이다. 이는 집중적인 목적 선언의 추가적인 이점을 잘 보여준다. 목적은 간결할수록, 그리고 조직에 확산될 때 의미가 손실될 가능성이 적다.

목적이 기업에서 살아 숨 쉬게 하기 위해서는 올바른 문화가 촉진되어야 한다. 예를 들어 레킷벤키저의 '우리의 제품 혁신을 통해 더 건강한 삶과 행복한 가정을 만들기 위하여'와 같이 혁신을 우선시하는 목적은 자율성을 강조하고 위험을 감수하며 건설적인 실패를 용인하는 문화로 뒷받침된다. 이와 대조적으로 월마트의 '사람들이 돈을 절약하여 더 잘살 수 있도록' 같이 비용을 강조하는 목적은 효율성을 우선하고 각자 맡은 업무의 역할을 명확하게 정의하는 문화가 수반되어야 한다.

리더는 전략적 선택에 대해 스스로 모범을 보임으로써 문화를 형성할 수 있다. 그러나 모든 것을 리더 혼자서 다 할 수는 없다. 일부 기업들은 현장에서의 변화를 이끌 직원들을 선발한다. 덴마크 바이오기업 노보노르디스크는 '당뇨병 등 심각한 만성질환을 퇴치하기 위해 변화를 주도한다'는 목적을 뒷받침하기 위해 '노보노르디스크 웨이Novo Nordisk Way'로 알려진 문화적 원칙을 수립했다. 그리고 이 원칙이 잘 이행되도록 촉진자 역할을 하는 '퍼실리테이터facilitator'를 뒀다. 이 팀은 담당 사업부를 관찰하고, 관리자와 직원을 인터뷰하며, 사업부 정책을 검토한 다음 전반적인 정보와 동향을 회사의 경영진에게 보고한다.

프랑스 퍼스널케어기업 로레알은 '모든 사람을 위한 코스메틱 혁신'이라는 목적을 뒷받침하는 4가지 윤리적 원칙을 수립했고* 회사 전체와 거점이 있는 모든 국가에 포함시키기 위한 75여 명의 윤리담당관 네트워크를 보유하고 있다. 그들은 이러한 원칙을 현지 관습에 적응시켜 직원들이 윤리적 행동에 대해 교육받고 윤리에 대한 우려를 제기하는 방법을 알고 있는지 확인하며 윤리 질의를 위한 사운딩보드 역할을 맡는다.[29]

기업 조직 문화에 잘 부합하는 인재를 채용하는 것도 문화를 형성하는 또 다른 방법이다. 파타고니아의 사명을 떠올려보자. 창업자 겸 CEO

---

* 윤리적 원칙 중 하나는 용기로, 혁신 목적을 뒷받침한다. 또 다른 하나는 투명성인데 모든 사람에게 기여하는 것을 목표로 하는 기업에서 특히 중요하다.

인 이본 쉬나드Yvon Chouinard는 "다른 조건이 모두 동일할 때 어떤 포지션이든 지구를 되살리는 데 헌신하는 사람을 고용하라"고 말했다. 신발 제조업체 자포스는 신입사원에게 회사 가치가 포함된 1개월짜리 프로그램에 참여하게 하고, 이 가치에 공감하지 않는 경우에는 퇴사 지원비로 2,000달러를 제공한다(2009년 자포스를 인수한 아마존에서도 비슷한 프로그램을 채택했다).

'태도를 보고 채용하고 기술은 가르친다'는 사우스웨스트항공의 모토처럼 사우스웨스트 공동 설립자인 허브 켈러허Herb Kelleher는 인재 채용 시 경험이나 학력보다 회사 문화에 얼마나 부합하는지를 더 우선시한다.

• 이사회

마지막으로, 목적이 기업 전체에 뿌리내리게 하기 위해서는 CEO 이하 인력뿐 아니라 이사회도 변화해야 한다. 2014년 〈하버드비즈니스리뷰〉는 미국 상장기업의 10% 이사회만이 기업의 책임에 전념한다면서 이보다 더 확산되어야 한다고 주장했다.[30] 목적은 소위원회에 위임할 수 있는 부차적인 활동이 아니라 기업의 핵심 사업에 필수적인 이사회 전체의 공식적인 의무여야 한다. 이사회는 기업 인수합병 거래, 전략적 이니셔티브 또는 자본 지출 제안이 기업의 목적과 일치하는지 검증하지 않고 승인해서는 안 된다.

마찬가지로 이사회는 일반적으로 전략에 대해 논의하고 합의하는 데 1년에 고작 이틀을 할애한다. 이러한 과정은 목적에 부합해야 한다. 또한 이사회는 회사의 비재무 목표가 목적과 관련하여 적절하며 포부를 품게 하는지 확인하고 목표 달성을 위해 실제록 노력하는지 모니터링해야 한다.

목적은 정량적 지표만으로 평가할 수 없기 때문에 영국의 재무보고

위원회는 사외이사들에게 직접 현장에 가서 기업을 제대로 이해하라고 권고한다.[31] 현재 영국과 미국에서 이사회에 직원을 참여시키자는 제안이 있고, 일부 유럽 국가들은 그렇게 하고 있다. 그러나 이사회를 현장으로 이끄는 방식이 보다 효과적이다.

나는 런던비즈니스스쿨의 이사회에서 선출된 교직원 대표로 노동자를 대표하는 이사와 유사한 직책을 맡고 있다.[32] 내가 타 전공 교수진이나 교수 외 교직원들과 대화하려고 해도 어쩔 수 없이 재무학과 교수진들의 의견을 대변하게 되는 것처럼, 다른 구성원의 의견을 온전히 대변할 수는 없다. 그래서 한 동료는 외부 위원들이 캠퍼스에서 시간을 보내며 런던비즈니스스쿨의 '냄새'를 이해하고 더 넓은 노동자들의 '목소리'에 귀 기울일 것을 요구했다.

목적은 전체 이사회의 책임이지만 위원회는 특정한 목적의 차원을 모니터링하는 데 유용할 수 있다. 대부분의 이사회 구조는 주주 가치에만 초점을 맞추고 있어 보상, 이사 지명, 리스크, 감사 등을 전담하는 위원회를 두고 있다. 위원회는 다운사이드로부터의 보호에 중점을 둔다. 그러나 파이코노믹스에서는 업사이드 가치 창출의 중요성을 강조하기 때문에 혁신 위원회는 일부 기업에 가치가 있을 수 있다. 또한 기업은 누구에게 기여할지를 결정한 후에 인적 자본 위원회나 환경 위원회 같은 주요 이해관계자를 책임지는 위원회를 만들 수도 있다. 또는 대안으로 이러한 이슈들이 전체 이사회의 주요 의제가 되어야 한다. 상부에서 기조를 정하면 조직 전체에 목적이 확산되는 데 도움이 된다.

파트너로서의 이해관계자

ESV는 이해관계자를 목적을 위한 수단으로 간주한다. 기업은 적어도 향후 이윤에 영향이 있다는 계산이 나올 경우에만 이해관계자에게 투자한다. 이와는 대조적으로 파이를 키우는 기업은 이해관계자를 파트너로 인식하고, 이해관계자의 상호관계를 인정한다. 이러한 인식은 2가지 방식으로 관계를 변화시킨다.

첫째로, 기업은 이해관계자를 이윤의 원천이 아닌 아이디어의 원천이자 목적을 달성하는 협력자로 본다. 둘째, 이해관계자로부터 수익, 노동력, 투입요소를 받기만 하지 않고 계약 의무를 넘어 이해관계자를 위한 장기적 가치를 창출하려고 노력한다.

이는 목적에서 '왜'뿐만 아니라 '누구'가 중요하다는 것을 보여준다. 기업은 계약의 결합이 아니라 육성하고 성장해야 하는 '관계의 네트워크'다. 이해관계자에 대한 파트너십 접근방식이 무엇을 수반하는지 논의해보자. 편의상 모든 이해관계자를 다루는 대신 동료에게 초점을 맞출 것이며 이 원칙들은 다른 이해관계자에게도 확대 적용된다.

인적자원 관리에 관한 영향력 있는 책들은 시중에 많이 나와 있으니 여기서 백과사전처럼 상세하게 열거하지는 않겠다. 대신 구체적으로 파이코노믹스 관점에서 어떻게 인력을 이끌어야 할지에 초점을 맞춰 파이코노믹스의 3가지 원칙을 직원들에게 적용할 것이다. 각각의 원칙은 태도의 변화를 의미한다.

첫 번째는 직원에게 자율성을 부여하는 '임파워먼트_{empowerment}(구성원의 잠재력을 증진하기 위해 책임, 권한 등을 개인에게 부여하고 이를 충분히 활용할 수 있도록 코치하고 배려하는 과정_옮긴이)의 태도'를 통해 부작위 과실을 방지하는 것이다. 두 번째는 이윤과의 연계가 불분명하더라도 직원에게 투자하는 '투자의 태도'다. 세 번째는 파이 성장으로 생긴 이득을 직원과 나누는 '보상의 태도'다.

이 3가지 태도는 파이코노믹스뿐 아니라 4장에서 보여준 미국에서 일하기 좋은 100대 기업 조사에서 측정되는 것과도 밀접하게 연관되어 있다. 100대 기업 연구에서 신뢰도, 공정성, 존중, 자부심, 동료애에 대한 직원들의 인식을 측정했다는 점을 떠올려보자. 이러한 인식은 부분적으로 아래 샘플 질문에서 볼 수 있듯이 리더가 권한 부여, 투자 및 보상의 태도를 보이는지의 여부를 반영한다.

- **신뢰도** 이곳은 직원들에게 많은 책임을 준다.
- **공정성** 나는 회사가 거둔 수익에서 공정한 몫을 받는다고 생각한다.
- **존중** 직업적인 자기개발을 위한 교육과 육성 기회가 주어진다.
- **자부심** 내 일은 단순히 일이 아니라 특별한 의미가 있다.
- **동료애** 이곳의 사람들은 서로를 배려한다.

샘플 질문은 직원의 만족도를 향상시키는 것이 어떻게 태도의 변화를 수반하는지를 강조하는데, 태도의 변화는 이식이 쉽지 않다. 이제 이러한 경쟁 우위를 뒷받침하는 요소가 무엇인지 살펴보자.

• 임파워먼트의 태도

임파워먼트의 태도는 직원들을 아이디어, 영감, 혁신의 원천으로 본다. 이 원천을 활용하지 않는 것은 부작위 과실이지만, 전통적인 관리 관행은 작위 과실을 피하는 것에 바탕을 두고 있다.

헨리 포드Henry Ford는 역사상 가장 창의적인 리더로 인식된다. 그는 "내가 사람들에게 무엇을 원하는지 물어봤더라면 그들은 더 빨리 달리는 말이라고 했을 것"이라고 말했다. 이는 문제 해결뿐 아니라 문제 찾기의 중요성을 보여주는 예다. 헨리 포드가 자동차를 발명하지는 않았지만, 조립 라인을 제조 공정에 도입하여 중산층 미국인들이 장만할 수 있는 첫 번째 자동차(모델T)를 개발했다.

조립 라인은 1911년에 출간된 프레더릭 테일러Frederick Taylor의 《과학적 관리법》에 기초했다.[33] 테일러는 지상직 직원들에게 2가지 특징이 있다고 말했다. 첫째, 그들은 노력하는 것을 싫어해서 '감독하지 않으면 태만하다'는 것이고, 둘째, 미국 철강회사 베들레헴스틸의 선철 담당자 슈미트Schmidt를 생생하게 묘사한 것처럼 직원들은 '우둔하고 스스로 생각할 수 없는 존재'로 보았다.[34]

선철 만지는 일을 본업으로 하는 사람의 가장 첫 번째 요건이라면 너무 어리석고 둔해서 정신 상태가 거의 소에 가까워야 한다는 점이다…. 멍청한 나머지 백분율이 무슨 뜻인지도 모르기 때문에 일을 잘하기 위해서는 보다 지능이 뛰어난 사람한테 훈련을 받아 과학의 법칙에 따라 일하는 법을 익혀야 한다.

테일러는 어떤 업무든 그 일을 가장 잘 수행하는 최적의 방법이 꼭 있기 마련이라고 생각하며 리더에게 2가지 책임이 있다고 말했다. 첫 번째는 '과학적 실험을 통해 최선의 방법을 찾아내는 것'이었다. 예를 들어 직원들이 한 번에 얼마나 많은 선철을 운반할 것인지, 그리고 얼마나 오랫동안 휴식을 취할 것인지를 수량화하는 것이다. 두 번째는 노동자들이 '기업의 방식을 따르도록 지시하는 것'이다. 테일러는 슈미트에게 이렇게 말했다.

아침부터 밤까지 관리자가 시키는 대로 그대로 따라하면 된다. 관리자가 선철을 집어서 이동하라고 할 때는 집어서 이동하고, 앉아서 쉬라고 할 때는 앉아서 쉬면 된다. 하루 종일 이렇게만 하면 된다. 그리고 말대꾸는 하지 말아라.

테일러는 위 표현이 '거친 말'이라는 점을 인정했지만, 빠릿빠릿하지 못한 슈미트 같은 타입에게는 '적절하고 불친절하지 않은' 말이었다. 이러한 리더십 접근법은 적어도 단기적인 작업이나 단순 작업에서는 효과적이었다. 슈미트의 수송량을 하루에 12톤에서 47톤으로 4배나 증가시켰기 때문이다.

테일러의 방식은 조립 라인에도 영향을 미쳤다. 직원들은 생산 속도에 보조를 맞추고 극단적인 분업을 준수하도록 강요받았다. 직원들은 생각할 겨를 없이 단순 작업을 쉬지 않고 반복했다. 오늘날 조립 라인의 근무 조건은 이 정도로 극단적이지는 않지만, 업무 태만이나 작위 과실을 방지할 목적으로 도입된 과학 경영의 요소들이 여전히 남아 있다.*

일부 CEO는 직원들에게 자율성을 주면 태만해진다고 가정하고 족쇄처럼 목표를 할당해 최대한 직원들을 쥐어짜는 것이 좋은 관리라고 생각한다. 테일러가 슈미트에게 선철 운반 목표를 할당한 것처럼 웰스파고는 은행 직원들에게 1일 판매 목표를 할당하고 부족분은 다음 날 목표에 추가했다. 존 스텀프 전 CEO는 "Going for Gr-Eight"라는 말을 만들어내서 직원들이 고객의 필요와 관계없이 고객 한 명당 최소 8개 상품을 판매하도록 강요했다. 왜 8개일까? 단순히 'Great'와 'Eight'의 운

★ 독자라면 업무 태만을 왜 '부작위 과실'로 칭하지 않는지 궁금할 수 있다. 이 책 전체에 걸쳐 일상적인 업무를 수행하지 못한 것보다 새로운 아이디어를 강구하지 못하는 것을 '부작위 과실'로 사용하고 있다.

율이 맞았기 때문이다.[35]

실수를 방지하고 싶어 하는 욕구는 근로자가 태만하지 않더라도 스스로 올바른 결정을 내릴 수 있는 전문지식이 부족하다고 가정하기 때문에 생겨난다. 이렇게 가정하면 사소한 것까지 관리하게 되고 위계질서가 생기며 직원들이 조직에 기여할 수 있는 여지가 제한된다.

내가 투자은행 2년 차 때 있었던 일이다. 몇 달간 함께 일했던 고객사 애비내셔널이 미국 상황을 조사해달라고 요청했다. 미국 사무소에서 내 직급(애널리스트) 위에 해당하는 어소시에이트Associate에게 전화를 걸어서 물어보니 관련 담당자는 이사급인 제프Jeff였다. 전화를 받은 어소시에이트는 나에게 "제프 이사에게 전화해보세요"라고 했다가 "제프에게 어소시에이트한테 전해달라고 하세요"라고 말을 바꿨다. 애널리스트가 이사와 직접 통화하기에는 급이 안 맞는다는 우려도 있고, 그렇잖아도 바쁜 이사의 시간을 내가 낭비할지 모른다는 작위 과실을 염려한 것이다(결과적으로 어소시에이트가 전달해서 나는 제프와 직접 통화했고 큰 도움이 됐다).

이와는 대조적으로 권한 부여의 태도는 작위 과실을 방지하는 데 면밀한 감독이 필요하지 않다고 주장한다. 직원들은 '탐색 시스템seeking system'이 있기 때문에 본질적으로 열심히 일하고자 하는 동기가 있다. 탐색 시스템은 사회심리학자 댄 케이블Dan Cable이 명명한 용어로 '탐구하고 창조하고자 하는 사람들의 타고난 욕구'를 뜻한다.[36] 직원들에게는 목표를 달성하기 위해 최선의 방법을 강구할 전문지식과 현장에 기반한 정보를 가지고 있다. 이러한 탐색 시스템을 활성화하고 활용하는 것이 리더의 과제다. 사소한 것까지 통제하고 관여하는 위계질서는 탐색 시스템을 억눌러서 직원들의 스킬과 지식을 활용하지 못하게 하는 부작위 과실을 범할 수 있다.

임파워먼트는 2차 세계대전 이후 일본의 성공을 뒷받침하는 축이었

다. 포드 조립 라인의 공장 노동자들은 상급자가 설계한 작업을 실행하고 상급자에게 점검받았다. 대조적으로 도요타 등 일본 제조업체가 사용하는 '안돈ぁんどん 체제'에서는 공장 직원들이 스스로 품질을 책임지고, 결함을 발견하면 언제든 생산 라인을 멈출 수 있는 권한이 있었다. 근로자가 도움을 청할 때는 현장에 신호등이 켜진다. 그래서 일본어로 사방등을 뜻하는 '안돈'이 쓰이게 된 것이다. 내가 도쿄의 한 도요타 공장을 방문했을 때 도요타 직원은 생산 공정의 모든 특징이 직원들의 아이디어에서 비롯된 것이라며 자랑스럽게 말했다.

현재 많은 서구 기업이 임파워먼트의 태도를 채택하고 있으며, 일하기 좋은 기업 설문지에도 부분적이지만 신뢰도 항목으로 측정하고 있다. 3장에서 다룬 뉴벨기에브루잉의 공동설립자인 킴 조던Kim Jordan은 자신의 방식을 다음과 같이 설명했다.

"우리는 높은 참여 문화를 보유하고 있다. 돈이 어디로 가는지 모두가 알고 모두가 참여해 전략을 세울 것으로 기대된다. 이를 통해 신뢰를 키워주는 투명성뿐만 아니라 함께한다는 공감대까지 형성되는 환경이 조성됐다."

뉴벨기에브루잉은 어떻게 하면 회사가 환경에 미치는 영향을 줄일 수 있을지에 대해 동료들의 아이디어를 구하는 크라우드소싱 제도 '브라이트 아이디어Bright Ideas'를 운영한다. 그렇게 얻어진 아이디어 중 하나가 상자 안의 병을 나누는 데 쓰던 판지 칸막이들을 제거하는 것이었다. 이를 통해 수백 그루의 나무와 연간 100만 달러의 원자재 비용을 절감할 수 있었다. 또한 칸막이를 없앴더니 포장 단계에서 생산속도가 빨라졌으며, 상자가 작아져서 더 많은 상자를 트럭에 실을 수 있게 되자 연료비와 탄소 배출량도 줄었다.[37] 이는 임파워먼트의 가치를 보여주는 예시이자 파이코노믹스의 원칙, 즉 환경에 유익한 조치를 취함으로써 궁극적으로 투자자를 이롭게 한 사례이기도 하다.

임파워먼트는 실수에 대한 관용을 의미하기도 한다. 5장에서 논의한 바와 같이 바트 베호트는 레킷벤키저 관리자들이 여러 단계의 승인을 거치지 않고 새로운 아이디어를 낼 수 있도록 독려했다. 실패 위험은 증가할 수 있지만 실패보다 혁신을 억누르게 될 경우 치르게 되는 비용이 더 크다. 금융소프트웨어기업 인튜이트와 대기업 타타는 실수를 용인하는 것에서 한 발 더 나아가 실패로 끝났지만 의미 있는 배움의 기회를 제공한 아이디어에 상을 주고 적극적으로 격려하기까지 한다.

이 같은 구체적인 사례를 뒷받침하는 대규모의 증거가 있다. 스콧 시버트Scott Seibert, 강왕Gang Wang, 스티븐 코트라이트Stephen Courtright는 142개 연구에 대한 포괄적인 메타분석 결과, 개인에게 권한과 책임이 부여되는 일상적인 업무, 조직적 시민 행동(기본 의무 사항을 뛰어넘는 것), 혁신 등 여러 차원에서 더 높은 성과를 내는 것과 연관된다고 나타났다. 또한 팀에 권한과 책임이 부여될 때 팀의 성과가 월등하게 향상된 것도 발견했다.[38]

이 주제를 마무리하기에 앞서 임파워먼트가 직원들의 잠재력을 촉발하지만, 목적과 교육에도 효과적이라는 점을 인식할 필요가 있다. 위계질서와 관리자들의 세세한 업무 지시는 직원들이 중요하지 않은 일에 집중할 수 있다는 염려에서도 비롯된다. 그렇기 때문에 목적은 강력하다. '내 일은 단순히 일이 아니라 특별한 의미가 있다'는 설문 항목에도 반영이 되어 있듯이 말이다. 직원들이 회사의 목적에 감명을 받으면 족쇄가 풀려도 회사에 기여할 것이고, 목적을 통해 우선순위가 명확해진다면 그들은 어느 곳에 에너지를 쏟을지 분별하게 될 것이다. 소설가 앙투안 드 생텍쥐페리Antoine De Saint Exupery는 이렇게 말했다.

"만약 배를 만들고 싶다면 일꾼들에게 나무를 모아 오게 하고 일을 나누고 지시를 내릴 것이 아니라 드넓고 끝없는 바다를 동경하도록 가르쳐라."[39]

직원들이 자신의 자율성을 최대한 활용하게 하는 또 다른 방법은 그들의 기술에 지속적으로 투자하는 것이다. 이것이 다음에 논의할 투자의 태도다.

● 투자의 태도

투자의 태도란 직원의 생산성뿐 아니라 인간적으로 직원의 기술과 웰빙을 향상시키고자 하는 태도다. 이러한 태도는 '이곳의 사람들은 서로를 배려한다'는 항목으로 일부 측정된다. 노벨상 수상자인 게리 베커 Gary Becker의 고전적인 경제모델에서는 데이터베이스를 사용하는 방법과 같이 회사 고유 목적의 교육에만 투자해야 한다고 주장한다.[40]

만약 회사가 다른 회사에서도 쓰일 수 있는 일반적인 기술 향상에 투자한다면 근로자는 직장을 옮겨 더 높은 급여를 받을 수 있다. 따라서 회사가 아니라 근로자가 생산성 향상의 수혜자가 된다. 이런 경제 모델은 추상적인 이론으로 머무는 것이 아니라 기업 관행에 영향을 미친다. 대부분의 일반 교육은 정부(예: 공립학교)나 근로자(예: 경영학 석사학위)[41] 또는 정부와 개인 공동으로(예: 공립대학) 교육비용을 부담한다.

그러나 투자의 태도를 취하면 교육이 얼마나 기업 특수적인지, 일반적인지 또는 얼마나 회사에 득이 될지를 계산하지 않는다. 앞서 언급된 설문 항목 '직업적인 자기개발을 위한 교육과 육성 기회가 주어진다'에서는 그러한 차이를 구분하지 않는다. 투자의 태도를 취하면 직원들의 능력을 개발하는 것이 기업의 책임이라 보고 현재 몸담고 있는 조직에서의 직원 가치를 높이는 것뿐 아니라 나중에 실직할 경우 다른 기업에 고용될 가능성도 높여준다.

에이미 골드스타인Amy Goldstein은 저서 《제인스빌》에서 2009년 위스콘신 제인스빌에 있는 GM 공장 폐쇄가 어떻게 도시 전체를 침체시킨 만성적인 실업으로 이어졌는지 기술한다.[42] GM은 동료들에게 전문 기술을 가르치는 데 주력해왔기 때문에 재취업 교육은 대부분 성과를 거두지 못했다. 많은 경우 GM 공장 노동자들은 컴퓨터를 사용할 줄 몰라서 기술전문대학에서 제공되는 수업을 듣지 못했다.

투자의 태도를 뒷받침하는 예로, 2016년 8월 싱가포르스탠다드차타드은행은 직원들에게 유급 학업 휴가와 회사가 후원하는 50개의 과정 중 하나를 무료로 수강할 수 있게 해주는 프로그램Skills-Future@sc을 시작했다. 특히 기술 변화로 업무가 대체될 위험에 처한 직원을 대상으로 고객 상호작용 등 대체할 가능성이 낮은 휴먼 기술까지 함께 교육한다. 기술에 대한 투자라고 해서 항상 재정 지출이나 공식적 프로그램이 필요한 것이 아니라 코칭 같은 관리 관행도 실행할 수 있다.

마찬가지로 임파워먼트를 통해 어떻게 직원들의 자주적인 진취성을 깨우고 활용할 수 있는지 논의했다. 직원들이 앞으로 나아갈 기회를 제공해서 그들의 미래 잠재력에 투자하는 것도 또 다른 유익이다.

앞서 '직원들의 기술과 웰빙을 향상하는 것'을 투자라고 설명했다. 물리적 자산의 경우 투자란 최대 용량을 확장하는 것이다. IT 시스템을 업그레이드하면 더 많은 데이터를 처리할 수 있다. 마찬가지로 직원들의 능력을 향상시키면 직원들의 최대 잠재력을 끌어올릴 수 있다. 그러나 많은 직원들, 예를 들어 정신적으로나 신체적으로 건강하지 못해서 잠재력을 충분히 발휘하지 못하는 사람들이 있다. 이 직원들에 대한 투자란 잠재력을 높일 뿐만 아니라 현재의 잠재력을 달성하도록 돕는 것까지 포함한다. 하지만 대부분의 회사는 IT에 얼마나 많은 비용을 지출하는지는 잘 알지만 직원의 건강을 위해 얼마나 많은 투자하는지는 모르는 경우가 많다.

2015년 UBS웰스매니지먼트의 리더는 요구가 많은 기업문화가 직원들에게 해를 끼칠 수 있다는 것을 인식했다. 그래서 그들은 '헬스 매터스Health Matters' 이니셔티브를 만들었고, 클라우디아 오켄Claudia Oeken에게 이를 이끌어달라고 요청했다. 그녀는 '100일, 100만 걸음'이라는 건강 증진을 위한 주요 행사를 진행하고 직원들이 한 걸음 걸을 때마다 기부로 이어진다는 점을 상기시키며 하루 만 보 걷기를 달성하도록 독려했다.

하버드 연구원 캐서린 베이커Katherine Baicker, 데이비드 커틀러David Cutler 지루이 송Zirui Song의 메타분석 결과, 건강 증진 프로그램에 지출하는 1달러는 의료비 지출 3.27달러를 감소하고 결근으로 인한 손실 2.73달러 감소와 연관이 있는 것으로 나타났다.[43]

직원 교육이 유익하다는 사실이 투자의 태도를 통해 어떻게 내재화될 수 있는지 논의했다. 그 유익이 회사 수익으로 돌아가지 않더라도 말이다. 또한 직원에게 초과근무수당을 지급하지 않더라도 직원이 추가로 근무하는 데 따르는 비용이 생긴다는 점을 내재화하게 된다. 이는 '자유처분free disposal(비용을 들이지 않고 자원을 처분할 수 있음을 의미하는 경제학 용어_옮긴이)' 태도와 대비된다. 상사가 부하 직원의 시간을 자신의 시간으로 간주하고, 부하 직원이 유용하게 쓰일 경우를 대비해서 직원의 시간을 쓰는 비용을 고려하지 않고 자신 마음대로 쓰는 것이다. 상사는 고객이 기술적인 질문을 할 경우를 대비해 부하 직원에게 별첨 자료에 대한 여러 분석을 요청하기도 한다.

3장에서 회사가 사적 기회비용이 아니라 사회적 이득이 적은 조치를 취할 경우 파이가 어떻게 작아지는지 설명한 바 있다. 직원의 시간은 보통 회사 차원의 사적 비용을 발생시키지 않는다. 하지만 그 시간에 직원이 오락을 즐길 수도 있기 때문에 상당한 사회적 비용을 발생시킨다. 파이가 작아진다는 것을 무시하고 (근무 외 시간에) 직원에게 일을 시킴으로써 사회적 비용을 발생시킨다.

이는 웰빙 이니셔티브가 2가지 면에서 확대되어야 한다는 것을 의미한다. 첫째, 신체적 건강에서 정신적 건강까지 확대되어야 한다. 신체적 건강의 중요성은 오래전부터 인식되어 왔지만 정신적 건강의 중요성은 최근에서야 인식되고 있다. 날로 증가하는 업무와 자유처분 태도가 근로자의 정신 건강에 미치는 폐해가 심각해졌기 때문이다. 조엘 고Joel Goh, 제프리 페퍼Jeffrey Pfeffer, 스테파노스 제니오스Stefanos Zenios의 연구에 따르면 미국에서 직장 스트레스로 연간 사망자가 12만 명 추가 발생하고 의료비가 1,900억 달러까지 늘어나는 것으로 나타났다. 이 비용은 보험료 인상으로 이어지기 때문에 궁극적으로는 기업이 떠안게 된다.[44]

둘째, 웰빙 이니셔티브는 일회성 프로그램에서 지속적인 문화 변화로 확대되어야 한다. 클라우디아는 주요 행사 외에도 직원에게 에너지 및 스트레스 관리에 대해 지속적으로 교육하고, 관리자에게는 직원의 정신적 건강을 지키는 것이 왜 중요한지, 예를 들어 업무 시간이 아닌 저녁과 주말에 방해하지 말아야 함을 강조한다.

자유처분 태도에서 투자의 태도로 바꾸는 것은 사실 쉽지 않은 일이다. 리더 스스로가 주니어였을 때 상사한테 비슷한 대우를 받았기 때문에 부하 직원의 시간을 자신의 시간처럼 쓰는 것에 익숙해져 있는 것이다. 바로 이 때문에 직원 만족도는 단순히 돈을 쓰는 것이 아니라 문화적으로 큰 변화가 필요한, 모방이 어려운 경쟁력 있는 차별화 요소가 될 수 있다.

클라우디아는 건강 증진 이니셔티브가 없었다면 얼마나 많은 질병과 번아웃이 일어났을지 알 수 없기 때문에 이니셔티브의 성공을 측정하는 것이 가장 어렵다고 말했다. 캐서린 베이커와 공동 저자도 메타분석을 통해 건강 증진 이니셔티브와 질병 및 번아웃 발생 빈도 간의 강력한 인과관계를 주장하지 않는다. 경영 관행의 변화 등 다른 요인의 영향이 있을 수 있기 때문이다. 이는 계산하지 않고 직원에게 투자하는 태도의 중요성을 잘 드러낸다.

기업들은 직원이 신체적으로 위험한 일을 할 경우 안전의 중요성을 인식하고 있다. 5장에서 소개한 것처럼 BP는 딥 호라이즌 참사 이후 작업장 부상 방지를 전략적 우선 과제로 삼았다. 이 사례에서는 계산이 쉽다. 현장 부상은 회사의 근무 조건에서만 발생하기 때문에 이를 개선하면 부상률이 감소할 가능성이 높다.

그러나 작업장 안전은 근무 중에 일어나는 신체적 부상을 넘어 자유처분 태도와 장시간의 근무 문화로 야기되는 번아웃까지 아우른다. 동료가 신체적으로나 정신적으로 병들게 되면 원인이 직장 때문인지 외부 요인에 의한 것인지는 알 수 없다. 그러나 투자의 태도를 가진 회사라면 원인은 중요하지 않다. 그 효익을 계량화할 수 없더라도 투자의 태도를 가진 회사는 직원들에게 더욱 건강하고, 안전하고, 충만한 환경을 제공하려고 애쓴다.

• 보상의 태도

직원들과 파이 성장의 효과와 이익을 공유하는 것이 보상의 태도다. 가장 분명한 방법은 5장에서 권고하는 바와 같이 직원들에게 회사 지분인 '금전적 오너십'을 부여하는 것이다. 전통적인 경제 이론에서는 평사원에게는 주식을 부여해서는 안 된다고 주장한다. 평사원은 회사 주가에 거의 영향을 미치지 않기 때문에 주식을 부여한다고 해서 직원이 더 열심히 일하게 되는 것은 아니라는 시각이다.

그러나 인간은 경제적 비용 편익 분석에 근거하여 행동하지 않는다. 직원들에게 주식을 부여하는 것은 성공의 결실을 공유할 자격이 있는 파트너로 직원을 대우하는 것이다. 이는 '나는 회사가 거둔 수익에서 공정한 몫을 받는다고 생각한다'는 설문 항목에 일부 반영되어 있다.

투자와 마찬가지로 직원에게 보상을 주는 것은 단지 돈에 관한 것만은 아니다. 탐색 시스템이 있기 때문에 직원도 기여하려는 열망에 따라 동기부여가 된다. 따라서 보상의 태도는 파이 키우기의 금전적 이득뿐 아니라 그들에게 업무에 대한 책임, 때로는 무조건적인 책임인 오너십을 부여함으로써 파이 성장에 따르는 내재적 이득도 공유하는 것을 포함한다.

직원이 임무를 완수했을 때 누리는 성취감도 있다. 때때로 선배는 후배가 작성한 문서를 일부 수정하고 싶을 때가 있다. 그렇게 하면 좀 나아지겠지만 중요한 차이는 아니다. 최종 결과물에 본인이 책임을 진다는 것으로 누리는 충만감은 그 직원이 작성한 문서를 그대로 두는 데 드는 적은 비용을 능가한다.

내가 모건스탠리 2년 차 때 전무이사였던 윌리엄William은 어소시에이트나 상무를 거치지 않고 나와 직접 일했다. 보통 핵심 보고서를 발표할 때 필요한 자료 작성은 시니어의 몫이다. 나는 과감히 직접 작성해서 윌리엄에게 검토를 요청했다. 윌리엄은 처음 몇 번은 내가 쓴 내용을 상당히 많이 고쳤다. 프레젠테이션 자료만 수정한 것이 아니라 나를 코칭해주기도 했다. 윌리엄이 수정해준 포인트를 보고 배우면서 나는 서서히 더 나아졌다.

내가 쓴 보고서의 개요가 수정 없이 돌아왔을 때 느꼈던 성취감을 아직도 기억한다. 윌리엄의 코칭 방식으로 회사에 소모된 비용은 없었으며 내게 돌아온 보상은 20년이 지난 지금까지 생생할 정도로 상당했다.

- 기업이 파이를 키울 수 있는 최고의 방법은 탁월함을 추구하는 것이다. 사회에 기여한다는 것은 명시적인 공헌활동 이상의 것이다. 거의 모든 회사와 직원들은 결과가 이해관계자에게 직접적인 영향을 미치는지에 관계없이 그들의 특정 역할에서 탁월성을 추구하며 사회에 중대한 기여를 한다.

- 기업의 목적이란 기업의 존재 이유, 사회에 기여하는 방식에 관한 것이다.

- 기업이 누구를 위한 것이며, 왜 존재하는지 정의하는 것이 목적이다. '누구'라는 질문은 중요성의 원칙, '왜'라는 질문은 비교우위의 원칙에 근거한다.

- 목적은 임원의 가이드에 따라 의도적으로 추진되는 동시에 직원들의 참여로 형성되어야 한다. 외부 이해관계자, 특히 고객의 의견도 귀중한 피드백이다.

- 목적은 사명 선언보다 훨씬 더 중요하며 기업에서 살아 숨 쉬어야 한다. 목적의 정의는 그것으로 끝이 아니라, 밖으로는 커뮤니케이션하고 안으로는 뿌리내려야 한다.

- 보고에는 주주 가치의 재무지표를 넘어 이해관계자 가치의 비재무지표까지 포함해야 하며, 이해관계자가 기업의 목적에 어떻게 기여할 수 있는지 강조되어야 한다. 이해관계자의 우려가 모든 주요 의사결정에 통합적 사고를 촉발한다는 것이 통합 보고의 주요 이점이다.

- 커뮤니케이션은 단순한 보고를 뛰어넘어 양방향 대면 프로세스로 진행된다. 여기에는 투자자에게 목적에 대한 발언권을 부여하는 것이 포함될 수 있다. 이렇게 형성된 투자 자본은 회사에 대한 투자자의 재정적인 기여보다 훨씬 더 크다.

- 리더는 기업 전략을 통해 목적을 실행에 옮길 수 있으며, 운영 모델과 문화를 목적에 일치시키고, 관련 비재무지표를 포함하는 내부 균형성과표를 개발하며, 목적을 이사회의 우선순위로 정할 수 있다.

- 기업은 이해관계자를 기업의 구성원이자 파트너라는 상호성 관계로 인식해야 한다. 직원에게도 상호성은 적용되며, 여기에는 파이코노믹스의 원칙을 기반으로 하는 3가지 태도가 채택되어야 한다.

- 임파워먼트의 태도는 부작위 과실의 중요성에 근거한다. 이 관점에서는 직원들을 본질적으로 동기가 부여된 지적인 주체로 본다. 자유가 주어지고 명확한 목적에 따라 가이드를 받으면 그들은 업무에 태만하지 않고 아이디어를 창출할 것이다.

- 투자의 태도는 이해관계자에 대한 연계가 명확하지 않더라도 이해관계자에게 가치를 창출하는 것에 기초한다. 회사는 직원을 인격체로서 기술과 신체적 · 정신적 웰빙을 향상시켜야 한다. 이렇게 되면 직원에 대한 투자의 결과로 얻어지는 유익과 직원들의 추가 근무에 따르는 비용 모두를 내재화하게 된다.

- 보상의 태도는 파이가 커진 결과로 얻는 결실을 이해관계자와 공유하는 것을 기반으로 한다. 보상의 태도를 통해 동료에게 금전적 · 업무적 오너십을 부여하고 그가 성공으로부터 얻는 금전적 · 본질적 이득을 모두가 누리게 한다.

투자자

스튜어드십을 정책 차원에서 실행 차원으로 전환한다

8장에서 다룬 목적 이행에 대한 체계는 스튜어드십에도 적용된다. 즉 스튜어드십을 정의하고 회사 안으로는 이를 내재화하며 밖으로는 이에 대해 소통하는 것이다. 이 장에서는 목적과 스튜어드십 이행에 유사점이 있다는 것과 투자자가 어떻게 스튜어드십을 실천에 옮길 수 있는지에 대해 논의할 것이다. 일부는 나와 더퍼포즈풀컴퍼니TPC가 협업한 내용을 활용할 것이다. 특히 나와 함께 TPC의 스튜어드십을 함께 이끌었던 톰 고슬링Tom Gosling과의 수많은 논의를 활용한다.

시작하기 전에 2가지를 강조하고자 한다. 첫 번째는 스튜어드십 향상이 시급하다는 점이다. 기업에 있어서 목적이 사회공헌 부서에 맡기고 끝나는 선택적 추가사항이 아닌 것처럼, 스튜어드십도 투자자가 스튜어드십 부서에만 맡기면 되는 선택적 추가사항이 아니다. 무엇보다 스튜어드십을 통해 장기 수익률이 개선되고 비재무 목표가 달성되면서 저축자들, 즉 투자자의 고객들에게 기여한다는 점은 명백하다.

보다 넓게 보면 투자운용산업의 정통적인 관점에서 스튜어드십은 중요하다. 사회는 투자자를 스튜어드십 책임을 가진 존재로 보고 있으며,

2007년 금융 위기 같은 기업 붕괴는 이러한 책임을 다하지 못한 투자자의 실패가 원인이라고 판단한다.[1] 규제당국은 투자자가 공공정책 목표를 이행할 것을 기대하고 있다. 기업들에 다양성을 제고하거나 기후 변화에 대한 조치를 취하도록 압력을 가하는 방식을 통해서 말이다. 게다가 좋은 스튜어드십을 보유한 나라는 경쟁 우위를 점할 수 있다. 6장에서 논의한 것처럼 아베 전 일본 총리는 오래 지속된 일본의 소극적인 투자산업을 만성적으로 낮은 주가 수익률의 원인으로 보고, 이를 해결하기 위한 구조 개혁에 나섰다.

사회에 미치는 스튜어드십의 중요성을 인식한 국가는 '스튜어드십 코드'를 도입했다.[2] 시작은 긍정적이지만 스튜어드십이 실행되기보다는 선언적으로만 채택되고 있다는 우려가 팽배하다. 투자자 스스로 스튜어드십을 개선하지 않으면 보다 강력한 코드나 규제에 직면할 수도 있다. 6장에서 논의한 것처럼 투자자의 권리를 축소하려는 주장은 투자자가 권리를 책임감 있게 활용하지 않는다는 우려에서 비롯된다.

두 번째 요점은 '투자자'가 단일 주체가 아니라 자료 9-1과 같이 전체 투자 사슬을 구성한다는 점이다. 6장에서는 밸류액트, 피델리티 같은 자산운용사에 초점을 맞춰 설명했다. 그들은 피델리티마젤란액티브펀드, 피델리티미드캡인덱스펀드 같은 개별 펀드를 운용한다. 투자자는 자산운용사나 펀드 모두를 일컫는 일반 용어다.

그러나 자산운용사만이 사슬의 연결고리는 아니다. 펀드에 직접 가입하는 개인이나 연기금, 대학기금 또는 국부펀드 등의 기관도 포함될 수 있다. 예를 들어 일본의 1조 5,000억 달러 규모의 정부연금투자기금은 스튜어드십을 평가 과정의 주요 기준으로 삼아 투자사를 선정한다. 기관투자자는 개인이 투자 고문을 활용하듯이 에이온휴잇 같은 투자컨설턴트 아웃소싱을 활용하여 자산운용사를 선택한다. 자산운용사는 자

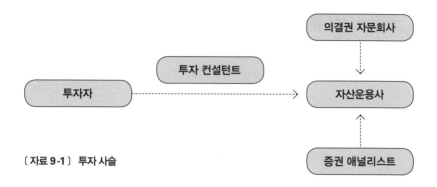

〔자료 9-1〕 투자 사슬

체 컨설턴트를 활용하는데, 의결권에 대해서는 의결권 자문회사에서 자문을 받고 트레이딩에 대해서는 증권 애널리스트의 자문을 받는다.[3]

투자컨설턴트와 의결권 자문사는 서비스 제공자로 총칭된다. 규제 당국은 일반적으로 증권 애널리스트들을 서비스 제공자로 보지 않으며, 스튜어드십에서 역할을 담당하는 것으로도 보지 않는다. 6장에서 논의한 바와 같이 스튜어드십의 한 형태인 트레이딩 결정에 영향을 미치기 때문에 증권 애널리스트들도 이 장에 포함시켰다.

결과적으로 스튜어드십을 개선하려면 투자 사슬 전체를 개혁해야 하지만 스튜어드십 코드는 일반적으로 자산운용사에 초점을 맞춘다. 먼저 자산운용사가 어떻게 스튜어드십 정책을 정의하고, 이후 어떻게 실천으로 옮겨 안으로는 내재화하고 밖으로는 커뮤니케이션하는지에 중점을 둘 것이다. 8장에서 다룬 목적을 구현하는 데 필요한 3단계와 동일하다. 또한 이 장 후반부와 부록에서 투자 사슬의 다른 연결고리에 적용되는 프로세스를 설명할 것이다.

스튜어드십 정의하기

스튜어드십 코드는 일률적인 접근법을 가정한다. 예를 들어 인게이지먼트가 모니터링보다 항상 더 효과적이고, 더 많은 스튜어드십이 적은 스튜어드십보다 낫다는 식이다. 그러나 이는 비교우위의 원칙을 무시한 것이다.

스튜어드십에 관여하지 않기로 선택한 펀드도 있을 수 있다. 만약 스튜어드십에 전문성이 없는 펀드라면, 사회에 공헌하는 최선의 방법은 저축자들이 저비용으로 주식시장에 접근할 수 있게 해서 경제 성장의 결실을 공유하는 것일 수도 있다. 따라서 스튜어드십을 명확하게 정의하는 것이 중요하다. 더 중요한 것은 펀드가 '얼마나 광범위한 스튜어드십에 관여하느냐'의 여부보다 '공언한 대로 실행하느냐'다. 이를 인식하면 6장에서 논의한 유사 인덱스화, 즉 실천도 하지 않고 말로만 운용한다면서 높은 수수료를 챙기는 문제를 방지할 수 있다.

스튜어드십은 펀드의 목적에서 시작된다. 펀드의 목적에는 펀드가 저축자와 사회에 어떻게 공헌해야 하는지 설명되어야 한다. 그리고 나서 목적을 달성하기 위해 스튜어드십을 어떻게 활용할지가 담긴 스튜어드십 정책이 수립되어야 한다. 이 정책에는 인게이지먼트뿐 아니라 모니터링도 포함되어야 하며, 특히 투자자는 어떤 때 주식을 매도할 것인지 주식 매도 정책을 수립해야 한다.

주식 매도 정책을 수립하면 단기 실적에 따른 반사적인 주식 매도를 방지할 뿐 아니라 매도 자체가 효과적인 스튜어드십 메커니즘으로 작동할 수 있음을 인식하게 된다. 담배회사 주식은 매도(또는 매입하지 않음)하는 등 주식투자 회수에 대한 다소 예외적인 정책을 보유한 투자사가 있지만, 장기적·무형적 요소에 근거한 투자 회수에 대한 정책을 보유한 회사는 드물다.* 예를 들면 목적과 스튜어드십 성명은 다음과 같을 수 있다.

- **목적** 시장에서 가격이 책정되지 않는 고품질 무형자산을 보유한 기업에 투자하고, 무형자산을 구축하는 기업을 지원함으로써 장기적인 실질 수익을 창출한다.
- **스튜어드십 정책** 우리는 단기 이윤을 우선시하는 것이 마케팅, 인적 자본, 혁신 같이 장기 이윤을 추구하는 무형자산에 대한 투자를 저해할 수 있다고 믿는다. 따라서 기업이 보유한 무형자산의 품질을 평가하는 데 특히 주의를 기울이며, 지출뿐 아니라 투자의 결과물도 검토한다. 또한 우리는 비유기적 성장보다 유기적 성장에 초점을 두고 무형의 자산 창출을 장려하기 위해 경영진(때로는 다른 투자자들)과 지속적으로 협력한다. 단기 이윤보다 무형자산 증가에 근거하여 경영 성과를 평가하기로 약속한다. 무형자산에 충분히 투자하지 않고 경영진과의 인게이지먼트로 변화를 만들어내지 못하는 기업에서는 투자를 회수할 것이다.

모니터링과 인게이지먼트라는 광범위한 메커니즘 안에서 다양한 접근이 가능하다. 모니터링에는 관찰 가능한 특성(예: 이사회 독립성)에 기반한 ESG 심사 또는 기업 전략 및 이해관계자 자본의 심층 분석이 포함될

---

* 자산운용사가 전반적인 스튜어드십 정책을 보유하는 반면 개별 펀드는 접근 방식이 다를 수 있다. 인덱스펀드의 인게이지먼트 방식은 액티브펀드보다는 덜 전문적일 수 있다. 그러나 한 회사에 다양한 제품군이 있더라도 모두 회사의 목적에 부합해야 하는 것처럼 각 개별 펀드도 일반 정책의 몇 가지 특징을 띠어야 한다. 스튜어드십 정책은 펀드 차원에서 보고되어야 한다. 저축자들이 자산운용사에 가입하는 것이 아니라 개별 펀드에 가입하기 때문이다. 필요한 보고를 최소화하기 위해 펀드는 자체 접근법을 정의할 때 자산운용사의 일반 정책을 교차 참조할 수 있다.

수 있다. 인게이지먼트는 정보에 입각한 투표, 경영진과의 비공개회의 또는 대립적인 공개적 행동주의 등 형식에 따라 달라질 수 있다.

테마별로 다를 수도 있다. 인덱스펀드는 일반화된 테마를 우선시할 수 있다. 예를 들어 미국 신탁회사 스테이트스트리트는 고위 경영진의 구성에 다양성을 제고할 수 있다. 행동주의 펀드는 각 기업에 대한 깊은 이해가 필요한 자본 배분 개선 같은 전문 테마에 초점을 맞출 수 있다.

목적과 마찬가지로 스튜어드십은 정책으로만 머물지 않고 실천이 필요하다. 기업의 경우 외부 커뮤니케이션부터 설명했는데 투자시장이 생경한 독자들을 고려하여 조직 내 내재화부터 설명하고자 한다. 투자시장에 몸담고 있지 않은 독자라면 자산운용사가 어떻게 운영되는지 이해하는 데 도움이 될 것이다.

스튜어드십 내재화

6장에서 다뤘던 헤지펀드가 인게이지먼트에 특히 능할 수밖에 없는 3가지 특징, 즉 집중 포트폴리오, 금전적 인센티브, 자원을 떠올려보자. 3가지 특징으로 모니터링도 강화될 수 있다. 3가지 요소는 헤지펀드의 고유한 특징이 아니기 때문에 스튜어드십을 내재화하기 위한 첫 번째 단계는 이러한 특징들을 채택하는 것이라고 강조한 바 있다. 집중 포트폴리오부터 시작해보자. 액티브 투자를 표방하는 투자자라면 정말 소수 기업의 주식만 보유해야 진정한 액티브 투자자가 된다.[4]

특정 종목이 벤치마크에 포함되어 있다는 이유로 보유하는 것이 아니라, 어떤 종목을 보유하지 않을 것인지에 대한 결정이 기본이어야 한다. 그래야만 투자자가 봤을 때 장기 비전이 있고 회생이 가능하다고 믿는 회사의 주식만 보유할 수 있게 된다.

일부 투자자는 집중 포트폴리오로 운용하면 고객들이 너무 많은 리스크에 노출될 수 있다고 주장한다. 그러나 고객이 행동주의 펀드를 선택했다면 펀드매니저의 주식종목 선정 능력을 믿고 수수료를 지불하고 있는 것이다. 액티브펀드보다 더 다양한 종목에 투자하고자 하는 고객은 인덱스펀드에 더 많은 포트폴리오를 할당할 수 있다. 따라서 위의 주장은 보통 자신의 이해가 달려 있기 때문에 하는 말이다. 펀드매니저는 성과가 저조하게 나올 수 있는 리스크를 원하지 않는다. 그러면 고객이 이탈하거나 다른 매니저로 교체할 수 있기 때문이다.

두 번째 특징은 성과급이다. 5장에서 리더가 오너처럼 보상을 받아야 한다고 강조했듯이 펀드매니저도 마찬가지다. 아제이 코라나Ajay Khorana, 앙리 세르바이Henri Servaes, 레이 웨지Lei Wedge의 연구결과, 매니저가 자신이 운용하는 펀드를 1% 더 소유하게 되면 위험조정 후 실적이 3% 상승하는 것으로 나타났다.[5]

크리스 클리퍼드Chris Clifford와 로라 린지Laura Lindsey는 성과에 민감한 수수료를 보유한 뮤추얼펀드의 경우, CEO들도 성과에 민감한 급여를 더 많이 받게 되고 그들이 투자한 회사들은 인게이지먼트가 효과적일 가능성이 높은 상황에서 수익이 향상된다는 것을 발견했다.[6] 스튜어드십이 성과를 거두는 데는 몇 년이 걸릴 수 있기 때문에 보유 지분은 오랜 기간 매매가 제한되어야 한다.

세 번째 특징은 투자자가 스튜어드십에 투여하는 자원이다. 회사의 스튜어드십팀도 하나의 자원이다. 스튜어드십팀은 자산을 운용하지 않고 인게이지먼트와 모니터링에만 전념하는 전담부서다. 중요한 것은 이 팀의 규모뿐 아니라 조직에서의 위상이다. 영국 최대 기관투자자인 LGIM에서는 사차 사단Sacha Sadan 스튜어드십 담당자가 이사회 멤버로서

CEO에게 직접 보고한다.

스튜어드십 자원은 스튜어드십팀에만 국한되어 있지 않다. 8장에서 목적을 위해 강조한 통합적 사고처럼 스튜어드십은 자산운용사의 투자 과정에 통합되어야 한다. 펀드매니저는 스튜어드십에 대한 명시적 책임을 져야 하고, 이에 대한 평가를 받아야 하며, 스튜어드십팀과 공동으로 의결과 인게이지먼트를 이끌어야 한다. 어느 자산운용사는 신입들이 펀드매니저가 될 때 스튜어드십팀을 거치도록 한다.[7]

그러나 통합에 있어서는 아직도 개선의 여지가 상당하다. 최근 조사에 따르면 투자사의 23%만이 조직 전체에 걸쳐 스튜어드십 역량을 가지고 있는 것으로 나타났다.[8] 집중 포트폴리오, 성과급, 자원으로 스튜어드십을 위한 기반은 마련되지만 실천이라는 문제가 남아 있다. 이에 따라 효과적인 모니터링 및 인게이지먼트 실천에 대한 가이드라인을 제시하고자 한다.

효과적인 모니터링

시장에 반영되지 않은 요인에 근거해 모니터링을 했을 때만 투자자의 수익률을 향상시킬 수 있다. 투자자가 이 정보에 근거해 거래하면 주가에 반영된다. 그 결과 주가는 회사의 장기 가치를 근접하게 나타나는 지표가 된다. 일종의 스튜어드십 형태다. 강한 브랜드와 같이 직접적으로 이윤을 추구하는 무형자산이 주가에 반영된다는 증거가 있다.[9]

그러나 4장에서 직원 만족도 등 사회적 가치를 직접 창출하는 무형자산은 불완전하게 평가된다는 것을 보여줬다. 따라서 효과적으로 모니터링하기 위해서는 투자자가 얼마나 많은 이윤을 추구하는지가 아니라

'기업이 목적을 달성하고 있는지'를 포함하여 '얼마나 많은 사회적 가치를 창출하는가'에 따라 주식의 가치를 평가해야 한다.

이것이 가능하려면 사고의 전환이 필요하다. 모든 투자자, 심지어 재무적 성과가 유일한 목표인 투자자도 ESG 지표를 진지하게 받아들여야 한다. '사회적으로 책임 있는 투자자'는 ESG 지표를 사용하여 (잠재적으로 상충할 수 있는) 사회적·재무적 이익을 동시에 추구하지만, '책임 있는 투자자'라면 순수하게 재무적 목적을 가지고 있더라도 ESG 정보를 활용할 수 있다. 4장의 근거가 이를 뒷받침한다. 퀀트펀드quant fund(순전히 재무적 수익을 극대화하기 위해 통계를 사용하는 펀드_옮긴이)조차도 이해관계자 자본을 고려하기 시작했다. 2016년 〈파이낸셜타임스〉에 "퀀트는 새로운 윤리적 투자자다"라는 제목의 기사가 실리기도 했다.[10]

ESG 지표를 통해 더 높은 수익을 창출할 수 있을 뿐 아니라, ESG 지표의 가용성과 신뢰성도 점점 더 높아지고 있다. 〈포춘〉이 일관되게 비교 가능한 기준으로 직원 만족도를 측정한 결과를 발표하듯이 이해관계자 지표를 제공하는 곳이 늘고 있다.

글로벌 컨설팅기업 인터브랜드는 브랜드 가치, 영국 분석회사 트루코스트는 환경에 미치는 영향을 파악한다. MSCI ESG, 서스테이널리틱스 ESG, 톰슨로이터 ESG, 블룸버그 ESG, 아라베스크 S-Ray 등은 광범위한 사회적 차원을 반영한다. 〈포브스〉는 세계에서 가장 윤리적인 회사들과 가장 지속 가능한 회사들의 목록을 발표한다. 전자는 연구기관인 에티스피어, 후자는 코퍼레이트나이트가 집계한다.

2015년 내가 '기업의 사회적 책임'이라는 주제로 TEDx 강연을 할 때 위의 4가지 ESG 데이터 출처를 언급하며 청중에게 모두 들어본 적이 있는 사람은 손을 들어달라고 요청했는데, 단 한 명도 손을 든 사람이 없었다.

바로 이 점이 핵심 포인트다. 철저한 과정을 거쳐 도출된 객관적인 지표인데도 대부분의 투자자는 들어본 적조차 없다. 따라서 이 지표들이 주가에 반영될 가능성은 낮으며, 역설적으로 이 지표를 활용하는 투자자는 경쟁우위를 점할 수 있다는 뜻이다. 그 후에도 수십 번 같은 주제로 강연하며 매번 같은 질문을 던졌지만 손을 드는 청중은 거의 없었다.

하지만 모니터링은 ESG 지표도 훌쩍 뛰어넘어야 한다. 4장에서 논의한 바와 같이 일부 투자자는 ESG 지표를 형식적인 체크리스트 점검 방식으로 사용하고, 특정 요건을 맞추지 못한 회사는 다른 점을 고려조차 하지 않고 처음부터 배제해버린다. 그러나 특정 영역에서의 성과가 좋지 않더라도 중요한 영역이 아니라면 수익률을 감소시키지 않으며, 다른 영역에서의 높은 성과가 이를 상쇄할 수 있다. 전통적인 ESG 지표는 앞서 논의했던 탁월성을 반영하지 못한다.

그러므로 기업이 사회적 가치를 창출하는지 평가하기 위해 투자자는 심사screening에서 통합integration으로 전환해야 한다. 이를 위해서는 기업이 구성원(투자자와 각 이해관계자)에게 미치는 긍정적·부정적 영향을 모두 고려해야 하며 또한 중요도에 따라 저울질할 필요가 있다. 이를 '순편익 테스트net benefit test'라고 한다. '회사가 사회에 순편익을 창출하는가'에 대한 질문에 답을 제공하는 테스트다. 그렇게 하려면 피터 린치가 크라이슬러에서 그랬던 것처럼 데이터 분석을 넘어 회사로 직접 찾아가 경영진을 만나야 한다.

영국의 싱크탱크 '더 나은 비즈니스를 위한 청사진Blueprint for Better Business'은 기업의 목적을 평가하고 실행 여부를 확인하기 위해 투자자가 기업에 질문할 수 있는 8가지 항목을 고안했다.

투자자는 8가지 목록에 '여러 이해관계자 간의 트레이드오프를 어떻게 관리하는가?'와 '어떤 이해관계자에게 투자하지 않을지를 어떻게 결

• 더 나은 비즈니스를 위한 청사진 질문 •

기업이 목적지향적인지 여부를 투자자가 판별하는 데 도움이 될 수 있게 다음과 같은 8가지 항목을 권고하고 있다.

1 간단히 말해서 이 회사는 무엇을, 누구에게 창출하는가? 이는 다른 기업 과 어떻게 차별화되는가?

2 성공은 어떤 모습이며, 어떻게 측정하고 검토하는가?

3 회사의 급여 정책은 장기적 성공과 어떻게 연계되어 있는가?

4 이사회 논의와 안건은 회사 목적에 얼마나 기반을 두고 있는가? 회사의 목적을 고려해 의사결정을 바꾼 몇 가지 예를 들 수 있는가?

5 당신의 회사는 사회에 어떤 긍정적·부정적 영향을 미치는가? 어떻게 기 업 운영에 대한 '사회적 면허'를 유지하고 있는가?

6 회사 사람들은 어떠한가? 특정 우려에 회사 구성원들이 어떻게 대응했 는지 예를 들 수 있는가?

7 자사의 목적 달성하기 위해 가장 중요한 외부 관계(예: 고객, 공급자, 규제 당국)는 무엇인가? 관계의 중요도를 평가하는 데 활용하는 주요 지표는 무엇인가?

8 (의장들에게) 이사회 의장으로 잘하고 있는지 여부를 어떻게 파악하는가?

정하는가?' 같은 항목을 추가할 수 있다. 어떤 질문을 내놓든 투자자는 경영진이 진정으로 사회적 가치를 창출하는 데 전념하는지, 장기적 수 익성에 부합하는지를 평가할 수 있는 틀을 가져야 한다.

4장에서 아마존에 대해 논의했던 것처럼 순편익 테스트는 간단치 않 다. 아마존이 사회 전반에서 유익을 주는가에 대한 명확한 해답은 없다.

일부 이해관계자에게 실질적인 가치를 창출하지만 다른 이해관계자들로부터 가치를 빼앗아간다는 주장도 있다. 그러나 오히려 이런 모호성 때문에 사회적 기준이 선호되기도 한다. 모호함으로 인해 다른 투자자를 오도할 수 있기 때문이다.

2001년 파산 직전 엔론은 미국 환경보호청으로부터 한 해에 6번이나 상을 받았고 미국 경제우선순위위원회의 기업과학상을 받으며 사회적 책임 기업으로 칭송받았다. 단순히 체크리스트 박스만 점검하는 방식으로 책임 있는 투자가 가능하다면 누구나 할 수 있다. 그렇게만 된다면 펀드매니저도 필요 없이 컴퓨터가 가장 효율적으로 업무를 수행할 것이다. 마찬가지로 전략과 경영 품질 같은 전통적인 요인에 근거하여 주식의 승자가 될 것인지에 대한 명확한 해답은 없다. 그래서 종래의 투자자는 자신들의 평가가 시장의 평가보다 더 정확하기를 바라면서 전통적인 요인을 활용한다.

순편익 테스트의 모호함도 단점이다. 거의 모든 회사가 최소한 하나의 이해관계자 그룹 문제에 있어서는 잘하기 때문이다. 이는 회사가 사회적 가치를 창출한다고 정당화하는 것이 거의 항상 가능함을 의미한다. 펀드매니저는 단기 수익 잠재력에 기초하여 종목을 선택한 다음 성과를 많이 내는 영역을 강조함으로써 해당 기업이 파이를 키우고 있다고 주장할 수 있다. 거의 모든 투자를 합리화할 수 있지만 조직행동학자 스티븐 코비Stephen Covey의 말을 빌리자면 스스로에게 '합리적인 거짓말'을 하고 있는 것인지 모른다.[11]

이러한 위험을 줄이는 한 가지 방법은 투자자 스튜어드십 정책에 '언제 매도하고, 언제 투자를 안 하는지'를 규정하는 것이다. 일부 투자자는 기후 변화나 성별 다양성 등 특정 이슈를 모든 기업에 적용하는 '레드라인'으로 정한다. 다른 투자자는 중요도에 더 큰 가중치를 둘 수 있다. 따라서 해당 기업의 업종 및 비즈니스 모델에 따라 핵심 기준은 달라질 것이다. 투자자가 어떤 투자 회수 정책을 채택하든 단기 수익이 아니라 이 정책에 의거하여 주식을 매각하도록 해야 한다. 마찬가지로 중요한 것은 정해진 기준을 넘거나 인게이지먼트가 실패했을 때 주식을 매도하는 것이다.

'합리적 거짓말'의 위험을 줄이는 두 번째 방법은 외부 자문위원회를 두는 것이다. 나는 로열런던자산관리RLAM의 위원을 맡고 있다. 순편익 테스트를 어떻게 규정할 것인지, 예를 들어 해당 종목이 주류산업에 속해 있는지, CEO 보수 배율이 높은지 여부 등을 레드라인으로 정할지, 해당 종목이 RLAM의 순편익 테스트를 통과하는지의 여부에 대한 외부 의견을 제공한다. 이러한 질문은 대부분 전문적이고 미묘하기 때문에 다양한 관점과 전문지식이 중요하다. 논의 결과는 투자자의 입장을 명확히 보여주는 투자의견서에 게재될 수 있다.

이러한 이슈가 어떤 면에서 까다로운지, 외부 의견이 어떻게 도움을 줄 수 있는지를 보여주기 위해 RLAM에서 우리가 논의했던 주제들을 소개하고자 한다.

- 유전자 변형이 사회적 가치를 창출하는가? 유전자가 변형된 종자는 야생에 방출되어 생물 다양성을 교란하거나 유기농 또는 비 유전자 변형 종자를 경작하고자 하는 의욕을 꺾을 수 있다. 하지만 전 세계 수백만 명의 사람들이 굶주리는 상황에서 최첨단 기술을 활용하지 않는 것도 무책임한 것이 아닐까?
- 세금을 적게 납부하는 기업이 사회적 가치를 창출하는가? 그들은 오직 이윤 극대화를 목적으로 세율이 낮은 국가에 사업장을 이전하면서 파이를 쪼개고 있는가, 아니면 저개발 지역에 투자하거나

연구개발을 통해 세제 혜택에 대응하고 있는가?

• 인공지능이 사회에 가치를 창출하는가? 로봇이 일자리를 빼앗아갈까? 아니면 로봇 덕분에 인간은 보다 보람찬 일을 하게 될까? 로봇이 통제 불능 상태가 되는 리스크를 줄이기 위해 회사가 채택하는 안전장치는 무엇인가?

• 소셜미디어는 사회에 가치를 창출하는가? 소셜미디어를 통해 전 세계 사람들이 연결되고 사진, 이야기, 뉴스를 공유할 수 있게 됐다. 그러나 사이버 폭력, 중독, 데이터 유출, 그리고 자신의 생각과 비슷한 의견만 보게 되는 편향 문제를 낳기도 한다.

• 회사의 사회적 책임에 대한 평가는 절대적이어야 하는가 아니면 상대적이어야 하는가(경쟁사 대비 또는 회사의 과거 대비)? 만약 회사가 논란이 되는 업종에 속해 있지만 동급 최고의 기업이라면 투자가 가능한가? 회사의 사회적 책임 성과는 떨어지지만 개선되고 있다면 투자가 가능한가?

펀드매니저들은 왜 이러한 까다로운 질문에 굳이 대답해야 할까? 첫째, 4장에서 논의한 바와 같이 사회적 가치를 창출하면 일반적으로 이윤이 늘지만, 이해관계자 관련 문제가 터지면 회사를 망칠 수 있다. 따라서 이러한 이슈들에 고민하는 것은 합당한 리스크 관리다.

둘째, 저축자들은 재무적 수익 이상에 관심을 갖는다. 최근 몇 년간 SRI펀드가 상당한 성장세를 보였음을 지적하는 것만으로는 이를 뒷받침할 수 없다. SRI펀드의 사회적 성과 때문이 아니라 수익률이 좋아서 펀드 가입이 늘었는지도 모른다. 샘 하츠마크Sam Hartzmark와 애비 서스먼Abby Sussman은 SRI펀드의 사회적 성과에 영향을 받는 저축자 수요만 따로 분리할 수 있는 방법을 강구해냈다. SRI펀드의 재무성과에 영향을 미치

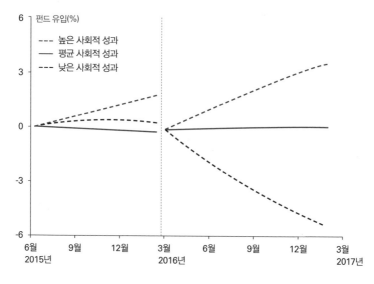

〔자료 9-2〕 **ESG 등급이 펀드 유입에 미치는 영향**

지 않았던 사회적 성과 관련 정보의 변화를 영리하게 활용한 것이다.[12]

모닝스타는 2016년 3월 예고 없이 2만 개가 넘는 뮤추얼펀드에 대한 사회적 성과 순위를 발표했다. 각 펀드가 보유한 기초 주식에 대한 서스테이널리틱스 ESG 등급을 기반으로 평가한 결과였다. 그 영향은 자료 9-2에 나타나 있다.

2016년 3월 이전에는 사회적 성과와 펀드로 유입되는 자금 간의 연계가 약했다. 그러나 그 후 11개월 동안 상위권 펀드와 하위권 펀드의 차이는 상당했다. 상위권 펀드에는 펀드 규모의 4%(240억 320억 달러) 자금 유입이 있었고, 하위권 펀드에서는 6%(120억 150억 달러)의 자금이 빠져나갔다. 2만 개 펀드 중 대부분은 지속 가능성 펀드로 마케팅된 것도 아닌 데 돈을 맡긴 사람들은 펀드들이 사회적 성과를 내는지에 신경 쓴다는 놀라운 결과였다.

효과적인 인게이지먼트

효과적으로 모니터링을 실천하는 방법을 논의하였으니 이제는 효과적인 인게이지먼트를 살펴보자. 신임 이사나 감사 선임, 보수 관련 안건에 의결하는 것이 투자자 인게이지먼트의 주요 방식이다. 대부분의 투자자는 백지 상태에서 이슈를 다뤄야 하는 부담을 줄이기 위해 내부 방침을 수립한다.

예를 들어 이사회의 여성 이사 비율을 특정 목표까지 끌어올리지 않는 이사 지명에 반대표를 던진다. LGIM은 매년 이해관계자 라운드테이블을 개최해 내부 방침을 알리고 외부인사(학계, 컨설턴트, 자산 소유자, 이해관계자 대표 등)의 의견을 수렴한다. 내부 방침은 도움이 되지만 모든 상황에 적합하지 않을 수 있기 때문에 무조건적으로 따라야 하는 것은 아니다. 때로는 성별 목표 달성에는 도움이 되지 않는 이사 후보라도 기존 이사진을 보완할 수 있는 이상적인 능력을 보유하고 있을 수도 있다.

이사의 과거 이력이나 보상 패키지를 분석하려면 전문지식이 필요하므로 많은 투자자가 ISS나 글라스루이스 같은 의결권 자문회사를 활용한다. 하지만 내부 방침과 마찬가지로 독립적인 자문 의견도 도움은 되지만 자동적으로 그들의 의견을 따라서는 안 된다. 가장 좋은 방법은 의결권 자문회사의 권고안을 '위험 신호'로 활용하는 것이다. 즉 권고안이 내부 방침과 일치할 경우에는 따르고 권고안이 내부 방침과 상충될 때만 투자자의 귀한 시간을 할애한다.

그리고 인게이지먼트는 의결을 넘어 훨씬 더 포괄적인 활동을 의미한다. 투자자가 경영진에 반대표를 던졌다면 그 이유를 회사에 알려야 회사가 부족한 면을 개선할 수 있다.[13] 투자자가 찬성표를 던졌다고 하더라도 제안의 모든 측면에 동의하지 않을 수 있기 때문에 어떤 우려가 있는지 목소리를 낼 수 있다. 사후 인게이지먼트보다 사전 인게이지먼트가 보다 효과적이다. 의결 전에 경영진과 어떤 우려가 있는지 비공개적으로 논할 수 있기 때문에 경영진이 투자자의 우려를 수렴해 투자자가 기꺼이 지지할 만한 제안을 도출할 수 있다.

일부 회사들이 비상시에만 투자자에게 도움을 요청하듯이 일부 투자자는 회사가 심각한 어려움에 처해 있을 때만 인게이지먼트에 나선다. 그러나 사후 치료보다는 사전 예방이 낫다. 여기에는 당장 해결해야 하는 시급한 문제가 없더라도 정기적으로 경영진과 만나 긍정적 또는 부정적인 피드백을 제공하는 것이 포함된다. 그렇지 않으면 회사는 투자자가 현재 상태를 지지하고 있다는 사실을 모르고 변화를 꾀할 수도 있다. 단 인게이지먼트가 일상적으로 이뤄져야 하지만 세부 사항까지 기업을 통제하지 않도록 주의해야 한다. 일상적인 운영 관련 결정 사안에 대해서는 경영자들이 훨씬 더 많은 전문지식과 정보를 가지고 있다.

투자자는 대신 외부 관점이 특히나 유용하게 작용하는 전략적·무형적 투자 및 목적 같은 장기 이슈에 관해 가치를 창출할 수 있다. 예를 들어 CEO가 대규모 투자를 제안한 경우 주주들은 3장의 곱셈, 비교우위, 중요성의 원칙이 충족되는지 평가할 수 있다. 마찬가지로 어떤 회사는 단지 과거부터 쭉 해오던 업종이었기 때문에 사업을 유지할 수도 있다. 투자자는 회사가 여전히 그 사업에 비교우위를 가지는지에 대해 경영진에게 이의를 제기할 수 있다. 비핵심 공장을 매각하고 특허를 양도함으로써 시설이나 특허가 보다 유용하게 활용될 수 있는 새로운 회사뿐 아니라 사회에 가치를 창출한다는 6장의 내용을 떠올려보자.

인게이지먼트의 빈도도 중요하지만 주제 또한 중요하다. 정책입안자나 시민은 투자자에게 급여 수준 같은 파이 쪼개기 이슈에 관여하도록 압력을 가할 수 있다. 그러나 탁월성과 목적 같은 파이를 키우는 이슈들이 보다 중요하다. 기업은 어떻게 지속적으로 탁월성을 달성하려고 노력하는가? 회사는 어떻게 기술 혁신과 인력에 투자하고, 기술과 기후 변화로 인한 장기적 도전에 대응하는가? 기업의 목적은 무엇이며 목적에서 의도적으로 뺀 것은 무엇인가? 안으로는 목적을 내재화하고 밖으로는 커뮤니케이션하기 위해 어떤 조치를 취하는가?

이 장의 마지막 부분에 언급된 투자자 모니터링을 위한 가이드라인도 인게이지먼트의 참고자료가 될 수 있다. 더 나은 비즈니스를 위한 청사진의 8가지 질문을 통해 목적에 대한 논의가 구체화될 수 있다. 자문위원회는 과학과 저축자 수요에 기반한 정보로 인게이지먼트해야 할 우선적인 환경 문제를 강조할 수 있다. FCLT는 스튜어드십 코드와 외부 전문가 의견을 참고해 투자자가 모니터링과 인게이지먼트를 효과적으로 수행하는 데 내부적으로 자문할 수 있는 질문을 설계해 제시했다.[14]

그러나 가장 큰 자원은 다른 투자자일 것이다. 단일 투자자는 가치 있는 인게이지먼트를 달성하기에는 지분이 너무 작을 수 있고, 기업이 주목하도록 하기에는 표가 너무 적을 수 있다. 여러 투자자가 협력하는 집단 인게이지먼트는 2가지 문제를 모두 해소한다. 캐나다 일간지 〈글로브앤드메일〉은 '3% 주주의 경멸을 느끼는 것과 절반의 지분을 보유하고 있는 10개 기관을 상대하는 것은 별개의 문제'라고 지적했다.[15]

집단 인게이지먼트의 프레임워크로는 UN 책임투자협력플랫폼 원칙Principles for Responsible Investment Collaboration Platform, 캐나다의 좋은 거버넌스를 위한 연합Canadian Coordination for Good Governance, 영국의 투자자포럼이 있다. 이들의 성공을 입증하는 최신 증거를 포함한 상세 내용은 부록에 담았다.

집단 인게이지먼트가 효과적이라면, 투자자가 더 자주 협력하지 않는 이유는 무엇일까? 한 가지 이유는 다른 투자자를 이겨야 하는 벤치마크로 보는 파이 쪼개기 심리 때문이다. 또한 투자자는 회사를 발전시킬 수 있는 아이디어를 지적재산권으로 인식하므로 시샘을 경계하면서 자신의 아이디어를 지켜내려고 한다. 그러나 투자자가 협력하지 않으면 파이를 키울 기회를 놓쳐 모두가 손해를 보게 된다.

또 다른 장애물은 투자자마다 목표가 다르기 때문에 같은 편이 될 수 없다는 견해다. 예를 들어 행동주의 헤지펀드는 회전율이 높은 단기 펀드고, 인덱스펀드는 장기 펀드라고 알려져 있다. 인덱스펀드의 선두주자인 블랙록의 CEO 래리 핑크는 "행동주의 투자자는 대부분 단기간에 회사 체질을 개선하려고 애쓴다. 실제로 그들은 단기간 회사를 개선해놓고 발을 뺀다. 우리는 그러지 않을 것이다"라고 경고했다.[16]

하지만 6장에서 헤지펀드가 장기 편익을 동반한 변화를 이끈다는 것을 보여준 바 있다. 투자자의 주식 보유기간은 지향점에 따라 다르기 때문에 단순히 회전율이 높고 낮음을 비교하는 것은 잘못된 이분법이라고 지적했다. 행동주의 투자자 폴 싱어는 "이러한 편 가르기식 프레임은 객관적으로 잘못된 것이며 모든 투자자에게 지속 가능한 수익을 창출한다는 목표에 해를 끼쳤다"고 주장했다.[17] 6장에서 살펴본 바와 같이 개선된 수익성, 생산성 및 혁신은 모두 파이를 키우는 변화이며, 이 같은 변화를 통해 모든 투자자가 이득을 본다.

인덱스펀드는 상당한 의결권을 갖고 있기 때문에 인덱스펀드의 지원을 받으면 헤지펀드 인게이지먼트가 성공할 가능성이 훨씬 높아진다. 행동주의 투자자인 넬슨 펠츠Nelson Peltz는 주로 인덱스펀드를 운용하는 LGIM의 스튜어드십 책임자인 사차 사단과 어떤 행동주의 운동을 함께 할 수 있을지에 대해 논의할 예정이다. 헤지펀드가 인덱스펀드와 협력할 필요가 있다는 것은 인게이지먼트를 통해 모든 투자자가 이익을 얻도록 하는 데 도움이 된다. 실제로 그러한 파트너십이 효과적이라는 증거가 제시되고 있다.

6장에서 이안 아펠, 토드 고믈리, 돈 카임이 러셀 지수 편입과 관련된 회귀 불연속성 접근법을 활용해서 인덱스펀드가 지배구조를 개선한다는 사실을 발견했다는 점을 상기해보자. 공동 저자들은 후속 연구에서 동일한 방법론을 활용해 헤지펀드가 보다 공격적인 캠페인을 실행할 때 인덱스펀드가 도움이 된다는 것을 보여준다.

특히 헤지펀드가 이사회에 위원으로 참여하고자는 캠페인을 실행하는 데 도움이 되고, 캠페인이 성공적으로 이뤄질 가능성까지 높이는 것으로 나타났다.[18] 인게이지먼트가 성공적으로 이뤄지면 기업의 가치가 높아진다. 하지만 인게이지먼트가 단기주의의 결과로 해석되는 상환금이나 부채를 증가시킨다는 증거는 없다.

스튜어드십 커뮤니케이션하기

투자자의 스튜어드십 정책을 정의하고 이를 조직 내에 내재화했다면 다음 단계는 외부 커뮤니케이션이다. 보고의 첫 단계는 정책 자체를 커뮤니케이션하는 것이다. 모니터링하려면 투자자는 주식을 매입, 보유, 매도를 결정할 때 특히 어떤 요소에 주의를 기울일지, 어떤 때 투자를 회수할지에 대해 설명해야 한다.

또한 장기적 가치와 관련성이 낮다고 보는 경우 어떤 영역은 모니터링하지 않을지를 알려줄 수 있다. 인게이지먼트 정책에는 투자자가 우선시하는 테마, 다른 투자자와의 협력 여부 등 어떤 형식으로 인게이지먼트할 것인지가 포함된다. 의결에 관해서는 내부의 의결 가이드라인과 의결권 자문회사를 활용한 접근법을 공개할 수 있다.

그 정책이 얼마나 실행에 옮겨졌는지 결과를 보고하는 것도 중요하다. 대부분의 투자자는 경영진에 반대하는 투표의 빈도를 테마별로 보고한다. 그러나 그들이 얼마나 자주 의결권 자문회사의 권고나 내부 방침에 반대표를 던지느냐가 더 중요한 사안일 수 있다. 의결권 자문회사의 권고안이나 내부 방침이 기계적으로 적용되거나 의결 근거로 활용되는 것을 방지하기 위한 조치이기 때문이다. 이는 8장에 소개한 회사들처럼 숫자와 내러티브를 함께 활용하면 특히 효과적이다.[19]

인게이지먼트로 눈을 돌려보자. 투자자는 얼마나 많은 회사의 회의를 개최했고 각 테마에 대해 얼마나 자주 논의했는지 보고할 수 있다. 수치가 들어간 보고는 인게이지먼트의 빈도를 반영할 수 있으므로 성공적인 인게이지먼트 사례 연구가 보다 유용할 수 있다. 이러한 예들은 자산운용사가 어떻게 돈을 관리하는지 보여줌으로써 저축자들(기관과 개인 모두)을 고무시킬 수 있다.

의결과 인게이지먼트에 대해 보고하는 투자자가 많지만 모니터링에 대해 보고하는 투자자는 거의 없다. 각각의 주식 매도 건에 대해 투자자는 무슨 이유로 주식을 팔았는지, 그 이유가 주식 처분 정책에 일관되는지 설명할 수 있다. 역으로 모니터링을 통해 단기 재무 성과가 낮음에도 불구하고 투자자가 지분을 매입하거나 보유하게 된 사례를 보고할 수도 있다. 각 주요 종목 보유에 대해 논의하고 왜 계속 보유하는지(경쟁자에게 독점 정보가 제공되는 않는 한) 설명할 수 있다. 이렇게 함으로써 기본 세팅을 기계적으로 보유하는 것이 아니라 적극적으로 검토하며 특정 종목을 보유할 수 있게 한다.

재무 보고 방식도 크게 개선될 수 있다. 펀드가 보유하는 주식의 성과, 즉 펀드 성과를 보고하는 것 외에도 펀드가 매각한 주식의 후속 성과를 공시할 수 있다. 이를 통해 투자자에게 조기 매각에 대한 책임을 지도록 하며, 선견지명 있는 투자 회수에 대해서 보상할 수 있다. 투자자는 또한 특정 통상적인 통계에 대한 보고를 중단할 수도 있다. 일부 기업이 분기별 실적을 공시하지 않는 것처럼 투자자도 단기 실적이 아닌 장기 실적만 보고할 수도 있다.[20]

이제 나머지 투자 사슬에 대한 스튜어드십 정의, 내재화, 커뮤니케이션으로 넘어가보자. 자산 소유자와 투자컨설턴트가 자산운용사에 스튜어드십 책임을 물을 수 있는 방법에 대해서는 부록에서 설명할 것이다. 의결권 자문사와 증권 애널리스트의 역할은 다소 다르기 때문에 여기서 논하고자 한다.

의결권 자문회사

의결권 자문회사들은 투자자에게 의결 권고안을 제시하는데, 이 권고안은 지대한 영향력을 미친다. 보수 의결에 대해 ISS가 부정적인 권고를 하면 미국에서는 25%, 영국에서는 10~15%까지 의결에 대한 지지가 약화된다.[21][22] 저축자들로부터 높은 수수료를 받으면서 스튜어드십을 직접 이행하지 않고 제3의 기관에 아웃소싱하고 있음을 보여준다. 전문지식을 보유하고 있는 의결권 자문회사를 활용하는 것은 합리적인 관행이라고 할 수 있지만 몇 가지 잠재적인 우려 사항이 있다.

첫째, 의결권 자문회사는 짧은 시간 안에 수천 개의 회사에 대한 권고안을 마련해야 한다(대부분의 연례 총회가 열리는 4월에 몰려 있다). 따라서 그들의 자문이 모두 천편일률적일 위험이 있다.* 회사 특성을 고려할 필요가 거의 없는 일반적인 사안에 대한 권고조차 잘못된 방법론으로 인해 결함이 있을 수 있다. 예를 들어 ISS는 5장에서 논의한 것처럼 기존 주식 보유로 지급되는 성과급은 무시한 채 성과에 대한 보상을 계산

한다.[23]

이는 중대한 누락이다. 다소 아이러니한 사례로 ISS는 임원 보상 전문가인 윌리스 타워스 왓슨Willis Towers Watson의 2017년 급여 구조에 반대 표를 던질 것을 권고했는데, 기본적인 오류에 근거한 권고였다.[24]

더 심각한 문제는 이해상충이 발생할 가능성이 있다는 점이다. 일부 의결권 자문회사는 투자자에게 투표 권고를 하는 것은 물론 투자자가 의결할 것으로 보이는 안건을 수립하는 데 도움을 주는 회사에 컨설팅을 하기도 한다. 의결권 자문회사는 컨설팅 프로젝트를 맡긴 것에 대한 감사 표시로 컨설팅이 성공적인 안건 수립에 도움이 된다는 것을 보여주기 위해 컨설팅 고객에게 유리한 편향된 권고안을 낼 수 있다. 오하이오공무원퇴직연금은 ISS의 서비스 이용을 중단하면서 "중단 결정을 내리게 된 계기는 기업 컨설팅 관련 이해상충이 실제로 존재하거나 존재하는 것처럼 인식되기 때문이다"라고 밝혔다.[25]

이러한 우려는 타당한가? 증거를 살펴보자. 타오 리Tao Li는 2만 6,304개 주주회의의 의결을 검토해서 ISS와 잠재적인 이해상충이 있는지를 연구했다.[26] 단순히 ISS가 컨설팅 고객사에게 '찬성' 의결을 권고한 것 자체로 편향을 시사하는 것은 아니다. 컨설팅 결과 안건 수준이 실제로 개선된 것일 수도 있기 때문이다. 그래서 타오는 컨설팅을 제공하지 않는 글래스르위스의 시장 진입을 살펴봤다. 이후 ISS는 훨씬 더 자주, 특히 ISS 고객일 가능성이 가장 높은 대기업에 대해 '반대' 권고안을 냈다. 이

★ 어느 재무학 교수님이 주요 의결권 자문회사에서 인턴했던 학생에 대해 이야기한 적이 있다. 그 학생은 자문회사에서 베네룩스 지역 전체를 커버하는 상근직 전문가가 단 두 명에 불과한 사실에 놀랐다고 한다. 더 놀라운 것은 그 전문가들이 "걱정하지 마. 우리 회사에는 인턴이 엄청 많아"라면서 안심시켰다고 한다. 이는 하나의 사례에 불과하지만 의결권 자문회사의 주니어 직원들이 형식적으로 체크리스트를 검토하는 방식의 가이드라인에 따라 권고안을 처리하고 있음을 보여준다.

러한 결과는 글래스르위스가 진입하기 전에 ISS가 컨설팅 고객사에게 더 우호적이었음을 보여준다.

또한 글라스르위스의 시장 진입은 편향이 노골적인 것으로 드러날 수 있는 '뻔한 의결(예: 논쟁의 여지가 없는 이사 선임)'보다 편향되기 쉬운 '복잡한 의결(예: 지배구조나 보수와 관련된 제안)'에 더 큰 영향을 미쳤다. 이는 이해상충이 있다는 설명을 뒷받침한다. 중요한 점은 분석 과정의 어떤 잠재적인 편향도 실제 결과에 영향을 미친다는 점이다.

타오는 이해상충이 중추적인 역할을 했을 수도 있는 안건들을 명확하게 살펴보기 위해 근소한 차이로 통과된 안건들을 근소한 차이로 통과되지 못한 안건들과 비교했다. 아슬아슬하게 통과된 안건이 있는 회사의 경우 임원진이 타사 임원진 대비 급여가 더 높고, 급여 상승률이 높으며, 더 많은 현금이 지급되는 것으로 나타났다. 즉 편향이 있으면 경영진에게 과도하게 보상이 지급될 수 있다는 사실을 시사한다.

이 문제에 대한 해결책은 무엇일까? 자산운용사에 적용된 동일한 3단계 프레임워크가 답이다.[27] 첫 번째 단계는 의결권 자문회사가 자사의 목적과 스튜어드십에 대한 접근방식을 정의하는 것이다. 투자산업 전반에 걸쳐 스튜어드십을 촉진하는 자문회사의 역할을 보다 잘 인식하게 할 수 있다. 목적에서부터 시작해보자. 스스로를 아웃소싱 서비스로 보고 자산운용사가 자동적으로 따르는 권고사항을 제공하는가?* 아니면 고객사의 의결에 영향을 미치는 요소로 외부 의견을 제공하는 것이 목적인가? 스튜어드십 접근법에 대해서 자문회사는 자사의 권고안을 결정하는 명확한 연구방법과 적절한 내부 의결 방침을 마련해야 한다.

다음 단계는 이러한 방침들을 실행에 옮기는 것이다. 의결권 자문회

★ 일부 투자자는 의결에 대한 사내 전문지식이 없기 때문에 이러한 역할로 여전히 가치를 보탤 수 있다.

사가 자신들의 역할을 외부 전문가 의견을 제공하는 것으로 본다고 상정해보자. 그렇다면 전략적 판단이 필요한 사안은 권고안을 제시하기보다 안건의 장단점만 강조하고, '전략적 판단을 요함'이라고 표시하면 된다. 자문사가 최첨단 기법을 활용하기 위해 외부에서 자문회사의 가장 중요한 평가 방법론을 검토할 수 있게 할 수 있다.

마지막으로, 자문회사는 그들이 활용하는 연구 방법론과 내부 방침을 공개해야 한다. 다시 말하지만 커뮤니케이션은 단순한 보고 이상의 것을 포함한다. 자문회사는 기업에 왜 특정한 권고를 했는지 설명하고, 부정적인 권고에 앞서 팩트가 부정확하다면 수정할 수 있도록 기업에 사전 통지해주는 것을 고려해야 한다. 가끔 회사는 자문회사에 특이한 안건에 대한 판단 근거를 설명해달라고 요청하지만 거절당하기도 한다. 그러한 요구를 거절하는 것이 책임감 있는 스튜어드십이라고 보기는 어렵다.

증권 애널리스트

증권 애널리스트는 매수 및 매도 의견을 내는데, 이는 실질적으로 투자자의 거래에 영향을 미친다. 매수 추천 이후에는 3일 동안 주가가 3% 상승하고, 다음 달에도 2.4% 상승하는 결과로 이어진다. 이와는 대조적으로 매도 권고는 단기적으로 4.7%, 향후 6개월 동안 9.1%의 주가를 끌어내린다.[28]

그러나 애널리스트들이 스튜어드십에 있어서 주식 거래의 중요성을 인식하지 못하기 때문에 스튜어드십 코드에는 애널리스트의 역할이 반영되어 있지 않다. 만약 투자자가 수익에 초점을 맞춘 애널리스의 권고에 영향을 받아 단기 수익에 기반해 거래한다면 회사는 투자가 아닌 이윤에 초점을 맞출 것이다. 게다가 거래는 인게이지먼트에 영향을 미친다. 주주들이 애널리스트의 투자 의견 때문에 특정 종목에 투자하지 않는다면 의결이나 인게이지먼트가 이뤄지지 않기 때문이다.

미국 전역 정산US Global Settlement 같은 기존 규제는 애널리스트가 소속 은행의 고객을 지나치게 낙관하는 등 편향을 해소하는 데 초점을 맞춰 왔다.[29] 하지만 이것만으로는 충분하지 않다. 애널리스트가 편향되지 않더라도 단기 요인에 기반해 투자 의견을 내놓을 수 있기 때문이다.

애널리스트는 특히 기업의 실적 전망치를 내놓음으로써 주식 거래에 영향을 미친다. 예측이 빗나가면 주가가 3.5% 내려가고,[30] CEO 보너스도 내려간다.[31] 6장에서 논의했던 존 그레이엄, 캠 하비, 시바 라즈고팔의 설문조사에 따르면, CFO 중 80%가 '수익 벤치마크에 도달하지 못하는 것을 방지하기 위해 투자를 삭감할 것'이라고 응답했다. 벤치마크는 과거 수익일 수 있지만, 조사 결과 CFO의 73.5%가 애널리스트의 전망치를 중요한 벤치마크로 여긴다고 나타났다.

스티븐 테리Stephen Terry의 또 다른 연구에 따르면 애널리스트의 실적 전망치를 간신히 달성한 기업들은 간발의 차이로 전망치에 도달하지 못한 기업보다 연구개발비 증가율이 2.6% 낮은 것으로 나타났다. 이는 CEO가 전망치에 도달하려고 연구개발비를 줄인다는 것을 시사한다.[32]

애널리스트 보고서는 수익 전망 이상을 의미한다. 보고서에는 전략, 시장 전망 및 경영 품질 같은 장기 요인을 다룬다. 하지만 일반적으로 이해관계자 가치보다 이윤과 명확한 연계가 있는 요인만 다루기 때문에 무형자산의 파급효과 같은 외부효과는 무시될 수 있다. 실제로 애널리스트는 특히 무형자산이 중요한 연구개발기업에서 무형자산을 제대로 평가하지 않는다는 연구결과가 있다.[33] 결과적으로 증권 애널리스트 수

가 줄어들면 특허 출원 수도 늘어나고 특허 수준도 올라간다.[34]

자산운용사에 적용된 동일한 3단계 프레임워크를 적용해보자. 첫째는 증권 애널리스트가 자신의 목적을 정의하는 것이며, 여기에는 스튜어드십에 애널리스트의 역할이 있음을 인정하는 것이 포함된다. 애널리스트의 목적은 투자자의 책임 있는 투자를 촉진하는 것일 수 있다. 만약 그렇다면 스튜어드십 차원에서 애널리스트는 특정 회사가 사회에 미치는 영향을 면밀히 조사하고 상당 부분 이 평가 결과를 기반으로 투자 의견을 작성해야 한다.

두 번째 단계는 스튜어드십 접근법을 내재화하는 것이다. 여기에는 기업의 이해관계자 자본을 평가하기 위한 자원을 확보하도록 하는 것도 포함된다. 전에는 증권 리서치 부서의 다른 팀이 각 업종을 담당했지만, 지금은 대부분 SRI 전문팀이 따로 있다. 주요 고객들은 사회적 책임 투자자다. 하지만 우리는 사회적 요소들이 모든 주주에게 중요하다는 점을 강조해왔다. 애널리스트는 SRI팀의 보고서뿐 아니라 모든 보고서에 사회적 영향이 반영되도록 하는 프로세스를 보유해야 한다.

최종 단계는 외부 커뮤니케이션이다. 미국 전역 정산 규정에 따라 애널리스트는 모든 주식에 대한 매수, 보유, 매도 추천에 대한 상세 내역을 분석 보고서에 포함시켜야 한다. 이를 통해 투자자는 애널리스트의 투자 의견이 지나치게 낙관적인지 아닌지를 평가할 수 있다. 마찬가지로 애널리스트는 분기별 수익에 대한 비관적인 전망에도 얼마나 자주 매수 권고를 하는지 보고할 수 있다.[35] 이를 통해 투자자는 애널리스트의 투자 의견이 어느 정도 단기 전망에 기반하는지 평가할 수 있다.

위의 3단계는 애널리스트가 스튜어드십 책임을 인정하고, 그 책임을 완수하는 데 도움이 될 것이다. 그러나 규제당국과 투자 사슬의 나머지 영역에서도 애널리스트를 인정하는 것이 중요하다. 규제당국은 스튜어드십 개혁을 고려할 때 증권 애널리스트를 포함시켜야 하며, 투자자는 특히 주의해야 하는 애널리스트가 누군지 결정할 때 애널리스트의 스튜어드십 영향을 감안해야 한다.

현재 스튜어드십 논의에서 애널리스트가 빠져 있기 때문에 상당한 태도의 변화가 요구된다. 애널리스트의 투자 의견은 투자자의 거래 결정, 궁극적으로는 회사의 행동에 영향을 미치기 때문에 중요하다.

- 스튜어드십은 자산운용사뿐 아니라 자산 소유자와 서비스 제공업체까지 전체 투자 사슬이 져야 하는 책임이다. 스튜어드십을 향상하는 것은 장기 수익률을 높이고 투자산업의 정당성을 확보하는 데 매우 중요하다.

- 투자자는 기업이 목적을 추구하는 방식과 비슷하게 스튜어드십을 추구해야 한다. 먼저 스튜어드십 정책을 명확하게 정의하고, 이 정책을 투자 프로세스에 통합적으로 내재화하며, 정책과 결과를 외부로 커뮤니케이션한다.

- 스튜어드십 정의에는 투자 회수 정책과 인게이지먼트의 형식 및 테마가 포함되어야 한다. 선택된 스튜어드십 접근방식은 자산운용사의 목적에 따라야 하며 따라서 비교우위의 원칙에 기초해야 한다.

- 스튜어드십을 내재화하기 위해서는 자산운용사가 큰 지분, 장기적인 금전적 인센티브 및 스튜어드십 자원을 보유하도록 보장해야 한다.

- 효과적인 모니터링이란 기업이 사회를 위해 창출하는 가치(현재 주가에는 반영되어 있지 않은 정보)를 평가하는 것이다.

- 의결권 자문회사의 권고 및 내부 방침뿐 아니라 회사의 고유한 여건을 고려해야 효과적인 의결이 이뤄진다.

- 파이를 쪼개는 이슈(예: 급여 수준)보다 파이를 키우는 이슈(예: 목적 및 전략)에 초점을 맞추면 효과적인 인게이지먼트가 이뤄질 수 있고, 다른 투자자와의 집단 인게이지먼트 및 에스컬레이션 메커니즘이 수반될 수 있다.

- 스튜어드십 커뮤니케이션에는 의결 행동과 집중 포트폴리오에 대한 정량적 지표가 포함된다. 인게이지먼트 우선순위, 모니터링 주제 및 성공적인 인게이지먼트 또는 투자 회수에 대한 사례 연구 같은 정성적 지표들이 가장 귀중한 커뮤니케이션 내용이 될 수 있다.

- 의결권 자문회사의 스튜어드십에 대한 기여를 제고할 수 있는 방안은 다음과 같다. 의결권 자문회사에 맞춤형 의견 제공에 필요한 자원을 제공한다. 잠재적인 이해상충 문제를 해소할 수 있는 정책을 이행한다. 그들의 평가 방법론을 외부에서 면밀히 살필 수 있게 한다. 그들의 목적을 아웃소싱 서비스가 아닌 자문 역할로 규정한다.

- 회사의 단기 실적보다 무형자산과 사회적 성과를 기반으로 투자 의견을 내면서 증권 애널리스트는 스튜어드십에서 핵심 역할을 수행할 수 있다.

10 | 시민들
개인이 비즈니스에 영향을 미치는 방법

개인은 어떻게 행동해야 비즈니스에 영향을 미칠 수 있는가? 이 장에서는 시민이 기업의 파이를 키우는 데 어떻게 도움을 줄 수 있는지 살펴볼 것이다. 그들은 다음과 같은 역할을 수행함으로써 기업에 영향을 미친다.

- **구성원** 투자자이자 동료, 고객으로서 시민은 어느 기업에 투자할지, 어느 회사에서 일할지, 어느 기업의 제품이나 서비스를 구매할지 선택하며 기업에 책임을 지울 수 있다.
- **정책입안자** 소수의 개인만이 정책을 직접 설계한다. 그러나 모든 시민은 유권자로서 정책에 영향을 미친다(그리고 경우에 따라서는 정책입안자에게 제안하거나 공론에 참여할 수 있다). 우리는 입법, 그리고 강제성이 덜한 행동 강령, 2가지의 역할에 대해 논할 것이다.
- **인플루언서** 여기에는 언론, 싱크탱크, 전문가로 인식되는 사람들을 포함한다. 또한 기업의 제품이나 서비스를 공유하고, 구매하고, 의견을 남기는 행위로 영향력을 발휘하는 시민들을 포함한다. 인플루언

서는 비즈니스 전반에 대한 여론을 형성해 기업에게 책임지게 하고 정책을 유도할 수 있다.*

위 분류를 통해 일반적으로 생각했던 것보다 비즈니스를 변화시킬 수 있는 시민들의 힘이 훨씬 크다는 것을 알 수 있다. 엔론의 직원이었던 셰론 왓킨스Sherron Watkins는 자사의 회계 부정을 내부 고발했고, CEO 케네스 레이Kenneth Lay에게 회계 부정에 대해 경고한 뒤 미 하원과 상원에서 증언했다.

시민 댄 오설리번Dan O'Sullivan은 트위터에서 '우버 삭제Delete Uber' 캠페인을 시작했다. 뉴욕택시노동자연맹이 트럼프 당시 미국 대통령의 무슬림 국가 여행 금지 조치에 반발해 파업을 선언하자 우버는 요금 인상으로 이어지는 '가격 오름 현상(대중교통 수단이 수요에 비해 공급이 한정되어 있을 때 서비스에 대한 가격을 올려서 공급을 늘리는 시스템)'을 억제했다. 댄은 캠페인을 통해 우버가 택시 파업으로 이익을 얻으려 한다고 주장했고, 50만 명의 고객은 자신의 우버 계정을 삭제함으로써 이를 지지했다.**

그레타 툰베리는 2018년 8월 '기후를 위한 학교 파업School Strike for Climate' 캠페인을 시작했을 때 겨우 15세였다. 그해 말, 툰베리는 UN기후변화회의에서 연설했고, 이후 전세계 국가 지도자들과 어린이들 사이에서 기후 위기에 대한 인식을 높였다. 그리고 시민은 국회의원이 되지 않고도 정책을 제안할 수 있다.

★ 이 책의 많은 분류법과 마찬가지로 둘 사이의 경계가 흐릿하다. 행동 강령은 정책입안자의 개입 없이 업계 참여자가 스스로 채택할 수 있다. 기업과 투자자도 인플루언서가 될 수 있다.

★★ 다른 비상 상황 때도 그랬듯이 우버의 운임 인하 결정은 고객을 위한 것이었기에 불매운동은 부당하다고 주장한 시민도 있었다. 불매운동이 정당한가의 여부와 상관없이 이 사례는 개인이 기업 가치에 미치는 영향이 크다는 것을 보여준다.

5장에서 언급한 과도한 경영진 보상에 반대하는 스위스 국민투표는 항공사에 납품하는 치약과 구강청정제를 만든 기업가 토머스 마인더Thomas Minder로부터 시작됐다. 이러한 힘을 '에이전시agency'라고 부를 것이다. 에이전시는 수동적으로 영향받지 않고 독립적으로 행동하며 그들의 환경에 영향을 미치는 능력을 뜻한다. 제14대 달라이 라마Dalai Lama는 "자신이 너무 작아서 변화를 줄 수 없다고 생각되면 모기와 함께 잠을 자도록 하라"고 말했다. 이제 시민이 투자자, 동료, 그리고 고객으로서 어떻게 기업의 파이를 키울 수 있는지 논의해보자.

구성원

6장에서 기관투자자가 2가지 스튜어드십, 즉 모니터링과 인게이지먼트를 보유하는 것에 대해 논의했다. 이 2가지 힘은 개인투자자, 동료, 고객에게도 그대로 적용된다. 에이전시의 첫 번째 원천은 어떤 기업의 구성원이 될 것인가, 즉 어느 기업의 가치를 공유할지 선택하는 자유다. 4장에서 나는 투자자가 기업의 사회 기여도에 기초하여 주식을 선택해야 한다고 주장했다. 사회적 이익뿐만 아니라 재무적 수익도 개선하기 때문이다.

9장(및 부록)에서는 저축자가 스튜어드십 이행 성과를 기반으로 자산운용사를 선정할 것을 권고한다. 저축자의 인게이지먼트를 촉진하는 영국의 자선단체인 셰어액션ShareAction은 선택을 돕기 위해 스튜어드십 성과를 기반으로 뮤추얼펀드의 순위를 매긴다.

많은 시민에게 있어 가장 큰 투자 결정은 금융 투자가 아니라 어느 회사에서 일할지 선택하는 일이다. 고객과 공급자를 착취해 환경을 훼손하거나 여성 및 소수 동료들을 홀대한 것으로 악명 높은 고용주라면 아무리 연봉이 높고 직함이 매력적이더라도 시민은 일자리 제안을 거절할 수 있는 힘이 있다. 거의 모든 회사에서 직원은 핵심 자산이다. 따라서 경쟁사에 재능 있는 직원들을 빼앗길 수 있다는 점은 회사가 파이 쪼개기 행위를 하지 않는 데 강력한 억제력으로 작용한다.

사회를 착취하는 기업은 직원의 가치 체계와 충돌할 뿐 아니라 미래가 불확실하기 때문에 직원의 일자리를 위태롭게 할 수 있다. 실제로 일부 기업의 붕괴는 사회적 성과 연구로 예견이 가능했다. 예를 들어 〈비즈니스인사이더〉는 데이터 제공업체 GMI의 ESG 등급을 기준으로 2012년 10월 발표한 '당신이 생각하는 것보다 더 위험할 수 있는 13개 기업' 목록에서 다수의 거버넌스 이슈를 지적하며 웰스파고에 경고 메시지를 보낸 바 있다.[1]

이듬해 〈로스앤젤레스타임스〉는 '웰스파고는 상품 판매 압박으로 직원들의 사기를 떨어뜨리고 윤리적 위반까지 초래했다. 할당량을 채우려고 직원들은 불필요한 고객 계좌를 개설하고, 고객의 허락 없이 신용카드를 주문하며, 고객 서명을 위조했다'고 보도했지만, 당시에는 큰 관심을 끌지 못했다.[2]

2016년 9월 소비자금융보호국CFPB은 웰스파고가 200만 개의 가짜 은행과 신용카드 계좌를 개설했다고 밝혔다. 이로 인한 과징금과 평판 실추로 웰스파고는 400개 지점을 폐쇄하고 최대 10%의 인력을 감축할 계획을 발표하게 된다. 새 직장을 구하게 되더라도 직원의 급여가 줄어든다. 보리스 그로이스버그Boris Groysberg, 에릭 린Eric Lin, 조지 세라핌은 금융 비리에 연루되어 회사를 떠난 고위 경영자들은 문제가 터지기 전에 퇴직했다 하더라도 타사 경영진 대비 수입이 4% 적다는 것을 발견했다.[3] 이미지가 실추된 회사가 이력에 남는 것만으로도 미래의 수익 잠재력을 해치는 것이다.

고객도 같은 힘을 발휘한다. 저렴한 제품이 있더라도 더 높은 비용을 지불하면서 유기농 또는 현지에서 생산된 식품을 구입하는 사람들처럼 고객은 그들이 중시하는 가치를 반영하는 기업의 제품과 서비스를 구매한다. 이는 분석해보지 않아도 알 수 있는 사실이다.

9장에서 기업의 사회적 성과를 확인할 수 있는 몇 가지 공개 데이터의 출처를 소개했는데, 이는 시민이 투자자와 동료로서 역할을 하는 데 활용될 수 있다. 고객이 활용할 수 있는 맞춤형 추가 정보가 또 있다. 예를 들어 좋은 쇼핑 가이드Good Shopping Guide나 윤리적 소비자 웹사이트를 통해 브랜드의 환경·사회적 등급을 확인하고 상품을 고를 수 있다.

앱 넛지포체인지Nudge for Change는 고객 개인에게 가장 중요한 이슈를 고른 후 매장으로 들어가는 점포에 대한 등급을 매길 수 있게 해준다. 또 다른 앱 바이코트Buycott를 통해서는 제품 바코드를 스캔하여 기업의 사회적 영향을 파악할 수 있고, 굿온유GoodOnYou에서는 브랜드 이름을 입력하면 비슷한 정보를 제공한다.

이보다 훨씬 더 강력한 에이전시의 원천이 있다. 바로 특정 기업의 제품이나 서비스를 사지 않거나 다른 것으로 대체할 수 있는 자유다. 예를 들어 휴대폰을 업그레이드하지 않기로 선택하거나 비행기 이외의 운송수단을 사용하고, '패스트 패션fast fashion'에 저항하는 시민의 선택은 모두 환경에 긍정적인 영향을 미친다.

WWF Footprint Calculator, REAP Petite, CarbonFootprint.com 같은 웹사이트를 통해 가정에서도 탄소 발자국을 계산할 수 있고, 탄소 발자국을 줄이는 최선의 방법도 습득할 수 있다.[4]

이처럼 기업의 구성원으로 기업과 인게이지할 수 있다는 점이 시민이 보유한 에이전시의 두 번째 원천이다. 4장에서 전략학 교수 캐롤라인 플래머의 연구에서 확인했듯이 투자자는 사회적 지향을 내재화하기 위한 제안을 제시할 수 있다. 기업은 흔히 파이 쪼개기 행동이 투자자의 이해에 부합한다고 정당화하기 때문에 이런 주주 제안은 특히 강력할 수 있다. 이러한 제안에서 투자자는 기업이 이해관계자를 진지하게 받아들이기를 바란다는 점을 강조한다. 중요한 것은 기관투자자뿐 아니라 개인도 주주 제안을 제시할 수 있다는 점이다.

2018년 5월 소매업종 주주인 키스 슈닙Keith Schnip은 맥도날드에 플라스틱 빨대 대체품 개발에 대한 보고서를 요청했다. 이 제안은 부결됐지만 맥도날드의 행동에 변화를 일으키는 데 일조했다. 다음 달, 맥도날드는 2019년부터 영국과 아일랜드에서 플라스틱 빨대를 단계적으로 폐지할 것이라고 발표했다.* 단일 기업의 주주 제안은 산업이나 경제에 파급효과를 가져올 수도 있다.

1973년 석유회사 모빌의 결의안은 남아프리카공화국의 흑인 고용자에 대한 더 나은 근로 조건 개선이 골자였다. 덕분에 인종차별에 대한 사람들의 인식이 높아졌고 6장에서 언급한 남아프리카로부터 투자 회수를 외치는 캠페인을 촉발하는 데 기여했다.

공식 제안 외에도 주주들은 주주총회에서 질의할 수 있다. 압둘 듀란트Abdul Durrant는 존 본드John Bond HSBC 회장의 사무실을 포함하여 HSBC 런던 사옥을 청소하는 계약직 직원이었다. 하지만 청소부 수입만으로는 5명의 자녀들을 부양하기가 버거웠다. 동런던의 자선단체연합 텔코Telco는 압둘에게 HSBC의 주식을 사주면서 압둘이 2003년 HSBC의 주주총

★ 많은 결정과 마찬가지로 맥도날드가 플라스틱 빨대를 단계적으로 폐기하기로 한 결정에는 단 한 가지 원인만 작용했을 가능성은 낮다. 영국 정치인들은 앞서 2018년 플라스틱 빨대 금지를 제안했는데 2019년 5월에서야 시행됐다. 더구나 맥도날드가 자발적으로 나선 몇 안 되는 회사 중 하나였다는 사실은 슈닙의 주주 결의안이 한 몫했다는 것을 시사한다.

회에 참석할 수 있도록 도와줬다. 주총에 참석한 압둘은 용기를 내어 존 본드에게 말했다.

"저는 HSBC의 모든 계약직 직원과 동런던에 사는 주민을 대표하여 여기에 왔습니다. 우리는 시간당 5파운드(약 7,300원)를 받습니다. 연금도 없고, 건강보험 혜택도 쥐꼬리 만합니다. 생활이 어려워서 아이들은 굶은 채로 학교에 갑니다. 아이들 공부에 필요한 책도 못 사주는 형편입니다. 소풍 같은 과외활동은 엄두도 못 냅니다."

이 탄원에 감명받은 존 본드는 HSBC의 청소부 임금을 28% 인상했다.[5] 이듬해 주총에서 압둘은 존 본드에게 감사를 표했다.

"HSBC 청소부들의 근무 여건을 개선해주고 급여를 올려주신 데에 우리들은 매우 기뻐하고 있습니다. 오늘 저는 감사 인사를 드리기 위해 이 자리에 왔습니다. 이제 아이들과 더 많은 시간을 보내고 아이들이 더 좋은 시간을 누릴 수 있게 해줄 수 있습니다. 아이들 표현을 빌리자면 '빅 리스펙트big respect'입니다."

직원도 대규모 다국적기업의 임금 정책을 바꿀 수 있는 힘이 있다는 것을 잘 보여주는 예다. 이보다 일반적인 예를 보면, 셰어액션에는 주총에 참석하여 이사회에 생활임금Living Wage 지급을 요구하는 '시민 주주citizen shareholders' 팀이 있다. 생활임금이란 법정 최저임금보다 높은 급여로 근로자 가족의 기본 니즈를 충족할 수 있게 돕는 임금이다.

2011년 쉐어액션이 생활임금 캠페인을 시작했을 때 FTSE 100 기업 중 생활임금을 지급하는 회사는 두 군데 뿐이었는데, 현재는 37개에 이른다. 궁극적으로 더 높은 임금을 지급하는 주체는 주주지만, 많은 주주들은 직원이 인간다운 삶을 영위할 수 있는 기업으로부터 수익을 얻기를 원한다. 급여가 높으면 일반적으로 이직률이 낮아지고 직원들이 강하게 동기부여됨으로써 기업의 파이가 커지기 때문이다.

이제 고객으로 넘어가보자. 그들이 인게이지먼트할 수 있는 방법은 기업의 무책임한 행동에 항의하거나 등을 돌리는 것이다. 불매운동은 소셜미디어에서 빠르게 확산될 수 있기 때문에 오늘날 특히 파급효과가 크다. 폭스바겐과 우버의 사례에서 보았듯이, 불매운동의 대상이 된 기업은 심한 타격을 받고 종종 관련 전체 업계로 불매운동의 불똥이 튈 수도 있다.

1990년대에는 나이키 공장의 노동자 착취에 반대하는 시위가 많았다. 나이키는 쟁점을 인정하고 노동자 임금과 근로 여건을 개선하며, 다른 기업과 협력하는 '공정노동조합Fair Labor Association'을 만들어 독립적인 모니터링과 행동강령을 확립하는 것으로 대응했다.

고객의 에이전시는 여기서 멈추지 않는다. 고객은 주주 제안을 지지할 수 있다. 키스 슈넙의 결의안은 소비자 감시단체 섬오브어스SumOfUs가 앞서 맥도날드에 플라스틱 빨대를 금지해달라는 청원을 했기 때문에 나올 수 있었다. 섬오브어스는 50만 명에게 서명을 받은 뒤 회원이자 맥도날드 주주였던 키스에게 섬오브어스를 대표해 결의안을 제출해줄 것을 요청했다.

또한 고객은 회사 제품에 대한 피드백을 제공해 인게이지먼트할 수 있다. 그 위력은 어느 때보다도 높다. 사용자 리뷰 웹사이트를 통해 후기를 쉽게 작성할 수 있으며, 후기는 해당 회사뿐 아니라 다른 고객에게도 영향을 미친다. 트립어드바이저, 에어비앤비, 아마존 같은 사이트에 올라온 후기는 기업이나 제품을 살릴 수도 망하게 할 수도 있다.

고객은 기업 혁신 촉진을 위한 의견도 제공할 수 있다. 2004년 파산 직전까지 갔던 레고는 2015년 매출 기준 세계 최대 장난감회사로 탈바꿈했다. 대변신의 중심에는 레고가 만든 앰배서더 프로그램이 있었다. 이를 통해 레고는 가장 열성적인 고객들과 인게이지하고 신제품에 대한 아이디어를 얻으며 기존 제품에 다시 집중할 수 있었다.

마지막으로 고객이 발휘할 수 있는 또 다른 힘의 원천은 구매한 제품을 이후 어떻게 할 것인지가 전적으로 고객에게 달려 있다는 점이다. 8장에서 논의한 바와 같이 파타고니아는 손상된 옷을 수선하거나 안 쓰는 물건을 재판매하는 프로그램을 운영한다. 사실 고객 입장에서는 굳이 수선 서비스를 이용하지 않고 버리는 게 더 편할 수 있다.

마찬가지로 휴렛패커드는 재사용 가능한 토너 카트리지 개발에 투자했고, 재사용을 원하는 고객에게는 카트리지 배송료 부담을 덜어준다. 그러나 이러한 프로그램도 고객들이 먼저 다 쓴 카트리지를 포장하고 재활용하는 파이 키우기 행동을 취해야만 효과를 발휘한다.

직원이 인게이지먼트하기 위해서는 기업처럼 개인도 파이 성장에 도움이 되는 사고방식을 택하는 것이 필요하다. 기업이 미래 사업과 명확한 연계가 없더라도 이해당사자를 위해 가치를 창출하는 것처럼, 직원은 평가 시스템을 통해 명시적으로 보상받지 못하는 경우에도, 조직에 대한 가치를 창출해야 한다.

8장에서 논의한 바와 같이 동료에 대한 대우가 한 예다. 중요한 것은 임파워먼트, 투자, 보상의 태도는 리더만이 아니라 모든 직원이 실천할 수 있다는 점이다. 동료는 기업 문화를 수동적으로 받아들일 필요가 없다. 동료는 문화를 바꿀 힘을 가지고 있고, 기업에서는 사람이 사람을 관리한다. 부서에서 가장 낮은 직급일지라도 직원을 도와주는 사람이나 지원부서가 따로 있기 마련이다. 직원은 스스로 문제를 해결할 수 있으며, 만약 지원부서 직원에게 도움을 받았다면 직간접적으로 감사 인사를 전하며 보상의 태도를 실천할 수 있다.

직원의 에이전시는 부하직원 관리뿐 아니라 상급자 관리까지 적용된다. 하급 직원들은 보통 자신에게는 에이전시가 많지 않다고 생각한다.

나 역시 투자은행에 입사해 처음 몇 달간은 회사가 지시하는 대로 수동적으로 업무를 처리했다. 아무런 증거도 없이 다른 사람들이 말하는 대로 믿어버린 것이다.

당시 내가 속한 화학팀 옆에는 운송팀이 있었다. 운송팀의 팀장 벤Ben은 서른한 살로 최연소 팀장이었다. 하루는 벤이 과로로 힘들어하는 나를 데리고 나가서 점심을 사줬다. 그는 내 책임자도 아니었지만 옆 팀 팀장이자 동료로서 투자의 태도를 발휘한 것이었다. 그는 지시를 그대로 이행하는 직원들보다 에이전시를 발휘하는 직원들이 회사에 훨씬 더 많이 기여하기 때문에 회사가 그들을 얼마나 중시하는지를 설명해줬다.

몇 주 후 나는 15개 회사들을 대상으로 기업 가치 분석을 했다. 그중 하나가 농화학기업 신젠타였기 때문에 상사인 마크Mark는 즉흥적으로 다른 농화학기업인 몬산토를 추가하자고 제안했다. 나는 이미 15개 기업의 분석을 끝난 상태라서 하나를 더 추가한다고 해서 고객에서 큰 가치가 생기지는 않을 테지만, 이 비교 그룹이 다른 모든 분석에 반영되기 때문에 수정 작업이 상당하다고 설명했다. 그러나 몬산토를 추가하는 것이 얼마나 비효율적인 일인지 마크는 이해하지 못하는 것 같았다. 그의 마음속에서는 신젠타와 몬산토는 한 짝이었고, 신젠타가 있으니 반사적으로 몬산토를 추가하자고 제안한 것이었다.

그가 보지 못하는 것을 자각하게 할 수 있는 사람은 나뿐이었고, 그냥 지나간다면 결과를 두고 탓할 사람도 오로지 나뿐이었다. 마크는 열린 마음으로 내 설명을 듣고 나서 제안을 철회했다. 6개월 뒤 처음 받는 입사고과 평가에서 나는 '1년 차 애널리스트로서 알렉스는 자신의 견해를 공개적으로 말하고 회사에 기여하려는 의지를 보여줬으며 이런 자세는 장려되어야 한다'는 피드백을 받았다. 사실 이는 나에 대한 평가라기보다 마크와 회사가 에이전시를 얼마나 중시하는지를 보여주는 예다.

직원의 에이전시는 직위에 관계없이 동료와의 관계를 넘어 기업 전체에 기여한다. 8장에서 공장 근로자에게 제품 품질을 확인할 책임과 생산 라인을 정지시킬 권한이 주어지는 일본의 안돈 체제에 대해 논의했다. 그러나 이 책임과 권한의 행사는 직원들에게 달려 있다. 어떤 문제에 대해 불평하기는 쉽지만, 문제 해결을 위해 실제 조치를 취하는 것은 어렵다. 하지만 그렇게 어려운 것만도 아니다. 현재 파이에 매몰되지 말고 파이가 커질 수 있다는 사고방식을 채택하는 것만으로도 큰 장애물을 넘은 것이다.

때로는 대단한 노력이 아니어도 된다. 포스트잇 노트 같은 신제품, 뉴벨기에브루잉에서 판지 칸막이를 없앤 것 같은 새로운 프로세스 등 수많은 성공적인 혁신 사례는 직원들이 낸 아이디어에서 나왔다. 1장에서 배리웨밀러의 동료들이 전사적인 임금삭감 조치에 어떤 아이디어를 냈는지 논의한 바 있다. 일부 직원들이 자신보다 돈이 더 급한 동료들을 대신해 추가로 무급휴가를 신청하면서 협동해 회사를 지켜냈다.

어떤 에이전시라도 활용하는 것이 시민의 의무지만, 이를 가능케 해주는 것은 기업의 의무다. 기업은 직원과 고객의 집단 지혜를 활용해서 상당한 가치를 창출할 수 있는데도 때로는 그런 수고를 하려 하지 않는다. 프레드릭 테일러가 슈미트를 의욕도 없고 우둔한 존재로 본 것처럼 임원들은 소비자를 구매 행위로 회사에서 무언가를 취하는 존재로만 인식하는 경향이 있다. 일부 회사의 웹사이트에는 고객 제안을 할 수 있는 섹션은 없고 고객 불만만 접수할 수 있다. 그런 회사들은 고객이 파이를 쪼개는 사고방식을 가지고 있다고 암묵적으로 단정짓는 것이다. 즉 소비자는 소비자와 회사 모두에 이익이 되는 아이디어를 제안하는 주체가 아니라고 본다.

이는 사실이 아니다. 따라서 첫 번째 단계로 리더는 직원과 고객을 이기적인 개인으로 보는 잘못된 인식을 바꿔야 한다. 그들을 창의적이고 협력적이며 공감할 줄 아는 공동체 구성원으로 인식해야 한다. 그러고 나서 그들의 진정한 모습을 깨우고 그들이 가지고 있는 시민 에너지를 독려해서 활용하는 방법을 찾는다. 보다 넓게 보면 새로운 시민권 프로젝트New Citizenship Project 같은 기관도 그들의 고객이 시민의 잠재력을 발휘할 수 있도록 하기 위해 기업과 협력한다.

이제 정책입안자, 또는 정책에 대한 견해를 가진 유권자들이 파이를 키우는 데 어떻게 도움을 줄 수 있는지에 대해 논의해보자.

정책입안자

정책입안자가 파이코노믹스를 뒷받침할 수 있는 한 가지 방법은 규제를 통해서다. 이는 광범위하게 '단속' 또는 조정하는 조치로 봐야 한다. 여기에는 법률 제정뿐 아니라 스튜어드십 코드 등과 같은 행동강령도 포함된다. 규제를 부과함으로써 시장 실패를 바로잡는 데 큰 효과를 거둘 수 있지만 의도하지 않은 결과를 초래하는 경우도 많다. 먼저 규제를 마련할 때 주의해야 할 몇 가지 중요한 유의사항에 대해 논할 것이다. 그리고 유의사항을 염두에 두고 규제를 통해 실효를 거둘 수 있는 방법을 설명할 것이다.

• 파이 키우기 사고방식

파이를 키우는 사고방식에서는 부작위 과실의 중요성이 강조된다. 그러나 규제는 작위 과실을 처벌하는 데 가장 효과적이다. 가치를 창출하지 않는 기업에 벌금을 물리는 것은 어렵다. 규제를 활용하는 방식은 부작위 과실을 줄이지 못할 뿐 아니라 오히려 그 가능성을 높일 수 있다. 잘못을 저지르지 않으려고 노력할수록 기업이 혁신을 시도하지 않을 수 있기 때문이다.

2017년 12월 영국 정부의 요청에 따라 영국투자협회는 say-on-pay나 임원 선거 등 주주의결에서 80%의 지지를 얻지 못한 기업 명부를 만들었다. 투자자가 반대하는 제안을 하는 기업을 지목해서 수치심을 주기 위함이다. 명부에 포함되면 낙인이 찍히기 때문에 구어적으로 '벌서기 계단naughty step(아이들이 잘못했을 때 계단에서 반성하게 하는 벌_옮긴이)'이라고 일컬어진다. 그러나 이러한 '원스트라이크 아웃제'는 혁신을 방해한다. 실패는 기술 혁신의 결과이기도 하지만 실패로부터의 교훈이 미래 기술 혁신의 실마리가 될 수 있기 때문에 혁신의 거름이 되기도 한다.

기업의 임금 개혁 제안에 투자자의 '75%만 찬성한다면' 기업은 반대표를 던진 투자자의 우려에 귀를 기울일 수 있다. 실제로 명부 도입 전에 존재했던 '피드백 루프feedback loop(사용자가 보낸 불만사항을 발신자 조직으로 전달하는 조직 간 피드백 형식_옮긴이)'가 잘 작동하고 있는 것으로 보인다. say-on-pay 의결에서 80% 임계점에 도달하지 못한 기업은 이듬해 찬성하는 비율이 평균 17%p 개선됐다.[6]

유명 칼럼니스트 매슈 사이드Matthew Syed는 투자자가 틀렸다고 단정하고 계획을 무조건적으로 밀고 나가는 '폐쇄적 루프 사고closed-loop thinking'와 대조되는 용어로, 우려를 진지하게 받아들이고 그에 대응하는 방식을 '개방적 루프 사고open-loop thinking'라고 불렀다.[7]

그리고 영국투자협회의 명부는 애초에 달성하고자 하는 목표가 무엇인지 명확하지 않다. 제대로 하려면 사회적 가치를 창출하지 못한 기업에 망신을 줘야 한다. 보수에 대한 의결을 공개하는 명부가 가치 있으려면 2년 연속으로 적절한 찬성표를 받지 못한 경우에만 명부에 등재해야 한다. 이렇게 해야 기업에 투자자의 우려에 대응할 수 있는 기회를 제공하고 피드백 루프가 작동할 수 있다.

● 일화보다는 증거

증거에 기반해 규제가 실효를 거둘 수 있는 2가지 방법이 있다. 첫째, 문제가 얼마나 팽배한지, 범위와 해결책이 실제로 필요한지의 여부를 먼저 진단해야 한다. 비유하자면 거의 모든 사과가 멀쩡한데 몇 개의 썩은 사과가 나왔다고 해서 반사적으로 규제를 도입하려는 우를 막아야 한다는 것이다.

1982년, 미국 제조엔지니어링회사 벤딕스의 CEO 윌리엄 에이지는 회사가 인수되면서 해임될 때 410만 달러의 '황금 낙하산golden parachute' 퇴직 수당을 받았다. 대중은 CEO에서 해임됐다고 돈을 받는 사실에 격분했다. 이 단일 사례에 대응하여 1984년 의회는 3배의 급여를 초과하는 황금 낙하산에 높은 세율을 부과했다. 그런데 법이 도입되고 황금 낙하산 사례가 오히려 늘어났다. 이 법을 통해 CEO들은 해임될 때 퇴직 수당을 받을 수 있다는 사실을 알게 됐다.

1987년까지는 1,000대 기업 중 41% 정도로 드물게 적용됐던 제도가 1999년에 이르러서는 70%까지 치솟았다. 황금 낙하산을 허용하던 기업들도 규정이 생겼기 때문에 CEO 급여의 3배까지 퇴직 수당을 올렸다.[8] 일부 기업들은 이 규제를 피해가기 위해 연봉을 인상했다. 황금 낙하산 규정 자체가 제대로 설계되지 않았기 때문에 발생한 특수 사례여서 의도하지 않은 결과가 초래됐다고 볼 수도 있다. 그러나 여기서 보편적인 사실을 깨달을 수 있다. 규제에는 크게 2가지 문제가 있다.

첫째, 대부분 의도하지 않은 결과를 초래한다. 규제는 유형 지표에 초점을 맞추기 때문에 조작하기가 용이하다. 둘째, 규제는 광범위하게 적용된다. 따라서 특정 문제가 시장에 팽배한 상황일 때만 모든 부작용을 감수하면서 규제를 부과해야 한다.

증거에 기반해 규제가 실효를 거둘 수 있는 두 번째 방법은 유사 사례에서 이미 도출된 증거로 문제의 해결책을 강구하는 것이다. 극단적인 개혁을 제안하면 흔히 혁명가로 치켜세워지지만 효과가 있다는 증거가 없을 때는 매우 위험하다. 직관에 반하는 결과가 나올지도 모른다.

테리사 메이Theresa May 전 영국 총리는 2016년 선거운동을 시작하면서 투자자에게 급여를 통제할 수 있는 힘을 주기 위해 연례적인 say-on-pay 규정이 권고안의 역할을 넘어 구속력을 갖게 하겠다는 뜻을 밝혔다. 그러나 say-on-pay를 보유한 전세계 11개국과 비교한 결과, 권고안 역할만 하는 경우가 구속력이 있는 경우보다 오히려 보수를 낮추고 성과와의 연계를 강화하는 데 보다 효과적이라는 증거가 제시됐다.[9] 놀랍지만 꽤 논리적인 결과다. 즉 반대 의결의 구속력이 더 큰 혼란을 야기할 가능성이 있는 경우, 투자자는 급여 지급에 반대표를 던지는 것을 더 꺼리게 될 수 있다.

실제로 메이 총리가 당선된 이후 얼마 지나지 않아 보수 의결에 대한 협의가 시작됐지만 우려가 제기되면서 무산되고 말았다.[10] 증거에 기반한 이러한 대응은 칭찬받을 만하다. 유권자들은 흔히 정치인들이 제안한 정책에서 유턴한다고 비난한다. 그러나 모순된 증거를 무시하는 폐쇄적인 생각보다는 우려를 수용하는 편이 훨씬 낫다.

만약 정치인들이 자신이 제시한 방안에 대해 협의도 하지 못하고 협의 후에 방안이 폐기될 수 있는 여지도 없다면 처음부터 아이디어를 제안하지 않을 것이다. 이는 부작위 과실에 해당한다. 또는 새롭게 제시된 증거가 있는데도 아랑곳하지 않고 애초 계획된 행동 방침에 독단적으로 집착할 수도 있다.

• 유형 vs 무형

규제당국은 유형 지표에 대해 기업들의 책임을 추궁하는 편이 훨씬 용이하다. 유형 지표가 검증하기 쉽기 때문이다. 규제당국은 기업이 조치를 누락하거나(예: 최저임금을 지급하지 않는 경우), 잘못 신고한 경우(예: 부정하게 수익을 공시하는 경우)에 고발할 수 있다.

그러나 유형 지표에 초점을 맞추면 2가지 주요 리스크가 발생한다. 첫 번째는 질보다 양을 우선하게 된다는 점이다. 양은 유형적이지만 질은 무형적이기 때문에 규제를 통해 양적인 면을 개선시킬 수 있지만 질적인 면은 오히려 악화될 수 있다. 미국에서는 2003년 입법화된 법률에 따라 뮤추얼펀드의 의결을 선관의무로 못 박았지만 대부분은 스스로 연구하지 않고 의결권 자문회사의 권고를 따랐다.[11] 제대로 알지 못하고 의결하는 것은 의결에 참여하지 않는 것보다 더 나쁘다.

두 번째는 사안의 본질을 이해하기 위해 노력하기보다 규정 준수에만 급급하다는 것이다. 규제로 인해 기업은 정책의 본래 취지에 충실하지 않고 정책에서 강조된 유형 지표에만 연연할 수 있다. 4장에서 직원 만족도가 주는 이점을 논의했다. 규제가 부과되지 않는다면 기업은 모든 차원의 만족도를 향상시키는 것을 목표로 할 것이다. 그러나 보수 배율을 공시하면 보수에만 초점을 맞추게 될 수 있다. 직원 만족도 향상은 더 큰 비용이 들기 때문에 기업은 요구되는 범위에서만 규제를 준수하게 될 것이다.

• 사전적 vs 사후적

규제는 행위나 행동이 취해진 사후에 문제를 시정하는 것을 목표로 삼는다. 그러나 규제를 의식한 나머지 행동을 취할 동기가 열어질 수 있다. 7장에서 논의한 바와 같이 자사주 매입을 제한하자는 여러 영향력 있는 제안들이 논의 중이다. 우리는 이러한 제안들이 실제 증거로 뒷받침되지 않고, 일반적으로 자사주 매입이 더 높은 장기 가치와 연관이 있다는 것을 확인했다.

또 다른 문제는 주식 발행에 대한 사전 유인책에 미치는 영향이다. 자사주 매입을 제한하면 기업이 애초부터 주식 발행을 통해 사업자금을 조달하는 방식을 꺼리게 될 것이다. 회사가 더 이상 이 자금을 필요로 하지 않는다면 자사주 매입을 통해 투자자의 자금을 환원하는 옵션을 중시하고 향후 지급해야 할 배당금 규모를 줄일 것이다.

법으로 주주에게 상환이 불가능해질 경우, 애초부터 주식을 발행하지 않게 되며 투자가 줄어들 수 있다. 비유하자면, 신용카드 이용자는 결제대금을 매달 전액 납부할 수 있는 선택권을 중시한다. 이렇게 해야 이자율이 낮기 때문이다. 만약 최소한의 결제만 허용된다면 카드 사용을 줄이고 소비를 자제할 것이다.

마찬가지로 6장에서 논의한 바와 같이 주주들을 묶어두기 위한 몇 가지 영향력 있는 제안이 있다. 하지만 뒷받침하는 증거는 제시되지 않았다. 증거에 따르면 엑시트는 효과적인 지배구조 메커니즘으로 작용한다. 또한 그러한 제안들은 투자에 대한 사전 유인책의 영향도 무시한다. 만약 경영진이 가치를 파괴하고 투자자의 인게이지먼트에 반응하지 않는다면 주주들은 엑시트 옵션을 고려할 수 있다. 그런 선택이 없다면 투자하지 않을 것이고, 특히 효과적인 인게이지먼트에 필요한 대량 지분 취득도 이뤄지지 않을 것이다.

2018년 영국의회가 아웃소싱업체 카릴리온의 실패를 조사한 결과, 투자자는 2014년부터 경영진과의 인게이지먼트를 꾀했으나 오히려 경영진에게 잘못된 정보를 받고 이사회는 반응이 없어 무산된 것으로 드러났다.[12] 따라서 많은 투자사가 회사가 파산하기 전에 주식을 처분했고 이로써 고객의 수백만 파운드를 보존할 수 있었다. 매도하거나 상당한 손실을 피할 수 있는 선택권이 없었다면 투자자는 애초에 주식을 사지 않았을지 모른다.

• 시스템에 대한 종합적 사고

때때로 '보다 넓은 관점'이 무시된 채 특정 비즈니스 관행에 대한 비판이 쏟아지기도 한다. 제약업계에서는 특정 약품에 대한 특허를 보유해서 상당한 이윤을 추구할 수 있다. 하지만 머크의 CEO 케네스 프레이저의 말처럼, 그렇게 벌어들인 이윤은 실패로 돌아간 신약 개발에 들어간 손실을 상쇄하는 데 필요하다. 만약 장기 보유 주주를 우대하는 정책이 있다면 기업과 성공적인 인게이지먼트를 유지하는 투자자는 다른 회사에 투자하지 않을 것이다. 그러면 어도비의 파이를 키운 다음 다른 투자에 나선 밸류액트 같은 사례로 이어지지 못할 것이다.

시스템 전반을 통합적으로 고려하는 사고방식도 중요하다. 특히 근본적인 문제는 가만히 둔 채 눈에 보이는 증상만 개혁한다면 효과가 없거나 오히려 해를 끼칠 수 있다. 부실한 임금 체계는 대부분 투자자 인게이지먼트가 효과적으로 이뤄지지 않아서 생겨난 증상이다. 위의 '일화보다는 증거' 섹션과 달리 권고안 성격의 say-on-pay가 구속력 있는 의결보다 더 효과적이라는 증거가 없었다고 가정해보자. 충분한 정보가 주어지지 않은 상태에서 의결할 경우, 투자자의 의결에 구속력을 부여하면 보수 관련 결정에 예상과 다른 악영향을 미칠 수 있다.

• 천편일률적인 해결책이 효과가 있는 경우는 드물다

마지막으로 보통 규제는 천편일률적으로 적용된다는 점이다. 1993년 빌 클린턴Bill Clinton 미국 대통령은 경영진 보수의 상한선을 100만 달러로 제한하는 방안을 제시했다. (성과와 연계된 보상이 아니라면) 경영진 보수가 이 임계값을 넘으면 법인세 공제 대상에서 제외하는 구상이었다. 그러나 과도한 보수 수준은 기업마다 다를 수밖에 없다.

CEO를 영입하려는 경쟁이 치열한 대기업(유능한 리더가 실질적인 효과를 낼 수 있는 기업)에서는 200만 달러가 적정 수준일 수 있다. 경쟁이 심하지 않은 중소기업 CEO라면 50만 달러가 적정할 수 있다. 하지만 클린턴 대통령이 제시한 보수 규제로 모든 보수 구조는 천편일률화되어버렸다. 100만 달러 미만의 급여를 지급한 기업들은 급여를 정확히 100만 달러로 올렸고,[13] 100만 달러 이상으로 지급했던 기업들은 100만 달러로 낮췄다. 기업의 규모나 환경과는 상관없이 말이다.

규제기관은 (은행 규제당국이 각 은행에 대해 감독 심사하는 것처럼) 업종별 100대 기업에서 어느 정도가 공정할지 결정할 수 있을 것이다. 규제당국이 이러한 아이디어를 실행할 자원이 있다고 하더라도 실행에 대한 유인이 충분치 않고 정보도 불완전할 수 있다.

첫째, 파이 키우기에 부합하지 않을 가능성이 높다. 규제당국은 고액연봉을 정당화하는 로비의 대상이 될 수도 있고, 가치 창출을 희생하더라도 고액연봉을 타파하라는 대중의 압박을 받을 수도 있다(반면 대형 투자자는 파이 크기와 파이의 분배가 투자자의 수익에 영향을 미치기 때문에 둘 다에 신경을 쓴다). 둘째, 기관투자자, 이사, 보상 컨설턴트는 CEO 인재 시장과 급여 설계에 관련하여 규제당국보다 더 많은 정보를 보유하고 있을 가능성이 있다.[14]

시장 또한 불완전하다. 보상 컨설턴트 간에도 이견이 있을 수 있고, 투자자에게 정보가 없을 수도 있다. 따라서 분명히 규제의 역할은 있다. 하지만 역할이라는 것은 시장 참여자의 유인과 정보를 개선하는 것에 있지, 무시하는 것에 있지 않다. 규제가 가진 한계에 대해 논의했으니 이

제 파이를 키우는 데 규제가 어떻게 도움이 되는지 논하고자 한다. 규제가 제 역할을 하는 데 도움이 될 수 있는 원칙은 다음과 같다.

시장이 제대로 작동하지 않는 영역이 있는가?
규제당국이 이러한 시장 실패를 개선할 수 있는가?

이 원칙에 기초하여 규제가 도움이 될 수 있는 몇 가지 방법을 설명할 것이다.

• 정보

투자자, 동료, 그리고 고객은 파이를 쪼개는 회사를 외면해서 궁극적으로 규제기관의 역할을 할 수 있다. 결정적으로 이들의 평가는 무형적 차원까지 아우르며 기업의 상황에 맞게 조정될 수 있다. 이를 위해서는 구성원에게 정보를 제공해야 하며 정보 공시를 의무화하는 규제가 도움이 될 수 있다.

1998년부터 노르웨이는 기업이 환경에 끼치는 영향과 문제를 완화하기 위해 어떤 활동을 하는지 보고하도록 기업에게 요구해왔다. 브라질, 덴마크, 홍콩, 인도, 말레이시아, 싱가포르, 스웨덴, 영국 등도 기업의 사회적 영향을 공시할 것을 규정하거나 권고하고 있다.[15] 규제는 가급적 비교 가능한 공시를 요구한다.

규정은 공시 방법론을 일치시키는 대신 공시되는 주제를 일치시켜 비교 가능성을 개선할 수 있다. UN지속가능발전목표SDGs에는 2030년까지 세계가 달성해야 할 17가지 목표가 담겨 있다. 정부, 기업, 비영리 단체까지도 지속가능발전목표를 추구할 수 있다. 여기서 우리는 SDGs와 기업의 연관성에 대해 논하고자 한다. 중요한 것은 SDGs는 기업이 특정 목표를 어떻게 달성해야 하는지에 대해 규정하지 않으며, 각 목표를 동일하게 중시해야 한다고 제안하지도 않는다는 점이다.

SDGs의 우선순위는 목적에 따라 달라져야 한다. 대신 기업이 목표에 기여하는지의 여부와 방법을 설명함으로써 보고에 활용할 수 있는 공통 언어를 제공한다. 이를 통해 투자자와 이해관계자는 기업을 보다 잘 비교할 수 있게 된다. 투자자와 이해관계자 모두 기업이 그들에게 있어 가장 중요한 목표를 달성하기 위해 무엇을 하고 있는지 확인할 수 있기 때문이다.

예를 들어 다농의 목적은 '식품을 통해 가능한 한 많은 사람의 건강을 증진하는 것'이고, 보다폰의 목적은 '오늘 더 나은 삶을 살고, 내일 더 나은 미래를 만들 수 있도록 모든 사람을 연결하는 것'이다. 두 회사는 SDGs의 모든 측면에 기여하지만 각자의 지향점이 다르다.

다농의 우선순위 중 하나는 '제로 헝거Zero Hunger(UN세계식량계획의 최종 목표 중 하나로 굶주림 없는 세상을 의미한다_옮긴이)'로, 안전하고 영양가 있는 식품을 생산한다. 보다폰은 농업인의 생산력을 향상시키기 위해 기술과 모바일 머니를 제공하면서 간접적으로 제로 헝거를 지원한다. 이는 특징적인 목표를 추구하는 기업이 다른 활동을 통해서 어떻게 공동의 목표 달성에 기여하는지를 보여준다.

비슷한 방식으로 정책입안자는 보고 영역을 통일하는 공통의 언어를 제공할 수 있다. 예를 들어 감독당국은 경영진 보수, 자본 배분, 기후변화와 같이 통일된 스튜어드십 테마를 고안함으로써 투자자의 스튜어드십 보고를 개선한다. 그런 다음 투자자는 자신이 어떤 테마를 우선시하는지 강조하고 각각에 대한 고유한 접근법을 설명할 수 있다. 투자자는 경영진 보수를 개선하는 데 say-on-pay 의결권을 활용할 수 있고, 자본 배분에 관해서 기업과 인게이지먼트하며, 기후변화에 조치를 취하지 않는 기업으로부터는 투자를 회수할 수도 있다.

공시를 더 많이 하는 것이 항상 좋은 것만은 아니라는 점에 유의하자. 유형 지표는 불완전할 수 있으며 조작하기 쉽거나 공시된 지표에만 초점을 맞추게 할 소지가 있다. 따라서 특정 공시를 금지하거나 저지하는 것이 규제의 또 다른 역할이 될 수 있다.

EU는 2015년 11월부터 기업의 분기별 보고 의무화를 중단했지만 여전히 많은 기업이 분기별로 보고한다. 정책입안자들은 '원칙 준수 또는 예외 설명comply or explain' 방식에서 더 나아갈 수 있다. 기업이 분기별로 보고를 하지 않는 것을 기본으로 하고, 분기별 보고를 할 때는 이유를 설명하게 하는 것이다. 트럼프 전 대통령은 2018년 8월 미국 증권거래위원회에 분기별 보고 요건 폐기에 대한 조사를 요청한 바 있다.

• 외부효과

파이를 키우는 기업은 외부효과를 감안한다. 그러나 많은 투자자와 기업, 심지어 ESV를 추구하는 계몽된 투자자조차 파이코노믹스를 실천하지 않고, 때로는 외부효과를 무시하기도 한다. 규제를 통해 이를 해결할 수 있다.

가장 간단하고 효과적인 해결책은 부정적인 외부효과가 편익보다 큰 관행을 금지하고, 긍정적인 외부효과가 비용보다 큰 관행을 허용하는 것이다. 예를 들어 아동 노동 금지 같은 환경, 고용, 인권법이 있다. 이를 위반하면 기업뿐 아니라 임원들도 처벌받는다. 5장에서 자신의 급여를 부풀린 것에 대한 책임으로 윌리엄 맥과이어가 유나이티드헬스에 4억 6,800만 달러를 상환한 사례를 언급한 바 있다. 또한 그 후 10년 동안 공기업 임원이나 이사 선임이 금지됐다.

엔론의 일부 임원들은 사기나 엔론의 재무 상황에 대한 정보를 은폐

한 혐의로 수감됐다. 두 경우 모두 임원이 투자자로부터 가치를 갈취한 죄로 처벌받았다.[16] 마찬가지로 이해관계자에게 해를 끼친 경우에도 유사한 제재를 가할 수 있다. 영국회사법은 이사들이 이해관계자를 반드시 존중해야 한다고 명시하지만, 따르지 않았다고 해서 처벌된 이사는 없다.

부정적인 외부효과를 창출하는 행위임에도 사회적 편익을 제공하는 경우에는 명시적 규제가 부적절하다. 그 대신 외부효과의 영향을 받는 상품에 소유권을 부여하여 기업들이 편익 대비 외부효과를 따져보게 할 수 있다. 예를 들어 정부는 시민에게 공기를 정화할 수 있는 권리를 줄 수도 있고, 기업에 오염원을 한도까지 배출할 수 있는 권리를 줄 수도 있다. 이러한 권리를 거래할 수 있게 함으로써 배출량 감소에서 비교우위가 있는 기업은 비교우위가 없는 기업에 탄소 배출권을 판매할 수 있다. 이 제도는 한국을 비롯한 일부 지역에서 시행하고 있다.[17]

규제당국은 또한 부정적인 외부효과를 창출하는 기업 행위에 세금을 부과해서 기업들이 부정적인 외부효과를 내재화하도록 할 수 있다. 2019년 1월 〈월스트리트저널〉은 역사상 가장 많은 경제학자들이 동참한 성명서를 발표했다. 여기에는 27명의 노벨상 수상자와 4명의 전직 연방준비제도이사회 의장 등 3,500명이 넘는 미국 경제학자들이 서명했는데, 이들은 탄소 배출에 대한 세금을 주창했다.

대안으로 규제당국은 긍정적인 외부효과를 만들어내는 활동에 보조금을 지원할 수 있다. 혁신을 장려하기 위해 많은 국가가 연구개발 지출에 법인세를 인하해준다. 6장에서 연구개발비 같은 투입이 아닌 특허 수 같은 산출물로 혁신의 성공을 측정해야 한다고 강조했다. EU 11개국은 지적 재산으로 발생하는 이익에 대해 법인세를 인하해주는 '특허상자 patent box' 제도를 통해 성공적인 혁신에만 보조금을 지급한다.

• 재분배

파이 성장의 가장 조화로운 결과는 일부 구성원이 이득을 얻고, 손해 보는 사람은 아무도 없는 파레토 개선이라고 논의한 바 있다. 그러나 대부분의 경우 어떤 행동이든 트레이드오프를 수반하기 때문에 파레토의 개선은 드물 수밖에 없다. 파이를 키우는 회사들은 부정적인 영향을 받는 사람들에게 가능한 한 보상해주지만 그럼에도 불구하고 손해 보는 사람이 생긴다.

기업 스스로 파레토 개선을 이뤄내는 경우는 드물다. 엔지는 헤이즐우드 발전소 폐쇄를 단행할 때 근로자 이직 프로그램에 동참했다. 그러나 이는 빅토리아 정부가 헤이즐우드 직원들을 받아준 다른 발전소에 보조금을 지급하기로 했기 때문에 가능했다.

정부는 파이 키우기 활동에 따른 손익을 재분배하여 파레토 개선을 만드는 데 중요한 역할을 한다. 기술은 파이를 키우는 힘이지만, 교정 조치가 없다면 개인의 파이 조각은 줄어든다. 8장에서 소개한 것처럼 싱가포르 스탠다드차타드는 직원들이 스스로의 능력을 향상할 수 있도록 돕기 위해 SkillsFuture@sc 프로그램을 시작했다. 시민에게 지속적인 교육을 제공하는 싱가포르 정부의 SkillsFuture 프로그램에서 영감을 받은 것이었다.[18]

25세 이상의 모든 싱가포르 시민은 온·오프라인 수업 지원금으로 500 싱가포르달러(약 370달러)를 정기적으로 받는다. 또한 시민은 SkillsFuture를 통해 진로 안내와 개인 맞춤형 상담을 무상으로 제공받는다.

자유 무역으로도 파이가 커지는데, 잠재적으로 불평등이 심화될 수 있다. 자유 무역을 통해 소비자는 상품에 대한 접근성이 커지면서 이익을 얻고, 특정 산업은 저비용 투입으로 이익을 얻는다. 그러나 수천 명의 근로자와 기업은 글로벌 경쟁으로 타격을 입는다. 그리고 많은 직원이

해외에 일을 위탁하는 오프쇼어링offshoring 때문에 일자리를 잃게 된다.

직원을 재교육하고 그들이 새로운 일자리를 찾도록 돕는 프로그램 중에 미국 무역조정원조TAA가 있다.[19] 정부는 실업 해소를 위해 보통 다른 조치와 재교육 및 이직 프로그램을 함께 시행하기 때문에 정책의 효과에 대한 인과적 증거를 찾는 것이 쉽지 않다. 또한 특정 근로자만 참여할 수 있기 때문에 대상 기술의 차이로 인해 이직 성공 여부가 달라진 것일 수도 있다.

벤 하이먼Ben Hyman은 기발한 방법론을 활용하여 인과관계를 확인했다.[20] 근로자는 수입이나 오프쇼어링으로 매출이 감소한 회사에서 해고되었을 경우 TAA 대상이 된다. 그러나 TAA의 자격 평가는 주관적이며 사람의 판단에 달려 있다.

벤은 어떤 심사관은 엄격해서 적은 수의 신청만 수용하고, 반대로 관대한 심사관도 있다는 것을 발견했다. 심사관 배치는 사실상 무작위지만 심사 통과에는 상당한 영향을 미친다. 벤은 TAA를 받게 되면 향후 10년 동안 근로자의 누적 소득이 5만 달러 증가된다는 것을 확인했다. 그중 3분의 1은 급여가 오른 것이고, 나머지는 일자리를 구할 가능성이 더 높은 데서 기인한다.

덴마크의 두 지방에서는 일자리 활성화 프로그램을 시작할 때 적격 여부를 훨씬 더 무작위한 방식으로 결정했다. 2005년 11월부터 2006년 3월 사이에 실직한 사람 중 어느 달이든 1~15일에 태어났다면 구직 및 고용에 대한 코칭과 모니터링, 업무 기술을 교육하는 프로그램에 신청할 자격이 부여됐다. 순전히 태어난 날에 따라 결정되기 때문에 적격 근로자와 부적격 근로자 사이 고용 결과의 차이는 프로그램에 참여에 기인한다. 브라이언 크로그 그라베르센Brian Krogh Graversen과 얀 반 아우어스 Jan van Ours는 이 프로그램으로 실직 기간이 중위값 기준으로 18%까지 단

축된다는 것을 발견했다.[21]

● 금융 문해력

청년을 교육하는 것은 성인을 재교육하는 것보다 훨씬 더 효과적이다. 대부분의 정부는 구직활동에서 STEM(과학, 기술, 공학, 수학) 교육, 숫자와 글을 읽고 쓰는 기본 능력의 중요성을 올바르게 인식하고 있다. 그러나 금융 문해력 또한 시민의 장기적인 미래 재정 능력을 확보하는 데 중요한 핵심 기술이다. 예산 책정 방법, 절세, 인덱스펀드로 주식시장에 진입하는 방법, 복리 이자의 역할과 우선적으로 신용카드 부채를 상환하는 것 같은 금융지식은 시민의 재정에 유의미한 영향을 미칠 수 있다. 이는 불평등을 해소하고 사회적 응집력을 개선할 것이다. 부의 불균형은 소득의 차이뿐 아니라 사람들이 소비하고 대출하고, 저축하는 방식에서 비롯된다.

더욱이 금융 문해력이 있으면 파이를 쪼개는 회사로부터 이용당하는 일을 방지할 수 있다. 일부 신용카드회사는 수수료가 낮은 '미끼' 상품으로 고객을 유도했다가 나중에는 수수료를 크게 올린다. 또한 일부 미국 신용회사는 교육 수준이 낮은 고객을 공략해서 미끼 상품으로 유도한 다음 연체료나 한도 이상 사용액에 대해 높은 수수료를 부과한다는 연구결과가 나왔다.[22]

시민의 인게이지먼트를 촉진하는 데 금융 문해력은 핵심이다. 만약 직원들이 연금에 투자할 때 그들의 돈이 어떻게 활용되는지, 즉 회사를 형성하고 회사에 영향력을 미치는 투자금이 어떤 힘을 발휘하는지 이해한다면 그들이 추구하는 비재무 목표를 연금공단이나 보험사에 요구하고 해당 목표 달성에 책임을 지게 할 수 있다.

● 경쟁

파이코노믹스에서 경쟁은 몇 가지 중요한 역할을 담당한다. 고객은 언제든 경쟁사로 갈아탈 수 있기 때문에 기업은 혁신과 우수성을 추구하고, 이해관계자에게 책임감 있게 대우하며, 고객의 피드백에 귀를 기울이게 된다. 이와는 대조적으로 시장 독점은 파이 쪼개기를 부추긴다. 독점기업은 가격 인상을 단행할 뿐 아니라 공급자와 근로자에게 돌아가는 몫을 줄일 수 있다.

에피 벤멜렉Effi Benmelech, 니타이 버그먼Nittai Bergman, 김현섭의 연구결과, 특정 고용주가 한 지역을 독점하고 있으면 임금에 부정적인 영향을 미치는 것으로 나타났다.[23] 독점에서 발생하는 가격 왜곡은 이해관계자에게 해를 끼치고 자원의 잘못된 배분을 초래한다. 완벽한 경쟁 하에서 기업은 재화에 대해 생산비보다 더 많은 가격을 요구할 수 없다. 따라서 고객에 대한 사적 비용은 생산의 사회적 비용과 동일하다.

3장에서 논의한 바와 같이, 이는 고객이 구매 결정을 내릴 때 사회적 기회비용을 고려하게 만든다. 그러나 독점은 생산 원가를 크게 웃도는 가격 상승으로 이어진다. 따라서 고객은 제품에서 더 많은 가치를 얻을 수 있더라도 구매하지 않을 수 있기 때문에 파이를 키우는 거래가 이뤄지지 않는다. 경쟁을 촉진하기 위한 정책들은 이미 많은 곳에서 광범위하게 소개됐기 때문에 독자들은 관련 글을 참조하면 되겠다.[24]

● 왜곡 제거

규제로 왜곡이 생기면 시장은 실패한다. 그러므로 기존 규제에서 의도하지 않은 왜곡을 제거하면 정책입안자들이 가치를 창출할 수 있다. 앞서 공시 규제에서 발생하는 왜곡에 대해 논의했다. 두 번째 왜곡이 발생하는 부분은 세금 제도다. 앞에서 언급했듯이 클린턴 대통령은 미국

내국세입법 162조(m)에 따라 '성과 관련' 부분을 제외하고 100만 달러를 초과하는 연봉에 대해 세액공제 혜택을 받지 못하게 했다.

희한하게도 이 법에서는 양도제한조건부 주식을 성과와 무관한 것으로 간주했는데, 이유는 주식 수는 성과에 달려 있지 않기 때문이다. 주가는 명백하게 성과에 달려 있는데도 말이다. 그러나 성과급 주식은 성과와 연관되는 것으로 계산되어 5장에서 논의된 문제에도 불구하고 이사회가 더 많은 성과급 주식을 부여하는 경향이 발생했다.[25] 왜곡의 영향이 세금 영역을 훨씬 뛰어넘는다는 점에 유의하자. 양도제한조건부 주식이 성과와 무관하다는 규제 때문에 이사회와 투자자는 양도제한조건부 주식을 경영자 보상에서 기피하게 되었다.

2017년 트럼프 감세 및 일자리법은 162조(m)를 100만 달러를 초과하는 모든 형태의 급여에도 적용했다. 의도하지는 않았지만 이 법은 위에서 설명한 왜곡을 제거하는 유익한 결과로 이어졌다. 이제 이사회는 세금에 대한 영향보다 가장 큰 장기적인 가치 창출로 이어질 급여구조 중에서 선택할 수 있다. 아마도 가장 큰 세금 왜곡은 기업의 자금 조달 선택에 영향을 미칠 것이다.

거의 모든 나라에서 부채 이자는 법인세에서 공제되지만 주가 수익률은 그렇지 않다. 이런 비대칭적인 적용은 타당하지 않다.* 증거에 따르면 기업이 부채로 자금을 조달하면 파산 위험이 증가한다는 것을 알 수 있다.[26] 회사가 파산하면 직원은 실직하고, 공급자는 수입원을 잃으며, 고객은 AS를 받지는 못하는 부정적인 외부효과가 야기된다.

★ 한 가지 설명은 이자는 회사 창립자가 지불해야 하기 때문에 많은 비용이 드는 반면 주식은 배당금을 지불하지 않아도 되기 때문에 그렇지 않다는 것이다. 이 주장은 틀렸다. 지분 보유자는 다른 곳에 투자하지 못해서 발생하는 기회비용에 대한 보상을 받아야 한다.

채권 발행을 통한 자금 조달 방식에는 많은 장점이 있다. 지분 보유자와 경영진 모두가 집중된 지분을 가질 수 있게 되면서 가치 창출을 위한 강한 동기가 부여된다.** 정책입안자들은 차입을 억제할 것이 아니라 조세 회피에 기반해 레버리지를 선택하게 만드는 왜곡을 피해야 한다. 한 가지 방법은 부채에 대한 세금 공제를 지분으로 확대하는 것이다. 벨기에가 2006년에 이 방식을 택했다. 그 결과 차입을 활용하는 기업이 줄었다.[27] 또 다른 방법은 부채에 대한 세금 공제를 폐지하고 법인세를 줄여 전반적인 세금 부담을 일정하게 유지하는 것이다.

● 모범 사례

마지막으로, 규제를 통해 모범 사례를 확산할 수 있다. 시장의 힘이 완벽하게 작용했다면 필요하지 않았을 기능이다. 나쁜 관행을 일삼는 기업은 실적이 저조하여 결국 시장에서 퇴출될 것이다. 구성원들은 비효율적인 이사회 구조와 잘못된 관행을 눈치 채고 퇴사할 것이다. 그러나 시장의 힘은 완벽하게 작용하지 않는다. 실적이 저조한 기업이라도 시장 지배력을 통해 살아남을 수 있으며, 구성원들은 이사회 구조를 평가하는 데 필요한 전문지식을 보유하지 못할 수 있다.

모범 사례를 확산하는 데 규제가 도움이 될 수 있지만, 모범 사례가 모든 기업에 통하는 것은 아니라는 점을 인식해야 한다. 따라서 모범사례는 강력한 법률보다 연성 코드를 통해 가장 효과적으로 전파된다. 원칙 준수 또는 예외 설명 방식으로 필요한 균형을 맞출 수 있으며, 이는

** 부채가 없는 1억 달러 가치의 기업이 있다고 가정해보자. CEO는 자신의 재산 중 100만 달러를 회사에 투자할 수 있다. CEO는 회사의 지분 1%를 보유하고 있다. 만약 회사가 50%를 부채로 자금을 조달한다면(즉 절반은 차입으로, 절반은 지분으로) 똑같이 100만 달러를 투자했지만 CEO는 2%의 지분을 보유하게 된다.

전세계 여러 기업의 '지배구조 코드'와 '스튜어드십 코드'에 널리 활용되고 있다.[28] 기업이 따라야 할 가이드라인이지만 이유를 설명하면 준수하지 않아도 된다.

이 책에서 제안하는 아이디어들, 예를 들어 퇴임 후에도 보유해야하는 양도제한조건부 주식으로 리더를 보상하며, 투자자에게 'say-on-purpose' 권한을 주고, 분기별 수익을 보고하지 않는 등의 방식을 통해 구현될 수 있다.

공식적인 코드 외에도 규제당국은 모범 사례에 대한 접근성을 높여 보다 널리 확산시킬 수 있다. 영국은 2017년 11월 생산성 문제를 해결하기 위해 '비 더 비즈니스Be the Business' 운동을 시작했다.[29] 기업의 디지털화, 직원 참여, 미래 기획 및 리더십과 관련된 다양한 주제의 기사와 '빠른 팁'을 제공하는 캠페인이다. 또한 커뮤니티를 형성해 기업이 모범 사례를 공유할 수 있게 하고, 중소기업 리더에게는 정부 멘토 프로그램을 지원한다.

마지막으로 정책은 규제보다 훨씬 포괄적이다. 정책에는 교육, 연수, 연구에 대한 자금 지원 같은 여러 방법이 포함된다. 파이를 키울 수 있는 정책 목록은 잠재적으로 무궁무진해서 이 책에서 모두 다룰 수는 없다. 다양한 방법 중에 한 가지를 예로 들자면, 중소기업에 대한 자금 조달이다. 파이코노믹스에서 중소기업이 많은 역할을 하기 때문이다.

이들은 경쟁을 촉진한다. 기업이 성숙할수록 일반적으로 성장 기회가 감소하기 때문에 중소기업에 더 많이 투자한다. 또한 정책입안자들은 중소기업이 처음부터 파이 키우기 사고방식을 채택할 수 있도록 조건을 붙일 수 있다. 신생 기업을 지원하는 다른 방법에는 세금 우대 조치, 행정 절차 간소화 등이 있으며, 이에 대한 연구도 이미 존재한다.[30] 중소기업의 금융에 초점을 맞추는 이유는 회사 규모도 작고 유형 자산과 투명성을 충분히 갖추지 못해 자금 조달에 어려움을 겪기 때문이다.

정부나 기관은 독일 노르트라인베스트팔렌주개발은행NRW이나 EU의 유럽투자은행처럼 중소기업에 직접적으로 사업 자금을 지원할 수 있다.[31] 또한 영국의 기업투자계획, 프랑스의 마델린프로비전, 독일의 인베스트처럼 시민이 중소기업에 투자하면 세금 혜택을 줄 수 있다. 보다 급진적인 해법으로 모든 중소기업에 자금을 지원하는 것보다 '목적을 추구하는' 중소기업에 대한 자금 지원과 세제 혜택을 따로 마련하는 것이다. 이론상 설득력 있는 아이디어다.

긍정적인 외부효과를 창출하는 기업이 대중의 지지를 받는 것은 마땅하다. 그러나 기업이 목적지향적인지에 대한 평가는 매우 주관적이라는 점이 현실적으로 겪는 어려움이다. 그 결과 기업들은 실제로 가치를 창출하기보다 사회에 가치를 창출하고 있다고 정부를 설득하는 데 급급할 수도 있다.

그렇다고 해서 극복이 불가능한 것은 아니다. 정부는 공익에 대한 기여에 기초하여 자선단체의 운영실태를 판단한다. 목적을 추구하는 기업을 판별하는 것도 비슷할 수 있다. 어떤 보고 요건도 목적 있는 기업이 수행해야 하는 업무 범위에서 벗어나지 않는 것이 중요하다. 이에 8장은 유용한 지침이 될 수 있다. 기업은 목적을 명시하고, 내부적으로 어떻게 내재화할 것인지 설명하며, 실행 여부를 판단하기 위해 어떤 지표를 확인하는지를 명시해야 한다. 그러고 나서 기업은 매년 정부에 이 지표를 보고하면 된다.

목적을 추구하는 기업들은 이미 이를 실행했어야 하지만 모든 기업이 모범 사례를 알고 있지는 못할 것이다. 지표에 입각한 보고 요건은 부담이 되기는커녕 유익할 수도 있다. 기업 문화는 바꾸기 어렵기 때문에 처음부터 기업의 목적이 무엇인지, 어떻게 실행에 옮길 것인지, 진행 상태를 어떻게 측정할 것인지에 대해 진지하게 생각하도록 독려하는 것이 특히 중요하다.

인플루언서

이제 파이를 키우는 데 있어서 인플루언서의 역할로 넘어가보자. 정책입안자에게 적용했던 2가지 유의사항이 인플루언서를 통해 정보를 얻는 시민뿐 아니라 그들에게도 어떻게 적용되는지 논할 것이다(다른 4가지 유의사항은 정책입안자에게 적용되는 것과 동일한 방식으로 적용된다).

● 파이 키우기 사고방식

인플루언서는 기업이 가치를 창출하지 못하는 것에 책임을 지게 하는 중요한 역할을 할 수 있다. 그러나 공분을 불러일으킬 수 있는 문제를 지적해서 인플루언서로 영향력을 얻는 것이 더 쉬우므로 그들은 기업이 얼마나 많은 이익을 얻는지 또는 리더가 얼마나 많은 보수를 받는지에 초점을 맞출 수 있다.

파이 쪼개기식 사고방식이 팽배하다는 점을 고려할 때, 독자들은 급여나 이윤이 다른 이해관계자의 희생의 결과라고 무턱대고 단정 지을 수 있다. 예를 들어 사람들은 흔히 투자자가 벌어들인 수익, 고객이 누리는 잉여금, 새로 창출된 일자리 수 등 리더가 파이를 키웠는지의 여부도 따지지도 않고 경영진의 고액연봉에 초점을 맞춰 비판한다. 7장에서 논의한 휴마나 자사주 매입을 떠올려보자. 일부 기사는 자사주 매입으로 CEO가 어떻게 168만 달러의 보너스를 받았는지에 집중 조명했다. 그런데 자사주 매입을 통해 휴마나에 꾸준하게 투자하는 사람들에게 9,600만 달러의 가치를 창출해줬다는 사실은 기사에서 빠져 있다. 휴마나 CEO가 받은 보너스는 투자자의 희생에 기인한 것이 아니었다.

인플루언서는 파이를 쪼개거나 특히나 파이를 줄이는 기업을 '지목해서 망신을 주는 것' 외에도 파이를 키우는 기업들을 '지목해서 유명하게 만들 수 있는' 힘도 갖고 있다. 좋은 기업과 나쁜 기업을 비교해서 기업에 대해 보다 균형 잡힌 시각을 제공함으로써 대중의 불신을 줄일 수 있다. 인플루언서에게 불신을 받아 마땅한 기업들에 대한 불신을 줄여줄 책임은 없다. 정확한 사실을 알려서 해당 기업이 응당 받아야 할 신뢰 또는 불신을 받도록 해야 한다.

인플루언서는 파이를 키우는 회사들을 지목해서 시민이 그 기업에 투자하거나 제품을 구매하게 하고, 일하고 싶은 기업으로 사람들을 불러모으며, 다른 기업에게 본받고 싶은 좋은 사례로 작용하게 만들 수 있다. 이는 기업 리더가 이윤 목표에서 눈을 돌려 세상에 변화를 가져올 수 있는 방법을 찾으며 더 큰 성공을 이룰 수 있다는 확신을 갖게 한다.

● 일화보다는 증거

인플루언서는 특정 주제에 대한 흑백 견해를 제시하여 대중에게 영향을 미칠 수 있다. 자사주 매입이 좋다고 주장하는 기사는 핵심 구절이 분명하다. 이 관점을 지지하는 사람들은 기사를 공유하고 참조할 것이다. 반대로 자사주 매입이 나쁘다고 주장하는 전문가도 있다.

사람들은 어떤 문제를 좋거나 나쁘거나 하는 식의 이분법으로 판단하는 심리가 있다. '편 가르기', '흑백논리', '모 아니면 도'라는 식으로 알려진 심리적인 경향이다. 이 때문에 인플루언서는 일방적인 견해를 제시하고도 미꾸라지처럼 빠져나올 수 있다. 심리적 경향은 자신의 견해와 모순되는 증거는 무조건 무시하고, 자신의 견해를 뒷받침하는 증거는 아무리 빈약해도 무조건 수용하는 확증편향으로 더 심화된다.

지금까지 단편적인 사례를 기반으로 하는 정책에 어떤 문제가 있는지 여러 차례 논의했다. 이 문제는 인플루언서에게도 적용된다. 단일 사례는 데이터로 뒷받침되지 않는 한 오해의 소지가 있고 무의미하다. 따라서 인플루언서가 따라야 하는 원칙이 있다. 주장을 뒷받침하는 대규모 증거를 인용하지 않는 한 단일 사례에서 추론해 일반적인 논점을 만들지 않는 것이다.

물론 증거만으로 충분하지 않을 수도 있다. 우리는 언제나 자신의 견해에 맞는 사례를 취사선택하는 것처럼 원하는 결과를 도출한 연구만을 채택할 수도 있다. 그러나 연구 수준이 천차만별이기 때문에 이는 큰 문제다. 어떤 사람들은 5장에서 본 CEO의 성과급 계산 착오처럼 기본적인 방법론에서부터 실수를 범한다. 상관관계를 발견해놓고 인과관계를 주장하는 경우도 있다. 따라서 인플루언서는 자신 또는 독자의 의견을 강화하는 증거보다 '증거의 질'에 더 무게를 둬야 한다.

어떻게 연구의 질을 판단할 수 있을까? 흔히 간과되는 3가지 지표가 있다. '엄격한 심사를 거친 후 발표되는 연구인지, 어디에 실린 연구인지, 저자가 누구인지'다.

먼저 실무자의 연구 가치는 상당하다. 실무자들은 학계보다 데이터에 대한 접근이 용이하고, 실무 연구 자체가 통계자료의 우월한 소스로 활용된다. 그러나 학자들은 통계 간의 관계를 도출해내는 데 있어서 상관관계와 인과관계를 구별해내고 대안적인 설명을 제시하는 특별한 전문지식을 가지고 있다. 중요한 점은 학술적 연구는 과학적 정확성을 확인하기 위해 엄격한 동료 간 심사를 거친다는 것이다. 이는 예를 들어 제약회사가 자체 의약품에 대한 보고서를 발표하거나 자금을 지원하는 등의 고의적인 편향성을 해소한다.

세계 최고의 저널들은 가장 높은 기준을 보유하고 있으며, 세계 유수의 전문가들이 제출한 원고를 면밀히 검토해서 최대 95% 수준으로 퇴짜를 놓는다. 나머지 5%도 즉시 채택되는 것이 아니라 '수정 후 재제출' 상태가 된다. 논문 검토자들은 저자들이 개선해야 할 포인트를 지적해주고 재제출된 후에도 퇴짜를 놓을 수 있다. 첫 번째 원고 제출 이후에 최종 발표되기까지 몇 년이 걸리는 일도 드물지 않다. 저자에게는 엄청난 고투지만 정확한 내용만 발표되게 하는 데 도움이 된다. 도입부에서 논의했던 보수 배율에 관한 논문은 엄격한 심사를 거쳐 방법론을 개선한 후 결론이 완전히 달라졌다.

두 번째 지표는 논문이 발표된 저널의 수준이다. 학술분석회사인 케벨은 8,700개의 저널에 달하는 블랙리스트를 보유하고 있다. 이들 저널은 엄격한 심사 과정을 거친다고 주장하지만 실제로는 그렇지 않다. 상위권 저널들은 엄격한 심사뿐 아니라 연구 펀딩 출처에도 엄격하다. 펀딩 출처를 공개하지 않은 논문은 저널 게재가 취소되기도 한다. 학계 내부자가 아니어도 〈파이낸셜타임스〉 선정 '50대 최고 저널'과 같이 저널의 수준을 쉽게 확인할 수 있다.

엄격한 심사도 완벽하지는 않다. 때로는 수준 낮은 논문이 채택되고 훌륭한 논문이 거절당하는 실수도 생긴다. 하지만 검증되지 않은 연구를 활용하는 것보다는 검증을 거친 연구를 활용하는 것이 훨씬 낫다. 학술 논문이 어떤 과정을 거쳐 발표되는지 경험해보지 않은 일부 인플루언서는 '출판 편향'을 거론하면서 자신들의 입맛에 맞는 연구를 인용하는 것을 정당화한다.

저널 편집자들은 사람들이 생각하는 방식을 바꾸는 참신한 논문을 게재하고 싶어 한다. 저널 평판의 주요 척도는 연구가 인용되는 횟수다. 어느 영역이든 새로운 내용을 담은 첫 번째 논문은 방대하게 인용될 것이며, 반면에 이미 확립된 분야에서 열 번째로 나온 논문은 상대적으로 무시될 것이다. 95% 탈락률은 상위 저널이 정확성뿐 아니라 참신성에도 극도로 엄격하기 때문이다.

새로운 논문의 품질을 어떻게 가늠할 수 있을까? 세 번째 지표는 저자들이 어느 정도의 자격을 갖추고 있는지 살펴보는 것이다. 한 가지 관련 요인은 그들이 몸담고 있는 학교다. 우리는 손쉽게 상위 대학 목록을 비교할 수 있다. 엘리트주의의 발로가 아니라 가장 좋은 증거를 활용하려는 욕구일 뿐이다. 사람들은 처음 들어보는 병원의 의학적 소견보다 마운트시나이 병원의 의학적 소견에 더 귀를 기울일 것이다. 물론 상위 대학의 연구는 항상 옳고 다른 기관의 연구는 항상 틀리다는 의미는 아니다. 따라서 두 번째 요인은 상위권 저널에 얼마나 많은 논문을 냈는지 저자의 연구 성과를 살펴봐야 한다.

거의 모든 학자들이 경력을 자신의 웹사이트나 학교 웹사이트에 올려놓기 때문에 이 또한 쉽게 확인할 수 있다. 다시 말하지만 출간된 논문이 많은 학자가 항상 맞다는 의미는 아니다. 기업 브랜드가 구매 결정에서 하나의 고려사항인 것처럼 자격사항은 평가 시 고려하는 단일 요소일 뿐이다. 동일한 자격사항을 보유한 저자가 동일한 연구 논문을 작성했는데 결과가 반대였다면, 그래도 여전히 믿을 것인가? 그렇기 때문에 학자의 자격사항과 논문을 꼼꼼히 살피는 것이 중요하다.

연구가 인용된 기사나 인플루언서들의 입장이 신뢰할 만한지 판별하는 팁으로 마무리하고자 한다. 팁은 인용된 출처를 확인하는 것이다. 출처를 확인해보면 때로는 인플루언서가 주장하는 내용과 다를 수 있다.

예를 들어 영국하원특별위원회UK House of Commons Select Committee* 보고

---

* 본 위원회는 정책을 직접 설정하기보다 권고한다는 점에서 인플루언서다.

서 각주에 '알렉스 에드먼스 교수가 경영진 보수 질의에 제출한 증거를 언급하면서, 개별 CEO가 회사 성과에 미치는 영향에 대한 증거는 기껏해야 모호하다'고 명시했다고 치자. 하지만 나의 주장 어디에도 그런 진술은 없다. 개별 CEO의 영향에 대해 내가 언급한 문장은 5장에서 논의된 것과 같이 '주식 성과급이 높은 CEO는 그렇지 않은 CEO보다 연간 4~10% 성과가 높고, 그 결과가 상관관계가 아닌 인과관계임을 밝히기 위해 추가 검증 연구가 진행 중'이라는 것이다. 일반인이 출처를 확인하는 일은 번거롭기 때문에 fullfact.org 웹사이트를 활용하는 것도 좋다.

이처럼 인플루언서가 인용한 증거를 정확하게 기술한다 하더라도 해당 이슈의 한 측면을 뒷받침하는 연구만을 의도적으로 선택한 것일 수 있다. 따라서 시민은 어떤 주제에 대한 찬반을 모두 다루는 균형 잡힌 기사에 더 많은 비중을 두어야 한다. 비즈니스나 경제학의 거의 모든 문제에는 양면성이 있기 때문에** 극단적인 입장을 보이는 사람들은 반대되는 입장을 진지하게 고려하지 않을 수도 있다.

따라서 시민은 '의문의 여지가 없는' 또는 '명확한 증거' 같은 확정적인 문구를 경계해야 한다. 우리는 앞서 'ESG 전략의 성과는 의심의 여지가 없다'와 'CEO 보수와 성과 간에는 더 이상 확실한 연계가 없다는 명백한 증거가 있다'고 주장했던 것을 보았다. 두 진술 모두 사실이 아님에도 불구하고 말이다. 일방적인 의견을 경계함으로써 시민은 더 많은 정보를 얻을 수 있을 뿐 아니라, 전체 그림을 제시하도록 인플루언서를 단

** 사회과학의 거의 모든 문제에는 양면이 있다. 어떤 것을 완벽하게 증명하는 것은 어렵기 때문이다. 논의된 바와 같이 증거는 보편적이지 않다. 그러나 물리과학에서는 증명이 가능하기 때문에 일방적인 논문이라도 신뢰할 수 있다.

런시킬 수 있다.

인플루언서의 의견을 소비할 때는 자신의 견해를 지지하는 확증편향을 경계해야 한다. 자격을 제대로 갖춘 연구자들이 저술하고, 가장 엄격한 학술지에 게재된 연구에 특히 비중을 두어야 하며 주제 양쪽 측면을 모두 제시하는 연구자들을 신뢰해야 한다.

예를 들어 노르웨이 국부펀드는 다른 사람들을 선도하는 존경받는 투자기관이기 때문에 인플루언서다. 노르웨이국부펀드는 2017년 4월에 CEO의 보수에 대한 '포지션 페이퍼position paper(중대한 문제에 대해 정당, 정부, 노조 등의 입장을 밝힌 문서_옮긴이)'를 발표했다. 2018년 10월에는 이사회 구조에 대한 포지션 페이퍼 3편을 추가 발표했다.

노르웨이국부펀드는 포지션 페이퍼에서 그들의 입장에 대한 주장을 제시한 것뿐만 아니라 반대하는 입장의 주장도 함께 다뤘다. 반대 입장도 포지션 페이퍼에 포함함으로써 노르웨이 국부펀드의 신뢰성을 높였다. 반대의 입장을 신중히 고려했음에도 최종 입장으로 가닥을 잡았다는 것을 보여주기 때문이다. 자신의 입장에 잠재적으로 어떤 약점이 있는지 인정하는 것은 약점을 드러내는 것이 아니라 강점을 보여주는 것이기도 하다.

- 시민은 기업의 운영방식을 바꿀 수 있는 힘인 '에이전시'를 가진다. 모든 시민이 정책입안자가 될 수는 없지만 유권자로서의 역할을 통해 정책에 영향을 미칠 수 있다. 모두 인플루언서가 될 수는 없지만 시민으로서 어떤 관점을 공유하거나 무시할지를 선택해 영향력을 미칠 수 있다. 시민은 거의 모두 투자자이자 동료이며 고객이다.

- 투자자와 마찬가지로 동료와 고객도 모니터링할 수 있으며, 사회에 창출하는 가치에 따라 기업을 선택하고 인게이지할 수 있다. 어떤 직급이든 동료들은 다른 사람에게 권한 부여, 투자, 보상의 태도를 실천할 수 있다. 그들은 상사와 성공적인 관계를 쌓고 대담하게 새로운 아이디어를 제안할 수 있다. 소비자는 구매 결정이나 제품에 대한 피드백을 통해 기업이 행동을 바꾸도록 압박할 수 있다.

- 규제를 통해 외부효과 같은 시장 실패를 해소하고, 파이가 커진 결과로 얻은 이득을 재분배하며, 모범 사례를 확산할 수 있다. 하지만 한계가 있다. 작위 과실을 방지해 위험 감수를 억제하게 되면서 부작위 과실을 심화시킬 수 있다. 규제는 보통 천편일률적이어서 기업의 개별 환경에 맞춤화되지는 않는다. 따라서 '원칙 준수 또는 예외 설명' 방식과 구성원이 정보에 입각한 의사결정을 할 수 있도록 공시를 요구하는 것이 특히 효과적일 수 있다.

- 인플루언서는 파이를 축소하는 기업을 경계하고, 파이를 키우는 기업을 지목해 홍보함으로써 파이를 키우는 데 중요한 역할을 할 수 있다.

- 이슈의 한쪽 면만 적나라하게 보여주는 단일 사례를 취사선택함으로써 영향력을 얻는 것은 쉬운 일이다. 엄격하게 구성된 다수의 증거로 뒷받침될 수 있을 때만 사례를 들어야 한다. 이를 기반으로 일반적인 논점을 이끌어내 진실을 전파하는 것이 인플루언서의 목표가 되어야 한다.

PART 4

기업을 넘어
사회로

보다 폭넓게 파이 키우기

개인 및 국가 차원에서 윈-윈하는 전략

이 장에서는 이 책의 핵심 아이디어인 파이 키우기 사고방식의 가치, 부작위 과실의 중요성, 곱셈, 비교우위, 중요성의 원칙이 기업과 사회의 관계를 넘어 더 넓은 여건에 어떻게 적용될 수 있는지 논의하고자 한다. 또한 파이코노믹스와 다른 맥락에서 개발된 여타 아이디어 간에 유사점이 있음을 짚어볼 것이다.

먼저 이 장에서 논의된 많은 적용 사례와 연관이 될 일반적인 원칙부터 알아보자.

성 대결: 협력의 가치

내 어릴 적 최초의 취미는 체스였다. 아버지는 내가 꼬마 때부터 체스를 가르쳐주셨고 다섯 살 때 처음으로 토너먼트에 참여하기도 했다. 체스가 재미있었지만 가장 힘들었던 부분은 '지는 경험'이었다. 중요한 게임에서 패하고 나면 나는 종종 울음을 터뜨리곤 했다. 시간이 지나면서 울음을 멈추는 법을 배웠고, 학교 다닐 때 영국 주니어 팀에서 뛰기도 했다. 하지만 대학에 들어와서는 사회적으로 더 많이 용인되는 여가 활동을 찾아 체스를 그만두게 됐다.

경제학에서 가장 좋아하는 주제는 '게임이론theory of game'이었다. 게임이론은 체스와 마찬가지로 다른 플레이어가 자신의 이익을 추구하는 실제 상황을 모델링하는 데 게임을 활용한다. 한 업종에서 두 기업이 경쟁하고, 경영진이 노동조합과 협상하거나, 국가대표들이 무역 전쟁을 벌인다. 이러한 게임들은 학교 교과서에서만 사용되는 것이 아니라 실제 생활에서도 활용된다. 기업들은 때때로 잠재적인 시나리오를 실행해보는 차원에서 '전쟁게임'을 하는 워크숍을 진행하기도 한다.

아마도 가장 유명한 게임이론은 종종 산업 카르텔을 모형화하는 데 사용되는 '죄수의 딜레마prisoner's dilemma'일 것이다. 하지만 또 다른 잘 알려진 게임 '성性 대결'이 파이코노믹스와 더 관련이 있다. 커플인 앤과 밥은 데이트로 어디를 갈지 결정해야 한다. 앤은 발레, 밥은 권투시합을 보러 가고 싶다. 각자 원하는 게 다르지만 어디든 함께 가고 싶다. 그들이 얻는 이득, 즉 서로 다른 선택을 함으로써 얻는 행복은 다음 표와 같다.

		밥	
		발레 공연	권투시합
앤	발레 공연	5, 1	0, 0
	권투시합	0, 0	1, 5

각 셀의 숫자는 앤과 밥에게 주어지는 이득을 나타낸다. 이 커플이 따로 원하는 이벤트에 간다면 둘 다 0을 얻는다. 둘 다 발레 공연에 가면 앤은 5, 밥은 1을 얻는다. 둘 다 권투시합에 가면 앤은 1, 밥은 5를 얻는다.

최선의 결과는 무엇일까? 2가지 경우다. 둘이 함께 발레를 보러 가거나 권투시합을 보러 가는 것이다. 두 경우 모두 총합이 6이다. 따라서 같은 행사에 둘이 함께 가는 것은 따로 원하는 곳에 가는 것에 비해 파이가 커진다. 평등의 관점으로만 보면 둘 다 아무 데도 가지 않는 편이 낫지만 가치를 창출하는 것이 평등보다 더 중요하다는 데 이의를 다는 사람은 거의 없을 것이다.

커플인 앤과 밥이 같은 행사에 간다는 것은 너무나 당연해 보인다. 문제는 발레 공연과 권투시합 사이에 무엇을 선택하느냐다. 그들은 파이를 어떻게 나눌 것인가(어느 이벤트에 갈 것인가)를 놓고 다투는 것에 매몰되어 가장 중요한 목표(함께하기)를 놓치고 있다. 아마도 협상 전술로, 앤이 발레 관람권을 이미 샀다고 말할 수도 있다. 게임이론 용어로 앤은 발레 선택에 '공약commit'한다. 그럼 밥도 당연히 발레를 선택해서 1이라도 얻는 게 이성적인 결정이다.

그러나 인간이 항상 이성적인 것은 아니다. 밥은 자기보다 앤이 더 얻는 것이 불공평하다 느껴져서 권투시합을 고집할 수 있다. 그 결과 앤은 0을 얻고 밥은 원하는 바를 이룬다. 하지만 결과적으로 그 자신도 0을 얻게 된다.

이를 냉정하게 관찰하는 제3자의 입장에서 볼 때, 밥의 행동은 미친 것처럼 보인다. 그러나 사람들은 종종 파이를 작게 만들어버리는 결과를 택한다. 그들은 내가 체스를 할 때 겪었던 것 같은 승패의 사고방식에 사로잡혀 있고, 또한 상대방을 이기는 것에 집착하고 있다. 다른 사람을 지게 만들면 자동적으로 자신이 이길 것이라고 생각한다. 그러나 실제 삶은 체스처럼 제로섬 게임이 아니다. 다른 선수는 적이 아니라 동맹이다. 파이를 키우는 선택을 하는지 여부에 따라 양측 모두 이길 수도, 질 수도 있다.

사람들은 실제로 어떻게 성 대결을 할까? 경제학자들은 '최후통첩 게임Ultimatum Game'으로 알려진 고차원 버전을 연구해왔다. 여기서 앤은 10달러를 받고 밥에게 나눠 갖자고 제안한다. 만약 밥이 나눠갖는 것에 동의한다면 둘 다 제안된 금액을 갖게 된다. 밥이 동의하지 않으면 둘은 아무것도 갖지 못하게 된다. 발레나 권투 중에 선택하는 것이 아니라 앤이 0달러에서 10달러까지 다양한 옵션을 선택할 수 있다는 것만 빼고는 성 대결과 비슷하다.

앤이 얼마를 주든 밥이 받아들이는 것이 합리적이다. 앤이 밥에게 0.01달러만 주고 나머지 9.99달러를 다 가진다고 해도 받아들여야 한다. 억울하겠지만 아무것도 못 받는 것보다 낫다. 그러나 수천 번 이 실험을 해봤지만 밥은 3달러조차도 거절한다.[1] 그는 형평성에 너무 신경을 쓴 나머지 앤이 자기보다 더 많이 가지는 것을 막기 위해 파이가 0이 될 때까지 파이를 줄이는 방법을 택한다. 사람들이 최후통첩 게임을 어떻게 하는지 연구가 행해졌지만 어디까지나 실험이다. 안타깝게도 사람들은 그 게임과 비슷한 실제 상황에서도 다르지 않게 행동한다.

국제교역

이 책에서 다루는 비교우위의 원칙은 잘 알려진 비교우위의 법칙에 바탕을 두고 있다. 이 개념은 경제학자 데이비드 리카도David Ricardo가 국제교역을 상정하고 정립한 것이다. 영국과 미국이라는 두 나라와 텔레비전TV과 컴퓨터PC 2가지 재화가 있다고 가정해보자. 영국은 12명, 미국은 14명의 직원을 보유하고 있다. 각 직원이 생산할 수 있는 재화의 수는 다음 표와 같다.

	TV	PC
영국	3	1
미국	4	3

시민은 다양한 종류의 상품을 원한다. TV는 2대 있지만 PC는 없거나, PC는 2대 있지만 TV는 없는 상황보다 TV와 PC를 각각 1대씩 가지고 싶어 할 것이다. 다양성이 왜 필요한지 단순한 방식으로 설명해보겠다. 2가지 상품 중 더 적게 생산되는 상품으로 국민총행복GNH이 정해진다고 가정해보자.

우선 국가들이 서로 교역하지 않는 완전한 자립경제체제라고 하자. 그러면 영국은 3명의 직원을 TV에, 나머지 9명을 PC에 할당할 것이다. 각각의 상품을 9개씩 생산하면 GNH는 9가 된다.[2] 미국은 TV에 6명, PC에 8명을 배치하여 각각 24개씩 생산하고 GNH는 24가 된다. 두 나라의 총 GNH는 33이다.

이제 교역이 가능하다고 상정해보자. 비교우위의 법칙에 따라 각국은 상대적으로 생산 능력이 우수한 상품에 집중해야 한다. 이 법칙의 장점은 한 나라가 모든 상품에서 절대적으로 생산성이 낮다고 해도 한 상품의 생산성은 다른 상품 대비 여전히 상대적으로 높다는 것이다. 여기서 영국은 두 품목 모두 생산성이 낮다(3<4와 1<3). 그러나 TV의 경우 비교적 생산성이 높다. 직원을 PC에서 TV로 재할당하면 PC 1대를 포기하는 대신 3대의 TV를 얻게 된다. 미국이 이렇게 재분배하면 PC 1대를 포기할 때마다 1.33대(4/3)의 TV를 얻게 된다.

따라서 영국은 직원들을 PC에서 비교우위를 가진 TV로 재배치해야 한다. 12명을 재배치해서 36대의 TV를 생산하고, 미국은 13명을 재배치해서 39대의 PC를 만들고 TV 공장에 1명의 근로자가 4대의 TV를 만든다. 두 나라에는 40대의 TV와 39대의 PC가 만들어지고 GNH를 합치면 39가 된다. GNH 기준으로 무역에서 얻는 이익은 6이다.

성 대결에서와 마찬가지로 이 6을 어떻게 분할할 것인지는 명확하지 않다. 영국은 14대의 PC에 대한 대가로 22대의 TV만을 미국에 제공할 수 있다. 각 항목별로 14개, GNH 14가 된다. 미국은 26대의 TV와 25대의 PC를 가지고 있으며 GNH는 25다. 영국은 자립경제체제에 비해 5를 얻고, 미국은 1을 얻는다. 이것은 마치 성 대결에서 둘 다 권투시합을 보러 가기로 결정한 다음 밥은 5, 앤은 1을 얻는 것과 같다.

	거래 금지, 생산 및 소비		거래 가능, 생산		거래 가능, 소비	
	TV	PC	TV	PC	TV	PC
영국	9	9	36	0	14	14
미국	24	24	4	39	26	25

아니면 미국은 강하게 협상을 밀어붙여 영국에 26대의 TV를 요구하면서 대가로 10대의 PC만 제공할 수 있다. 그렇게 되면 영국은 각 항목 10개, GNH 10이 된다. 미국은 30대의 TV와 29대의 PC를 보유하고 있으며, 따라서 GNH는 29이다. 이제 미국은 5를 얻고 영국은 1을 얻는다. 둘 다 발레 공연에 가는 성 대결처럼 말이다.

두 시나리오 모두 무역에서 얻는 이득이 불평등하다. 그러나 성 대결에서와 마찬가지로 중요한 점은 파이가 커졌다는 것이다. 두 나라 모두 자립경제체제보다 상황이 나아졌다. 그렇다고 해서 각국이 이득을 어떻게 분배되는지 무시해야 한다는 것은 아니다. 분배는 여전히 중요하다. 그러나 첫 번째 우선순위는 각국이 협력하여 이득을 만든 다음 분배를 결정해야 한다.

현실에서 국가들은 때때로 파이 쪼개기 사고방식을 고수한다. 영국은 미국이 무역에서 5를 얻는 것으로 보고 자국이 5를 잃는다고 생각할지 모른다. 영국은 자국도 1을 얻는다는 것을 깨닫지 못한다. 또는 영국은 무역 장벽을 세워 미국의 파이를 줄임으로써 자국의 파이를 키울 수 있다고 생각할 수 있다. 전체적인 파이가 줄어들기 때문에 두 나라의 파이 몫이 줄어들 수 있다는 점을 깨닫지 못하는 것이다. 이것이 종종 '무역 전쟁'이라고 불리는 상황이다.

트럼프 전 미국 대통령은 트위터에 "그 어느 누구도 예상하지 못했던 일을 관세를 통해 해냈다. 무역 전쟁을 통해 지난 4개월 동안 중국 시장은 27% 하락했다"고 밝혔다.[3] 무역 정책의 목표가 다른 나라에 피해를 주는 것이라고 가정한 것이다. 전쟁에서는 적을 패하게 하면 내가 승리하는 게 맞지만,[4] 무역 전쟁에서는 상대 국가를 패하게 하다가 종종 자국까지 손실을 본다.

지금까지 우리는 영국을 단일독립체로 고려했다. 그러나 중요한 것은 영국과 미국 사이의 이익 분배일 뿐만 아니라 영국 내 시민 간의 이익 분배다. 영국에서 실제로 무역을 통해 이익을 얻는 사람은 누구인가?

이론적으로 사회의 모든 구성원이 이득을 볼 수 있다. 영국 기업들은 현재 비교우위가 있는 제품에 초점을 맞추고 있기 때문에 전체적으로 더 많은 매출을 창출한다. 그들은 동료들에게 더 높은 임금을 주고, 투자자에게 더 많은 수익을 돌려줄 수 있다. 가장 큰 이득은 고객일 것이다. 흔히 정치인들은 교역 덕분에 더 많이 팔 수 있는 회사들, 따라서 그 회사의 대표와 투자자에게만 이익이 된다고 생각한다. 하지만 시민들도 더 싸고 질 좋은 상품에 접근할 수 있게 된다.

미국은 국산보다 미국산 PC를 선호하는 영국인들이 있기 때문에 영국에 PC를 수출할 수 있다. 무역을 통해 고객만 이익을 얻는 것이 아니라 기업도 저렴한 고품질의 투입물에 접근함으로써 이익을 얻는다. 국내 기업들은 관세 부과로 투입물에 자유롭게 접근할 수 있는 외국 기업 대비 경쟁적으로 불리하기 때문이다.

그러나 실제로는 투자자, 동료, 고객이 전체에서 이득을 얻는 반면 모든 사람이 개별적으로 이익을 얻는 것은 아니다. 기업의 경우 파이가 커질 수 있지만 개별 이해관계자는 손해를 볼 수 있기 때문이다. PC를 만들던 회사가 하루아침에 TV를 만들 수는 없는 노릇이다. 결국 회사는 폐업하고 투자자는 피해를 입을 수 있다. 직원도 큰 손해를 본다.

글로벌 교역으로 야기되는 정리 해고는 고통스럽고 심각하지만 내수 경쟁으로 야기되는 정리 해고와 크게 다르지 않다. 외국 경쟁사가 아니라 국내 경쟁사에 진다고 해서 직원들의 실직이 덜 고통스러운 것은 아니다. 그리고 기업들은 비효율성뿐 아니라 코닥이 디지털 카메라에 굴복한 것처럼 기술 변화 때문에 쇠퇴할 수도 있다.

따라서 글로벌 무역으로 인한 일자리 감소는 일반적인 문제의 한 가지 예시일 뿐이다. 폐업은 기술 또는 제품 선호도가 변했거나 국내든 해외든 더 효율적인 경쟁 상대가 등장하면서 해당 기업에 수요가 더 이상 없을 때 발생한다. 그렇다고 해서 실직자가 덜 고통스러워지는 것은 아니다. 수입 조치로 실업자가 된 사람에게 다른 사람들은 기술 변화 때문에 일자리를 잃는다는 사실은 위안거리가 되지 못한다. 그러나 이는 정부가 교역으로 야기되는 실업 문제를 특수한 것으로 취급하지 않고 일반적인 문제에 대한 해결책으로 우선시해야 한다는 것을 의미한다.

실업 문제 해결은 이 책의 범위를 벗어나지만, 10장에서 논의한 바와 같이 노동자의 재배치(청년 교육, 이직 재교육 프로그램 등)를 높이고 새로운 기업이 형성되도록 장려하는 것은 실업의 원인이 무엇이든 간에 실업 해소에 도움이 될 것이다.

고용

'상품에 대한 수요는 고정되어 있기 때문에 외국 기업이 들어와서 물건을 팔면 국내 기업이 피해를 본다'는 글로벌 교역의 파이 쪼개기 관점은 고용에 대한 파이 쪼개기 사고방식과 유사하다. 이것은 종종 '노동총량설(노동 수요의 총량은 고정돼 있어 한 집단의 고용 성장이 다른 집단의 고용 부진을 초래한다는 일종의 제로섬 게임 가설을 의미한다_옮긴이)'의 오류로 알려져 있다. 즉 노동 수요는 고정이기 때문에 이민자에게 일자리를 주면 내국인들이 일자리를 빼앗기게 된다는 관점이다. 그러나 일자리 수는 고정되어 있지 않다. 너무도 당연하게 이민자들은 자신이 번 돈으로 소비하고, 이를 통해 직접적으로 일자리를 창출하며, 세금 납부를 통해 정부에게 재원을 제공한다.

더 중요한 것은 흔히 이민자들은 내국인의 일자리를 빼앗아간 존재로 인식되지만 많은 일자리는 상호보완적이다. 특정 역할에 이민자를 고용하는 것은 이 역할과 상호작용하는 새로운 일자리를 창출할 수 있다. 이민자 프로젝트 매니저가 있으면 건설회사는 내국인 건설 노동자를 고용할 수도 있고, 이민자 건설 노동자가 있으면 건설회사는 내국인 프로젝트 매니저를 고용할 수 있다. 2가지 유형의 고용으로 인사나 구매에는 추가 수요가 창출된다.

그렇다고 해서 이민 정책에 아무런 제한을 두면 안 된다는 의미가 아니다. 이미 많은 국내 노동자들로 넘쳐나는 직종은 이민자로 대체될 가능성이 더 크다. 그러나 엔지니어링이나 의료[5]와 같이 영국 내 공급이 부족한 직종에서 이민자를 고용하는 것은 특히 보완적인 직종에서의 고용을 증가시킬 뿐 아니라 고용주의 실적도 향상시킬 가능성이 높다.

노동총량설의 오류는 이민뿐 아니라 기술에 대한 태도에도 적용된다. 즉 일의 양이 정해져 있기 때문에 기계로 수행되는 모든 작업은 사람이 수행하는 일자리 수를 감소시킨다는 비슷한 사고방식이 존재한다. 리더는 기술로 대체할 수 있는 직종에서 벗어나 대인관계와 같이 인간이 비교우위를 보유한 영역으로 직종을 재정의하는 방법에 대해 신중히 생각할 필요가 있다. 이렇게 재정의하는 것은 쉽지는 않지만 가능하다.

데이비드 오토David Autor MIT 경제학과 교수는 2016년 TED 강연 "자동화가 우리의 일자리를 모두 빼앗아갈까?"에서 1970년대부터 현금자동인출기ATM가 확산되었음에도 불구하고 1970년 미국 기준 25만 명 수준이었던 은행직원이 현재는 50만 명에 이른다고 언급했다. 그중 10만 명은 2000년 이후에 늘어난 수치다. ATM은 예금과 출금 처리 등 은행이 하던 일부 업무를 대체한다.

하지만 덕분에 은행직원들은 고객과의 상담 등 개인 상호작용과 신뢰가 중요한 좀 더 복잡한 업무에 집중할 수 있게 됐다. 더 적은 비용으로 신규 지점을 개설할 수 있게 해줄 뿐 아니라 더 많은 일을 할 수 있게 되면서 은행들은 이익을 얻었다. 1988~2004년 사이에 도시 지역의 은행 지점이 43% 증가하여 수천 개의 새로운 일자리가 창출되었고, 이는 각 지점마다 필요한 직원이 더 적어질 것이라는 우려를 불식시킨 사실이다.[6]

아소 다로麻生太郎 일본 부총리는 라이벌이라기보다 파이를 키우는 파트너로 기술의 중요성을 비슷하게 강조했다. 그는 '로봇이 내 일을 빼앗아갈 것이다'가 서구의 사고방식이라면, 일본에서는 '로봇이 일반인들의 짐을 덜어줄 것이다'라고 말했다.[7] 기름 유출을 제거하는 작업이나 고온에서 화마와 싸워야 하는 일처럼 인간이 하기에는 너무 위험한 일을 로봇이 대신 수행할 수 있는 것이다. 따라서 대체는 없다. 고도로 숙련된 직업에도 기술을 통해 역할을 재정의하는 것이 필요하며 실현 가능성을 보여줄 것이다.

리더가 직업을 재정의하기 위해서는 유연한 노동력이 필요하다. 이를 위해서 기업과 정책입안자 모두 싱가포르의 SkillsFuture 프로그램 같이 대용이 아닌 기술로 대체될 수 없는 기술을 시민들에게 가르치고, 이를 보다 생산적으로 만드는 보완책이 되도록 기술을 활용하는 교육을 제공해야 한다. 기술을 위협이면서도 기회로 보는 접근 방식이다.

오토 교수는 트랙터의 등장과 기술 발전으로 19세기 초 미국의 농업 고용이 심각할 정도로 위태로워졌다고 지적한다. 미국 정부는 이에 대응해 16세까지 학교 교육을 의무화하는 급진적인 조치를 취했다. 이러한 투자는 고도로 숙련된 인력과 유연한 노동력 창출이라는 성과로 이어졌다. 오늘날 막대한 고용을 창출하는 많은 산업들은 그 당시에는 예견되지 않았을 것이다. 이와 유사하게 미래의 산업으로 무엇이 떠오를지는 모르지만 어떤 산업이든 기술을 습득해서 미래를 준비할 수 있다는 것은 모두가 아는 사실이다.

이전의 기술 변화에 비해 인공지능으로 야기되는 교용 대체의 위험은 더 클 수 있지만 변화에 대응해야 하는 어려움은 새로운 것이 아니다. 오토 교수는 이렇게 말했다.

"생각해보면 지난 200년 동안의 많은 위대한 발명품은 인간의 노동력을 대체하기 위해 고안된 것이다."

컴퓨터는 게임을 변화시키는 혁신이었지만 인간의 일자리를 대체한 것이 아니라 재정의하는 결과를 가져왔다. 타자기에서 워드프로세싱 소프트웨어로의 전환은 타이피스트가 오타를 바로 수정할 수 있게 되면서 생산성이 높아지고 노동 시간에 대한 수요가 감소했다. 그러나 타이피스트는 해고된 것이 아니라 비서나 보좌관의 역할로 강화되어 훨씬 더 광범위한 책임을 맡게 됐다. 실제로 컴퓨터 사용량이 많은 산업에서 컴퓨터가 없는 산업보다 일자리가 더 빨리 성장해 컴퓨터가 노동자를 대신하는 것이 아니라는 점을 시사한다.[8]

거시경제 정책

거시경제학에서 '파이를 키워라'라는 표현은 때로 국가의 부를 전체로 키우는 것이 부를 재분배하는 것보다 시민, 특히 덜 가진 사람들에게 더 유익하다고 주장하는 데 사용된다. 따라서 정책입안자는 주로 경제성장에 초점을 맞추게 된다.

그러나 통념과 달리 자유 시장에 대한 의존과 최소한의 정부 개입을 의미하는 것은 아니다. 재분배 정책은 성장을 뒷받침하는 데 상당한 역할을 한다. 무상 의료 서비스나 대학교육, 취약계층에 대한 보조금 지급은 시민의 생산력을 향상시킨다. 그러나 거시경제 정책에 대한 이러한 접근방식에서는 '재분배를 위한 재분배'를 경계한다. 재분배를 위한 재분배는 애초에 부를 창출하기 위한 동기를 줄일 수 있기 때문이다.

파이코노믹스에서는 파이를 키우는 것이 중요하다고 강조하지만 사회적 복리는 파이의 크기뿐 아니라 파이의 재분배에 달려 있음을 인식한다. 따라서 파이를 키우는 거시경제 정책과 대조적으로, 파이코노믹스 관점에서는 자립 의욕을 꺾는 효과가 있더라도 정도가 미미하다면 재분배를 위한 재분배가 바람직할 수 있다고 주장한다. 자료 2-2에서 보았듯이 리더는 특히 중요한 이해관계자에게 유리하다면 더 균등하게 분배되는 작은 파이를 선호할 수 있다.

그러나 가장 중요한 차이점은 파이를 키우는 거시경제 정책하에서 파이는 '부'를 상징하며 정책입안자의 목표는 부를 창출하는 것이라는 점이다. 파이코노믹스에서 파이는 '사회적 가치'를 나타내고 리더의 책임은 사회적 가치를 창출하는 것인데, 그중 부의 창출은 한 부분에 불과하다.

대인관계 역학

이제 파이 키우기 개념을 기업이나 이해관계자가 아닌 인간관계의 상호작용에 적용하고자 한다. 가장 비근한 예로 스티븐 코비의 저서《성공하는 사람들의 7가지 습관》을 들 수 있다.[9] 그는 파이 쪼개기 사고방식처럼 나눌 수 있는 자원과 행복의 양이 고정되어 있다고 가정하는 '고갈 심리scarcity mentality'에 대해 논한다. 만약 친구가 개인적 또는 직업적으로 성공하면 여러분은 부러움을 느낄 것이다. 자신에게 주어질 성공이나 행복은 조금밖에 남지 않았다는 생각에 두려울 것이다.

정치풍자가인 P.J.오루크P. J. O'Rourke가 말했다.

"이 제로섬 우주에는 행복의 양이 정해져 있다. 잘나가는 사람들의 얼굴에서 웃음을 지워야만 나머지 사람들이 웃을 수 있다는 발상이다."

이는 '키 큰 양귀비 증후군tall poppy syndrome(많이 자란 양귀비가 눈에 띄어 먼저 베인다는 의미로, 크게 성공한 성취한 사람들을 향해 분개하고 공격하고 비난하는 사회현상_옮긴이)'과 연결된다.

코비는 무한한 자원과 행복이 있기 때문에 다른 사람을 시기할 필요가 없다고 주장하며, 이를 '풍성한 사고abundance mentality'라고 칭했다. 그러나 파이코노믹스와의 중요한 차이점은 풍성한 사고는 자동적으로 무한한 자원이 존재한다고 가정한다는 것이다. 파이를 키우는 사고방식은 모든 사람이 더 큰 조각들을 누릴 수 있지만 노력과 협력을 통해서만 가능하다고 강조한다.[10] 투자자와 이해관계자가 파이를 키우는 데 있어 최대의 적수가 아니라 우방인 것처럼 직원들도 승진을 두고 경쟁하는 사이가 아닌 기업의 성공을 향해 돕는 동료다.

앤과 밥이 '영양주식회사'에서 각자 다른 부서장을 맡고 있다고 가정해보자. 앤이 밥과 거래를 성사시키기 위해 협력한다면 성 대결에서 권투시합에 간 것처럼 밥 부서의 수익을 늘려주기 때문에 밥이 가장 많은 것을 얻는다. 적기는 하지만 앤도 얻는 게 있다. 거래가 성사되어 회사가 더 번창할 수 있는 데 기여하고 앤 부서에 더 많은 자원을 제공할 것이다. 앤과 밥의 주된 임무는 각자의 부서가 회사 내 최고 부서가 되는 것이 아니라 회사 전체의 파이를 키우고 경쟁사 '사자주식회사'보다 앞서게 하는 것이다.

자연에서 사자는 영양을 달리기로 잡으려고 하면 따라잡지 못한다. 그래서 사자는 영양 무리들이 싸울 때까지 기다린 다음 기회를 엿봐 한 마리를 잡는다. 여기서 '싸움'은 타부서뿐 아니라 전체 조직에도 영향을 미치는 행동을 뜻한다. 밥은 CEO 후보로 자신의 부서를 좋게 봐주는 사람을 지지할지 모른다. 다른 후보가 더 뛰어나더라도 말이다. 이는 각자의 파이 조각만 볼 뿐 전체 파이를 보지 않는 것이다.

따라서 '윈-윈'을 이끌어내는 보상과 평가 시스템을 설계하는 것이 리더의 책임이다. 밥이 5를 받으면 앤이 -1이 아니라 1을 얻도록 하는 것이 중요하다. 5장에서 주창했던 것처럼 앤이 영양주식회사에 지분을 가지고 있고, 앤이 밥에 기여한 바가 평가 제도에 명시적으로 반영된다면 앤과 밥의 성과를 비교하기보다 앤도 얻는 게 생긴다.

대조적으로 하버드로스쿨 신입생들은 입학하면 "네 왼편을 봐라, 오른편도 봐라. 연말이 되면 여러분 중 한 명은 여기에 없을 것이다"라는 말을 가장 먼저 듣는다고 알려져 있다. 그러한 제로섬 발언은 고갈 심리를 불러일으킨다.

파이코노믹스의 원칙은 앤과 밥이 동료가 아닌 친구나 지인이라도 적용된다. 사회심리학자 애덤 그랜트는 저서 《기브 앤 테이크》에서 3가지 유형의 사람들을 연구한다.[11] '베푸는 사람give'은 파이를 키우는 리더처럼 나중에 받을 것을 계산하지 않고 다른 사람들을 돕는다. '받기만 하는 사람taker'은 파이를 쪼개는 리더처럼 가능한 한 다른 사람을 착취하려고 한다. '두 유형의 중간인 사람mathcer'은 깨달은 주주 가치를 실천하는 리더처럼 장기적으로 득이 된다는 예측이 가능해지면 다른 사람들을 돕는다.

이 책에서 저자는 다른 사람에게 베풀면서 자신에게 득이 될 것을 의도하지 않았지만, 결국 베푸는 사람이 장기적으로 더 잘된다는 것을 보여준다. 그러나 그는 파이를 키우는 회사가 규제되지 않은 방식으로 투자해서는 안 되는 것처럼 베푸는 것도 원칙 없이 산발적으로 이뤄져서는 안 된다는 것을 강조한다.

사고방식

파이코노믹스의 아이디어는 다른 사람과의 관계(대인관계 리더십) 외에 스스로와의 관계(개인적 리더십)를 포함한다. 심리학자 캐럴 드웩Carol Dweck은 저서 《마인드셋》에서 개인의 발전에 2가지 다른 태도로 고정된 사고방식과 성장 사고방식에 대해 논한다. 고정된 사고방식은 사람의 능력을 타고난 유전학 특질에 따라 고정된 것으로 본다. 따라서 어느 방면에 있어 재능이 있거나, 없거나 둘 중 하나뿐이다. 재능이 없으면 열심히 해봤자 소용이 없고, 재능이 있으면 틀림없이 성공할 테니 열심히 할 필요가 없는 것이다.

대조적으로 성장 사고방식은 사람의 능력을 노력으로 확장 가능한 것으로 본다. 사고방식은 파이가 다른 구성원들 사이에서 어떻게 분배되는지에 대한 비유는 없지만 파이 키우기 사고방식과 비슷하다. 파이를 확장 가능한 것으로 보는 것은 모든 당사자들이 이득을 얻을 수 있다고 독려하는 것뿐 아니라 파이를 키우기 위해 함께 노력해야 할 책임감을 심어준다. 성장 사고방식을 통해 개인의 능력을 확장 가능한 것으로 보는 관점은 격려가 되기도 하지만 열심히 해야 할 책임감도 안겨준다.

그러나 사회에서 노력으로 얻은 성취는 재능을 통한 성취에 비해 멸시되기 일쑤다. 열심히 하는 아이들에게는 노력이 부끄러워해야 할 일이라도 되는 듯 '공부벌레', '노력파'라는 딱지가 붙는다. 내가 다녔던 고등학교에서는 성적이 2가지 평가로 구성되어 있었다. 성취도는 1~9로, 노력의 범위는 A~D 범위로 평가됐다. 모두가 원하던 성적은 9D였는데, 이 성적을 받으려면 흔히 말하듯이 '타고나야' 하는 것을 뜻했다.

나는 학부 시절 옥스퍼드머튼칼리지의 총학생회JCR에 출마했다. 당연히 경제학 전공자로 재무담당 포지션에 지원했다. 선출된 후 처음 개최된 총회에서 머튼칼리지의 공식 입장으로 등록금에 반대 입장을 내는 건이 발의됐다. JCR 회장이 모든 회의를 주재했지만, 회장은 해당 제안을 발의한 장본인이었다. 따라서 회장의 의무는 부회장에게 넘어갔는데, 그는 반대하는 입장이었다(참고로 우리 위원회에 집단사고의 위험은 없었다).

재무담당으로 세 번째 서열이었던 나는 그렇게 갑작스럽게 회의 의장직을 맡게 됐다. 나는 수줍음이 너무 많아서, 특히 의견이 강하고 기개가 높은 학생들로 둘러싸인 환경에서 효과적으로 의견을 조율하는 것이 버거웠다. 내가 어찌나 못했는지 다음 회의에서 학생들이 '총회장'이라는 새로운 직책을 만들자는 제안을 내놓을 정도였다. 어찌되었든 이 발의안은 부결됐다.

그래도 나에게는 쉬운 출구가 있었다. 최고위원이 회의를 주재하는 것이 전통이었지만 학생회 헌법상 이를 의무화하는 조항은 없었다. 나는 사람들 앞에서 말하는 재능이 없다는 고정된 사고에 사로잡혀 의장직을 네 번째 서열에게 넘겨주고 싶다는 유혹을 느꼈다. 그러나 회의가 불편했음에도 불구하고 나는 관두지 않기로 마음먹었다. 나는 그해에 회장과 부회장이 자리를 비울 때마다 의장직을 여러 번 더 맡았다.

하지만 여전히 어느 정도 나아진 정도였다. 아직도 개선의 여지가 많은 걸 알았고, 스스로를 격려하며 대학원에 입학하자마자 MIT 발표토론클럽TPSC에 가입했다.

시간이 흘러 와튼의 조교수가 된 첫해에 나는 듀크대학교와 노스캐롤라이나대학교가 공동으로 주최한 컨퍼런스에 참석했다. 나는 내 연구논문 가운데 '대량 주식 보유자blockholder'에 관한 내용을 발표했다. 발표가 끝나고 나서 존 그레이엄 듀크대 교수가 다가와 "멋진 발표였습니다, 정말 열심히 준비하셨군요"라고 말했을 때 나는 풀이 죽었다. "멋진 발표였습니다, 발표가 체질이신가 봅니다"라는 말을 듣고 싶었던 것이다. 존이 나에게 9D 점수를 주길 원했다. 하지만 그건 틀린 말이 되었을 것이다.

나는 발표 체질은 아니었음에도 불구하고 JCR에서 계속 회장직을 맡고, TPSC에서 활발히 활동하며, 강연에 앞서 오랜 시간 발표 연습을 한 뒤에야 비로소 논리 정연한 강연을 할 수 있었다. 노력하지 않아도 잘할 수 있었다고 스스로를 속이고 싶은 마음이 들긴 했지만 말이다.

실패 껴안기

이 책에서는 작위 과실을 피하고 싶은 욕구가 훨씬 더 심각한 부작위 과실로 이어질 수 있다는 점을 반복적으로 강조했다. 기업 맥락에서 보면, 그러한 오류는 사회적 가치를 창출할 기회를 포기하는 것이다. 기업은 실패를 우려해 신제품 출시를 자제하거나 일자리 감소와 언론의 비판으로 이어질 수 있다는 이유로 신기술 구현을 자제할 수 있다. 개인적인 맥락에서 그러한 오류는 개인이 발전할 수 있는 기회를 포기하는 것이다.

매해 1월 MIT에서는 독립 활동 기간IAP이 주어진다. 정규 수업대신 특별 주제를 다루는 다양한 무료 강의와 워크숍이 진행되는 기간이다. 나는 이스라엘-팔레스타인 협정과 미국 인종 관계 같은 좀 더 지적인 주제뿐 아니라 야구와 주짓수에 대한 수업을 들었다. IAP가 끝나면 대학원생협의회가 스키 여행을 운영한다. 나는 MIT에 오기 전까지 한 번도 스키를 타 본 적이 없지만 친구들과 함께 가기로 결정했다.

초보자용 슬로프에서 초급반 수업을 듣고 나서 스키 리조트의 나머지 코스에도 도전했다. 뭐든지 숫자로 생각하는 괴짜인 나는 스키 실력이 늘고 있는지 가늠하기 위해 나름의 성공의 척도를 만드는 것을 좋아했다. 가장 쉬운 방법은 몇 번이나 넘어지는지 따져보는 것이었다. 나는 오전에 세보고 오후에도 셌다. 오전보다 오후에 넘어지는 횟수가 줄어들면 실력이 늘고 있는 것이다. 토요일 오전에 넘어진 횟수가 금요일 오전보다 적어지면 그 또한 실력이 느는 것이다.

그러나 나는 재빨리 통계를 조작하는 방법을 생각해냈다. 넘어지는 것(작위 과실)을 피하는 가장 쉬운 방법은 가장 쉬운 슬로프에서 스키를 타는 것이었는데, 이는 스스로 도전할 기회를 놓치는 것이기 때문에 훨씬 더 심각한 부작위 과실에 해당됐다. 비록 내가 초록색(초급) 슬로프에서 파란색(중급)으로 수준을 높이면서 이 문제를 극복했더라도, 중급 코스 중에서도 재빨리 가장 쉬운 코스를 찾아서 스키를 탔을 것이다. 그리고 같은 슬로프에서만 스키를 타며 '대조군 실험'을 하려고 해도, 이번엔 속도를 낮춰서 넘어지지 않으려고 했을 것이다. '실패'하지 않는 것이 내가 정의한 '성공'이었다.

우리는 하루를 마치고 숙소로 돌아와서 따뜻한 차를 마시며 각자의 하루가 어땠는지 묻곤 했다. 친구들이 스키로 런이나 점프를 시도하는 스릴에 대해 이야기하는 동안 나는 흥분하면서 아침보다 오후에 더 적게 넘어졌다고 말했다(물론 MIT 학생답게 아침시간과 오후시간 길이가 다른 점을 감안해서 계산했다).

스키를 탈 때 내 목표는 넘어지지 않는 것이었다. 하지만 그건 말이 되지 않는다. 사람들은 스릴을 즐기기 위해 스키를 타는 것이지 넘어지지 않기 위해 스키를 타는 것이 아니다. 기업 경영자의 연간 목표가 부정적인 언론 보도를 피하기여서는 안 되는 것처럼 또는 기업 신제품의 성공 여부를 '고객 불만 제로'로 측정해서는 안 되는 것처럼 말이다.

다행히도 나는 스키 여행 하루를 남겨두고 스키의 진정한 목적을 깨달았다. 그곳에서 가장 어려운 코스인 얼음으로 뒤덮인 스노우스네이크 Snowsnake에 도전해보기로 결심했다. 그날 아침 나는 수없이 넘어졌다. 하지만 넘어질 때마다 하나씩 배우는 게 있었다. 무엇 때문에 넘어졌는지 분석해봤다. 이 과정을 반복했더니 조금씩 나아졌고 결국에 한 번도 넘어지지 않고 내려올 수 있었다.

실패를 포용하는 것이 중요하다는 점은 스키 여행에서 최대한의 즐거움을 얻는 방법보다 훨씬 더 중요한 문제에도 적용된다. 많은 사람 앞에서 발표하는 것, 새로운 직업으로 전환하거나 내부 승진에 도전하는 것, 처음으로 5km 경주에 참가하는 것처럼 중요한 모든 영역에서 개인적·직업적으로 발전하려면 기꺼이 실패하는 경험을 거쳐야만 한다.

내부 승진에 도전했다는 사실을 비밀로 하기는 어렵다. 승진하지 못하면 동료들은 당신의 실력이 부족하다고 생각할 것이다. 또는 당신이 자만했다고 생각할지도 모른다. 그러나 《해리포터》를 쓴 J. K. 롤링은 2008년 하버드대학교 졸업연설에서 "어떤 것에 실패하지 않고 사는 것은 불가능하며 어떤 것에도 실패하지 않으려고 조심해서 사는 것은 사는 것이라고 할 수 없다. 그러면 그 자체로 실패하는 셈이다"라고 말했다.[12] 바로 부작위 과실을 범하게 되는 것이다.

실패를 감수하려는 의지만 중요한 것이 아니라 실패를 통해 배울 수 있기 때문에 사후에도 실패는 가치가 있다. 10장에서 논의한 바와 같이, 부정적인 say-on-pay 의결을 통해 투자자는 기업에 무엇을 반대하는지 알려준다. 마치 스키 슬로프에서 넘어졌을 때 어떤 이유로 내가 넘어졌는지 분석한 것처럼 말이다. 매튜 시드Matthew Syed는 비행기의 움직임과 조종석 대화를 기록하는 항공기의 블랙박스 이름을 따서 이러한 사고방식을 '블랙박스 사고Black Box Thinking'라고 명명했다.[13] 비행기 추락 원인을 조사할 수 있게 됨으로써 블랙박스는 미래의 재난을 방지하는 데 도움이 됐다.

블랙박스를 관통하여 생각하는 일은 고통스럽다. 실패에 대한 오너십을 가지고 스스로 책임지기보다는 실패의 책임을 외부 상황으로 돌리기 쉽다. '자기 귀인 편향self-attribution bias'이라고 알려져 있는 행동이다. 5km 경주 기록이 안 좋게 나오면 경기를 앞두고 회사일이 정신없이 바빠진 탓이라고 일 핑계를 들 수 있다. 기업들은 실적 부진을 해외 경쟁이나 단기 투자자의 탓으로 돌릴 것이다.

실수를 인정하고 실패로부터 배우기를 꺼리는 것은 사회가 실패를 바라보는 시각 때문이다. 우리는 종종 다른 사람이 잘못한 것을 잡아내고 실수를 들춰낸다. 시드의 주장대로, 우리는 서로 노력하고 실험하는 것을 칭찬해야 한다. 다른 사람 탓으로 돌릴 대상이 없고 실패의 책임이 온전히 나에게 있다는 것을 안다 해도 블랙박스를 여는 일은 여전히 유쾌하지 않다. 사람들은 자신이 대중 앞에서 발표한 영상을 보거나 노래를 배우는 과정에서 녹음한 것을 들을 때면 민망해한다. 그러나 의학에서 잘 알려져 있듯이 진단이 치료보다 앞선다. 자신의 결점을 알아내는 것만이 결점을 없애는 유일한 방법이다.

말콤 글래드웰Malcolm Gladwell의 베스트셀러《아웃라이어》는 어떤 기술을 익히기 위해서는 1만 시간을 투자해야 한다고 말한다. 그러나 그 책에서 인용된 안데르스 에릭슨Anders Ericsson과 공동 저자의 연구는 사실 좀 더 미묘한 결론을 냈다.[14] 어떤 활동을 하는 데 얼마나 많은 시간을 들였는지도 중요하지만 '의도적 연습deliberate practice'의 결과라는 것이다. 연구자들은 의도적 연습을 '퍼포먼스와의 연관성, 노력의 중요성은 매우 높은 반면 고유의 즐거움은 상대적으로 낮게 평가된 활동'이라고 정의한다. 의도적 연습은 잘 안될 가능성이 높은 어려운 활동을 한 후에 무엇을 잘못했는지 검토하는 과정이기 때문에 즐겁지 않다.

에릭슨은 베를린음악학원에서 바이올린 전공 학생들의 일기를 꼼꼼히 살펴보며 독일 최고의 교향악단에 합류할 가능성이 높은 최고의 학생과 나중에 교사가 될 가능성이 높은 평균적인 학생들을 비교했다. 놀랍게도 그룹 연습, 놀기(혼자 또는 함께), 레슨, 공연하기 등의 활동을 포함하여 두 그룹 모두 음악에 할애하는 총 시간에는 차이가 없었다. 크게 차이가 난 부분은 가장 우수한 학생들이 독주 연습에 더 많은 시간을 할애한다는 점이었다. 다른 연구자들은 체스 플레이 능력이 혼자 체스를 연구한 시간과 밀접한 관련이 있고 체스 게임을 하는 시간과는 관련이 없다는 것을 발견했다.[15] 결과적으로 혼자 연습하는 시간에 '무엇을 하느냐'가 중요하다.

또 다른 연구는 엘리트 피겨스케이트 선수들이 그들이 마스터하지 못한 고난도 점프와 회전 운동을 하는 데 더 많은 시간을 할애했다는 것을 발견했다. 반면 평균 수준의 선수들은 이미 완벽하게 도달한 루틴을 선호했다.[16]

나는 스키를 타기 전에는 넘어지는 것에 대해 고정된 사고방식을 갖고 있었다. 하지만 체스를 뒀던 경험이 있던 터라 스키를 배우고 나서는 넘어지면 원인이 무엇인지를 알아내서 고치는 것을 좀 더 자연스럽게 터득할 수 있었다. 체스 게임에서는 모든 수를 기록한다. 그래서 체스를 두고 나면 상대편과 복기하는 시간을 가진다. 게임을 다시 해보면서 서로에게 더 잘할 수 있었던 것을 가르쳐준다.

어렸을 때는 연필과 종이만 있으면 체스 게임을 기록할 수 있었지만 다른 활동은 기록하기가 훨씬 어려웠다. 그때는 수영 동작을 찍을 수 있는 방수 스마트폰이 없었다. 이제는 거의 모든 활동을 기록해서 약점을 기록하고 재생할 수 있는 기술이 있다. 이를 시도해볼 마음가짐이 부족할 따름이다.

서비스

이 책 전반에 걸쳐 기업이 어떻게 사회에 기여해야 하는지 강조했지만 규율 없는 방식으로 해서도, 이윤을 무시해서도 안 된다. 3장에서는 리더에게 이해관계자에 대한 투자를 할 때 활용할 수 있는 지침으로 곱하기, 비교우위, 중요성의 3가지 원칙을 소개했다.

개인에게도 같은 원칙이 적용될 수 있다. 무료 강연이나 커리어에 대한 조언을 해달라는 요청을 받을 수 있다. 고마운 마음이 들지만 요청을 수락한 후 써야 하는 시간과 노력을 무시해서는 안 된다. 자원이 제한적일 때 위의 3가지 원칙이 투자 결정에 지침이 되듯이 시간이 제한적일 때도 같은 원칙이 유용하게 적용될 수 있다.

곱셈의 원칙부터 시작해보자. 기업의 경우 기업이 치르는 비용 대비 이해관계자에게 더 많은 가치가 창출되는 조치를 취하는 것을 뜻한다. 서비스에 적용하면 불균등한 가치의 선물을 주는 것이 포함된다. 즉 당신이 치르는 비용 대비 수혜자에게 더 많은 가치를 창출하는 것이다.[17]

여기서 우리는 다른 용어를 쓰고자 한다. 서비스를 '선물을 주는 것'으로 생각하면 그에 대한 태도가 바뀌기 때문이다. 흔히 서비스는 요청에 대한 반응으로 이뤄진다. 베풀기를 좋아하는 사람들은 자선단체 후원 요청이 오면 기부하고, 친구들이 이사할 때 손이 부족하다고 하면 나서서 도와준다. 그러나 능동적으로 봉사하고 불균등한 가치의 선물이 다른 사람에게 어떤 축복을 줄 수 있는지 생각하는 것은 다른 마음가짐이다.

대학 시절 친구들과 피자로 저녁을 때우던 어느 날이었다. 피자를 너무 많이 시켜서 남았는데 친구 스티븐Stephen이 남은 음식을 가져가겠다고 했다. 나는 다른 학생들이 그러하듯이 가져가서 다음 날 먹으려나보다 생각했다. 그런데 그 친구는 우리를 옥스퍼드 주변으로 데려가더니 남은 피자 조각들을 노숙자에게 나눠줬다.

이제 피자 한 조각은 불균등한 가치의 선물이 됐다. 남은 피자 한 조각은 학생보다 노숙자에게 더 가치가 있었다. 그뿐이 아니었다. 스티븐은 노숙자들과 대화를 나눴다. 보통 우리는 그들에게 말을 걸기는커녕 행여나 우리에게 말을 걸거나 도움을 청할까봐 눈길조차 주지 않는다.

스티븐은 그들을 같은 인간으로 대하며 불균등한 가치의 선물을 줬다. 스티븐이 피자 한 조각을 주면서 그 사람에게 이름을 물었다. 벌써 20년이 흘렀지만 재니스라는 이름이 아직도 생각이 난다. 운이 좋아서 수십 명한테 돈을 받은 날은 있었어도 자신에게 이름을 묻는 사람은 없었을 것이다. 그런데 스티븐은 그의 이름을 물었다.

이제 비교우위의 원칙으로 넘어가보자. 우리는 흔히 노숙자 쉼터에서 봉사하는 것 같은 현장의 활동이 궁극적인 형태의 서비스라고 생각한다. 하지만 8장에서 강조했듯이 탁월성이야말로 최고의 서비스다. 그리고 우리는 우리가 비교우위에 있는 활동에서 가장 탁월할 가능성이 높다. 만약 당신이 장부 작성을 잘한다면 노숙자 자선단체에서 계좌를 관리하는 것이 노숙자 쉼터에서 청소하거나 일손을 돕는 것보다 더 효과적일 수 있다.

마지막으로 중요성의 원칙에서는 우리가 특히 열정적인 이해관계자에게 서비스를 제공하는 것이 강조된다. 당연해 보일 수도 있지만, 우리는 사안의 심각성이나 대중의 인식이 걸린 이슈에 끌리기 쉽다. 노숙자 쉼터는 학교의 자선재단보다 더 가치 있는 것처럼 보일 수 있지만, 여러분이 학교와 긴밀한 유대감을 느낀다면 후자가 더 중요할 수 있다.

자연스럽게 마음에서 우러나야 하는 서비스에 이러한 원칙을 적용하는 것이 도식적으로 느껴질지도 모른다. 그러나 그렇게 하는 것은 자유를 만들어낸다. 3가지 원칙이 겹치는 지점에 집중하면 여러분이 관심 가지는 분야에서 다른 사람을 돕는 데 지대한 영향력을 발휘할 수 있다.

커리어 선택

파이를 키우는 기업은 이윤보다 목적을 지향하지만 궁극적으로는 수익성을 달성한다. 직업 선택에도 같은 접근법이 적용될 수 있다. 돈벌이가 되는 직업보다 지향하는 목적에 부합하는 직업을 선택함으로써 궁극적으로 성취감을 느끼고 성공할 수 있다. 마지막 장에서는 주로 이제 막 커리어를 시작하려는 독자나 커리어 전환을 고려하는 독자를 대상으로 한다. 직업을 바꿀 생각은 없지만 현재의 위치에서 다른 우선순위에 무게를 둘 수 있는 여지가 있는 사람들에게도 도움이 될 수 있다.[18]

우리는 목적을 지향하며 파이를 키우는 회사의 예로 애플을 들었다. 그러나 애플의 창업자 스티브 잡스의 가장 유명한 연설은 '개인적인 목적'에 관한 것이었다. 그가 2005년 스탠퍼드대학교 졸업 연설에서 가르쳐준 것처럼 말이다.

"미래를 내다보며 점을 연결할 수는 없습니다. 뒤를 돌아보며 연결할 수밖에 없어요. 그러니 점이 어떻게든 미래에 연결되리라고 믿어야 합니다. 무언가를 믿어야 합니다. 이를테면 여러분의 배짱, 운명, 인생, 인연 같은 것들이요. 이런 접근방식은 한 번도 절 실망시킨 적이 없고 제 인생을 완전히 바꿔놓았습니다."

진로를 결정하는 한 가지 방법은 수단적인 계산으로 차원을 축소해서 생각하는 것이다. 대학 졸업 후 직장을 결정할 때는 현재 급여 수준뿐 아니라 향후에 어떻게 다른 기회로 연결될 수 있을지 생각해보라. 핀테크Fintech(Finance와 Technology의 합성어로 모바일, 빅데이터, SNS 등의 첨단 정보 기술을 기반으로 한 금융서비스 및 산업의 변화_옮긴이)에서 일을 시작하면 처음에는 투자은행 대비 초봉이 낮을 수 있지만, 향후 상승폭이 더 클 수도 있다. 어떤 비영리이사회에 참여할지 결정할 때 해당 비영리단체의 평판 및 이사회 구성원의 영향력에 근거해 이력서상 어떤 것이 나중에 도움이 될지 생각해보라. 다시 말해서 여러분은 미래의 직업, 즉 여러분의 미래 점들을 각각 다음 단계로 가는 디딤돌이 되도록 설계할 수 있다.

접근법이 항상 효과가 있는 것은 아니다. 디딤돌이 다음에 어디로 이어질지 예측하는 것은 매우 어렵기 때문이다. 대신 스티브 잡스는 매 순간 '이거다!'라는 느낌을 주는 돌에 발을 디딘다는 겉보기에는 근시안적인 접근법을 지지했다. 그 돌이 비록 나중에 어디로 이어질지 모르지만 그 위에 서 있기만 해도 그저 아름다울지도 모른다.

추구하는 목적에 따라 직업을 선택해야 한다는 주장은 거의 진부해질 정도로 잘 알려져 있다. 사실 비현실적이고 실현 가능해 보이지 않는다. 애플 CEO나 억만장자라면 모를까 대부분의 사람들은 부양할 가족이 있고 갚아야 할 대출도 있다. 속 편하게 목적을 추구한다면서 금전적 동기를 아무렇지 않게 무시할 수만은 없다. 하지만 대중이 비난하는 돈 잘 버는 커리어 중에도 깊은 목적의식에 기반할 수 있음을 보여주고자 한다. 목적을 추구하는 것이 비현실적으로 보일 수 있다. 많은 사람이 자신들의 목적을 모르기 때문이다. 그러나 8장에서 소개한 바 있는 기업의 목적을 정의하는 데 활용된 프레임워크를 적용하면 이 아이디어를 구체적이고 실행 가능한 것으로 바꿀 수 있다.

기업의 목적은 비교우위의 원칙에 기초하여 누구를 위해 존재하는지, 그리고 왜 존재하는지 2가지 요소를 포함한다는 것을 상기해보자. 2가지 요소는 개인의 차원에도 적용된다. '누구'라는 질문은 비교적 쉽게 결정할 수 있다. 사업적 중요성에 관해서는 유사성이 없지만 본질적 중요성은 유사하다. 특별히 어느 이해관계자를 위해 서비스를 제공하는지 말이다.

즉 기업보다 난민을 중요시하는 변호사라면 인권에 발을 들여놓을 수 있다. 환경을 중시하는 사람은 환경자선단체에서 일하거나 정치에 입문하거나 환경에 중요한 영향을 미치는 회사에 들어가서 회사를 바꿀 수도 있다. 그러나 '누구'라는 질문으로 해결되지 않은 부분이 여전히 남게 된다. '누구'를 아이들로 정의했다고 가정해보자. 소아과, 교육, 사회사업 등 그들에게 서비스를 제공하는 데는 많은 방법이 있다. '왜'라는 질문은 더 복잡하다. 우리는 '왜' 질문에 집중하고자 한다.

'왜' 질문은 재능과 열정이 모두 수반되는 비교우위의 원칙에 바탕을 두고 있다. 전자는 비교적 파악하기 쉽고 후자는 훨씬 더 어렵다. '열정을 따르라'는 '목적을 행하라'처럼 모호하게 들린다. 자신이 어느 분야에 열정이 있는지 모른다면 어떻게 목적을 행하겠는가? 어떤 직업의 경우 열정은 자명하다. 우리는 로이 베젤로스가 머크의 화학자들이 그의 가족이 운영하는 식당에서 신약 개발에 대해 이야기하는 것을 듣고 어떻게 영감을 받았는지 상상할 수 있다. 그러나 음식 배달이나 운송 같은 다른 산업의 경우 열정은 덜 분명할 수 있다. 8장에서 본 것처럼 음식 배달, 운송 같은 업종이 사회에 실질적인 가치를 창출할 수 있음을 논하기는 했지만 말이다.

다시 돌아와서, 우리는 '열정을 따르라'는 이상주의적 조언을 구체적인 것으로 전환하는 프레임워크를 만들 수 있다. '누구'라는 질문에 대한 답으로 기업을 결정했다고 하자. 당신은 기업이 사회에서 선한 힘을 발휘할 수 있다고 믿기 때문이다. 그렇다면 어떻게 기업에 기여할 것인가? 일반 회사보다는 금융권이나 컨설팅 관련 직종을 활용하여 이 프레임워크를 설명하려고 한다. 금융권이나 컨설팅 커리어는 특히 목적지향과는 거리가 먼 직종으로 간주되기 때문이다.

이 프레임워크에는 3가지 질문이 포함된다. 첫 번째 질문은 "10년 후 내 모습은 무엇인가?"다. 이 질문은 '열정을 따르라'는 아이디어만큼이나 진부해 보인다. 대부분의 사람은 답을 알고 있다고 생각한다. 아마도 투자은행의 전무이사, 컨설팅회사의 파트너 또는 사모펀드의 상무라고 답할 것이다.

그러나 "10년 후의 자신의 모습은?"이라는 질문은 미래 직급을 묻는 것이 아니다. 이 질문은 당신을 움직이게 하는 것이 무엇인지, 아침에 일어나게 하는 것이 무엇인지, 당신의 하루는 어떤 모습일지를 묻는 것이다. 진실로 성취감을 느끼는 커리어라면 '무엇을 하느냐'가 아니라 '어떤 사람인가'에 관한 것이기 때문이다. 많은 사람이 정상에 오른다. 그러나 많은 사람이 출발하기 전에 이 질문을 할 시간을 갖지 못했기 때문에 정상에 도달해서야 잘못된 산에 올랐음을 깨닫는다.

구체적으로 이야기해보자. 당신이 투자은행의 전무이사나 컨설팅회사의 파트너가 되고 싶다고 가정해보자. 전무이사나 파트너는 당신의 직함이다. 진짜 당신은 신뢰할 수 있는 조언자다. 당신의 고객들은 그들의 가장 큰 문제를 가지고 당신에게 올 것이다. 재정적인 어려움에 처해 있어서, 지분을 발행해야 할지, 대출을 받아야 할지, 배당금을 삭감할지, 아니면 부서나 전체 회사를 매각해야 할지에 관해 당신의 의견을 구할 것이다. 그들은 당신이 수수료가 가장 많이 떨어질 선택이 아니라 고객에게 최선이 되는 선택을 할 수 있도록 자문해줄 것이라고 믿는다.

신뢰할 수 있는 조언자가 되는 것이 내가 누구인지와 부합할 때만 투자은행이나 컨설팅에서의 커리어를 시작하라. 당신은 어떤 문제에 대해 솔직한 조언이 필요할 때 친구들이 찾는 사람일 것이다. 당신은 그들이 듣고 싶어 하는 말이 아니라 정말 필요한 조언을 해주는 사람이라는 평판을 듣는다. 그리고 당신은 이런 식으로 친구들을 돕는 것을 좋아한다. 그렇다면 당신은 은행이나 컨설팅에 들어가야 하는 유형이다.

또는 당신이 사모펀드의 상무 직함을 좋아한다고 가정해보자. 당신은 저평가된 자산을 찾아내는 투자자다. 저평가된 자산은 현재 소유주에게는 골칫덩어리 사업체로 당장 팔고 싶어 할 정도다. 당신은 그 회사에서 다른 누구도 보지 못하는 잠재력을 볼 수 있다. 당신은 기꺼이 말을 행동으로 옮겨 그곳에 투자한다. 그리고 단지 돈이 아니라 회사를 회생시키기 위해 시간과 노력도 들인다.

이러한 저평가된 '자산'은 사람일 수 있다. 실직된 직원들을 위한 직업 코칭 프로그램에 자금을 지원하여 그들에게 투자할 수 있다. 또는 지역 학교에 장학금을 지원해서 학생들을 도울 수도 있다. 자금만 지원하는 게 아니라 학교운영회 이사로 활동하며 현장에서 참여할 수도 있다. 모든 투자는 인내심을 필요로 하는데, 누구나 이런 인내를 가지고 있는 것은 아니다. 하지만 피터 린치나 제프 우벤 같은 최고의 투자자는 기꺼이 장기적인 관점을 취한다.

투자자가 되는 것이 진정한 당신의 모습이라면, 즉 당신의 열정이 저평가된 자산(기업과 사람 모두)을 발견하고 그들과 협력하여 그들의 잠재력을 충족시키고 있는 경우에만 사모 투자자가 되라. 만약 당신이 회사를 회생시키는 것보다 저평가된 자산을 찾는 데 더 큰 열정을 느낀다면 뮤추얼펀드를 운용(그리고 모니터링을 통해 스튜어드십을 행사)하는 데 더 성취감을 느낄 것이다.

두 번째 질문은 다음과 같다. "여가 시간에는 무엇을 하는가?" 자발적으로 선택한 활동은 당신이 어떤 것에 열정을 가지고 있는지 보여준다. 많은 사람이 스포츠나 음악을 좋아하지만 프로 운동선수나 음악가가 될 가능성은 낮기 때문에 이 질문은 비현실적으로 보일 수 있다. 하지만 여가 시간은 당신이 생각하는 것보다 더 유용한 정보를 담고 있다.

내가 금융권에 관심 있는 학생들로부터 받는 가장 일반적인 질문은 'buy 쪽에서 시작할 것인가' 아니면 'sell 쪽에서 시작할 것인가'다. 대부분의 사람은 파는 쪽을 선택한다. 흔히 생각하는 것과는 달리 훨씬 많은 사람이 '셀링selling'에 적합하다. 그들의 열정이 셀링에 있기 때문이다. 그리고 이는 여가 시간을 어떻게 보내는지로 드러난다.

일부 경영대학 학생들은 새로운 곳을 탐험할 기회를 포기하면서 연휴에 모국으로 트레킹을 간다. 왜일까? 그들은 모국을 셀링하는 것을 좋아하기 때문이다. 어떤 사람들은 스포츠팀의 주장을 맡아 신입을 가르친다. 가르치는 것은 복잡한 개념을 명료한 언어로 설명하고 흥미를 유발한다는 점에서 셀링과 많은 점에서 유사하다.

주장을 맡지 않더라도 팀으로 경기하거나 음악 밴드의 멤버로 활동할 수도 있다. 팀의 일원으로 함께하면 '동족의식'이 생기기 마련이다. 모든 팀원을 진정으로 돌보고 어디를 가든 그들과 함께하는 작은 팀의 일원이 되는 것이다. 브루스 스프링스틴Bruce Springsteen은 이미 수백만 장의 앨범을 팔고, 최고의 영예인 매디슨스퀘어가든 무대에도 수없이 오른 사람으로서 어떤 것이 그를 계속 연주하게 하는지에 대한 질문을 받은 적이 있다. 그는 "색소폰 연주자 클라렌스 클레몬스Clarence Clemons와 함께 무대에 오르는 것"이라고 대답했다. 브루스는 클라렌스 추도사에서 이렇게 말했다.

"클라렌스 옆에 서 있는 것은 지구상에서 가장 끝내주는 놈 옆에 서 있는 것과 같았다. 당신은 자부심이 있고 강했으며, 일어날 수 있는 일, 함께할 수 있는 일, 당신이 해낼 수 있는 일에 대해 열정적이었다."

바로 그것이 셀링에 있으면 하게 되는 일이다. 투어를 하는 밴드나 원정경기를 하는 스포츠팀처럼 당신은 당신의 팀을 고객에게 선보인다. 언젠가는 당신이 그 팀을 이끌게 될 것이고, 고객에게 선보이는 일을 직접하지 않고 애널리스트나 어소시에이트한테 발표를 맡길 수 있다. 그리고 그 직원은 멋지게 발표를 해낸다. 당신은 브루스 스프링스틴이 클

라렌스가 독주하는 동안 옆에서 자랑스러워한 것처럼 똑같이 자부심을 느끼게 될 것이다.[19]

세 번째 질문은 "당신이 중요하게 생각하는 가치는 무엇인가?"다. 가치란 당신의 삶 중심에 두고 있는 것, 당신이 어떻게 다른 사람의 삶에 영향을 주고 싶은지, 그리고 당신이 기억되고 싶은 것에 대한 모든 것이다. 데이비드 브룩스David Brooks는 저서《인간의 품격》에서 이런 것들을 '추도사 가치eulogy values'라고 부른다.[20] 단순히 경력만 나열되는 '이력서 가치resume values'와는 대조적으로, 당신의 추도사에서 어떤 인물로 기억될지에 대한 가치라는 의미다. 당신에게 중요한 가치를 정리한 후에 대략적으로 이러한 가치에 부합하는 일을 찾을 수 있다. 하버드대학 교수 그레고리 맨큐Greg Mankiw는 "행복한 삶의 비결은 하고 싶은 일을 찾아내고 당신이 하는 일에 돈을 지불하는 사람을 찾는 것"이라고 말했다.

지금까지의 내 이야기는 비현실적으로 보일 수도 있다. 돈벌이가 좋은 직업이 가장 가치 없다는 통념이 있긴 하지만, 앞서 논의한 것처럼 이는 억울한 평가다. 사회에 기여하는 기업이 이윤을 낼 수 있는 것처럼 돈벌이도 잘되면서 추도사 가치에 부합할 수 있는 직업이 많다.

"나는 언제나 진실을 말하는 것으로 신뢰받을 것이다"라는 가치는 자문 역할과 부합한다. 은행업계나 컨설팅 분야의 단점 중 하나는 위계질서가 있다는 점이다. 그러나 "나는 언제나 권위를 존중할 것이다"라는 가치를 지닌 사람들은 분명한 지휘 체계를 높이 평가하기 때문에 위계질서가 단점이 아니라 매력으로 작용한다. 내 학생 중에 군대 경험이 있는 학생들이 전형적으로 자문 역할의 위계질서를 좋아했던 이유다. 그러나 "나는 항상 내 자신이 스스로의 상사가 되는 자유를 원한다"는 가치를 지닌 사람들은 은행권이나 컨설팅에서 일하면 처음에는 어려움을 겪을지도 모른다.

스티븐 코비의 《성공하는 사람들의 7가지 습관》에 나오는 두 번째 습관은 '끝을 염두에 두고 시작하는 것'이다. 코비는 당신의 목적을 결정할 뿐만 아니라 자신의 '사명 선언문mission statement'을 적어두라고 권한다. 오프라 윈프리Oprah Winfrey의 사명 선언문은 '가르치는 사람이 되기 위해서 그리고 내 학생들이 그들이 생각했던 것보다 더 위대한 사람이 되도록 고무시키는 것'으로 알려져 있다. 버진그룹 창업자인 리처드 브랜슨Richard Branson의 사명 선언문은 '내 인생 여정에 즐겁게 임하고 실수로부터 배우는 것'이다. 영감을 받고 싶은 독자라면 일반인을 포함한 다른 사람의 사명 선언문을 찾아보기를 권한다.

기업의 목적을 정할 때 트레이드오프가 수반되는 것처럼 개인의 목적도 그래야 한다. 사명 선언은 간결해야 하고, 따라서 모든 것을 담을 수 없다.

나는 내 직업적 목적을 '비즈니스 실무에 영향을 미치기 위해 철저한 연구를 활용하는 것'으로 정의한다. 지식을 창출할 뿐 아니라 확산하고, 내 연구와 더불어 다른 사람의 연구를 확산시키겠다는 다짐이다. 일반 경제 주제에 대한 언론의 논평 요청에 응하는 것 같은 다른 일들을 하지 않겠다는 다짐이기도 하다.

내가 일반 경제에 관해 어느 정도 수준의 답변을 생각해낼 수 있다고 해도, 유력 언론사가 요청한 경우라도, 특정한 연구 전문지식을 갖추지 않았으면 응하지 않는다. 과거처럼 많은 학술 컨퍼런스와 세미나에 갈 수 없다는 뜻이기도 하다. 학술 컨퍼런스와 세미나를 좋아하지만 기업과 교류하는 것만으로도 하루 시간이 모자란 실정이다. 나와 함께 연구 논문을 작성한 공동 저자들이 나만큼 발표를 잘할 수 있고, 나의 비교우위는 다른 데 있을 수도 있다.

목적은 기업의 구성원을 하나로 묶고 계약상으로 요구되는 것을 뛰어넘도록 그들에게 영감을 주는 것이다. 목적에 영감을 받은 구성원은 궁극적으로 수단적인 계산을 하지 않고 사회적 가치를 창출하며 인류가 번영하는 데 기여하고, 결과적으로는 기업의 수익성까지 향상한다. 그리고 목적을 통해 개인은 직업을 생계 수단이 아니라 본질적인 소명으로 인식한다. 목적을 지향하다 보면 궁극적으로 더 큰 성공을 이루게 된다. 목적은 포부를 담되 모호하지는 않으며, 기업과 개인 모두 목적이 무엇인지를 알아내기 위해 스스로 질문한 다음 실천에 옮길 수 있다.

‖ **In a Nutshell** ‖

- 게임이론은 협력을 통해 모든 당사자가 전보다 이득을 얻을 수 있지만, 협력을 통한 이득이 불균등하게 분배될 수 있음을 보여준다. 평등에 대한 우려로 협력을 거부하고 파이를 축소시키는 결과를 초래할 수 있다. 협력하지 않은 결과 손해를 본다고 해도 말이다.

- 많은 실제 상황들이 윈-윈으로 이어진다. 다른 플레이어를 적수가 아니라 동맹으로 봐야 한다.

- 비교우위의 원칙에 따르면 모든 국가는 글로벌 교역, 심지어 생산성이 떨어지는 교역으로부터 이익을 얻을 수 있다. 그러나 이익이 고르게 분배되어야 한다는 우려 때문에 국가 간 교역이 제한받을 수 있다. 다른 나라도 똑같은 조치를 취하면 결국 모든 나라가 손해를 보게 된다.

- 교역과 마찬가지로 기술로 인해 상당한 일자리가 감소되거나 또는 기술을 활용해 파이를 키워서 직원을 포함한 모두에게 득이 되게 할 수 있다. 그렇게 하기 위해서 리더는 기술로 대체되는 것이 아니라 기술로 보완되는 것으로 리스크가 있는 직종을 재정의하고, 정부는 평생 교육에 필요한 재원을 제공해야 한다.

- 대인관계 역학관계에서 회사 성과를 높이기 위해 부서들이 협력하면 부서 간 격차는 있을지라도 모든 부서에게 이익이 된다. 동료에게 윈-윈 상황을 만들어주고 파이 성장에 필요한 협업을 장려하는 보상과 평가 시스템을 설계하는 것은 리더의 책무다. 업무 환경 밖에서 다른 사람들을 돕는 '베푸는 사람'은 장기적으로 보면 더 큰 성공을 누린다.

- 서비스에서 주는 사람이 치르는 비용보다 수혜자에게 더 가치 있는 '불균등한 가치의 선물'을 주는 일이 바람직하다는 것이 곱셈의 원칙이다. 비교우위의 원칙은 개인이 항상 현장에서 역할을 맡지 않아도 된다는 것을 의미한다. 대중이 가장 가치 있다고 보는 것보다 개인에게 가장 중요한 문제에 매진하라는 것이 중요성의 원칙이다. 이러한 원칙을 적용하면 모든 요청에 응해야 한다는 압박을 벗어나 서

비스 활동을 선택적으로 고를 수 있는 자유가 생긴다.

- 파이 키우기 사고방식이 파이를 확장 가능한 것으로 보는 것처럼 성장 사고방식도 의도적인 연습을 통해서만 개인의 역량이 확장 가능한 것으로 본다.

- 시민은 목적을 기반으로 직업을 선택하고 기업과 마찬가지로 금전적인 보상은 부산물로 봐야 한다. 기업과 마찬가지로 목적은 부분적으로 내재적 중요성과 비교우위에 기반한다. 내재적 중요성과 비교우위는 열정이라는 원천에서 비롯된다.

- 열정은 모호한 개념은 아니지만 10년 후 자신의 모습('무엇'을 하는 것이 아니라 '어떤 사람'인가?), 여가 시간의 활용, 자신이 중시하는 가치관 등 3가지 질문을 함으로써 구체화될 수 있다.

나는 자본주의가 심각한 위기에 처해 있다고 인정하면서 이 책을 시작했다. 수백만 명의 시민이 보기에 자본주의는 조작된 게임이다. 대부분의 기업은 노동자의 임금, 고객의 행복과 이익 또는 기후변화에 거의 관심을 기울이지 않고 경영진과 투자자의 배를 불리기 위해 존재한다. 기업가들은 변화의 필요성을 느끼지 못한다. 시장 지배력으로 보호받고 로비를 통해 스스로를 더욱 확고히 할 수 있기 때문이다. 더 심각한 것은, 많은 사람이 그들의 사회적 책임이 최대의 이윤을 내는 것이라고 인식하기 때문에 변화해야 할 책임이 없다고 본다는 점이다.

이러한 이유로 우리는 위기에 맞닥뜨렸다. 많은 사람이 자본주의 시스템이 본질적으로 파괴됐다고 믿으며 새로운 시스템이 필요하다고 주장한다. 그래서 우리가 알고 있는 것처럼 대기업을 해체하거나 국유화하고, 경영진 보수와 자사주 매입을 규제하며, 주주에게서 기업 지배권을 빼앗아 자본주의를 타도하자는 심각한 제안이 제시됐다.

그러나 그러한 개혁이 추진되면 기업이 사회에 미치는 많은 긍정적인 기여가 사라질 수 있다. 자본주의를 적으로 보는 것이 선거운동에서 인기다. 하지만 기업과 협력하여 사회적 이익을 창출할 수 있는 실질적인 기회를 내팽개쳐버리는 일이다. 자본주의를 적으로 보는 관점은 이윤의 중요한 역할도 무시한다. 이윤이 창출되어야 시민에게 투자 수익을 제공하고, 기업이 직원에 대한 투자를 단행할 수 있으며, 리더도 새로운 아이디어를 도출하려고 최선의 노력을 하게 된다. 따라서 우리는 기업과 사회 모두에게 효과적이며 함께 동참할 수 있는 해결책이 필요하다.

이것이 이 책의 요점이다. 이 책은 해결책이 존재한다는 것을 보여준다. 중요한 것은 우리가 찾는 해결책이 현재 시스템 내에 있다는 것이다. 추상적인 아이디어가 아닌 지금 바로 성공적으로 실행할 수 있는 구체적인 예가 존재하는 해결책이다. 따라서 자본주의와 사회 모두가 직면한 주요 도전을 고려하건데, 우리에게는 희망이 있다.

'파이 키우기 사고방식'이 그 해결책이다. 기업의 사회적 가치 창출은 이윤을 희생시키고 고정된 파이를 재분배하는 것이 아니다. 기업은 파이 키우기를 통해 창출하는 총 가치를 확장하여 투자자뿐 아니라 이해관계자에게도 이익을 준다. 실제로 이러한 접근법을 따르면 주주 가치 극대화에 매진하는 것보다 장기적으로 수익이 더 향상된다.

그러므로 규제나 외부 압력이 없는 상황에서도 리더는 이를 적극적으로 수용해야 할 것이다. 사회적 가치를 창출하는 것은 좋은 비즈니스다. 공허한 선언이 아닌 최고 수준의 증거에 기반해 우리는 다음과 같은 결론에 도달할 수 있다.

"이윤의 땅에 다다르려면 목적의 길을 따르라."

파이 키우기 사고방식을 취하면 기업은 자유로워진다. 투자 결정을 할 때 이윤에 미치는 영향을 계산해서 '왜 투자가 필요한지'를 정당화할 필요가 없기 때문이다. 이윤에 미치는 영향이란 예측이 어렵기 때문에 계산은 소용없다. 또한 기업은 집중적인 접근방식을 취하게 된다. 우리는 리더가 어떤 프로젝트를 수행할지, 그리고 어떤 것을 자제할지를 분별하는 데 활용할 수 있는 원칙을 제공했다. 목적은 명확한 방향을 제시한다.

파이를 키우는 기업이 사회를 위한 가치 창출을 목표로 하는 것처럼, 사회 구성원 모두는 기업에게 파이 키우기 사고방식을 심어주는 역할을 담당해야 한다. 투자자는 스튜어드십을 통해 주요한 역할을 할 수 있다. 즉 기업의 장기적 가치를 깊이 이해하고, 다른 사람들이 투자 회수를 서두를 때도 장기적 가치를 고수할 뿐만 아니라 회사의 미래를 저해하는 목적을 추구하는 기업의 주식을 매각하거나 경영에 관여하는 것을 두려워하지 않아야 한다.

또한 직원은 기업의 목적이 현장에 영향을 미치도록 하고 스스로 혁신을 창출할 수 있는 힘과 책임감을 가져야 한다. 고객은 기업의 가치에 공감하지 않으면 아무리 매력적인 제품이라도 기꺼이 외면해야 한다. 시민은 정책 입안자에게 기업이 비용뿐 아니라 비즈니스의 편익까지 고려하도록 도울 수 있다.

큰 변화는 이미 진행 중이다. 파이 쪼개기 사고방식을 가진 회사들의 일부 사례가 세간의 주목을 받았지만, 모든 증거를 주의 깊게 살펴보면 더 많은 다른 회사들이 모든 구성원들에게 가치를 창출하고 있다는 것을 보여준다. 직원을 동료로 대우하거나, 지속 가능한 정책을 이행하거나, 중요한 이해관계자에 투자하는 기업은 결국 더 많은 이익을 얻게 된다. 기업 경영자를 장기 주식 소유자로 만드는 기업은 주주 모두에게 더 큰 가치를 창출한다. 이해관계자에게 이익이 되는 것을 목표로 하는 제안에 투표하는 투자자는 결국 스스로 이득을 얻는다.

파이 키우기 사고방식을 수용하는 어떤 회사나 투자자도 대세를 거스르거나 혼자의 힘으로 해나가지 않는다. 그들은 파이 키우기 사고방식이 비즈니스에도 좋다는 구체적인 증거에 기반하여 사회에 대한 책임을 매우 진지하게 받아들이며 진정한 변화를 시도하는 운동에 동참하고 있다.

우리는 1940년대 초 머크가 사람들의 생명을 구하기 위해 페니실린을 개발했던 사례를 살펴봤다. 현재의 머크는 매년 강변실명증에 시달리는 3억 명에 달하는 사람들에게 이버멕틴을 기부하고 있다. 보다폰의 아이디어로 19만 6,000명의 케냐인이 어떻게 빈곤에서 벗어나게 됐는지도 살펴봤다. 또한 목적에 부합되지 않는다는 이유로 바클레이스가 10억 파운드의 수익원을 접고, CVS헬스가 20억 달러짜리 제품 판매를 중단한 경위도 살펴봤다.

모든 사람이 노벨상을 받을 만한 개발을 하고, 새로운 기술을 구현하며, 과감하게 사업을 접을 수 있는 힘을 가진 것은 아니다. 그러나 점진적이지만 지속적으로 밀가루를 뿌리면 파이는 커질 수 있다. 뉴벨기에브루잉의 변화는 자사가 환경에 부정적인 영향을 끼친다는 점을 인정하는 것에서 시작됐다. 이에 고무된 동료들이 문제를 완화시킬 방법을 강구하게 됐다. 막스앤스펜서는 이해관계자에게 미치는 영향을 보고하고 목표를 설정했다. 이를 통해 이해관계자 역시 공동의 목표를 위해 단결했다. 위어그룹은 목적선언이나 사업 모델을 바꾸지 않는 대신 장기적인 관점에서 리더에게 보상하는 것이 중요하다는 점을 인식하면서도, 모든 직원이 성공을 공유할 수있게 보상했다.

이외에도 기업과 투자자가 모범 사례를 공유하고, 토론과 개혁을 구체화하기 위한 프레임워크를 개발하며, 산업 또는 경제 전반에 걸쳐 변화하고 협력할 수 있는 영향력 있는 조직들이 있다. FCLT는 장기적인 이슈에 관한 기업과 투자자 간의 대화를 이끌 수 있는 로드맵을 수립했다. 더퍼포즈풀컴퍼니는 기업지배구조, 경영진 보수, 그리고 스튜어드십에 대한 실질적인 개혁안을 강구하기 위해 최고의 학술 문헌들을 검토했다.

포용적 자본주의를 위한 제방 프로젝트는 기업, 자산운용사, 자산 소유주를 한데 모아 기업이 보고할 수 있는 장기적 가치에 대한 지표를 마련하게 하고 투자자가 해당 보고서에 진지하게 관심을 기울일 것을 당부했다. 책임있는 투자를 위한 유엔 원칙, 좋은 거버넌스를 위한 캐나다 연합CCGG, 영국투자자포럼은 주주들이 서로를 경쟁의 벤치마크로 보지 않고 공동의 이익을 위해 집단적으로 인게이지하도록 돕는다. 새로운 시민권 프로젝트The New Citizenship는 고객을 시민으로 동원하기 위해 회사들과 협력한다. 이에 따라

활용할 수 있는 자원이 점점 풍부해지고 강한 모멘텀이 형성됐다.

오늘날의 기업 리더는 특권적인 위치에 있다. 기술과 세계적 영향력을 기반으로 사회적 가치를 창출할 수 있는 힘이 그 어느 때보다 커졌기 때문이다. 자금을 운용하는 투자사들은 더 많은 자본과 강력한 주주권을 가지고 기업이 목적과 이윤 모두를 달성하도록 책임을 지울 수 있다.

그리고 시민은 그 어느 때보다도 더 큰 에이전시를 발휘할 수 있다. 캠페인을 벌이거나 기업에 대한 피드백을 제공하거나 기업과의 상호작용을 통해 원-원을 추구할 수 있다. 이러한 힘을 이용해 사회 전체에 유익한 자본주의 형태를 만드는 것은 모두에게 달려 있다. 이를 뒷받침하는 증거가 있고 영감을 주는 사례가 있으며 실행에 옮길 수 있는 도구도 있다. 이제 비전을 현실로 만들 때다.

　이 책의 아이디어를 행동으로 옮기기 위한 좀 더 실용적인 제안을 제공하고자 한다. 리더, 이사회, 투자자, 시민을 위한 아이디어로 분류했다. 이 책의 많은 원칙은 사회의 여러 구성원에게 적용되기 때문에 어떤 아이디어는 중복적으로 등장하기도 하고, 어떤 아이디어는 특정 구성원에게만 연관될 수 있다.

리더

- **기업의 목적을 정의한다**
  - 비교우위의 원칙에 따라 기업의 존재 이유와 기업이 세상에서 어떤 역할을 수행하는지 기술한다. 중요성의 원칙에 따라 모든 중요한 이해관계자 중 어느 이해관계자를 위해 기업이 존재하는지 설명한다.
  - 선택과 집중을 통해 목적을 정한다. 트레이드오프는 불가피하며 조율하는 데 목적이 도움이 된다는 것을 인식한다. '무엇을 덜어내는가'로 목적은 더 강력해질 수 있다.
  - 고객, 동료 및 외부 이해관계자의 의견을 구한다. 명확하게 목적을 정

하되 경직되지 않도록 유의하여 변화하는 여건에 따라 목적이 진화하게 한다.

• 목적 실행에 관해 커뮤니케이션한다

- 회사가 목적을 달성하고 있는지를 점검하는 광범위한 지표를 마련한다. 각 지표에 장기 목표를 설정하고 진행 상황을 보고한다. 특정 지표가 조작되거나 오해를 일으킬 수 있는 경우 해당 지표를 제외한다.
- 서술적 보고를 통해 숫자에 의미와 맥락을 추가한다. 예를 들어 특정 지표가 왜 목적에서 이탈했는지, 이를 위해 어떤 조치를 취했는지 설명하라. 유능한 인재 모집, 직원 재교육 등 기업의 노력을 설명하며, 인력 현황 및 이직 데이터도 보고서 내용으로 보완한다.
- 일방통행식 보고를 넘어 직접적인 양방향 커뮤니케이션으로 확장한다. 투자자와 미팅하고 직원 및 외부 이해관계자와 '타운홀'을 개최하여 그들의 아이디어를 공유하는 등 기업의 목적 전달에 대해 리더가게 책임지게 한다.

• 기업에 목적을 내재화한다

- 기업 전략이 목적과 일치하는지 면밀히 검토해야 한다. 제품이나 서비스가 사회를 위한 가치를 창출하는가? 생산 과정에서 일부 이해관계자에게 불필요한 해를 끼치지는 않는가? 각 사업에서 여전히 비교우위가 있는가, 아니면 단지 계속해왔다는 이유로 기존 사업을 유지하고 있지는 않은가?
- 기업의 운영 모델과 문화를 목적에 맞게 조정한다. 특히 목적 달성에 있어 핵심적인 프로세스는 타협을 허용해서는 안 된다. 고용, 승진, 인재 유지에 관한 결정에 조직 문화적인 적합도가 중요한 역할을 하는지 확인한다.

- 목적 차원에서 직원 및 팀, 진행 중인 프로젝트가 잘 수행되고 있는지 점검한다. 점검 결과가 직원의 고과평가 및 보상에 확실히 반영되어야 한다. 동료가 더 나은 의사결정을 내릴 수 있도록 더 많은 동료에게 해당 정보를 공개한다.

- **탁월성과 혁신을 추구한다**
- 기업이 보조적인 CSR 활동뿐 아니라 핵심 사업에서 탁월성을 발휘하며 사회에 기여하도록 한다. 회사의 비교우위가 가장 크며, 중요한 이해관계자에게 영향을 미치는 사업은 인력, 재정자원, 시간을 할당한다.
- 투자 결정에 '탁월성' 기준을 적용한다. 재무적·사회적 이득이 보통 수준일 경우에는 기존 프로젝트를 중단하고 새로운 프로젝트를 시작하지 않는다. 자본을 핵심 사업에 재할당하고, 좋은 투자 기회가 남아 있지 않다면 투자자에게 자금을 환원한다.
- 부작위 과실의 심각성을 인식한다. 지속적으로 개선하기 위해 노력하고, 수익 흐름이 명확하지 않더라도 사회적 요구에 부응하는 것이라면 위험을 감수한다. 스스로 '내 손에 무엇이 있는지?'에 대해 자문해야 한다. 즉 회사에 어떤 자원과 전문성이 있는지, 그것들을 어떻게 활용하여 사회에 공헌할지를 찾는 것이다. 동료들이 지나친 승인 절차를 거치지 않고 실패에 대한 두려움 없이 혁신할 수 있도록 자유를 보장한다.

- **이해관계자를 기업의 파트너로 인식한다**
- 직원에게 의사결정 권한을 부여한다. 권한 부여로 작위 과실이 야기될 수도 있다는 사실을 받아들인다. 직원을 아이디어를 실행하는 주체로 보기보다 아이디어의 원천으로 본다. 고객이 보유한 시민으로서의 잠재력을 활용한다. 적극적으로 고객의 의견을 구하거나 고객이

환경에 미치는 영향을 줄이기 위해 고객과 협력한다.

- 직원의 기술과 웰빙에 투자한다. 기술 발전 또는 경쟁으로 인해 어떤 동료가 실직할 가능성이 있는지 예측하고 능동적으로 이들을 재교육시킨다. 직원의 정신적·육체적 건강을 모니터링하고 필요한 경우 선제적 조치를 취한다. 당신을 포함한 모든 관리자가 더 능동적으로 일하는 것이 팀에 미치는 효과를 내면화하는 문화를 조성한다.
- 모든 직원이 회사의 재무적 파트너가 되고 성공의 결실을 누릴 수 있도록 자사주를 부여하는 것을 고려한다.

이사회

• 리더가 주식을 장기 보유하도록 한다

- 경영진에게 퇴직 후를 포함하여 장기 보유해야 하는 주식을 지급한다. 업계 주기와 리더가 재임 중 처한 조처가 주가에 완전히 반영되는 데 걸리는 기간을 고려해서 주식 보유 기간이 적절한지 검증한다.
- CEO에게 상당한 지분이 귀속되는 동안 새로운 프로젝트를 시작하지 않는 부작위 과실이나 투자 감축 같은 작위 과실을 CEO가 단기적으로 행동하는지 살핀다.
- 정량 목표에 기반한 복잡한 상여금을 강조하지 말고, 단기주의로 이어질 수 있는 주식에 대한 성과조건을 제거하는 것을 고려한다.

• 기업의 목적 수행을 모니터링한다

- 회의 안건을 정할 때 상당한 시간을 목적에 대한 논의에 할당한다. 주요 의사결정, 특히 트레이드오프에 관련된 의사결정이 기업의 목적에 부합하는지 평가한다. 목적과 관련된 문제(예: 혁신, 인적 자본)를 다루는

소위원회 설립을 고려한다. 소위원회를 두지 않으면 목적과 관련한
문제는 이사회 책임이라는 것을 확실히 한다.

- 기업의 현재 비교우위 및 다른 이해관계자의 중요성에 비추어볼 때,
기업의 목적 선언이 과거의 유산으로 존재하는 것이 아니라 오늘날에
도 관련성이 있는지 검증한다.

- 회사의 진척도를 측정하는 지표를 면밀히 검토하고, 적합한 지표가
활용되게 한다. 지표의 이면에는 무엇이 있는지, 특히 개선하고자 하
는 영역이 무엇인지 회사 리더와 대화를 나눈다. 목적을 감안해 결정을
바꾸게 된 예를 들어달라고 요청한다.

• 투자자와 일상적으로 인게이지한다

- 위기 상황뿐 아니라 투자자와 상시 만난다. 투자자를 대응해야 할 주
체가 아닌 아이디어의 원천으로 본다. 투자자가 리더의 성과에 대해
솔직한 의견을 표명할 수 있도록 임원 없는 회의도 진행한다.

- 모든 대규모 투자자가 참석할 수 있는 '스튜어드십&전략포럼'을 임원
들과 공동으로 개최한다. 이러한 행사에서 전략, 혁신, 인적 자본 개발
같은 장기적 요인에 대해 집중적으로 논의한다.

- 이사회의 목적에 부합하는 투자자를 적극적으로 찾고, 투자자에게
say-on-purpose 의결권을 부여하는 것을 고려한다. 만약 의결권을 부
여한다면 목적에 대한 광범위한 대화 중 하나의 결과일 뿐임을 명확
히 한다.

• 현장 비즈니스를 이해한다

- 체계적인 방식으로 기업 현장을 방문하여 다양한 직급의 직원과 대화
한다. 어떤 점에서 회사에 고무되는지, 어떤 점에서 회사에 좌절감을
느끼는지 경청한다.

- 예고 없이 매장을 방문하여 고객의 경험을 직접 파악한다.
- 경험에 더해 고객 및 동료 같은 주요 이해관계자의 관점을 보다 광범위하게 포착하는 '이해관계자 패널'의 통찰력을 활용한다. 이를 통해 알게 된 것을 실행으로 옮긴다.

투자자

투자자는 이사회처럼 기업을 모니터링하기 때문에 이사회 항목 중 많은 것이 투자자에게도 적용된다. 또한 투자자도 기업이기 때문에 리더 항목과도 관련이 있다.

- **목적과 스튜어드십에 대한 접근방법을 정의한다**
  - 더 많은 스튜어드십이 반드시 더 나은 것은 아니라는 것을 인식한다. 대신 스튜어드십에 대한 접근방식이 목적과 비교우위에 일치되도록 한다.
  - 인게이지먼트에 관해서는 주요 우선순위와 어떤 방식을 취할지(예: 의결이나 비공개 회의, 공개 활동 등)를 명확히 한다.
  - 모니터링의 경우 특히 어떤 성과 영역을 상세히 점검할지 강조한다. 어떤 경우 투자를 회수할지에 관한 투자 회수 정책을 수립한다.

- **투자 프로세스에 스튜어드십을 적용한다**
  - 펀드가 적극적으로 운용되는 경우 모든 포지션은 벤치마크의 일부이기 때문에 보유하는 것이 아니라, 장기적 비전을 믿거나 회사를 회생시킬 수 있다고 믿기 때문에 보유하는 것이어야 한다.
  - 펀드매니저에게 수년 동안 보유 조건으로 펀드의 상당 지분을 지급한다.

- 스튜어드십에 자원을 투입하고, 이를 투자 프로세스에 통합한다. 의결과 인게이지먼트는 스튜어드십에게만 맡길 것이 아니라 스튜어드십팀과 펀드매니저가 공동으로 의결, 인게이지먼트를 주도하도록 한다.

- **스튜어드십 이행에 관해 커뮤니케이션한다**
- 스튜어드십 정책과 관련된 지표(예: 내부 방침에 관한 반대표의 빈도 및 의결권 자문회사의 권고를 포함한 의결 이력)를 선택하여 보고한다. 특정 지표가 오해의 소지가 있는 경우 의식적으로 보고에서 제외한 다음 이유를 설명한다.
- 서술적으로 보고한다. 예를 들어 어떻게 스튜어드십이 투자 프로세스에 통합되는지, 펀드매니저에게 어떻게 인센티브를 제공하는지를 보고한다. 인게이지먼트나 투자 회수에 대한 사례 연구를 제시한다.
- 자산 소유자와 자산운용사 간의 정기 회의를 열어 스튜어드십 성과에 대해 논의한다. 자산운용사가 자산 소유자의 특정 스튜어드십 목표와 기대치를 확실히 이해하도록 한다.

- **정보에 입각해 의결한다**
- 이해관계자 라운드테이블이나 자문위원회의 의견을 수렴해 내부 의결 방침을 수립하고, 이를 공표할 것을 고려한다. 내부 방침이 적용되지 않을 수 있는 상황을 예측하고, 그러한 상황에서 내부 방침이 자동으로 적용되지 않도록 한다.
- 의결권 자문회사 활용에 대한 정책을 수립한다. 특히 전략적 판단이 필요한 경우, 그들의 권고사항이 의결에 있어서 하나의 참고사안이 되도록 한다. 특히 그들의 권고사항을 알기 위해 의결권 자문회사의 평가 방법론을 이해한다.
- 의결을 인게이지먼트 도구로 간주한다. 사후적으로 의결에서 반대하

기에 앞서 '제안이 상정되기 전' 경영진에게 우려를 표명한다. 의사결정에 대한 이유를 경영진에게 전달하고 적절할 경우 일반에게 공개한다.

- **경영진 및 이사회 위원과 상시적으로 인게이지한다**
- 위기 상황뿐만 아니라 평소에도 임원 및 이사와 상시적으로 만난다. 회의를 통해 장기적인 요인에 대한 양방향 대화를 나누고, 통찰력을 제공하고, 임원 및 이사회 위원에 대한 정보도 얻는다. 기업을 '마이크로매니지micromanage'하지 않도록 한다.
- 다른 투자자를 참여시켜 벤치마킹 대상이 아닌 파트너로 간주한다. 가능한 경우 집단적인 인게이지먼트 조직에 참여하는 것을 고려한다. 예를 들어 특정 산업의 모든 기업이 특정 지표를 보고하도록 장려하는 등 산업 전반의 인게이지먼트에 참여한다.
- 투자 회수나 공개 대립과 같이 인게이지먼트가 작동하지 않을 때를 위한 에스컬레이션escalation 메커니즘을 갖춘다. 이는 마지막 수단으로만 활용하는 것이 아니라 적절한 경우에 사용되도록 한다.

- **회사의 장기적인 가치를 모니터링한다**
- 단기적인 수익이 아니라 기업의 장기적인 가치에 대한 평가를 기반으로 거래 결정을 내리도록 한다. 공개된 보고서, 제3자 데이터 출처(예: ESG 성과) 및 경영진과의 미팅을 통해 기업의 장기적인 가치를 지속적으로 숙지한다.
- 자동으로 이뤄지는 수동적인 방식이 아니라 적극적인 결정을 통해 특정 회사 지분을 보유한다. 회사가 사회를 위한 장기적 가치를 창출하는지 평가하고 그렇지 않다면 인게이지하거나 투자를 회수한다.
- 전문지식을 요하는 무형 요인에 대한 평가를 도울 수 있는 외부 자문

위원회 구성을 고려한다. 어떤 섹터에 가중치를 둘지, 어떤 섹터를 피해야 할지, 인게이지할 때 어느 주제를 우선시할지 등 특정 주식과 일반적 테마에 대한 통찰력을 활용한다.

시민들

● **스스로를 '에이전시'를 보유한 주체로 인식한다**

‒ 시민에게 보고하는 직원에게 힘을 실어주고, 투자하고, 보상한다. 설령 당신이 팀에서 직급이 가장 낮더라도 다른 부서와 교류할 때 이런 태도를 실천한다.

‒ 당신이 생각하는 것보다 훨씬 더 많은 에이전시를 가지고 있다는 것을 인식한다. 공식적으로 직무 기술이 요구하는 일만 수행하고 싶은 유혹을 떨치고 과감하게 새로운 아이디어를 제안하고 시도해본다. 회사 및 상사와의 관계도 관리한다. 어떤 일이 왜 특정한 방식으로 수행되는지, 다른 방식으로 더 잘 수행될 수 있는지, 아예 안 하는 것이 나을지 질문한다. 윗사람에게 도전하는 것을 방해가 아니라 좋은 동료로서의 책임으로 간주하라.

‒ 자신의 가치에 부합하지 않고 인게이지먼트에 반응하지 않는 회사에는 입사하지 않는다.

● **소비자의 사고방식을 넘어선다**

‒ 자신이 중시하는 가치를 결정하고 상당 부분 그 가치를 기반으로 구매를 결정한다. 가치를 비교해주는 웹사이트나 모바일 앱을 활용하는 것도 좋다.

‒ 자신을 기업의 일원이자 고객 커뮤니티의 일원으로 인식한다. 기업

또는 고객 후기 웹사이트에 개선을 위한 제안사항을 포함하여 건설적인 피드백을 제공한다. 기업의 행동을 변화시키기 위한 캠페인에 참여하거나, 심지어는 조직하는 것도 고려해본다.

– 예를 들어 손상된 제품을 재활용하거나 수리하는 회사 프로그램에 적극적으로 참여하는 등 구매 후 제품에 대한 책임 있는 소유권을 행사한다.

● **공개된 근거를 활용해 최신 정보를 듣는다**

– 파이 쪼개기 사고방식이 아닌 파이 키우기 사고방식을 기반으로 회사의 잠재 고객이나 직원을 평가한다. 투자자나 임원이 얼마나 많이 벌고 있는지가 아니라, 이러한 수익이 사회를 위한 가치를 창출하는 부산물인지 따져본다.

– 확증편향에 유념한다. 거의 모든 이슈에는 양면성이 있다는 것을 인식하고, 자신의 관점에 반하는 주장이나 증거를 적극적으로 찾아본다. 일방적인 의견보다 균형 잡힌 의견을 더 신뢰한다.

– '연구는 ~를 보여준다'는 문구에 주의한다. 곧이곧대로 믿기 전에 해당 연구가 공식적으로 발표되었는지 확인한다. 발표된 연구라면 엄격한 기준으로 심사한 신뢰할 수 있는 저널에 발표된 연구인지, 블랙리스트에 오른 저널에 발표된 연구인지 확인한다. 발표된 연구가 아닌 경우에는 저자가 몸담고 있는 학교나 기관, 저자의 연구 경력 등 저자의 자격사항을 확인한다.

● **유권자로서 사전적 진단에 참여한다**

– 규제를 통과시키거나 지지하기 전에 해당 문제가 팽배한지 또는 몇 가지 세간의 이목을 끈 사례에만 국한된 것인지를 조사한다. 위의 지침을 활용하여 대규모 증거를 비판적으로 평가한다.

- 잠재적인 정책이 다른 곳에서 실행된 적이 있는지 고려하고, 효과에 대한 가장 엄격한 증거를 검토한다. 유권자로서 증거 기반 접근법을 취하는 정치인을 지지한다.
- 기업이 해당 규제를 준수하려다가 조작하거나 규제 위반을 피하려다 혁신을 자제할 소지가 있는지 검토한다. 해당 규제가 기업들이 사회적 가치를 창출하는 데 도움이 될 것인지, 아니면 각 기업의 상황에 따라 어떤 기업에는 오히려 역효과를 낼지 평가한다.

- **일상생활에서 파이코노믹스 원리를 실천한다**
- 협상 또는 역학관계에서 '윈-윈' 결과를 추구한다. 상대방이나 지인이 얻는 이득이 당신의 치르는 비용의 결과일 필요가 없음을 인식한다.
- 자신의 능력이 고정된 것이 아니라 의도적이고 불편한 연습을 통해 성장할 수 있다는 점에 유념한다. 어떤 일을 시도하기 전에는 기꺼이 실패를 감수하고, 사후에는 실패의 원인을 검토한다.
- 서비스에서는 당신이 치르는 비용보다 받는 사람에게 훨씬 큰 가치가 되는 '불균등한 선물'을 주려고 한다. 이때 곱셈, 비교우위, 중요성의 원칙을 충족하지 않는 서비스 요청은 당당하게 거절한다.

9장의 연장선에서 투자 산업이 어떻게 스튜어드십을 실천으로 옮길 수 있는지 알아보자.

집단 인게이지먼트 프레임워크

UN 책임투자협업플랫폼은 탄소 배출 공시 개선, 부패 방지 정책 이행, 분쟁 지역의 광물 활용 자제 같은 ESG 문제에 '집단 인게이지먼트'를 적용한다. 회원 투자자들은 특정 회사와 관련한 이슈를 플랫폼에 올리고 다른 회원들이 동참할 수 있도록 초대한다. 여기에는 기업에 보내는 공동서한 서명, 주주 제안 지원, 경영진과의 대화로 힘을 결합하는 활동 등이 포함되기도 한다.

딤슨, 카라카스, 리는 1,671개의 집단 인게이지먼트에 대해 연구한 결과, 성공적으로 이뤄질 경우 총자산이익률과 매출이 증가한다는 것을 발견했다.[1] 6장에서 대규모 투자자가 환경 및 사회적 문제에 관여할 경우 이윤과 주가를 향상시켰다는 그들의 이전 논문과 일치한다. 두 연구에서 인게이지먼트 목표는 이해관계자의 가치를 창출하는 것이었지만 투자자 또한 이익을 얻었다.

CCGG와 UN 책임투자협업플랫폼은 2가지 차이점이 있다. CCGG는 환경이나 사회적 이슈보다 환수금 이행이나 say-on-pay 의결 같은 거버넌스에 초점을 맞춘다. 그리고 기업과의 대화도 직접 주도한다.[2] 크레이그 도이지 Craig Doidge, 알렉산더 딕Alexander Dyck, 하메드 마흐무드Hamed Mahmudi, 아잠 비라 니Aazam Virani는 CCGG 회원들이 큰 지분을 보유한 기업의 주가를 끌어올렸 고, 따라서 CCGG가 인게이지할 가능성이 높다는 것을 발견했다.[3]

영국 투자자포럼은 자본배분, 전략, 생산성 같은 이슈에 대한 집단 인게 이지먼트를 조율한다. 이슈에 대한 투자자의 관점은 비공개 정보에 달려 있 기 때문에 실수로 잘못 공유하는 것을 방지하기 위해 프레임워크를 개발했 다. CCGG와 비슷하게 투자를 주도하는 것은 포럼이며, 투자자는 어떤 투 자자가 집단적으로 관여하고 있는지 모르는 경우가 많다.

2015년 7월, 영국 투자자포럼은 소매업체 스포츠다이렉트의 투자자들 을 대변했다. 12명의 투자자들이 보유한 스포츠다이렉트의 주식은 33%였 다. 이들은 스포츠다이렉트의 지배구조와 고용 관행의 문제를 지적했다. 집 단 인게이지먼트는 대개 비공개로 이뤄진다. 그러나 개선이 이뤄지지 않자 2016년 8월 투자자포럼은 공개적으로 스포츠다이렉트에 우려 사항에 대한 검토를 요구했고, 이듬해 1월 스포츠다이렉트가 검토하겠다고 합의했다. 이 후 투자자들은 스포츠다이렉트의 관행이 의류업계에 광범위하게 퍼져 있 는 것은 아닌지 우려했고, 이를 계기로 의류업계 전반에 인게이지먼트가 촉 발됐다.

투자자포럼은 특정한 문제를 해결하는 인게이지먼트 외에도 투자자와 기업 간의 대화를 장려한다. 임원들은 수익 보고나 주주총회에서 논의하 는 것이 단기적인 성과와 관련이 있다고 한탄하지만, 임원들이 적극적으로 조치할 수 있다. 투자자포럼은 기업이 투자자들과 '스튜어드십&전략포럼' 을 개최해 장기적인 이슈를 논할 것을 권고한다. 예를 들어 영국 자동차업체 롤스로이스는 2016년 스튜어드십&전략포럼에서 연구 이니셔티브, 새로운 고객 오퍼링, 고위직 인원 감축 계획을 논의했다. 이는 8장에서 논의한 CEO 투자자포럼과 유사하다.

투자자도 공식적인 조정 메커니즘 밖에서 협력할 수 있다. LGIM은 2018년 5월 60여 개 글로벌 자산운용사 및 자산 소유자를 한데 모았다. 이들이 운용하는 총자산 규모만 해도 10조 달러가 넘었다. 이 그룹은 석유와 가스 산업을 대상으로 파리기후변화협정 이행에 더 많은 노력을 할 촉구하는 공개서한을 〈파이낸셜타임스〉에 실었다.

자산 소유자와 투자컨설턴트 개혁

● 자산 소유자

대부분의 자산 소유자들은 스튜어드십의 가치나 장기 수익 증대에 있어 스튜어드십이 어떤 역할을 하는지 인식하지 못한다. 2016년 투자협회 조사에 따르면 자산 소유자의 절반 이상이(자산운용사의 경우 3%) 스튜어드십 코드에 참여하지 않은 것으로 나타났다. 가장 큰 이유는 스튜어드십 코드를 모르기 때문이었고, 그다음은 다른 우선순위에 밀렸기 때문이었다. 그들 중 59%만이 자신에게 스튜어드십 책임이 있다고 동의했다.

자산 소유자들이 스튜어드십의 중요성을 인식한다면 엄청난 힘을 발휘할 수 있다. 자산운용사는 그들의 고객인 자산 소유자에게 책임이 있기 때문에 감독기관이 아니라 자산 소유자가 자산운용사에게 스튜어드십 책임을 묻는 것이 최선이다.

자산 소유자들이 취할 수 있는 3가지 단계를 살펴보자. 자산운용사와 마찬가지로 자산 소유자도 스스로 의결하고 인게이지먼트하는 접근방식을 설명해야 한다. 자산 소유자에게 적용되는 특이한 점은 어떤 자산운용사를 선택할지도 스튜어드십 정책에 포함해야 한다는 점이다. 현재 많은 사람들은 펀드의 단기 성과나 실수에 집중한다. 즉 펀드가 얼마나 벤치마크에 가까운지 점검한다. 앞서 논의한 바와 같이 벤치마크와 가까워지는 것은 스튜어드십을 저해하지만 말이다. 이러한 행위를 고려할 때 자산운용사가 스튜어드십을 우선시하고 유사 인덱싱하는 것은 합리적이다.

다음 단계는 이 정책을 실행에 옮기는 것이다. 자산 소유자는 자산운용사와의 관계에 있어 3단계 측면에서 스튜어드십을 적용할 수 있다. 첫 번째는 선택이다. 자산 소유자가 자산운용사를 쓰고자 할 때 제안요청서Request for Proposal을 제시한다. 여기에는 자산운용사의 투자 전략과 인력 현황을 묻는 상세한 질문이 포함된다. 그러나 일반적으로 스튜어드십에 대한 질문은 거의 없다. 따라서 이러한 분석의 영역을 크게 확대할 수 있다.

두 번째는 선임이다. 자산운용사를 선택하면 공식적인 계약서 초안을 작성한다. 이 계약은 때때로 수탁계약 또는 투자관리계약으로 불린다. FCLT는 자산보유자들이 자산운용사의 스튜어드십을 장려하는 방법에 대한 지침을 제공한다.[4] 예를 들어 계약에는 스튜어드십 기대치가 포함될 수 있다. 취리히보험의 템플릿에는 '운용사는 ESG 요인과 관련하여 기존 또는 잠재적 투자를 평가하고 모니터링하는 프로세스를 보유할 것이다. 운용사는 직원이 적절한 교육을 받고 관련 데이터와 정보에 접근하며 이 프로세스를 적용하는 데 신의성실의 원칙을 지킬 것이다'라고 되어 있다.

또한 자산 소유자는 자산운용사에게 스튜어드십 성과에 대해 보고하도록 요구할 수 있다. 환경청연금기금EAPF은 자산운용사들이 매년 포트폴리오의 탄소 발자국을 측정하도록 규정한다.[5] 자산운용사에게 스튜어드십 성과 관련 지표뿐 아니라 인사나 스튜어드십 프로세스 변경, 승계 계획 등 선행지표를 공개하도록 요구할 수도 있다.

마지막 단계는, 자산운용사의 보수를 장기 성과에 따라 지급해야 한다. 2018년 4월 일본 정부연금투자기금IASB이 수수료 구조를 개편했다. 기본수수료를 상당한 폭으로 인하했으나 이전에 부과한 성과 기반의 수수료 상한선은 폐지했다. 즉 높은 수수료는 누구의 희생이 아니라 우수한 성과에 따른 결과일 뿐임을 인식했기 때문이다.

8장에서는 기업과 투자자의 대화가 쌍방향으로 이뤄져야 한다고 강조했다. 자산운용사와 자산 소유자의 관계도 마찬가지다. 일부 자산운용사는 자산 소유자의 기대치를 명확히 하는 '책임조항covenant'을 보유한다. EAPF의 서약서에는 단기 성과에 근거해 자산운용사를 해고하지 않고, 자산운용사에게 피드백을 제공하며, 사전통보 없이 재계약하지 않고 자산운용사와 협력해 계약을 정비할 것이라고 명시되어 있다.

이는 자산운용사에게 스튜어드십 책임을 묻는 세 번째 방법과 연결된다. 즉 자산운용사가 계약에 명시된 대로 스튜어드십의 기대치를 달성했는지 모니터링하는 것이다. 자산 소유자는 자산운용사가 어떻게 사회적 요소를 고려해 종목을 매입하거나 매도하는지 정보를 요청할 수 있다. 또한 정책, 프로세스, 인사 변경 같은 미래지향적인 대책도 검토할 수 있다.

스튜어드십을 정의하고 내재화한 다음 최종 단계는 외부 커뮤니케이션이다. 여기에는 자산 소유자의 정책, 즉 자산운용사가 스튜어드십, 인게이지먼트를 어떻게 평가하거나 관여할 것인지 공시하는 것이 포함된다.[6] 결과에 대한 커뮤니케이션에는 의결 이력, 펀드매니저 변경 등이 포함된다.

• 투자컨설턴트

투자컨설턴트는 자산운용사 선정에 관해 자산 소유자에게 조언하는데, 이 지침은 자산운용사의 스튜어드십을 평가하는 기준과 상당 부분 유사하다. 그들은 다양한 스튜어드십을 평가하는 방법론을 개발하고, 고객이 가질 수 있는 기대치에 맞춰 스튜어드십을 평가한다.

보다 광범위하게는 투자컨설턴트는 투자산업 전반에 걸쳐 스튜어드십을 개선하는 데 자신의 역할을 인식해야 한다. 그들은 자산 소유자가 장기 수익을 개선함에 있어 스튜어드십이 어떤 가치가 있는지, 자산운용사로부터 어떻게 스튜어드십을 이끌어낼 수 있는지 이해하는 데 도움을 줄 수 있다. 투자협회 조사에 따르면 이에 대한 자산 소유자의 지식이 상당히 부족한 것으로 나타났다. 앞에서 언급했듯이 투자산업의 정당성은 부분적으로 투자산업이 스튜어드십 책임을 완수하는 정도에 달려 있다.

9장에서 투자자가 기업의 전략적인 맥락에서 이해될 수 있는 질적 정보를 분석함으로써 인공지능으로 대체될 위험을 줄일 수 있다고 논의했다. 마찬가지로 투자컨설턴트는 인공지능이 진공상태에서 처리할 수 있는 재무성과나 에러를 추적하는 것을 뛰어 넘어, 전략적인 맥락 안에서 자산 소유자의 스튜어드십 접근법을 평가하는 것으로 확장되어야 한다.

주

서문

1 Jim Puzzanghera, 'A Decade after the Financial Crisis, Many Americans Are Still Struggling to Recover', Seattle Times(10 September 2018).
2 Oxfam, '5 Shocking Facts about Extreme Global Inequality and How to Even It Up'(2019).
3 Guillaume P. Chossière, Robert Malina, Akshay Ashok et al., 'Public Health Impacts of Excess NOx Emissions from Volkswagen Diesel Passenger Vehicles in Germany'(2017) 12 Environmental Research Letters.
4 Trucost, 'Natural Capital at Risk'(2013).

1장 파이 키우기 사고방식

1 Securities and Exchange Commission v. Martin Shkreli(17 December 2015).
2 Bethany McLean, 'Everything You Know about Martin Shkreli Is Wrong – Or Is It?', Vanity Fair(February 2016).
3 Andrew Pollack, 'Drug Goes from $13.50 a Tablet to $750, Overnight', New York Times(20 September 2015).
4 Heather Long, 'Here's What Happened to AIDS Drug that Spiked 5,000%', CNN Business(25 August 2016).
5 슈크렐리는 튜링제약이 다라프림을 매입하기 2~3개월 전에 이미 유통체계가 폐쇄적으로 변경됐다고 주장해왔다. 하지만 튜링은 인수 몇 달 전부터 이미 다라프림에 관심이 있었다. 임팩스는 과거에 유통체계를 폐쇄적으로 관리한 이력이 없는 반면 슈크렐리는 그러한 이력이 있다는 점을 고려할 때, 매각을 앞두고 임팩스가 유통체계를 변경했을 가능성이 높다. 그렇지 않더라도 튜링은 다라프림을 인수한 이후에도 폐쇄적인 유통체계를 그대로 유지했다.
6 Nicola Woolcock, 'University Lecturers to Strike as Students Sit Summer Exams', The Times(9 March 2018).
7 'University Strike Talks Resume after Twitter Skirmishes', BBC(6 March 2018).
8 Forbes Healthcare Summit, December 2015.
9 Forbes Healthcare Summit, December 2015.
10 'Millions Are Mis-Sold Loan Cover', Which?(June 2008); Liz Edwards, 'PPI Mis-Sold on Credit Cards', Which?(10 September 2008).
11 'Protection Racket', Citizens Advice Bureau(September 2005).
12 Zlata Rodionova, 'The 7 Most Shocking Testimonies from Workers at Sports Direct', The Independent(22 July 2016).
13 'A Conversation with Roy P. Vagelos', Annual Reviews Conversations(2011).
14 Bonnie J. Davis and Cindy Kluger, 'Onchocerciasis and Its Control'(1995) 89 Geneva: World Health Organisation 1–104.
15 Ushma S. Neill, 'A Conversation with P. Roy Vagelos'(2014) 124 Journal of Clinical Investigation 2291–2. Paul Hond, 'Doctors without Debt', Columbia Magazine(Fall 2018). Michael Useem, The Leadership Moment(1998).
16 Kimberly Collins, 'Profitable Gifts'(2004) 47 Perspectives in Biology and Medicine 100–9.
17 예를 들어 2012년 6월 28일 〈Stanford Social Innovation Review〉에 실린 Peter Karoff의 기사 제목은 "CSR 규칙 #1: Do No Harm"다. 이와 유사한 문구인 'Do No Evil'이 포함됐던 구글 행동강령도 유명하다.
18 소니 마비카는 필름이 없는 전자제품이었지만 디지털카메라는 아니었다. 텔레비전 이미지와 유사한 아날로그 스캔 라인의 형태로 이미지가 저장되었기 때문이다.

19 Matt Vella, 'Every 60 Seconds, Apple Makes More Money than You Do in a Year', Time(20 March 2014).

20 Phil Mullan, 'CSR: The Dangers of "Doing the Right Thing"', Spiked(31 March 2014).

21 키트루다를 처음 개발한 것은 Organon이었고, 이를 2007년 Schering-Plough가 인수했다. 그리고 2009년 Merck가 Schering-Plough를 인수했다.

22 Joseph A. DiMasi, Henry G. Grabowski and Ronald W. Hansen, 'Innovation in the Pharmaceutical Industry'(2016) 47 Journal of Health Economics 20–33. 수치는 2013년 기준이다.

23 Adi Ignatius, 'Businesses Exist to Deliver Value to Society', Harvard Business Review(March–April 2018).

24 Ronald H. Coase, 'The Problem of Social Cost'(1960) 3 Journal of Law and Economics 1–44.

25 Vilfredo Pareto, 'Il Massimo di Utilità Dato Dalla Libera Concorrenza' 9(1894) Giornale degli Economisti 48–66.

26 Sandra J. Sucher and Shalene Gupta, 'Layoffs that Don't Break Your Company', Harvard Business Review(May-June 2018).

27 Kantar Futures and American Express, 'Redefining the C-Suite'(2017).

28 PwC and AIESEC, 'Tomorrow's Leaders Today'(2016).

2장 파이를 키우면 이윤이 극대화된다

1 Milton Friedman, 'The Social Responsibility of Business Is to Increase Its Profits', New York Times Magazine(13 September 1970).

2 Michael C. Jensen, 'Value Maximization, Stakeholder Theory, and the Corporate Objective Function'(2010) 22 Journal of Applied Corporate Finance 32–42.

3 Michael C. Jensen, 'Value Maximisation, Stakeholder Theory, and the Corporate Objective Function'(2001) 7 European Financial Management 297–317.

4 Ocean Tomo, 'Intangible Asset Market Value Study'(2015).

5 Poterba와 Summers는 CEO들을 설문 조사한 결과, Fortune 1000대 기업이 채권이나 주식에 요구되는 수익률보다 높은 12%의 할인율을 적용한다는 사실을 발견했다. James Poterba and Lawrence H. Summers, 'A CEO Survey of U.S. Companies' Time Horizons and Hurdle Rates', Sloan Management Review(Fall 1995).

6 경제학자 John Kay는 목표란 우회적으로 추구할 때 가장 잘 달성된다는 의미로 이를 '우회(obliquity)'의 원칙이라 불렀다. John Kay, Obliquity(2011).

7 Steven Levy, 'Inside Apple's Insanely Great(or Just Insane) New Mothership', Wired(16 May 2017).

8 Pharmaceutical Research and Manufacturers of America.

9 New City Agenda, 'The Top 10 Retail Banking Scandalse'(11 April 2016).

10 Stephanie M. Tully and Russell S. Winer, 'The Role of the Beneficiary in Willingness to Pay for Socially Responsible Products'(2014) 90 Journal of Retailing 255–274.

11 Rüdiger Machmann, Gabriel Ehrlich and Dimitrije Ruzic, 'Firms and Collective Reputation'(2017).

12 'U.S. Tobacco Profits Soar Despite Drop in Number of Smokers', NPR(24 April 2017).

13 Rob Davies, 'How Big Tobacco Has Survived Death and Taxes', Guardian(12 July 2017).

14 주주가 기관이라고 해도 궁극적으로는 시민을 대신해 돈을 운용하는 경우가 대부분이다.

15 Oliver Hart and Luigi Zingales, 'Companies Should Maximize Shareholder Welfare Not Market Value'(2017) 2 Journal of Law, Finance, and Accounting 247–74.

16 The Forum for Sustainable and Responsible Investment, 'Report on US Sustainable, Responsible, and Impact Investing Trends'(2016).

17 Center for Climate and Energy Solutions, 'Weathering the Storm'(2013).

18 Carbon Disclosure Project, 'Major Risk or Rosy Opportunity'(2019). Rüdiger Machmann, Gabriel Ehrlich and Dimitrije Ruzic, 'Firms and Collective Reputation'(2017).

19 John Elkington, '25 Years Ago I Coined the Phrase "Triple Bottom Line". Here's Why It's Time to Rethink It', Harvard Business Review(25 June 2018).

3장 파이 크기와 기업 성장은 다르다

1 Adi Ignatius, 'Businesses Exist to Deliver Value to Society', Harvard Business Review(March–April 2018).
2 Michael Kranish, 'Warren Decries Stock Buybacks, High CEO Pay', Boston Globe(14 June 2015).
3 Hiroko Tabuchi, 'Layoffs Taboo, Japan Workers Are Sent to the Boredom Room', New York Times(16 August 2013).
4 2007년 11월 9일, SEC 조사에서 안젤로 모질로의 증언.
5 Connie Bruck, 'Angelo's Ashes', The New Yorker(29 June 2009).
6 Dong-Gull Lee, 'The Restructuring of Daewoo' in Stephan Haggard, Wonhyul Lim and Euysung Kim(eds), Economic Crisis and Corporate Restructuring in Korea(2003), pp. 150–80.
7 'Daewoo: GM's Hot New Engine', Bloomberg(29 November 2004).
8 이러한 손실의 일부는 과도한 가격에 사업체를 인수한 탓이기도 하지만(이전 오너에 이익 창출), 이익을 차감하더라도 사회에 대한 순가치 손실은 1,340억 달러에 달했다.
9 Sara B. Moeller, Frederik P. Schlingemann and René M. Stulz, 'Wealth Destruction on a Massive Scale? A Study of Acquiring- Firm Returns in the Recent Merger Wave'(2005) 60 Journal of Finance 757–82.
10 직원이 중요하게 생각하는 대의에 맞춰서 기업이 관련 단체에 기부하는 것이 효과적으로 자선단체에 기부하는 방법이 될 수 있다.
11 Australian Energy Markets Commission.

4장 파이코노믹스의 작동 원리

1 Joshua D. Margolis and James P. Walsh, 'Misery Loves Companies:'(2003) 48 Administrative Science Quarterly 268–305.
2 Marc Orlitzky, Frank L. Schmidt and Sara L. Rynes, 'Corporate Social and Financial Performance'(2003) 24 Organization Studies 403–41.
3 Alex Edmans, 'Does the Stock Market Fully Value Intangibles? Employee Satisfaction and Equity Prices'(2011) 101 Journal of Financial Economics 621–40.
4 Alex Edmans, 'The Link between Job Satisfaction and Firm Value, with Implications for Corporate Social Responsibility'(2012) 26 Academy of Management Perspectives 1–19.
5 Russell A. Hill and Robert A. Barton, 'Psychology'(2005) 435 Nature 293.
6 Andrew J. Elliot, Markus A. Maier, Arlen C. Moller and Jorg Meinhardt, 'Color and Psychological Functioning'(2007) 136 Journal of Experimental Psychology: General 154–68.
7 유튜브 영상 참조. https://youtu.be/ippgKYA5nJk by Robert Maltbie, Managing Director of Millennium Asset Management.
8 Robert Novy-Marx, 'Predicting Anomaly Performance with Politics, the Weather, Global Warming, Sunspots, and the Stars'(2014) 112 Journal of Financial Economics 137–46.
9 Rolf W. Banz, 'The Relationship between Return and Market Value of Common Stocks'(1981) 9 Journal of Financial Economics 3–18; Clifford S. Asness, Andrea Frazzini, Ronen Israel et al., 'Size Matters When You Control Your Junk'(2018) 129 Journal of Financial Economics 479–509.
10 Costco는 최우수 기업 명단에는 포함되지 않았지만 2017년 Forbes가 선정한 '미국 최우수 고용주'에 선정됐다.
11 Aaron Taube, 'Why Costco Pays Its Retail Employees $20 an Hour', Business Insider(23 October 2014).
12 Amy Tsao, 'A Showdown at the Checkout for Costco', BusinessWeek(28 August 2003).
13 Ann Zimmerman, 'Costco's Dilemma(26 March 2004).
14 Ingrid Smithey Fulmer, Barry Gerhart and Kimberley S. Scott, 'Are the 100 Best Better? An Empirical Investigation of the Relationship between Being a "Great Place to Work" and Firm Performance'(2003) 56 Personnel Psychology 965–93.
15 Daniel H. Simon and Jed DeVaro, 'Do the Best Companies to Work for Provide Better Customer Satisfaction?'(2006) 27 Managerial and Decision Economics 667–83.
16 이 연구결과는 지면 제한으로 최종 출판된 논문 버전에서는 실리지 못했다.

17 Claes Fornell, Sunil Mithas, Forrest V. Morgeson III and M. S. Krishnan, 'Customer Satisfaction and Stock Prices'(2006) 70 Journal of Marketing 3–14. 고객의 기대, 품질에 대한 인식 및 가치에 대한 인식(가격 대비 품질)이 지수의 3가지 구성요소다.

18 Jeroen Derwall, Nadja Guenster, Rob Bauer and Kees Koedijk, 'The Eco-Efficiency Premium Puzzle'(2005) 61 Financial Analysts Journal 51–63.

19 Mozaffar Khan, George Serafeim and Aaron Yoon, 'Corporate Sustainability'(2016) 91 Accounting Review 1697–724. 그들은 기업 특성을 통제한 후 KLD 점수의 변화를 연구한다.

20 Robert Eccles, Ioannis Ioannou and George Serafeim, 'The Impact of Corporate Sustainability on Organizational Processes and Performance'(2014) 60 Management Science 2835–57.

21 'From Fringe to Mainstream', Knowledge@Wharton(23 May 2012).

22 인용된 손실 금액은 사건이 터진 이후 그 다음 달까지 중 최저 수치다.

23 Philipp Krüger, 'Corporate Goodness and Shareholder Wealth'(2015) 115 Journal of Financial Economics 304–29.

24 Jen Wieczner, 'How Buying Stock in the "Best Companies to Work for" Helped This Investor Crush the Market', Fortune(9 March 2017).

25 Caroline Flammer, 'Does Corporate Social Responsibility Lead to Superior Financial Performance? A Regression Discontinuity Approach'(2015) 61 Management Science 2549–68.

26 Gibson Dunn, 'Shareholder Proposal Developments During the 2018 Proxy Season'(2018).

27 HCC 제안은 2007년 5월 10일에, Lear 제안은 2006년 5월 11일에 의결되었다.

28 Luc Renneboog, Jenke Ter Horst and Chendi Zhang, 'The Price of Ethics and Stakeholder Governance'(2008) 27 Journal of Corporate Finance 302–22.

29 Luc Renneboog, Jenke Ter Horst and Chendi Zhang, 'Socially Responsible Investments'(2008) 32 Journal of Banking and Finance 1723–42.

30 Brad M. Barber, Adair Morse and Ayako Yasuda, 'Impact Investing'(2018).

31 James Kynge, 'The Ethical Investment Boom', Financial Times(3 September 2017).

32 Dina Medland, '"From Stockholder to Stakeholder" Means "No" to Short-Termism for Better Results', Forbes(15 September 2014).

33 BBC(18 December 2014); 'Life and Death in Apple's Forbidden City', The Guardian(18 June 2017).

34 'Amazon Warehouse Workers Skip Bathroom Breaks to Keep Their Jobs, Says Report', The Verge(16 April 2018).

35 Harrison Hong and Marcin Kacperczyk, 'The Price of Sin'(2009) 93 Journal of Financial Economics 15–36.

36 Alex Edmans, Lucius Li and Chendi Zhang, 'Employee Satisfaction, Labor Market Flexibility, and Stock Returns around the World'(2018).

5장 성과급

1 Julia Finch, 'Bart Becht's £90m Pay Packet. I Need a Lie-Down', The Guardian(7 April 2010).

2 Jill Treanor, 'Cillit Bang Boss Bart Becht Takes Home £90m', The Guardian(8 April 2010).

3 Finch, 'Bart Becht's £90m Pay Packet'.

4 Andrew Trotman and Amy Wilson, 'Reckitt Benckiser Shares Slump after Chief Bart Becht Announces Retirement', The Telegraph(14 April 2011).

5 Paul Sonne, 'Reckitt's CEO to Step Down', Wall Street Journal(15 April 2011).

6 Treanor, 'Cillit Bang Boss Bart Becht Takes Home £90m'.

7 Morten T. Hansen, Herminia Ibarra and Nana von Bernuth, 'Transforming Reckitt Benckiser', INSEAD case study, 04/2011-5686(2013).

8 Maggie Urry, 'Reckitt's Strongly Flavoured Essence', Financial Times(21 January 2008).

9 직원 수는 2000년에는 1만 8,900명, 2010년에는 2만 7,200명이었다. 2011년 바트가 물러났을 시점에는 3만 7,800명으로 늘어났다. 그러나 2010~2011년 사이 직원 수 증가는 대부분 SSL인터내셔널과 Paras 제약 인수에 기인한 것이기 때문에 2010년 수치를 인용한 것이다.

10 Reckitt Benckiser 2012 Annual Report.

11 2010년 4월 8일 〈데일리메일〉의 기사 제목은 "바트가 1년 동안 9,000만 파운드를 챙겼다"였다.

12 2001년부터 받은 스톡옵션을 행사해서 7,400만 파운드, 1999년과 2005년에 부여된 주식을 현금화해서 1,300만 파운드.

13 주가 상승으로 스톡옵션을 현금화한 가치는 7,400만 파운드 이상, 주식은 500만 파운드 이상이 되었다(총액은 반올림해서 8,000만 파운드). 바트의 옵션은 처음에는 '등가격' 옵션으로 부여되었다. 즉 주가가 상승해야만 가치가 있다. 따라서 부여받은 당시 옵션의 '내재적 가치'는 0이므로 부여 후 주가가 상승하지 않았다면 옵션을 행사했을 때 가치가 7,400만 파운드 낮았을 것으로 보는 것이 옳다(즉 7,400만 파운드가 아니라 0파운드). 그러나 부여 후 옵션의 '경제적 가치'는 주가 상승의 가능성 때문에 가치가 0보다는 컸다. 따라서 스톡옵션의 경제적 가치 상승은 7,400만 파운드 미만이었다.

14 바트가 자신의 옵션을 행사하기 위해(주식으로 전환하기 위해) 돈을 지불하고 주식을 기부했기 때문에 바트가 기부한 액수는 그가 현금화한 액수보다 많았다.

15 Rupert Steiner, 'Biggest Payout in History as Cillit Bang Boss Loses £74m', Daily Mail(30 March 2011).

16 AFL-CIO Executive Paywatch.

17 매년 1월 4일이 어느 요일이 되는지에 따라 'Fat Cat Wednesday', 'Fat Cat Thursday' 등으로 알려져 있다.

18 Rob Du Boff, 'What Is Just When It Comes to CEO-to-Average Worker Pay?', Forbes(10 October 2017).

19 Yaron Brook and Don Watkins, 'When It Comes to Wealth Creation, There Is No Pie', Forbes(14 June 2011).

20 Chris Philp, 'Restoring Responsible Ownership'(2016).

21 House of Commons Report on 'Executive Rewards'(20 March 2019).

22 Alex Edmans, Xavier Gabaix and Dirk Jenter, 'Executive Compensation' in Benjamin E. Hermali and Michael S. Weisbach(eds), Handbook of the Economics of Corporate Governance(2017), pp. 383–539.

23 PwC, 'Executive Pay in a World of Truthiness'(2017).

24 조지타운대학교 연설(2015년 11월 19일).

25 Ulf Von Lilienfeld-Toal and Stefan Ruenzi, 'CEO Ownership, Stock Market Performance, and Managerial Discretion'(2014) 69 Journal of Finance 1013–50.

26 논문 참조. Daniel M. Cable and Freek Vermeulen, 'Stop Paying Executives for Performance', Harvard Business Review(23 February 2016). 이에 대한 답변으로는 이하 논문 참조. Alex Edmans, 'Performance-Based Pay for Executives Still Works', Harvard Business Review(23 February 2016).

27 Steven Kerr, 'On the Folly of Rewarding A, While Hoping for B'(1975) 18 Academy of Management Journal 769–83.

28 Dirk Jenter, Egor Matveyev and Lukas Roth, 'Good and Bad CEOs'(2018).

29 Morten Bennedsen, Francisco Pérez González and Daniel Wolfenzon, 'Do CEOs Matter?'(2010).

30 자산운용 수익률로 측정되는 산업조정 수익률은 평균 5.63%p 대비 0.7%p 하락.

31 Edmans et al., 'Executive Compensation'.

32 기존 매장량에서 추출한 석유와 가스양 대비 새로 발견된 석유와 가스 매장량을 측정.

33 Shell, Chevron, Exxon and Total.

34 Sheffield Barry, '6 Steps to Hire an Effective Compensation Consultant'(2017).

35 Benjamin Bennett, J. Carr Bettis, Radhakrishnan Gopalan and Todd Milbourn, 'Compensation Goals and Firm Performance'(2017) 124 Journal of Financial Economics 307–30.

36 성과급 주식 경우에도 점선(주식 가치)은 수익이 60억 파운드 이하로 떨어질 때의 증가폭이 60억 파운드 이하로 떨어질 때의 감소폭보다 작다는 것을 보여준다. 이는 리스크를 감수할 만한 좋은 기회인데도 도전하지 않게 만든다.

37 Adair Morse, Vikram Nanda and Amit Seru, 'Are Incentive Contracts Rigged by Powerful CEOs?'(2011) 66 Journal of Finance 1779–821.

38 직원의 급여 중 주식으로 받는 비율은 더 낮아야 한다. 그래야 직원들은 실적 부진으로 인해 영향받는 재산의 비중을 작게 유지할 수 있다.

39 E. Han Kim and Paige Ouimet, 'Broad-Based Employee Stock Ownership'(2014) 69 Journal of Finance 1273–319. 이들은 직원들에게 소규모로 지분을 부여하는 지분 제도는(발행 주식의 5% 미만으로 구성) 보상 목적으로 활용될 가능성이 더 높다고 주장한다. 이 경우 인수 방어 효과와 현금 절감이 거의 없는 반면, 대규

모 지분제도의 경우에는 이면에 숨은 동기가 있을 가능성이 높기 때문이다.

40 Yael V. Hochberg and Laura Lindsey, 'Incentives, Targeting, and Firm Performance'(2010) 23 Review of Financial Studies 4148–86.

41 Ingolf Dittmann, Ernst Maug and Oliver G. Spalt, 'Indexing Executive Compensation Contracts'(2013) 26 Review of Financial Studies 3182–224.

42 Treanor, 'Cillit Bang Boss Bart Becht Takes Home £90m'.

43 이전에는 LTIP로 CEO 연봉의 최고 250% 수준까지 지급했다. Weir가 양도제한조건부주식으로 전환할 때 50% 할인율을 적용해 연봉의 125%를 주식으로 지급했다. 제거된 성과 조건이 얼마나 엄격한지에 따라 적절한 할인율은 달라질 것이다.

44 House of Commons Business, Energy, and Industrial Strategy Committee, 'Corporate Governance', 2016–17(5 April 2017).

45 Norges Bank Investment Management, 'CEO Remuneration Position Paper'(2017).

46 예들 들어 Royal Bank of Scotland, The Weir Group, Pets at Home, Card Factory, Kingfisher, 금융서비스 회사 Hargreaves Lansdown, 주택 및 사회복지 서비스 제공업체 Mears Group 등이 있다.

47 Lynn S. Paine and Federica Gabrieli, 'The Weir Group', Harvard Business School Case Study, 9-319-046(2018).

48 Securities and Exchange Commission, 'SEC Charges Former Countrywide Executives with Fraud'(4 June 2009).

49 Connie Bruck, 'Angelo's Ashes', The New Yorker(29 June 2009).

50 Alex Edmans, Vivian W. Fang and Katharina Lewellen, 'Equity Vesting and Investment'(2017) 30 Review of Financial Studies 2229–71.

51 Tomislav Ladika and Zacharias Sautner, 'Managerial Short-Termism and Investment', Review of Finance(출간 예정).

52 Caroline Flammer and Pratima Bansal, 'Does Long-Term Orientation Create Value? Evidence from a Regression Discontinuity'(2017) 38 Strategic Management Journal 1827–47. 저자들은 양도제한조건부 주식 및 옵션, 장기 성과급제도 등 장기적인 성과 척도에 따라 임원에게 보상을 지급하는 것을 옹호하는 모든 제안을 포함한다. 이러한 다른 요소에 대한 결과는 별도로 다루지 않는다.

53 특허의 질은 인용 횟수로 측정되며 혁신성은 기업의 기존 특허와 얼마나 차별성이 있느냐로 측정된다.

54 Norges Bank Investment Management, 'CEO Remuneration Position Paper'.

55 Christina Starmans, Mark Sheskin and Paul Bloom, 'Why People Prefer Unequal Societies'(2017) 1 Nature Human Behavior 0082.

56 Sabrina T. Howell and J. David Brown, 'Do Firms Share Success Fairly? The Effects of a Government R&D Grant on Wages'(2019).

57 Holger M. Mueller, Paige P. Ouimet and Elena Simintzi, 'Within-Firm Pay Inequality'(2017) 30, Review of Financial Studies 3605–35.

58 Steven N. Kaplan and Joshua Rauh, 'Wall Street and Main Street'(2009) 23 Review of Financial Studies 1004–50.

59 Reuel Golden, 'The Age of Innocence', Cologne, Taschen, 2014.

60 Xavier Gabaix and Augustin Landier, 'Why Has CEO Pay Increased So Much?'(2008) 123 Quarterly Journal of Economics 49–100.

61 Xavier Gabaix, Augustin Landier and Julien Sauvagnat, 'CEO Pay and Firm Size'(2014) 124 Economic Journal 40–59.

6장 스튜어드십

1 www.youtube.com/watch?v=cbFBQAm75ew.

2 Stephen Jones, 'Adobe Systems Incorporated', MarketScreener(12 May 2012).

3 Brian Barrett, 'Adobe Finally Kills Flash Dead', Wired(25 July 2017).

4 Tekla S. Perry, 'Photoshop Creator Thomas Knoll on Subscription Software and What's Good for Engineers', IEEE Spectrum(30 January 2017).

5 단기주의 우려와 달리 Value Act가 지분을 매각한 후에도 개선사항이 어떻게 뒤집히지 않았는지, 그리고 구조조정이 결실을 맺기까지는 시간이 걸린다는 점을 강조하기 위해 2017년 수치를 제시한다. 2016년 매출은 58억 달러, 직원 수는 1만 5,700명, 세금은 2억 6,600만 달러였다.

6 Segate는 2차 블록거래방식을 택했다. 즉 밸류액트가 공개시장에서 주식을 매입한 것이 아니라(Segate가 접근하지 않아도 가능했던 방식) 기존 미공개의 Segate 투자자가 밸류택트에 지분을 매각했다.

7 Peter Georgescu, Capitalists, Arise!(2017).

8 Alon Brav, Wei Jiang, Frank Partnoy and Randall Thomas, 'Hedge Fund Activism, Corporate Governance, and Firm Performance'(2008) 63 Journal of Finance 1729-75.

9 Lucian A. Bebchuk, Alon Brav and Wei Jiang, 'The Long Term Effects of Hedge Fund Activism'(2015) 115 Columbia Law Review 1085-155.

10 Paul Singer, 'Efficient Markets Need Guys Like Me', Wall Street Journal(19 October 2017).

11 Alon Brav, Wei Jiang and Hyunseob Kim, 'The Real Effects of Hedge Fund Activism: '(2015) 28 Review of Financial Studies 2723-69.

12 Bebchuk et al., 'The Long Term Effects of Hedge Fund Activism'.

13 Brav et al., 'The Real Effects of Hedge Fund Activism'.

14 저자들은 노동생산성을 측정하는 또 다른 방법으로 노동 시간당 부가가치(매출에서 원자재비용을 뺀 값)를 연구했고 비슷한 결과가 도출되었다.

15 Brav et al., 'The Real Effects of Hedge Fund Activism'.

16 Alon Brav, Wei Jiang, Song Ma and Xuan Tian, 'How Does Hedge Fund Activism Reshape Corporate Innovation?'(2018) 130 Journal of Financial Economics 237-64.

17 Hadiye Aslan and Praveen Kumar, 'The Product Market Effects of Hedge Fund Activism'(2016) 119 Journal of Financial Economics 226-48.

18 Nickolay Gantchev, Oleg Gredil and Chotibhak Jotikasthira, 'Governance under the Gun', Review of Finance(출간 예정).

19 Martin Lipton, 'Dealing with Activist Hedge Funds'(2015).

20 House of Commons Report on Carillion, 9 May 2018.

21 Kai Ryssdal, Bridget Bodnar and Sean McHenry, 'Why Bill Ackman Sees Activist Investing as a Moral Crusade', Marketplace(31 October 2017).

22 John Plender, 'CashHoarding Companies Are Still a Problem for Japan', Financial Times(12 November 2017).

23 David Yermack, 'Shareholder Voting and Corporate Governance'(2010) 2 Annual Review of Financial Economics 103-25.

24 Morningstar, 'Active Share in European Equity Funds'(2016).

25 1940년에 제정된 투자회사법(Investment Company Act)에 따라 다각화된 뮤추얼 펀드는 포트폴리오의 75%에서 단일증권에 5% 이하만 투자할 수 있고 단일회사의 10% 이하의 의결권만을 보유할 수 있다.

26 Nickolay Gantchev, 'The Costs of Shareholder Activisml'(2013) 107 Journal of Financial Economics 610-31.

27 EU의 대체투자펀드업에 관한 지침에 따라 변동급여의 최소 40%(변동급여가 특히 높은 경우 60%)는 최소 3~5년간 연기되어야 한다. 또한 새로운 헤지펀드는 종종 처음 3~5년 동안 성과보수를 펀드에 재투자하기로 약속한다.

28 Steven N. Kaplan, 'The Effects of Management Buyouts on Operating Performance and Value'(1989) 24 Journal of Financial Economics 217-54.

29 Frank R. Lichtenberg and Donald Siegel, 'The Effects of Leveraged Buyouts on Productivity and Related Aspects of Firm Behavior'(1990) 27 Journal of Financial Economics 165-94.

30 Cesare Fracassi, Alessandro Previtero and Albert Sheen, 'Barbarians at the Store? Private Equity, Products, and Consumers'(2018).

31 Josh Lerner, Morten Sorensen and Per Strömberg, 'Private Equity and Long-Run Investment'(2011) 66 Journal of Finance 445-77.

32 Marco Becht, Julian Franks, Colin Mayer and Stefano Rossi, 'Returns to Shareholder Activism'(2008) 22 Review of Financial Studies 3093-129.

33 Elroy Dimson, Ouzhan Karakas, and Xi Li, 'Active Ownership'(2015) 28 Review of Financial Studies 3225–68.

34 Ian R. Appel, Todd A. Gormley and Donald B. Keim, 'Passive Investors, Not Passive Owners'(2016) 121 Journal of Financial Economics 111–41.

35 이러한 개선사항에는 더 많은 독립이사 지명, 기업이 독약조항(투자자가 많은 지분을 취득하지 못하게 하는)을 제거하고 주주들이 특별회의 소집하는데, 제한을 줄이는 가능성이 더 높아지거나 차등의결주식을 보유할 가능성이 낮아지는 것 등이 포함된다.

36 Paul Gompers, Joy Ishii and Andrew Metrick, 'Corporate Governance and Equity Prices'(2003) 118 Quarterly Journal of Economics 107–56.

37 후속 연구결과 2000년대에도 투자자의 권리는 높은 수익성과 매출성장과 계속 연관성이 있는 것으로 나타났다. 1년 매출 증가율보다 5년간 증가율을 볼 때 이 연계가 강하게 나타나는데 이는 투자자 권리가 강해지면 장기적 행동으로 이어짐을 시사한다. 하지만 향후 주식 수익률과의 연관성은 사라졌다. 현시점의 주식시장이 투자자 권리에 관심을 기울였기 때문이다. 투자자 권리가 강한 회사들의 주가는 이미 2000년대 초에 높았기 때문에 이후 실적이 더 나아지지는 않았다. Lucian A. Bebchuk, Alma Cohen and Charles C. Y. Wang, 'Learning and the Disappearing Association between Gov- ernance and Returns'(2013) 108 Journal of Financial Economics 323–48.

38 Lucian A. Bebchuk and Alma Cohen, 'The Costs of Entrenched Boards'(2005) 78 Journal of Financial Economics 409–33. Olubunmi Faleye, 'Classified Boards, Firm Value, and Managerial Entrenchment'(2007) 83 Journal of Financial Economics 501–29; Alma Cohen and Charles C. Y. Wang, 'How Do Staggered Boards Affect Shareholder Value? Evidence from a Natural Experiment'(2013) 110 Journal of Financial Economics 627–41. 하지만 Cohen과 Wang의 연구 결과는 규모가 작은 주식이나 장외시장에서 거래되는 주식에만 적용된다고 주장하는 연구도 있다. Yakov Amihud and Stoyan Stoyanov, 'Do Staggered Boards Harm Shareholders?'(2017) 123 Journal of Financial Economics 432–9,

39 Paul A. Gompers, Joy Ishii and Andrew Metrick, 'Extreme Governance'(2009) 23 Review of Financial Studies 1051–88.

40 Ronald W. Masulis, Cong Wang and Fei Xie, 'Agency Problems at Dual-Class Companies'(2009) 64 Journal of Finance 1697–727.

41 'The Death of Daewoo', The Economist(19 August 1999).

42 Mason은 20%의 의결권을, 다른 두 공동창업자는 함께 38%의 의결권을 보유하고 있던 차등 의결주였기 때문에 Mason 파면이 가능했다.

43 Vicente Cuñat, Mireia Giné and Maria Guadalupe, 'The Vote Is Cast'(2012) 67 Journal of Finance 1943–77. 거버넌스 제안은 투자자 권리, 이사회 구조 또는 의결 절차를 개선하는 것을 목표로 한다.

44 Jonathan B. Cohn, Stuart L. Gillan and Jay C. Hartzell, 'On Enhancing Shareholder Control'(2016) 71 Journal of Finance 1623–68.

45 구체적으로 보면 최소 3년 동안 기업 주식의 최소 3%를 보유하고 있는 투자자(또는 투자자 그룹)는 위임투표에 자신의 이사후보자를 내세울 수 있을 것이다.

46 Allen Ferrell, Hao Liang and Luc Renneboog, 'Socially Responsible Firms'(2016) 122 Journal of Financial Economics 585–606.

47 I. J. Alexander Dyck, Karl V. Lins, Lukas Roth and Hannes F. Wagner, 'Do Institutional Investors Drive Corporate Social Responsibility? International Evidence'(2017) 131 Journal of Financial Economics 693–714.

48 William C. Johnson, Jonathan M. Karpoff and Sangho Yi, 'The Bonding Hypothesis of Takeover Defenses'(2015) 117 Journal of Financial Economics 307–32.

49 K. J. Martijn Cremers, Lubomir P. Litov and Simone M. Sepe, 'Staggered Boards and Long-Term Firm Value, Revisited'(2017) 126 Journal of Financial Economics 422–44.

50 Peter Lynch, Beating the Street(2012).

51 5장에서 논의한 바와 같이 지분을 귀속 받자마자 CEO가 상당한 양의 지분을 매각하는 경우 단기적인 주가 하락이라 하더라도 CEO의 부는 감소한다.

52 John R. Graham, Campbell R. Harvey and Shiva Rajgopal, 'The Economic Implications of Corporate Financial Reporting'(2005) 40 Journal of Accounting and Economics 3–73.

53 투자자들이 재빠르게 거절했다고 해서 Kraft의 인수합병 제안이 사회에 해로운 것은 아니었다. Kraft의 인수합병 시도에 자극받은 Unilever는 전략적 검토에 착수하여 마가린 사업부를 매각하고 자사주 매입을 시작했으며 높은 수익률을 목표로 하는 등의 조치를 해 투자자들에게 긍정적인 반응을 얻었다. Unilever의 자사주 매입은 Kraft의 입찰이 Unilever를 과소평가했다는 Unilever의 주장과 일치했다. 우리는 7장에서 자사주매입에 있어 과소평가하게 되는 동기 요인들을 분석할 것이다.

54 뉴욕대학교 연설(2015년 7월).

55 2015년 행사('Shareholder Expectations')에서의 연설.

56 Alex Edmans, 'Blockholder Trading, Market Efficiency, and Managerial Myopia'(2009) 64 Journal of Finance 2481–513.

57 이하 참조 Qi Chen, Itay Goldstein and Wei Jiang, 'Price Informativeness and Investment Sensitivity to Stock Price'(2007) 20 Review of Financial Studies 619–50; Alex Edmans, Sudarshan Jayaraman and Jan Schneemeier, 'The Source of Information in Prices and Investment-Price Sensitivity'(2017) 126 Journal of Financial Economics 74–96. 주가는 수백만 투자자들의 견해가 누적된 것이라는 발상은 노벨상을 수상한 경제학자 Friedrich von Hayek 가 주창한 것이다.

58 Philip Bond, Alex Edmans and Itay Goldstein, 'The Real Effects of Financial Markets'(2012) 4 Annual Review of Financial Economics 339–60.

59 Michael E. Porter, 'Capital Disadvantage'(1992) 70 Harvard Business Review 65–82.

60 Vivian W. Fang, Thomas H. Noe and Sheri Tice, 'Stock Market Liquidity and Firm Value'(2009) 94 Journal of Financial Economics 150–69.

61 Sreedhar T. Bharath, Sudarshan Jayaraman and Venky Nagar, 'Exit as Governance'(2013) 68 Journal of Finance 2515–47.

62 Alex Edmans, Vivian W. Fang and Emanuel Zur, 'The Effect of Liquidity on Governance'(2013) 26 Review of Financial Studies 1443–82.

63 두 가지 상충하는 효과가 작동하는 것처럼 보일 수 있다. 유동성이 높으면 주식 매각이 쉬워지는 반면 주식 매각이 주가에 미치는 영향이 작기 때문에 CEO를 규율하는 효과는 적어지는 것을 의미한다. 그러나 다른 두 가지 효과로 첫 번째 효과가 강화된다. 즉 유동성이 높아지면 투자자가 모니터링하게 되고(CEO는 부정적인 정보를 발견하면 더 많이 팔 수 있다는 것을 알고 있다), 애초부터 큰 지분을 사게 된다.

64 Xuemin(Sterling) Yan and Zhe Zhang, 'Institutional Investors and Equity Returns'(2009) 22 Review of Financial Studies 893–924.

65 Lubos Pastor, Lucian A. Taylor and Robert F. Stambaugh, 'Do Funds Make More When They Trade More?'(2017) 72 Journal of Finance 1483–528.

66 Paul Brockman and Xuemin(Sterling) Yan, 'Block Ownership and Firm-Specific Information'(2009) 33 Journal of Banking and Finance 308–16; Brian Bushee and Theodore Goodman, 'Which Institutional Investors Trade Based on Private Information about Earnings and Returns?'(2007) 45 Journal of Accounting Research 289–321; Wayne Mikkelson and Megan Partch, 'Stock Price Effects and Costs of Secondary Distributions'(1985) 14 Journal of Financial Economics 165–94; Robert Parrino, Richard Sias and Laura T. Starks, 'Voting with Their Feet'(2003) 68 Journal of Financial Economics 3–46; Myron Scholes, 'The Market for Securities'(1972) 45 Journal of Business 179–211.

67 David R. Gallagher, Peter A. Gardner and Peter L. Swan, 'Governance through Trading'(2013) 48 Journal of Financial and Quantitative Analysis 427–58.

68 Patricia Dechow, Richard Sloan and Amy Sweeney, 'Causes and Consequences of Earnings Manipulation'(1996) 13 Contemporary Accounting Research 1–36; David Farber, 'Restoring Trust after Fraud'(2005) 80 Accounting Review 539–61; Natasha Burns, Simi Kedia and Marc Lipson, 'Institutional Ownership and Monitoring'(2010) 16 Journal of Corporate Finance 443–55. 오류로 인해 재작성해야 할 때 발생한다.

69 Barry Baysinger, Rita Kosnik and Thomas Turk, 'Effects of Board and Ownership Structure on Corporate R&D Strategy'(1991) 34 Academy of Management Journal 205–14; Peggy Lee,

'A Comparison of Ownership Structures and Innovations of U.S. and Japanese Firms'(2005) 26 Managerial and Decision Economics 39–50.

70 Brian Bushee, 'The Influence of Institutional Investors on Myopic R&D Investment Behavior'(1998) 73 Accounting Review 305–33.

71 Philippe Aghion, John Van Reenen and Luigi Zingales, 'Innovation and Institutional Ownership'(2013) 103 American Economic Review 277–304.

72 일부 인덱스펀드는 S&P 500대 기업 주식을 보유해야 하며 많은 액티브펀드는 S&P 500을 벤치마크하고 있다. 실적이 저조할 위험을 낮추기 위해 여러 주식을 보유하는 것이다.

7장 자사주 매입

1 Karen Brettell, David Gaffen and David Rohde, 'Stock Buybacks Enrich the Bosses Even When Business Sags', Reuters(10 December 2015).

2 William Lazonick, 'Profits without Prosperity', Harvard Business Review(September 2014).

3 Matt Egan, 'Congress Could Give Bank Shareholders a $53 Billion Gift', CNN Money(16 April 2018). Jillian Ambrose, 'Shell Kick-Starts £19bn Windfall for Patient Shareholders', The Telegraph(26 July 2018).

4 Chuck Schumer and Bernie Sanders, 'Schumer and Sanders: Limit Corporate Stock Buybacks', New York Times(3 February 2019).

5 Lazonick 주장의 다른 기본적 오류는 이하 참조. Jesse Fried and Charles C. Y. Wang, 'Short-Termism and Capital Flows'(2019) 8 Review of Corporate Finance Studies 207–33, for other basic flaws in Lazonick's arguments and statistics.

6 예를 들어 애플이 100% 지분을 보유하고 있는 자회사 Braeburn Capital은 2,440억 달러의 현금을 운용하고 주식과 기타 증권에도 투자한다. 보다 일반적으로 보면 S&P500 기업이 1조 6,000억 달러의 영업 외 금융자산을 보유하고 있으며 이중 40%가 회사채, 주택담보대출 증권, 주식 등 위험 금융 자산을 보유하고 있다는 사실을 밝혀낸 연구도 있다. Ran Duchin, Thomas Gilbert, Jarrad Har- ford and Christopher Hrdlicka, 'Precautionary Savings with Risky Assets'(2012) 72 Journal of Finance 793–853.

7 David Ikenberry, Josef Lakonishok and Theo Vermaelen, 'Market Underreaction to Open Market Share Repur- chases'(1995) 39 Journal of Financial Economics 181–208.

8 Alberto Manconi, Urs Peyer and Theo Vermaelen, 'Are Buybacks Good for Long-Term Shareholder Value? Evidence from Buybacks around the World'(2019) 54 Journal of Financial and Quantitative Analysis 1899–935.

9 평균 가격 146.21달러에 5억 달러를 환매한 것은 342만주와 맞먹는다. 주가 상승폭 28.10달러(174.31-146.21)를 적용하면 9,600만 달러가 산출된다.

10 Lenore Palladino and Alex Edmans, 'Should the US Rein in Share Buybacks?', Financial Times(9 December 2018).

11 나에게 이런 법칙을 제안해주신 Mathias Kronlund 교수님께 감사드린다.

12 Gustavo Grullon and Roni Michaely, 'The Information Content of Share Repurchase Programs'(2004) 59 Journal of Finance 651–80.

13 Amy K. Dittmar, 'Why Do Firms Repurchase Stock?'(2000) 73 Journal of Business 331–55. 초과자본은 투자 기회를 초과하는 현금성 자산이나 현금 유동성으로 측정된다.

14 Alon Brav, John R. Graham, Campbell R. Harvey and Roni Michaely, 'Payout Policy in the 21st Century'(2005) 77 Journal of Financial Economics 483–527.

15 벤처캐피털 펀드 자금 중 23.2%는 기업 및 공적연기금으로부터, 12.6%는 패밀리 오피스(family office, 고액 자산가를 대상으로 하는 사적인 투자 자문 회사)로부터, 30.8%는 기타 투자자(기부금, 보험회사, 투자은행)로부터 받는데, 이들은 모두 상당한 상장 지분을 보유하고 있다. 벤처 캐피털 자금의 나머지는 사모펀드에서 나오고 사모펀드 자체도 부분적으로 다른 기관 투자자들이 보유하고 있다. Andreas Kuckertz, Tobias Kollmann, Patrick Röhm and Nils Middelberg, 'The Interplay of Track Record and Trustworthiness in Venture Capital Fundraising'(2015) 4 Journal of Business Venturing Insights 6–13.

16 Huaizhi Chen, 'Capital Redeployment in the Equity Market'(2018).

17 Fried and Wang, 'Short-Termism and Capital Flows'.

18 www.selectusa.gov/financial-services-industry-united- states.
19 Joseph W. Gruber and Steven B. Kamin, 'Corporate Buybacks and Capital Investment'(2017).
20 Fried and Wang, 'Short-Termism and Capital Flows'.
21 Amy Dittmar and Jan Mahrt-Smith, 'Corporate Governance and the Value of Cash Holdings'(2007) 83 Journal of Financial Economics 599–634.
22 Wei Li and Erik Lie, 'Dividend Changes and Catering Incentives'(2006) 80 Journal of Financial Economics 293–308.
23 Murali Jagannathan, Clifford P. Stephens and Michael S. Weisbach, 'Financial Flexibility and the Choice between Dividends and Stock Repurchases'(2000) 57 Journal of Financial Economics 355–84.
24 Benjamin Bennett, J. Carr Bettis, Radhakrishnan Gopalan and Todd Milbourn, 'Compensation Goals and Firm Performance'(2017) 124 Journal of Financial Economics 307–30.
25 Alex Edmans, Vivian W. Fang and Allen H. Huang, 'The Long-Term Consequences of Short-Term Incentives'(2019).
26 'Stock Buybacks and Corporate Cash- outs', speech by Robert J. Jackson(11 June 2018).
27 마지막 자사주 매입 거래는 2007년 5월에 이뤄졌다.
28 Heitor Almeida, Vyacheslav Fos and Mathias Kronlund, 'The Real Effects of Share Repurchases'(2016) 119 Journal of Financial Economics 168–85.

8장 기업

1 모바일 뱅킹과는 달리 엠페사는 은행 계좌가 필요하지 않다.
2 'M-Pesa Documentary', https://youtu.be/ zQo4VoLyHe0.
3 보다폰은 40%의 지분을 보유한 케냐의 대표적인 모바일 네트워크인 Safaricom을 통해 엠페사를 출시했다.
4 Tavneet Suri and William Jack, 'The Long-Run Poverty and Gender Impacts of Mobile Money'(2016) 354 Science 1288–92.
5 'The Future of Purpose-Driven Business', speech by John Kay at Blueprint for Better Business conference(30 October 2014).
6 John Kay, 'Labour Party's Economic Rethink Should Focus on Good Corporations'(2015).
7 'Larry Fink's Letter to CEOs, 2019.
8 PwC and AIESEC, 'Tomorrow's Leaders Today'(2016).
9 Deloitte, 'The 2016 Millennial Survey'(2016).
10 Gallup, 'How Millennials Want to Work and Live'(2016).
11 머크는 1917년 독일 모기업으로부터 분리되어 독립기업이 되었다.
12 머크는 다른 제약회사들을 경쟁사가 아닌 페니실린 생산을 연구하는 협력자로 보고 Squibb, Pfizer와 함께 제약사 간의 연구결과를 공유하기로 합의했다. 머크가 연구결과를 공유한 것은 그 합의에 따른 것이다. 하지만 그 정도로 중대한 발견을 하면 다른 회사들은 허점을 찾아내서 기존합의에서 발을 빼려고 했을 것이다. 머크는 또한 Abbott, Lederle와 같이 연구결과를 공유하기로 합의를 했던 회사가 아닌 제약사와도 공유했다.
13 www.historynet.com/penicillin- wonder-drug-world-war-ii.htm. 이 수치는 D-Day와 마지막 독일 항복 사이 기간 페니실린 치료를 받은 것으로 추정되는 군인들의 숫자다.
14 Simon Sinek, Start with Why(2011).
15 프리드먼이 해당 글을 쓸 무렵에는 많은 사람이 기업이 투자자에게만 초점을 맞춰야 한다고 믿고 있었다. 오늘날에는 기업이 이해관계자들에게도 책임을 져야 한다는 시각이 보다 많이 받아들여지고 있다. 따라서 특별히 어떤 이해관계자를 목표로 하고 있으며 그들에게 어떻게 기여할지 구체적인 내용이 담겨야만 의미가 있다.
16 Craig Groeschel Leadership Podcast.
17 Claudia Gartenberg, Andrea Prat and George Serafeim, 'Corporate Purpose and Financial Performance'(2019) 30 Organization Science 1–18.
18 경영진의 명확성은 '경영진은 기대하는 바를 명확히 한다'는 질문과 '경영진은 조직이 어디로 가고 있으며 어떻게 목표에 도달할지에 대해 명확하게 파악하고 있다'는 항목으로 측정된다.
19 EY, 'Annual Reporting in 2017/18: Demonstrating Purpose, Creating Value'(September 2018).
20 The Sustainability Accounting Standards Board는 어떤 비재무 정보가 공개되어야 하는지 기준을 제공하

고 투자자에게 보고하는 데 초점을 맞추고 있다. Global Reporting Initiative는 원칙과 표준을 모두 제공하며 이해관계자 보고에 집중하고 있다.

21 Laura Starks, Parth Venkat and Qifei Zhu, 'Corporate ESG Profiles and Investor Horizons'(2018).

22 'Following the Footprints', The Economist(2 June 2011).

23 Ernstberger, Link, Stich, Vogler(2015)는 EU 투명성 지침(EU Transparency Directive)이 마련되자 기업들이 투자를 줄이고 단기적으로는 운영 성과를 향상시켰지만 장기적으로는 오히려 성과가 낮아졌음을 밝혀냈다. Kraft, Vashishtha, Venkatachalam(2015)는 미국에서 연간에서 반기, 반기 보고에서 분기 보고로 전환하면서 투자가 감소된 것을 밝혀냈다. Jürgen Ernstberger, Benedikt Link, Michael Stich and Oliver Vogler, 'The Real Effects of Mandatory Quarterly Reporting'(2017) 92 Accounting Review 33–60; Arthur G. Kraft, Rahul Vashishtha and Mohan Venkatachalam, 'Frequent Financial Reporting and Managerial Myopia'(2018) 93 Accounting Review 249–75.

24 EU Transparency Directive(2007년 발효)에 따라 EU 기업들은 1년 중 상반기와 하반기에 Interim Management Statements를 발표해야 한다. 전체 재무제표를 포함시킬 필요는 없지만 정성적 보고를 포함할 수 있었다. 따라서 2009년부터 Unilever는 Interim Management Statement에서 분기별 수익을 제외했다. 2013년 EU Transparency Directive가 개정되어 2015년 11월부터 Interim Management Statements 요건이 없어졌다. 영국과 같은 일부 국가에서는 그 전에 이를 시행한 바 있다.

25 Jennifer Thompson, 'Smart Beta Funds Pass $1trn in Assets', Financial Times(27 December 2017).

26 Focusing Capital on the Long Term, 'Driving the Conversation'(2019).

27 KKS Advisors and CECP, 'The Economic Significance of Long-Term Plans'(2018).

28 Say-on-pay의 경우 정책 투표는 일반적으로 구속력이 있다. 따라서 기업은 정책을 따르지 않는 리더에게는 급여를 지불할 수 없다. 특정 정책에 따라 실제로 급여가 집행되는지 객관적으로 평가하기 용이하므로 구속력 있는 의결은 실현할 수 있다. Say-on-purpose의 경우 기업이 목적을 이행했는지를 객관적으로 평가하기가 어려우므로 정책 투표는 자문의 성격을 띨 것이다. 주주들이 주요 기업 행위에 대해 의결해서 기업의 행위에 대한 결과로 나타나는 외부성에 대한 의견을 피력해야 한다는 Oliver Hart와 Luigi Zingale의 제안과 일부 유사한 점이 있다. 나는 그 취지에 동의한다. Say-on-purpose에 대한 아이디어도 이 제안해서 촉발되었다. 그러나 목적을 내재화하는 것은 기업의 주요 행위보다는 일상적으로 일어나는 의사결정으로 이루어진다. 또한 주주들은 기업의 행위로 야기되는 외부성에 대한 충분한 지식을 가지고 있지 않을 수 있다. 그러한 정보를 투자자들에게 전달하는 것은 시간이 많이 소요될 뿐 아니라 그 과정에서 독점적인 정보가 경쟁사에 누설될 수 있다. 실제로 의결 과정에서 경쟁사가 달려들어 독점적 정보를 낚아챌 수도 있다. 그들의 모델에서는 의결하는 데 비용이 들지 않고 즉각적으로 이루어진다고 가정한다. Oliver Hart and Luigi Zingales, 'Companies Should Maximize Shareholder Welfare Not Market Value'(2017) 2 Journal of Law, Finance, and Accounting 247–74.

29 직원들은 본 업무를 지속하면서 윤리담당관에도 자원할 수 있다. 조직 내 다양한 역할에 걸쳐 리더와 동료의 신뢰를 받는 고위직인 경우가 보통이다.

30 Lynn S. Paine, 'Sustainability in the Board- room', Harvard Business Review(July–August 2014).

31 Financial Reporting Council, 'Corporate Culture and the Role of Boards'(2016).

32 상장기업 이사와는 달리 나에게는 법적 책임이 없다. 자발적으로 이를 채택하고자 하는 기업이라면 관리직 근로자(선출되어 중역 회의에 참석하는 노동자)에게도 법적 책임을 지우는 방안을 신중하게 고려해야 할 것이다.

33 Frederick W. Taylor, The Principles of Scientific Management(1911).

34 슈미트의 실제 이름은 Henry Noll이었다.

35 Wells Fargo 2010 Annual Report.

36 Daniel M. Cable, Alive at Work(2018).

37 Forbes, 'Why New Belgium Brewing's Employees Once Turned Down a Bonus to Invest in Wind Power Instead'(15 December 2015).

38 Scott E. Seibert, Gang Wang and Stephen H. Courtright, 'Antecedents and Consequences of Psychological and Team Empowerment in Organizations'(2011) 96 Journal of Applied Psychology 981–1003.

39 생텍쥐페리가 한 말로 널리 알려졌지만, 이 문구는 1948년 그의 저서 《성채》의 미국 번역판에만 등장한다. 프랑스어 원문은 약간 다르다.

40 Gary S. Becker, 'Human Capital'(University of Chicago Press, 1964).

41 MBA를 지원하는 일부 고용주 중에는 직원 투자에 대한 결과를 회사가 누릴 수 있도록 직원 복귀 후 최소 의무 복무 기간을 요구하기도 한다.

42 Amy Goldstein, 'Janesville'(2017).

43 Katherine Baicker, David Cutler and Zirui Song, 'Workplace Wellness Programs Can Generate Savings'(2010) 29 Health Affairs 1-8.

44 Joel Goh, Jeffrey Pfeffer and Stefanos Zenios, 'The Relationship between Workplace Stressors and Mortality and Health Costs in the United States'(2016) 62 Management Science 608-28.

9장 투자자

1 영국 금융위기에 대한 2009년 Walker Review는 다음과 같이 결론 내렸다. 주주의 높은 영향력을 최소한 묶인 하는 분위기는 일부 경우에 직면하게 되는 중대한 문제들을 악화시킬 것이다. 심지어 주요 펀드매니저들조차도 그들이 투자하고 있는 은행들에서 우려할 만한 문제들을 확인한 후에도 빠르게 조치를 하지 않았고, 개별적으로 든 협력적으로든 그 문제들을 효과적으로 해결하지 못한 것으로 보인다.

2 2017년 말부터 현재까지 명시적으로 스튜어드십 코드를 보유하고 있는 나라는 덴마크, 영국, 홍콩, 일본, 말레이시아, 대만, 태국, 남아프리카, 케냐 9개국이다. EU 주주권리지침에 따라 기관투자자들은 스튜어드십 정책을 공개하거나, 스튜어드십 정책을 보유하고 있지 않다면 그 이유를 설명해야 한다.

3 이들은 일반적으로 투자자들에게 거래 아이디어를 파는 투자은행에서 일하기 때문에 'sell-side 증권 분석가'로 알려져 있다. 이는 투자사 내 내부 분석가인 'buy-side 증권 분석가'와 대비된다.

4 대신 부문별 자산 배분을 통해 가치를 창출하는 것을 목표로 하는 적극 운용형 펀드나 양적 전략을 통해 가치를 창출하는 것을 목표로 하는 스마트베타펀드는 당연히 많은 주식을 보유하게 된다. 하지만 이 펀드들은 개별 주식 선택을 통해 가치를 창출한다고 주장하지는 않는다.

5 Ajay Khorana, Henri Servaes and Lei Wedge, 'Portfolio Manager Ownership and Firm Performance'(2007) 85 Journal of Financial Economics 179-204.

6 Christopher P. Clifford and Laura Lindsey, 'Blockholder Heterogeneity, CEO Compensation, and Firm Performance'(2016) 51 Journal of Financial and Quantitative Analysis 1491-520. 이들은 펀드 실적이 벤치마크를 능가하면 연간 운용 보수가 늘어나는 'fulcrum fee'를 보유하는 뮤추얼 펀드를 연구한다.

7 영국투자협회의 2016년 Stewardship in Practice 설문 응답자.

8 BNP Paribas, 'The ESG Global Survey 2019'(2019).

9 Mary E. Barth, Michael B. Clement, George Foster and Ron Kasznik, 'Brand Values and Capital Market Valuation'(1998) 3 Review of Accounting Studies 41-68.

10 Sophie Grene, 'Quants Are the New Ethical Investors', Financial Times(14 January 2016).

11 Stephen R. Covey, The 7 Habits of Highly Effective People(1989).

12 Samuel M. Hartzmark and Abigail B. Sussman, 'Do Investors Value Sustainability? ', Journal of Finance(출간 예정).

13 영국투자협회의 2018년 11월 'Stewardship in Practice' 설문조사에 따르면 자산운용사의 35%가 경영진에게 반대 또는 기권 이유를 항상 고지하고, 60%는 때때로 고지하고, 6%는 고지하지 않는 것으로 나타났다.

14 Focusing Capital for the Long Term, 'Stewardship Check-List for Long-Term Success'(2019).

15 John Lorinc, 'Stephen Jarislowsky Has Every Right to Say "I Told You So"', Globe and Mail(25 October 2002).

16 David Benoit, 'Blackrock's Larry Fink', Wall Street Journal(16 January 2014).

17 Paul Singer, 'Efficient Markets Need Guys Like Me', Wall Street Journal(19 October 2017).

18 Ian R. Appel, Todd A. Gormley and Donald B. Keim, 'Standing on the Shoulders of Giants'(2019) 32 Review of Financial Studies 2720-74. 성공 여부는 여러 가지 방식으로 측정된다. 즉 경영진과의 합의(및 합의 결과로 주어지는 이사회 의석수), 인수 방어가 제거되고 기업이 행동주의 투자사나 제3자에게 매각되는 경우 등으로 판단할 수 있다. 이전 연구에서는 이러한 결과가 기업 가치를 높인다는 것을 보여주었다.

19 2016년 영국투자협회는 자산운용사의 72%가 의결 결과를 공개하고 있으며, 그중 62%는 의결 근거를 공개하지 않으며, 7%는 항상 의결 근거까지 공개하며, 31%는 경영진에 반대, 기권 또는 찬성표를 던질 때 근거까지 공개한다고 밝혔다. 이 이슈는 논란의 여지가 있다.

20 저축자들은 과거 데이터나 금융 웹사이트를 활용하여 단기성과를 스스로 따져볼 수 있다. 그러나 마케팅 자료와 업데이트 자료에 단기 실적 보고가 중단되면 고객도 단기성과를 예전만큼 중시하지 않게 될 것이다.

21 Nadya Malenko and Yao Shen, 'The Role of Proxy Advisory Firms'(2016) 29 Review of Financial Studies 3394–427 이 연구는 회귀불연속성을 활용하여 인과관계를 파악한다. 즉 급여 지급 제안에 문제가 있어서 ISS가 부정적인 권고안을 제시하고, 투자자들이 반대표를 던지는 것이 아니다.

22 'ISS: Friend or Foe to Stewardship?'(2018).

23 두 번째 문제는 ISS의 방법론에서는 규모가 고려되지 않는다는 점이다. 일반적으로 작은 기업의 CEO 보수는 대기업대비 적었지만 작은 기업의 실적은 대기업보다 높다. 따라서 규모를 고려하지 않으면 보수와 실적 간의 부정적 상관 계가 성립되게 된다. 보다 상세한 내용은 이하 참조. Tom Gosling, 'Shareholding Provides the Key for Linking Pay to Performance', LinkedIn Pulse(24 October 2017).

24 이하 참조 Willis Towers Watson's Schedule 14A 신고(2017년 5월 31일).

25 Dean Starkman, 'A Proxy Advisor's Two Sides', Washington Post(23 January 2006).

26 Tao Li, 'Outsourcing Corporate Governance'(2018) 64 Management Science 2951–71.

27 의결권 자문업계는 이미 적절한 자원확보의 필요성과 이해충돌 관리 등을 강조하는 Best Practice Principles for Shareholder Voting Research Providers를 통해 위와 같은 우려를 해소하기 위한 자발적 조치를 하고 있다. 하지만 의결권 자문사들은 스튜어드십 차원에서 그들이 수행하는 역할을 제대로 인식하지 못하고 있다. 의결권 자문사가 인원을 늘리고 이해상충으로부터 자유로워진다고 하더라도 여전히 천편일률적인 권고안을 사용할 수 있다.

28 Kent L. Womack, 'Do Brokerage Analysts' Recommendations Have Investment Value?'(1996) 51 Journal of Finance 137–67.

29 2003년 Global Analyst Research Settlement는 투자 은행의 증권 리서치 부서와 기업 금융 부서 간의 방화벽을 요구하고 있으며 증권 리서치 애널리스트의 보수가 기업 파이낸스 수익과 연계되는 것을 금지하고 있다. 이는 애널리스트들이 회사에 기업 금융일을 주는 기업에 편향되는 것을 막기 위함이다.

30 Thomas J. Lopez and Lynn Rees, 'The Effect of Beating and Missing Analysts' Forecasts on the Information Content of Unexpected Earnings'(2002) 17 Journal of Accounting, Auditing, and Finance 155–84.

31 Steven R. Matsunaga and Chul W. Park, 'The Effect of Missing a Quarterly Earnings Benchmark on the CEO's Annual Bonus'(2001) 76 Accounting Review 313–32.

32 Stephen J. Terry, 'The Macro Impact of Short-Termism'(2017).

33 Eli Amir, Baruch Lev and Theodore Sougiannis, 'Do Financial Analysts Get Intangibles?'(2003) 12 European Accounting Review 635–59.

34 Jie(Jack) He and Xuan Tian, 'The Dark Side of Analyst Coverage'(2013) 109 Journal of Financial Economics 856–78.

35 지난 분기나 전년 분기보다 낮은 수준이 비관적 전망으로 정의될 수 있다.

10장 시민들

1 여기에는 CEO와 의장 간의 연합, 과도한 이사회 인원, 비독립 감사 및 보상 위원회, 수많은 CEO 보수 문제 등이 포함된다.

2 E. Scott Reckard, 'Wells Fargo's Pressure-Cooker Sales Culture Comes at a Cost', Los Angeles Times(21 December 2013).

3 Boris Groysberg, Eric Lin and George Serafeim, 'Does Financial Misconduct Affect the Future Compensation of Alumni Managers?'(2019).

4 개별 가구가 탄소 발자국을 계산하고 이를 줄이기 위한 조치를 할 수 있는 방법에 대한 단계별 가이드로는 이하 참조 Tom Gosling, 'Facing Up to the Truth of Our Carbon Footprint', Linkedin Pulse(2019).

5 청소부는 HSBC가 직접 고용한 것이 아니라 계약청소업체 OCS가 고용한 인력이었다. HSBC는 OCS와의 계약 조건을 변경하여 청소부들의 임금을 인상했다.

6 2013~2015년 동안 의결에서 80% 임계점에 도달하지 못한 영국 FTSE 350 기업들은 평균 71%의 지지를 받았다. 1년 후, 동회사들의 평균 지지율은 88%로 향상되었다. PwC, 'Executive Pay in a World of Truthiness'(2017).

7 Matthew Syed, Black Box Thinking(2015).

8 Kevin J. Murphy and Michael C. Jensen, 'The Politics of Pay'(2018) 3 Journal of Law, Finance,

and Accounting 189–242.

9 Ricardo Correa and Ugur Lel, 'Say on Pay Laws, Executive Compensation, Pay Slice, and Firm Valuation around the World'(2016) 122 Journal of Financial Economics 500–20.

10 구속력이 있는 say-on-pay에 대한 견해를 물어본 설문 결과 응답자의 3분의 1만이 찬성하는 것으로 나타났다 (The November 2016, Green Paper on Corporate Governance).

11 SEC Final Rule IA-2106 내용이다. 이에 따르면 투자자는 정당한 사유가 있으면 특정 의결을 피할 수 있다. '외국 안보에 관한 의결을 하려면 통역사를 고용하거나 직접 해당국으로 가야하는 것과 같은 추가 비용이 수반될 수 있다' 등이 예로 제시되어 있다.

12 조사 결과 '회사 주주들은 믿을 만한 정보가 없어 어려움을 겪었고, 이사회의 방향성을 바꾸는데 충분한 영향력을 행사할 수 없었다.'

13 Nancy L. Rose and Catherine D. Wolf- ram, 'Regulating Executive Pay'(2002) 20 Journal of Labor Economics 138–75.

14 적정 보수 수준은 보수 구조에 달려있기 때문에 보수 설계에 대한 지식은 중요하다. 예를 들어 CEO의 주식 의무 보유 기간이 짧으면 보수는 그만큼 적어져야 한다.

15 PwC, 'Making Your Reporting More Accessible and Effective'(2015).

16 현재 영국 법은 이사가 '회사가 부채를 상환하지 못할 때 거래를 계속하거나, 회사 회계 기록을 제대로 보존하지 못하거나, 기업등록소에 장부와 신고서를 제출하지 않거나, 회삿돈이나 자산을 사적 용도로 유용하는 것'과 같은 '부적합한 행위'를 하는 것을 금지하고 있다. 그러나 이해당사자에 대해 고려를 하지 않는 것은 '부적합한 행위'로 분류되지 않는다.

17 'Economists' Statement on Carbon Dividends',Wall Street Journal(17 January 2019).

18 SkillsFuture@sc는 스탠다드차타드가 자발적으로 싱가포르 정부 SkillsFuture 프로그램에서 발전시킨 것이었다. 그 결과 스탠더드차타드 직원들은 정부의 500달러 크레딧을 SkillsFuture를 수강하는 데 사용할 수 있을 뿐만 아니라 회사가 지원하는 코스 중 하나를 수강할 수 있다.

19 또한 회사의 국제 경쟁력 향상을 위한 프로젝트에 자금을 지원한다.

20 Benjamin G. Hyman, 'Can Displaced Labor Be Retrained? Evidence from Quasi-Random Assignment to Trade Adjustment Assistance'(2018).

21 Brian Krogh Graversen and Jan C. van Ours, 'How to Help Unemployed Find Jobs Quickly'(2008) 92 Journal of Public Economics 2020–35.

21 Hong Ru and Antoinette Schoar, 'Do Credit Card Companies Screen for Behavioral Biases?'(2016).

22 Efraim Benmelech, Nittai Bergman and Hyunseob Kim, 'Strong Employers and Weak Employees'(2018).

23 이하 참조 the UK Competition and Markets Authority, 'Annual Plan 2017/18'(2017) and OECD, 'Competition Policy'(2012). 학술 문헌은 이하 참고. Mark Armstrong and David E. M. Sappington, 'Regulation, Competition, and Liberalization'(2006) 64 Journal of Economic Literature 325–66.

24 스톡옵션도 성과급 주식과 유사한 문제가 있다.

25 Florian Heider and Alexander Ljungqvist, 'As Certain as Debt and Taxes'(2015) 118 Journal of Financial Economics 684–712.

26 Frédéric Panier, Francisco Pérez-González and Pablo Villanueva, 'Capital Structure and Taxes?'(2012).

27 예를 들, 영국 기업지배구조법(UK Corporate Governance Code)은 비상임이사 중 한 명을 '상급 독립 이사'로 지정하도록 규정하고 있다. 때로는 이를 준수하지 않기로 결정하고, 최근 복수의 비상임이사를 선임했기 때문에 한 명을 선택하기 전에 신임 이사들이 새로운 역할에 적응할 시간을 주는 차원이라고 그 이유를 설명하는 기업도 있다.

28 2015년 영국의 George Osborne 재무장관이 Charlie Mayfield 경에게 영국의 생산성 문제를 심도 있게 조사해 달라고 요청한 것으로부터 시작되었다.

29 예를 들어 Steve Mariotti's An Entrepreneur's Manifesto(2015) and David Storey's Understanding the Small Business Sector(1994). 회사를 키우는 데 있어 작은 기업이 겪고 있는 어려움에 대한 학술 연구로는 이하 참조. Allen N. Berger and Gregory F. Udell, 'The Economics of Small Business Finance'(1998) 22 Journal of Banking and Finance 617–73.

30 유럽투자은행은 유럽투자펀드를 운용한다. 직접 파이낸싱을 하는 것이 아니라 중개 기관을 통한다. 예를 들어 벤처 캐피털 펀드와 은행에 투자하고 대출 보증을 제공한다.

11장 보다 폭넓게 파이 키우기

1　$3 Werner Güth, Rolf Schmittberger and Bernd Schwarze, 'An Experimental Analysis of Ultimatum Bargaining'(1982) 3 Journal of Economic Behavior and Organization 367–88.
2　작업자를 PC로 이동하면 TV 수가 줄어들어 GNH가 9 이하로 낮아지게 되므로 작업자를 TV로 이동시키는 것과 유사한 효과가 생긴다.
3　4 August 2018.
4　전쟁에서 승리한다 해도 사용한 자원을 고려하면 전체적으로는 패배한 것으로 볼 수 있다.
5　영국비자국의 '영국에서 부족한 직업 목록(UK Shortage Occupations List)' 참조.
6　James Bessen, 'Toil and Technology'(2015) 52 Finance & Development 16–19.
7　Nyshka Chandran, 'Japan, Unlike the West, Is Not Scared of Robots Stealing Jobs, Deputy Leader Says', CNBC(4 May 2018).
8　James Bessen, Learning by Doing(2015).
9　Stephen R. Covey, The 7 Habits of Highly Effective People(1989).
10　《성공하는 사람들의 7가지 습관》 중 4번째 습관 '윈-윈을 생각해라'는 협상에서 가치를 창출하기 위해 협력적으로 일하는 것이 중요하다고 강조한다.
11　Adam Grant, Give and Take(2013).
12　'The Fringe Benefits of Failure and the Importance of Imagination'.
13　실제로는 사고 후 눈에 잘 띄어야 하기 때문에 오렌지색이다.
14　K. Anders Ericsson, Ralf Th. Krampe and Clemens Tesch-Romer, 'The Role of Deliberate Practice in the Acquisition of Expert Performance'(1993) 100 Psychological Review 363–406.
15　Neil Charness, Ralf Th. Krampe and Ulrich Mayr, 'The Role of Practice and Coaching in Entrepreneurial Skill Domain' in K. Anders Ericsson(ed.), The Road to Excellence(1996).
16　Janice M. Deakin and Stephen Cobley, 'A Search for Deliberate Practice' in Janet L. Starkes and K. Anders Ericsson(eds), Expert Performance in Sports(2003).
17　이 아이디어는 또한 Stuart Diamond의 책 《어떻게 원하는 것을 얻는가》에 나오는 '불균등한 가치를 가진 것들'의 개념과 비슷하다. 당신에게 드는 비용 대비 상대방에게 더 가치 있는 것을 제시해야 대가로 무언가를 요구할 수 있다. 그러나 서비스란 다른 사람들에게서 더 많은 것을 얻는 것이 아니라 다른 사람들에게 더 많은 것을 주는 것이다.
18　이 섹션의 일부분은 와튼스쿨의 Andrew Metrick 교수가 예일대학교로 자리를 옮기기 전에 마지막으로 'How to Have a Successful and Meaningful Career' 이라는 제목으로 강연한 내용에서 영감을 받았다. 또한 'Fulfilling Careers and Full Lives'라는 제목으로 재무 핵심 교과 과정의 마지막 부분으로 내가 강연한 내용의 일부이기도 하다. http://bit.ly/ fulfillingcareers.
19　Buy-side에서는 다른 직업과 마찬가지로 상사를 설득해야 하므로 처음에는 셀링(selling)도 필요하다. 하지만 일단 정상에 오르면 더 설득해야 할 윗사람이 없고, 때때로 투자자들과의 만나 셀링할 일만 남는다. 셀링에 열정적인 사람은 정상에 도달하면 전만큼의 성취감을 맞보지 못할 수도 있다.
20　David Brooks, The Road to Character(2015).

실행 과제

1　Elroy Dimson, Ouzhan Karakas¸ and Xi Li, 'Coordinated Engagements'(2018).
2　UN Collaboration Platform에는 어느 정도의 인게이지먼트를 직접 주도하는 자체 팀이 있지만, 대부분의 인게이지먼트는 투자자가 주도한다.
3　Craig Doidge, Alexander Dyck, Hamed Mahmudi and Aazam Virani, 'Collective Action and Governance Activism', Review of Finance(출간 예정).
4　Focusing Capital on the Long Term, 'Institutional Investor Mandates'(2017).
5　UN PRI, 'Appointing Equity Managers'(2016).
6　'The Government's Response'(2018년 6월)는 최소 100개의 회원사를 보유한 연기금이 '수탁자가 어떻게, 언제, 어떻게 모니터링하고 인게이지 하는지, 그들이 투자하는 기업들, 그들을 대신하여 투자를 관리하는 사람들, 그리고 동료 투자자들'을 포함한 스튜어드십 정책을 보고해야 한다고 주장한다.

옮긴이 송정화

이화여자대학교에서 국어국문학을 전공하고 동 대학 통역번역대학원에서
한영통역과를 졸업했다. 현재 영미권 통번역전문가로 활동하고 있다. 옮긴 책
으로는《익숙한 절망 불편한 희망》,《공부의 비밀》등이 있다.

ESG
파이코노믹스

초판 1쇄   2021년 5월 21일
초판 2쇄   2021년 6월 1일

지은이   알렉스 에드먼스
펴낸이   서정희
펴낸곳   매경출판(주)
옮긴이   송정화
감수자   이우종 정아름
책임편집   조문채
마케팅   강윤현 이진희 김예인
디자인   김보현 이은설

매경출판(주)
등록   2003년 4월 24일(No. 2-3759)
주소   (04557) 서울시 중구 충무로 2(필동1가) 매일경제 별관 2층 매경출판(주)
홈페이지 www.mkbook.co.kr
전화   02)2000-2612(기획편집) 02)2000-2636(마케팅) 02)2000-2606(구입 문의)
팩스   02)2000-2609   **이메일** publish@mk.co.kr
인쇄·제본 (주)M-print 031)8071-0961
ISBN 979-11-6484-285-8(03320)